Württemberg und das Elsass: 700 Jahre gemeinsame Geschichte
L'Alsace et le Wurtemberg: 700 Ans d'Histoire commune

Begleitbuch und Katalog zur Ausstellung
des Landesarchivs Baden-Württemberg,
Hauptstaatsarchiv Stuttgart

*Catalogue de l'exposition
du Landesarchiv Baden-Württemberg,
Hauptstaatsarchiv Stuttgart*

Bearbeitet von / *Sous la direction de*
Erwin Frauenknecht und Peter Rückert

Unter Mitarbeit von / *En collaboration avec* Johanna Welz
Übersetzungen von / *Traductions de* Miriam Régerat-Kobitzsch

Jan Thorbecke Verlag 2024

Begleitbuch und Katalog zur Ausstellung / *Catalogue de l'exposition*
Hauptstaatsarchiv Stuttgart, 27. März bis 5. Juli 2024
Riquewihr, Château des Ducs du Wurtemberg, 13. Juli bis 13. Oktober 2024

Herausgegeben vom Landesarchiv Baden-Württemberg, Hauptstaatsarchiv Stuttgart,
in Kooperation mit der Stadt Riquewihr
*Édité par le Landesarchiv Baden-Württemberg, Hauptstaatsarchiv Stuttgart,
en coopération avec la Ville de Riquewihr*

Die Ausstellung und Begleitpublikation wurden gefördert von /
L'exposition et la publication furent réalisées avec le soutien de:

Gedruckt auf alterungsbeständigem, säurefreiem Papier.
Imprimé sur du papier sans acide et résistant au vieillissement.

Alle Rechte vorbehalten. Die Rechte an den Abbildungen liegen beim
Landesarchiv Baden-Württemberg bzw. den verwahrenden Institutionen.
*Tous droits réservés. Les droits sur les illustrations sont conservés au
Landesarchiv Baden-Württemberg ou par les institutions dépositaires.*

© 2024 Landesarchiv Baden-Württemberg, Stuttgart
Kommissionsverlag / *Éditeur-commissionaire*:
Jan Thorbecke Verlag in der Schwabenverlag AG, Ostfildern
www.thorbecke.de

Gestaltung / *Scénographie*: Atelier Schubert, Stuttgart
Satz und Druck / *Mise en page et impression*: Gulde Druck GmbH, Tübingen
ISBN 978-3-17-042567-5

Inhalt

5 **Vorwort** / *Préface*
Gerald Maier

7 **Grußwort** / *Le mot du maire*
Daniel Klack

11 **Zum Geleit** / *Avant-propos*
Vincent Scherrer

15 **Einführung** / *Introduction*
Erwin Frauenknecht und Peter Rückert

23 **Die Anfänge Württembergs im Elsass: Herrschaft und Territorium**
Les débuts du Wurtemberg en Alsace : pouvoir souverain et territoire
Erwin Frauenknecht

37 **Das Haus Württemberg und seine Gebiete im Elsass – Dynastisches Potential und die Kraft der Reformation**
La maison de Wurtemberg et ses territoires en Alsace – Potentiel dynastique et la force de la Réforme
Peter Rückert

49 **Im Herbst der Renaissance. Horburg und Reichenweier unter Herzog Friedrich I. von Württemberg**
À l´automne de la Renaissance. Horbourg et Riquewihr sous le règne du duc Frédéric Ier de Wurtemberg
Wolfgang Mährle

63 **Residieren und Verwalten im württembergischen Elsass des Ancien Régime**
Résider et administrer dans l´Alsace wurtembergeoise de l´Ancien Régime
Louis-David Finkeldei

79 **Musikalische Grenzgänger zwischen Württemberg und dem Elsass: Johann Jacob Froberger, Philipp Friedrich Böddecker und Johann Sigismund Kusser**
Musiciens transfrontaliers entre le Wurtemberg et l´Alsace : Johann Jacob Froberger, Philipp Friedrich Böddecker et Johann Sigismund Kusser
Joachim Kremer

91 **Elsässer Wein in Württemberg: eine kulinarische Liaison**
Le vin alsacien dans le Wurtemberg : une liaison culinaire
Peter Rückert

107 **Die deutsch-französischen Städtepartnerschaften zwischen Württemberg, dem Elsass und der Burgundischen Pforte**
Les jumelages franco-allemands entre le Wurtemberg, l´Alsace et la Porte de Bourgogne
Harald Schukraft

Katalog / *Catalogue*

135   I.   Herrschaft und Territorium / *Pouvoir souverain et territoire*

149   II.   Dynastie und Religion / *Dynastie et religion*

167   III.   Architektur und Kunst / *Architecture et arts*

179   IV.   Bildung und Musik / *Instruction et musique*

191   V.   Weinbau und Weinkonsum / *Viticulture et consommation de vin*

203   VI.   Partnerschaft in Europa / *Partenariat en Europe*

Anhang / *Annexes*

220   Zeittafel / *Tableau chronologique*

222   Stammtafel / *Tableau généalogique*

224   Quellen und Literatur / *Bibliographie*

230   Abkürzungen / *Abbréviations*

231   Abbildungsnachweis / *Crédits photographiques*

232   Förderer und Leihgeber / *Parrains et prêteurs*

233   Autorinnen und Autoren / *Auteurs*

Mitarbeit an Ausstellung und Begleitbuch / *Collaboration à l'exposition et au catalogue*

Konzeption und Gesamtorganisation / *Conception et organisation générale*:
Dr. Erwin Frauenknecht, Prof. Dr. Peter Rückert

Redaktion des Begleitbuchs / *Rédaction du catalogue*:
Dr. Erwin Frauenknecht, Prof. Dr. Peter Rückert, Johanna Welz

Projektsteuerung / *Gestion du projet*: Johanna Welz
Begleitprogramm / *Programmation*: Dr. Erwin Frauenknecht, Prof. Dr. Peter Rückert
Leihverkehr / *Gestion de prêts*: Dr. Erwin Frauenknecht, Prof. Dr. Peter Rückert

Kommunikation und Kulturvermittlung / *Communication et médiation culturelle*:
Dr. Erwin Frauenknecht, Prof. Dr. Peter Rückert, Johanna Welz
- Öffentlichkeitsarbeit und Marketing / *Relations publiques et marketing*:
  Dr. Wolfgang Mährle, Maria Wetzel
- Internetauftritt und Social Media / *Présence Internet et réseaux sociaux*:
  Johanna Welz, Carolin Mertz, Johannes Renz, Jule Respondek
- Digitale Angebote und Pädagogische Programme / *Applications numériques*:
  Jule Respondek, Johanna Welz, Johannes Renz

Technische und organisatorische Mitarbeit / *Réalisation technique et logistique*:
- Fotografie und Reprografie / *Photographie et Reprographie*:
  Marcella Müller, Alain Thiriet, Martina Böhm
- Restauratorische und konservatorische Betreuung / *Supervision de la restauration et de la conservation*: Martin Ramsauer
- Ausstellungsaufbau und Gebäudetechnik / *Montage de l'exposition et immotique*:
  Kurt Pfeifer, Grzegorz Przytarski
- Publikationsmanagement und Verwaltung / *Gestion d'édition et administration*:
  Dr. Verena Schweizer, Kati Stein, Lydia Michel
- Sekretariat / *Secrétariat*: Gönül Ndrejaj, Zijada Kulic

Produktion der Sprachaufnahmen / *Production des enregistrements vocaux*:
Paul Heß, Köln (Sprecher / *Narrateur*)
Produktion der Musikaufnahmen / *Production des enregistrements musicaux*:
Arne Morgner, Tonstudio der Staatlichen Hochschule für Musik und Darstellende Kunst, Stuttgart
Musik: Roger Gehrig (Tenor, Laute / *Ténor, Bruyant*), Hans-Joachim Fuss, Maik Hanschmann, Cassio Rafael Caponi (alle Renaissance-Blockflöten / *toutes les flûtes à bec Renaissance*)

Ausstellungsdesign und Gestaltung / *Design et scénographie*: Atelier Schubert, Stuttgart
(Angelika Vogel, Carola Wüst)

Änderungen der Ausstellung gegenüber dem Katalog bleiben vorbehalten.
Sous réserve de transformations de l'exposition par rapport au catalogue.

Die Ausstellung wird begleitet von einer Internetpräsentation / *L'exposition est accompagnée d'une présentation sur Internet*:
www.landesarchiv-bw.de

Vorwort

Die historischen Verbindungen zwischen Württemberg und dem Elsass waren über viele Jahrhunderte von großer politischer und dynastischer Bedeutung. Nachdem das Haus Württemberg seine Herrschaft im Jahr 1324 um die Grafschaft Horburg mit der Herrschaft Reichenweier ausdehnen konnte, erlangten diese elsässischen Gebiete eine besondere Tragweite für seine Territorialpolitik. Wenig später gelang die Übernahme der reichen Grafschaft Mömpelgard (Montbéliard) an der Burgundischen Pforte, und fortan sollten diese linksrheinischen Territorien eigene Seitenlinien der Familie ausbilden.

In Erinnerung an die 700-jährige gemeinsame Geschichte hat das Landesarchiv Baden-Württemberg, Hauptstaatsarchiv Stuttgart, zusammen mit der Stadt Riquewihr (Reichenweier) diese deutsch-französische Ausstellung gestaltet. Sie wird zunächst im Hauptstaatsarchiv in Stuttgart und anschließend – in einer französischen Version – im ehemaligen Schloss der Herzöge von Württemberg in Riquewihr zu sehen sein.

Es ist mir eine große Freude, den zahlreichen Kooperationspartnern und Leihgebern zu danken, die dieses grenzüberschreitende Projekt möglich gemacht und wesentlich gefördert haben. Zunächst gilt mein Dank der Stadt Riquewihr mit Bürgermeister Daniel Klack und dem 1. Beigeordneten Vincent Scherrer. Sie haben die Ausstellung und ihr lukratives Begleitprogramm in Riquewihr mitgestaltet und zahlreiche Sponsoren und Unterstützer dafür gewinnen können. Auch danke ich dem französisch-deutschen Verein „Europäische Kulturstraße Heinrich Schickhardt", der die Ausstellung mit angeregt und begleitet hat. Dem Institut Français in Stuttgart mit Generalkonsul Gaël de Maisonneuve und Johanne Mazeau-Schmidt gilt unser Dank für die anhaltende Kooperation und anregende Zusammenarbeit. Auch dem Württembergischen Geschichts- und Altertumsverein danken wir sehr herzlich für die finanzielle Unterstützung. Und nicht zuletzt geht ein besonderer Dank an das Ministerium für Wissenschaft, Forschung und Kunst Baden-Württemberg für die Bereitstellung von Sondermitteln, ohne die die ansprechende multimediale Gestaltung und digitale Performance der Ausstellung nicht möglich gewesen wäre.

Zahlreiche Leihgeber in Frankreich und Deutschland haben mit ihren Objekten Glanzlichter für diese Ausstellung zur Verfügung gestellt. Das Atelier Schubert hat für ihre beeindruckende Gestaltung gesorgt. Besonders ist den Kuratoren Dr. Erwin Frauenknecht und Prof. Dr. Peter Rückert für die ebenso kenntnisreiche wie virtuose Konzeption und Umsetzung der Ausstellung zu danken. Johanna Welz gilt der Dank für ihr umsichtiges Projektmanagement und ihre redaktionelle Unterstützung. Und schließlich gebührt ein herzlicher Dank dem Ausstellungsteam im Hauptstaatsarchiv sowie den Autorinnen und Autoren für ihre fundierten Beiträge zu diesem Begleitband und Dr. Miriam Régerat-Kobitzsch für ihre gediegene Übersetzung.

Mit ihrer kulturhistorischen Ausstrahlung kann diese Ausstellung auch neue Brücken zwischen Deutschland und Frankreich bauen; es ist ihr eine breite Aufmerksamkeit in beiden Nachbarländern zu wünschen.

Prof. Dr. Gerald Maier
Präsident des Landesarchivs
Baden-Württemberg

Préface

Les liens historiques existant entre le Wurtemberg et l'Alsace furent pour des siècles d'une grande importance politique et dynastique. Après l'agrandissement du territoire relevant de la maison de Wurtemberg en 1324 grâce à l'acquisition du comté de Horbourg et de la seigneurie de Riquewihr, ces territoires alsaciens jouèrent un rôle important pour la politique territoriale de cette dynastie. Peu après, ce fut le prospère comté de Montbéliard (Mömpelgard) à la Porte de Bourgogne qui fut intégré au Wurtemberg. Les territoires situés sur la rive gauche du Rhin furent désormais confiés à des lignes cadettes indépendantes de la famille.

Cette exposition franco-allemande a été conçue par le Hauptstaatsarchiv Stuttgart, une section du Landesarchiv Baden-Württemberg, en coopération avec la ville de Riquewihr (Reichenweier). Elle sera tout d'abord présentée au Hauptstaatsarchiv à Stuttgart puis – dans une version française – dans l'ancien château des ducs de Wurtemberg à Riquewihr.

C'est une grande joie pour moi de remercier les nombreux partenaires et prêteurs qui ont rendu possible ce projet binational et l'ont soutenu de manière déterminante. Je tiens tout d'abord à remercier la ville de Riquewihr, représentée dans ce projet par son maire Daniel Klack et son premier adjoint Vincent Scherrer. Ils ont contribué à l'élaboration de l'exposition et du programme qui l'accompagne et ont pu gagner de nombreux sponsors et soutiens. Je remercie également l'association franco-allemande « Itinéraire Culturel Européen Heinrich Schickhardt », qui a participé à la genèse du projet et n'a cessé de l'accompagner depuis. Nous remercions l'Institut Français avec le consul général Gaël de Maisonneuve et Johanne Mazeau-Schmidt pour leur constante coopération et leur collaboration qui nous a toujours inspirés. Nous remercions par ailleurs de tout cœur le Württembergischer Geschichts- und Altertumsverein pour son soutien financier. Nous adressons également un grand merci au Ministère des sciences, de la recherche et des arts du Bade-Wurtemberg qui a concédé un budget spécial sans lequel la conception multimédia et les propositions numériques n'auraient pas pu être réalisées. De nombreux prêteurs en France et en Allemagne ont mis à disposition des objets phares pour cette exposition. Le bureau « Atelier Schubert » a réalisé une impressionnante scénographie d'exposition. Il faut surtout remercier les commissaires de cette exposition, le Dr. Erwin Frauenknecht et le Prof. Dr. Peter Rückert, qui ont démontré leur savoir et virtuosité dans la conception et réalisation de cette présentation. Nous remercions Johanna Welz qui a géré le projet avec soin et lui a apporté un soutien rédactionnel. Pour finir, nous tenons à remercier tout particulièrement l'équipe du Hauptstaatsarchiv en charge des expositions, ainsi que les auteurs et autrices pour leurs riches contributions au catalogue et le Dr. Miriam Régerat-Kobitzsch pour son solide travail de traduction.

Cette exposition est à même de construire de nouveaux ponts entre l'Allemagne et la France grâce à son rayonnement dans le domaine de la politique culturelle ; nous souhaitons qu'elle éveille un large écho dans ces deux pays voisins.

Prof. Dr. Gerald Maier
Président du Landesarchiv
Baden-Württemberg

Grußwort

Im Jahr 2024 das 700. Jubiläum der gemeinsamen Geschichte des Elsass und des Württembergs feiern zu dürfen, ist für mich und unsere schöne Stadt Reichenweier nicht nur eine große Freude, sondern erfüllt uns mit wahrhaftigem Stolz.

Seit 1324 schreibt das Haus Württemberg an der Geschichte Reichenweiers mit. Es war Graf Ulrich von Württemberg, der die Herrschaft Reichenweier 1324 erwarb. Im Jahr 1397 fanden in unserer Stadt die Verlobungsfeierlichkeiten von Graf Eberhard mit Henriette von Mömpelgard statt. Von 1484 bis 1489 verlieh und bestätigte Graf Heinrich die städtischen Privilegien der Bürgerschaft. Reichenweier entwickelte sich von da an zur Hauptstadt und zum administrativen, juristischen und religiösen Zentrum der linksrheinischen Besitzungen des Hauses Württemberg. Es war danach Graf Georg, der dort 1539/40 ein neues Schloss errichten ließ – jenes das wir heute noch kennen. Als das Schloss vom französischen König beschlagnahmt wurde, blieb es von 1723 bis 1748, wie alle württembergischen Familiensitze im Elsass, unbewohnt. Im Jahr 1748 wurden die Württemberger erneut Herren von Reichenweier (ohne jedoch dort zu residieren), doch hielt dies nur bis zur Französischen Revolution an. Im Jahr 1793 wurden ihre Besitzungen, darunter das Schloss, wieder beschlagnahmt, im darauffolgenden Jahr zum Nationalgut erklärt und verkauft.

Nachdem das Schloss in mehreren privaten Händen lag, erwarb 1861 die Gemeinde Reichenweier das Gebäude und richtete darin eine Schule ein: Zahlreiche Generationen junger Reichenweier Einwohner erhielten dort in der Grundschule im Zuge der historischen Widrigkeiten und Umwälzungen mal auf Französisch, mal auf Deutsch Elementarunterricht!

Danach zog für einige Jahrzehnte das Museum der Kommunikation und der Post in dieses prachtvolle Gebäude.

In den Jahren 2009 bis 2012 konnte die Stadt mit der Unterstützung unserer institutionellen Partner dank der Restaurierung der Außenfassaden und des Dachs dem Schloss wieder den Glanz verleihen, der für ein solches historisches Gebäude angemessen ist.

Heute würde ich behaupten, dass das Schloss ruhige und zufriedene Tage verlebt, in Erwartung einer neuen Nutzung seiner Räume. Dies ist auch der Grund, warum Vereine aktuell diesen majestätischen Rahmen nutzen können, um Veranstaltungen und Feste dort stattfinden zu lassen. Es ist auch dank dieser Verfügbarkeit, dass dort nächstes Jahr, vom 13. Juli bis 13. Oktober 2024, drei Monate lang die unter der Leitung von Prof. Peter Rückert konzipierte Ausstellung des Landesarchivs Baden-Württemberg – Hauptstaatsarchiv Stuttgart zu sehen sein wird.

Die Ausstellung soll allen zugänglich sein, seien sie geschichtsinteressiert oder verliebt in die Stadt Reichenweier und ihr außergewöhnliches historisches Erbe. Die Ausstellung wird Einblicke in die Geschichte des Hauses Württemberg gewähren, indem man zur selben Zeit einen Ort besichtigt, der dieser Dynastie gehörte, die die Geschichte prägte und weiter fortbesteht.

Dies gibt mir zudem die Gelegenheit, einen Bogen zur deutsch-französischen Geschichte zu schlagen, die bei weitem nicht nur friedliche und glückliche Jahre zählte, doch heute eine pazifistische Wendung hin zu einer europäischen und innovativen Zukunft vollzogen hat. Es gibt zahlreiche und engagierte Akteure, die sich diesem Ziel verschrieben haben und dies täglich auf beiden Uferseiten des Freundschaftsflusses Rhein möglich machen!

Die deutsch-französischen Beziehungen sind keine Worthülsen, wir stellen dies tagtäglich in gemeinsam gemachten Schritten fest, seien sie im Bereich der Wirtschaft, des Verkehrswesens oder zugunsten unserer Jugend.

Seien wir stolz auf die Herausforderungen grenzüberschreitender Beziehungen, deren Fortbestehen wir garantieren müssen! Es lebe Frankreich, es lebe Deutschland und ich beglückwünsche die deutsch-französischen Organisatoren dieser herausragenden Ausstellung, die bald hier bei uns zu sehen sein wird.

Daniel Klack
Bürgermeister der Stadt Riquewihr

Le mot du maire

Célébrer en 2024, ce 700ème anniversaire de l'histoire commune de « L'Alsace et le Wurtemberg » est une grande joie pour moi et pour notre belle ville de Riquewihr mais surtout une réelle fierté.

Depuis 1324, les Wurtemberg cheminent avec Riquewihr dans l'écriture de son histoire. C'est le comte Ulrich de Wurtemberg qui acquit la seigneurie de Riquewihr en 1324. En 1397, ce sont les fiançailles du comte Eberhard avec la toute jeune Henriette de Montfaucon qui furent célébrées dans notre ville. De 1484 à 1489, le comte Henri accorde et confirme la charte de liberté des bourgeois. Riquewihr devient alors la capitale et le centre administratif, judiciaire et religieux des possessions des Wurtemberg situées sur la rive gauche du Rhin. C'est ensuite le comte George qui construisit un nouveau château en 1539–1540, celui que nous connaissons encore aujourd'hui. Placé sous séquestre par le roi de France de 1723 à 1748, comme toutes les propriétés des Wurtemberg en Alsace, le château reste inoccupé durant cette période. En 1748, les Wurtemberg redeviennent seigneurs de Riquewihr (sans pourtant y habiter), mais seulement jusqu'à la Révolution française. En 1793, leurs biens, dont le château, sont confisqués et vendus l'année suivante comme bien national. Après avoir passé entre plusieurs mains privées, le bâtiment est acquis en 1861 par la commune de Riquewihr qui y installe l'école : de nombreuses générations de jeunes Riquewihriens y reçurent leur instruction élémentaire et primaire, tantôt en français, tantôt en allemand, selon les aléas et soubresauts de l'Histoire !

Puis c'est le musée de la Communication et de la Poste qui occupa ce bâtiment prestigieux durant quelques décennies. Dans les années 2009/2012, la Ville avec le soutien de nos partenaires institutionnels lui a redonné le lustre qui convient à un bâtiment historique en restaurant les façades extérieures et la toiture.

Aujourd'hui, je dirai que le château coule des jours tranquilles en attendant une nouvelle affectation intérieure. C'est pourquoi, les associations peuvent profiter de ce cadre majestueux pour organiser leurs animations et autres évènements. C'est aussi cette disponibilité qui permet d'accueillir durant 3 mois l'an prochain du 13 juillet au 13 octobre 2024, l'exposition réalisée par le Landesarchiv Baden-Württemberg basé à Stuttgart sous la houlette du Professeur Peter Rückert.

L'exposition sera ouverte à toutes et tous, amateurs d'histoire ou amoureux de Riquewihr et de son patrimoine exceptionnel. Elle permettra de s'imprégner de l'histoire des Wurtemberg tout en visitant un lieu qui a tantôt appartenu à cette lignée qui a forgé l'histoire et qui perdure aujourd'hui encore.

Cela me permet également de faire le lien entre l'histoire franco-allemande qui n'a pas toujours été constituée de jours heureux et paisibles mais qui aujourd'hui a pris un tournant pacifique tournée vers un avenir européen innovant. Les acteurs sont nombreux et engagés au quotidien, de part et d'autre de ce fleuve d'amitié qu'est le Rhin !

Les relations franco-allemandes ne sont pas un vain mot, nous le constatons chaque jour par les actions communes au plan écono-

Le mot du maire

mique, de mobilité ou encore en faveur de notre jeunesse.

Soyons fier de ce défi que représentent les relations transfrontalières et surtout soyons les garants de leur pérennité ! Vive la France, vive l'Allemagne et bravo aux organisateurs franco-allemands de cette remarquable exposition à venir.

Daniel Klack
Maire de Riquewihr

Zum Geleit

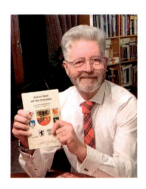

Es gibt kaum ein schöneres Beispiel als unsere Stadt Riquewihr für die bereits sehr alte Verbundenheit zwischen unseren beiden Regionen, dem Elsass und Württemberg. Unsere neue Freundschaft entstand nur wenige Jahre nach dem Zweiten Weltkrieg, der so viele Wunden, gegenseitiges Misstrauen und hartnäckige Feindschaft verursacht hatte. Ich möchte hier nur an die kühne Unterzeichnung der Partnerschaftsurkunde zwischen Weil der Stadt und Riquewihr am 24. September 1961 in Riquewihr erinnern, die von zwei visionären und pro-europäischen Bürgermeistern jener Zeit, Julien Dopff für Riquewihr und Willi Oberdorfer für Weil der Stadt, unterzeichnet wurde. Die Bestätigung der Städtepartnerschaft fand zwei Jahre später, am 8. September 1963, in Weil der Stadt statt.

Die damalige Verbindung zu Riquewihr wurde von dem angesehenen Architekten Adolf Schuhmacher aus Stuttgart hergestellt. Schuhmacher war zuvor nach Riquewihr gekommen, um das prächtige „Maison Dissler" zu studieren, das seiner Meinung nach im 16. Jahrhundert von Heinrich Schickhardt, einem Meister der Renaissance-Architektur und Stadtplaner des württembergischen Herzogs, erbaut worden war. Adolf Schuhmacher unterbreitete Bürgermeister Oberdorfer dann bei einem Aufenthalt in Weil der Stadt einen Vorschlag für eine Städtepartnerschaft mit Riquewihr. Die schwäbische Kleinstadt hatte sich bereits zuvor um eine französische Partnerstadt bemüht. Ein weit fortgeschrittener Kontakt mit Ris-Orangis wurde jedoch abgebrochen, da sich der interministerielle Ausschuss in Paris, dem alle Partnerschaften zwischen deutschen und französischen Gemeinden zur Genehmigung vorgelegt werden mussten, dagegen aussprach. Partnerschaften mit kommunistisch geführten Gemeinden waren damals nicht mehr zulässig, und es wurde davon ausgegangen, dass dies auch im Fall von Ris-Orangis der Fall sein könnte.

Dann ging es schnell: Am 30. Juli 1961 fand in Weil der Stadt ein Treffen zwischen den Delegationen der Gemeinderäte von Weil der Stadt und Riquewihr statt. Bei dieser Gelegenheit verpflichteten sich die beiden Städte, eine Städtepartnerschaft einzugehen. Der Leitgedanke war die Versöhnung der ehemaligen Kriegsparteien im Kontext eines vereinten Europa, das sich zudem in Zeiten des „Kalten Krieges" zunehmend durch den sowjetischen Block bedroht sah, welcher damals insbesondere Deutschland durch eine Mauer teilte …

Die Partnerschaftsfeier fand am 24. September 1961 unter großem Jubel in Riquewihr statt, und so wurden neue Bande zwischen unseren beiden Städten geknüpft, die, wie ich hier noch einmal mit Ernst und Freude betonen möchte, eine echte „Heimkehr" unserer europäischen und friedliebenden Gesinnungen symbolisieren sollten: das Elsass, repräsentiert durch Riquewihr, verbunden mit Weil der Stadt, einer Stadt in Baden-Württemberg. Seitdem haben alle Bürgermeister von Riquewihr und Weil der Stadt durch gemeinsame und regelmäßige Besuche freundschaftliche und gesellige Beziehungen auch mit den Vereinen der beiden Städte gepflegt – ein wichtiges Band der Freundschaft und Verständigung, das heutzutage in diesen Zeiten der Unsicherheit und der Nähe beängstigender Kriege besonders wichtig ist.

Im Juni 1991 feierte Riquewihr das 700-jährige Jubiläum seines berühmten Turms, des Dolders, in Anwesenheit bedeutender europäischer Persönlichkeiten: Herzogin Diane von Württemberg, Pascal Couchepin, der damalige Präsident der Schweizerischen Eidgenossenschaft, und viele andere wichtige Vertreter aus Politik und Gesellschaft waren dabei. Diese prestigeträchtige Veranstaltung wurde damals von der Stadt Riquewihr in Zusammenarbeit mit der Société d'Histoire et d'Archéologie de Riquewihr (SHAR) unter dem damaligen Vorsitz von André Hugel minutiös vorbereitet. Dabei wurde ich von den Organisatoren beauftragt, das Gästebuch am Eingang des Empfangssaals im Rathaus zu führen. Es war ein großer Moment, der mich noch immer mit Stolz erfüllt.

Schließen wir mit einer letzten Illumination der schönen grenzüberschreitenden Beziehungen, die wir in Riquewihr mit unseren württembergischen Freunden gestalten, nicht nur durch die zahlreichen Touristen, die Jahr für Jahr unser architektonisches und kulturhistorisches Juwel besuchen – der Weinbau, die elsässische Gastronomie, die Geschichte: wie viele schöne Momente kann man in Riquewihr gemeinsam verbringen!

Zwei großen Visionären überlassen wir das Schlusswort, um diese intensive Beziehung zwischen unseren beiden Ländern und Regionen zu transportieren:

„Was man vor allem für den Frieden braucht, ist das Verständnis der Völker. Wir wissen, was Regime sind: Dinge, die vergehen. Aber die Völker vergehen nicht" (Charles de Gaulle).

„Es genügt nicht zu wollen, man muss auch handeln" (Johann Wolfgang von Goethe).

Vincent Scherrer
1. Beigeordneter der Stadt Riquewihr

Avant-propos

Quel plus bel exemple pour illustrer cette déjà très ancienne amitié entre notre cité et nos deux régions, née à peine quelques années après le second conflit mondial qui occasionna tant de blessures, de méfiance réciproque et d'inimitié tenace, que d'évoquer ici l'audacieuse signature de la charte de jumelage signée entre Weil der Stadt et Riquewihr le 24 septembre 1961 à Riquewihr précisément, entre deux maires visionnaires et pro-européens de l'époque, Messieurs Julien Dopff pour la cité du Dolder et Willi Oberdorfer pour Weil der Stadt. La confirmation du jumelage aura lieu deux ans plus tard, le 8 septembre 1963, à Weil der Stadt.

Rappelons que la genèse du lien avec Riquewihr a été établie par l'éminent architecte Adolf Schuhmacher de Stuttgart. M. Schuhmacher était en effet venu auparavant à Riquewihr dans le cadre d'études sur la magnifique « Maison Dissler » qu'il estimait avoir été construite au XVIe siècle par l'un des maîtres de l'architecture de la Renaissance, Heinrich Schickhardt, architecte et urbaniste de la Maison de Wurtemberg. Adolf Schuhmacher a ensuite présenté une proposition de jumelage au maire Oberdorfer lors d'un séjour à Weil der Stadt. La riante petite ville souabe s'était déjà efforcée auparavant de trouver une ville jumelée française. Un contact très avancé avec Ris-Orangis a cependant été interrompu, car à Paris le comité interministériel, auquel tous les jumelages entre communes allemandes et françaises devaient être soumis pour approbation, s'y opposa ; les jumelages avec des communes dirigées par des communistes n'étaient en effet plus autorisés et l'on supposait que cela pourrait se produire dans le cas de Ris-Orangis.

Puis cela s'accéléra : le 30 juillet 1961, une rencontre entre les délégations des conseils municipaux de Weil der Stadt et de Riquewihr eut lieu à Weil der Stadt. À cette occasion, les deux villes s'engagèrent à se jumeler. L'idée directrice était de réconcilier les anciens belligérants dans le contexte d'une Europe unie, par ailleurs de plus en plus menacée par le glacis soviétique qui s'abattit alors, hélas, sur la moitié de l'Europe, divisant notamment l'Allemagne par un mur ...

La fête du jumelage se déroula le 24 septembre 1961 à Riquewihr, dans une grande liesse, de nouveaux liens furent ainsi tissés entre nos deux villes, symbolisant, je le redis ici avec gravité et joie, un véritable « retour au bercail » de nos deux sensibilités pro-européennes et pacifiques : l'Alsace, au travers ici de Riquewihr, et Weil der Stadt, cité du Wurtemberg. Depuis cette date, très régulièrement tous les maires de Riquewihr et de Weil der Stadt entretiennent, par des visites conjointes, des relations amicales et conviviales, tout comme les associations des deux villes. Ce lien essentiel d'amitié et d'entente est particulièrement vital de nos jours, en ces périodes d'incertitude face à d'angoissantes guerres aux portes même de notre vieille et chère Europe humaniste.

Pour finir, on pourrait également évoquer ce que j'ai appelé « d'un 700e à l'autre » puisqu'en juin 1991, Riquewihr fêta avec faste les 700 ans de sa célèbre tour, le Dolder, en présence d'éminentes personnalités européennes : SAR la Duchesse Diane de Wurtemberg, M. Pascal Couchepin, alors Président de la Confédération Helvétique, et de bien d'autres représentants politiques importants et d'élus. Cette prestigieuse manifestation fut à l'époque préparée minutieusement par la Ville de Riquewihr et ses services, associée à la SHAR (Société d'Histoire et d'Archéologie de Riquewihr), présidée alors par M. André Hugel. À peine arrivé à Riquewihr en 1990, j'étais « embauché » par les organisateurs pour tenir le livre d'or à l'entrée de la salle de réception de l'Hôtel de Ville, un grand moment et une grande fierté pour le jeune passionné d'Histoire que je fus … et que je suis toujours !

Concluons par une dernière illustration des belles relations transfrontalières que nous avons à Riquewihr avec nos amis wurtembergeois : leurs nombreux touristes qui manifestent d'année en année leur fidélité à visiter notre joyau architectural, médiéval et patrimonial, et ceci dans toutes les saisons.

La viticulture, la gastronomie alsacienne, l'Histoire : que de beaux moments à passer à Riquewihr !

Laissons à deux grands visionnaires le mot de la fin pour symboliser ce rapport charnel entre nos deux entités :

« Ce qu'il faut surtout pour la paix, c'est la compréhension des peuples. Les régimes, nous savons ce que c'est : des choses qui passent. Mais les peuples ne passent pas » (Charles de Gaulle).

« Il ne suffit pas de vouloir, il faut agir » (Johann Wolfgang von Goethe).

Vincent Scherrer
1er Adjoint au Maire de Riquewihr

Einführung
Peter Rückert und Erwin Frauenknecht

Mit dem Erwerb der elsässischen Grafschaft Horburg und der Herrschaft Reichenweier durch die Grafen von Württemberg im Jahr 1324 begann eine 700-jährige gemeinsame Geschichte, an die mit dieser Ausstellung erinnert werden soll. Das Landesarchiv Baden-Württemberg, Hauptstaatsarchiv Stuttgart, und die Stadt Riquewihr (Reichenweier) haben aus diesem Anlass ein gemeinsames Projekt gestaltet, das seine besondere Bedeutung in der grenzüberschreitenden Zusammenarbeit gewinnt und damit auch sein kulturhistorisches Profil ausprägt.

Dieses gemeinsame Ausstellungsprojekt wurde von zahlreichen internationalen Partnern angeregt, unterstützt und begleitet, wofür jeweils besonders zu danken ist. Die inhaltliche Ausrichtung der Ausstellung und ihre Bearbeitung haben sehr von der engen Zusammenarbeit mit der Stadt Riquewihr und der Societé d'Histoire et d'Archéologie de Riquewihr sowie der Gemeinde Horbourg-Wihr und der Association d'Archéologie et d´Histoire de Horbourg-Wihr profitiert. In mehreren Seminaren am Institut für Geschichtliche Landeskunde und Historische Hilfswissenschaften der Universität Tübingen wurde die deutsch-französische Kulturgeschichte parallel zu den Vorbereitungen intensiv bearbeitet und diskutiert. Wichtige Erkenntnisse daraus sind in den Ausstellungskatalog und die virtuelle Präsentation der Ausstellung eingegangen.

Unsere deutsch-französische Ausstellung wird zunächst im Hauptstaatsarchiv in Stuttgart und dann im ehemaligen Schloss der Herzöge von Württemberg in Riquewihr gezeigt. Im Fokus der kulturhistorischen Schau stehen Höhepunkte der gemeinsamen Geschichte. Sie betreffen vor allem Politik, Religion und Kunst und fokussieren die wirtschaftlichen Verbindungen ebenso wie die kulturellen Verflechtungen.

Als die linksrheinischen Besitzungen Württembergs mit der Französischen Revolution 1796 an Frankreich fielen, endete eine fast 500-jährige Liaison; sie sollte aber vor allem im kulturellen Umfeld weiterwirken und das besondere historische Profil der vormals württembergischen Städte und Dörfer im Elsass prägen.

Die nach dem Zweiten Weltkrieg neu aufgenommene deutsch-französische Partnerschaft hat dann besonders mit den württembergisch-französischen Städtepartnerschaften von Stuttgart und Strasbourg, Ludwigsburg und Montbéliard sowie Weil der Stadt und Riquewihr an Fahrt gewonnen. Diese knüpften an ihre engen historischen Verbindungen an und stehen für die freundschaftliche Zusammenarbeit und Partnerschaft in einem gemeinsamen Europa. Davon angeregt, wird die grenzüberschreitende Zusammenarbeit mit dieser Ausstellung sichtbar und als ein kulturpolitisches Signal freundschaftlicher Kooperation betont.

***

Die Grundlage der Ausstellung bildet die dichte schriftliche Überlieferung im Hauptstaatsarchiv Stuttgart, die eine zeitlich übergreifende Bearbeitung und Präsentation der historischen Beziehungen zwischen Württemberg und dem Elsass erlaubt. Dazu kommen kostbare Handschriften und Drucke aus der

Württembergischen Landesbibliothek Stuttgart neben preziösen Bildern, Schmuck und Kunstobjekten aus dem Landesmuseum Württemberg, wie die berühmte Temperantia-Schale.

Die württembergischen Schätze werden ergänzt durch herausragende Stücke aus französischen Archiven, Bibliotheken und Museen in Paris, Colmar, Montbéliard, Riquewihr und Horbourg-Wihr. Dazu zählen auch die Originalurkunden, die den Erwerb von Horburg und Reichenweier 1324 dokumentieren; sie wurden in den Archives Nationales in Paris wiederentdeckt und werden nun erstmals öffentlich präsentiert.

Als zentrales Ausstellungsobjekt gilt bereits das Schloss der Herzöge von Württemberg in Riquewihr, das die dortige Ausstellung beherbergt (Abb. 1). Es war bis 1540 von Graf Georg von Württemberg-Mömpelgard (1498–1558) auf den Resten einer mittelalterlichen Vorgängeranlage neu errichtet worden und symbolisiert als repräsentatives Renaissanceschloss die lange württembergische Herrschaft und Kultur im Elsass.

Besondere Beachtung verdienen die Architekturzeichnungen des württembergischen Architekten Heinrich Schickhardt (1558–1635), der im Auftrag von Herzog Friedrich I. von Württemberg (1557–1608) bedeutende herrschaftliche, bürgerliche und kirchliche Bauten im Elsass und rund um Mömpelgard schuf. Die Verbindung des zeichnerischen Nachlasses von Schickhardt mit den heute noch existierenden Bauwerken stellt einen besonderen Reiz und Höhepunkt der Ausstellung dar.

Die thematischen Schwerpunkte der Schau reihen sich chronologisch aneinander: von den Anfängen im frühen 14. Jahrhundert, die den Blick auf die württembergische Herrschaft und das Territorium im Elsass richten, über die Verbindung von Dynastie und Religion, die zur frühen Einführung der Reformation in den elsässischen Gebieten führte. Das religiöse Band des Luthertums sollte das württembergische Stammland über Jahrhunderte eng mit den linksrheinischen Gebieten um Horburg/Reichenweier und Mömpelgard/Montbéliard verknüpfen. Die Jahrzehnte um 1600 kennzeichneten eine besondere Blüte von Kunst und Architektur; ebenso bedeutsam war der intensive kulturelle Austausch im Hinblick auf Bildung und Musik.

Wirtschaftlich war die Verbindung zwischen Württemberg und dem Elsass vor allem durch den Wein geprägt: Der qualitätvolle Weinbau in Riquewihr und Umgebung führte zu einer immensen Weinausfuhr nach Württemberg, Mömpelgard und weit darüber hinaus. Berühmte Persönlichkeiten, wie der französische Philosoph Voltaire, waren in den elsässischen Weinhandel eingebunden, wovon noch preziöse Originalbriefe zeugen.

Nachdem die linksrheinischen Gebiete Württembergs 1796 an die Republik Frankreich abgetreten worden waren, sollten deutsch-französische Gegensätze die nächsten 150 Jahre bestimmen – durch politische Auseinandersetzungen und schreckliche Kriege. Erst nach dem Ende des Zweiten Weltkriegs kam es wieder zu einer Annäherung Frankreichs und Deutschlands. Hier soll vor allem die deutsch-französische Partnerschaft anhand der württembergisch-französischen Städtepartnerschaften von Stuttgart und Strasbourg, Ludwigsburg und Montbéliard sowie Weil der Stadt und Riquewihr instruktiv vorgestellt werden. Gerade in Anbetracht der aktuellen intensiven Zusammenarbeit zwischen Deutschland und Frankreich im vereinten Europa werden damit auch gemeinsame kulturpolitische Perspektiven aufgezeigt.

***

Die multimediale und interaktive Gestaltung der Ausstellung zielt auf ein breites Publikum, das in die gemeinsame Geschichte mitgenommen werden soll. Die in der Ausstellung präsentierten Objekte und Artefakte, ihre Inszenierungen und Kontextualisierungen werden begleitet von digitalen und interaktiven Präsentationsformen. Kartografische Übersichten ermöglichen die Orientierung im

Einführung
Peter Rückert und Erwin Frauenknecht

1 Schloss der Herzöge von Württemberg in Reichenweier.

Château des ducs de Wurtemberg à Riquewihr.

historischen Raum (Abb. 2), eine Projektion aktueller Architekturaufnahmen animiert die „Spurensuche" nach württembergischer Baukultur im Elsass. Der spielerische Umgang mit dem historischen Wissen wird angeregt: Auf einem Medientisch kann die historische Stadtansicht von Reichenweier nach einem Kupferstich von Merian detailliert erkundet werden. Die Besucher werden gleichsam virtuell durch die historische Stadt geführt, deren Stadtbild auch heute noch großartig erhalten ist (Abb. 3).

Die berühmte Temperantia-Schale, die der lothringische Zinngießer François Briot um 1600 für den württembergischen Herzog Friedrich I. gestaltet hat, wird durch zahlreiche Detailaufnahmen in einer 3 D-Animation auf einem Screen bewegt. Neben der beeindruckenden Originalschale können damit die Details ihres großartigen Bildprogramms aus der Renaissance erschlossen werden (Abb. 4). Daneben präsentiert eine Studiostation die drei zentralen Urkunden für den Erwerb von Horburg und Reichenweier in den Jahren um 1324 in Transkription und Übersetzung. Damit sind diese hier erstmals gezeigten Ausgangsobjekte der Ausstellung umfassend verständlich und wissenschaftlich kontextualisiert.

Tonaufnahmen von wesentlichen Schlüsseltexten aus Briefen und Testamenten der Ausstellung sind an Hörstationen abrufbar. Dazu kommen neu eingespielte Musikaufnahmen, die sich teils aufsehenerregenden Musikalienfunden verdanken; so ein „Klaglied", das Graf Georg von Württemberg-Mömpelgard um 1540 auf eine damals bekannte Melodie dichtete. Der „Sound der Zeit" führt damit so dicht wie möglich an die historischen Begebenheiten heran, in Musik und Ton, in der besonderen Kombination von Originalobjekt und historischem Klang. Damit wird ein Rundgang durch die Ausstellung möglich, der zum Innehalten einlädt, zur interaktiven Teilnahme am historischen Geschehen, zur individuellen Betrachtung zeitgenössischer Spuren der gemeinsamen württembergisch-elsässischen Geschichte.

Die Präsentation der Ausstellung auf der Internetseite des Landesarchivs Baden-Württemberg bietet einen virtuellen Rundgang durch die Ausstellung an, der mit den beschriebenen Spezialanwendungen verknüpft ist und die Inszenierungen, Animationen und Hörbeispiele online abrufen lässt. Verlinkungen in das Online-Findmittelsystem des Landesarchivs lassen von hier aus weitere individuelle Recherchen vertiefen und die gebotene Überlieferung kontextualisieren.

Die historischen Brücken zwischen Württemberg und dem Elsass wie zwischen Deutschland und Frankreich bieten sich hier an, gemeinsam begangen zu werden. Die grenzüberschreitende Zusammenarbeit hat

Einführung
Peter Rückert und Erwin Frauenknecht

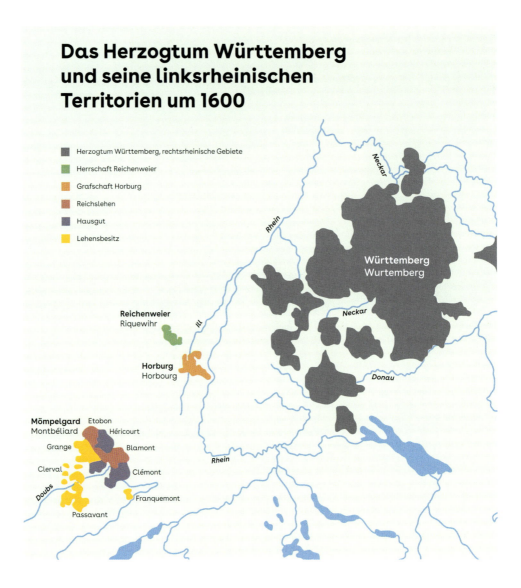

2 Das Herzogtum Württemberg und sein linksrheinischer Besitz um 1600 (Entwurf: Société d'Émulation de Montbéliard / Grafik: Carola Wüst).

Le duché de Wurtemberg et ses possessions situées sur la rive gauche du Rhin vers 1600 (conception : Société d'Émulation de Montbéliard / illustration : Carola Wüst).

diese Ausstellung ermöglicht und inspiriert. Wir verstehen sie gerne als ein kulturpolitisches Signal freundschaftlicher Nähe und Kooperation, die es fortzusetzen gilt.

Es ist den angesprochenen Kooperationspartnern und Leihgebern zu verdanken, dass dieses historische Panorama um Württemberg und das Elsass so reich gestaltet werden konnte. Unser persönlicher Dank geht hier stellvertretend an diejenigen, die das gemeinsame Projekt – über Grenzen hinweg – umgesetzt haben: Vincent Scherrer und Daniel Klack für die Stadt Riquewihr, Cécile Rey-Hugelé für die Musées de Montbéliard und Aline Bouche für die Archives municipales de Montbéliard. Schließlich danken wir auch Generalkonsul Gaël de Maisonneuve und Johanne Mazeau-Schmidt für die freundschaftliche Unterstützung durch das Institut Français in Stuttgart und Dr. Miriam Régerat-Kobitzsch für die großartige Übersetzung der Texte ins Französische.

Introduction
Peter Rückert et Erwin Frauenknecht

L'acquisition en Alsace du comté de Horbourg et de la seigneurie de Riquewihr par les comtes de Wurtemberg en 1324 marqua le début d'une histoire commune de 700 ans que cette exposition entend retracer. Le Hauptstaatsarchiv Stuttgart, une section du Landesarchiv Baden-Württemberg, ainsi que la ville de Riquewihr (Reichenweier) ont profité de cet anniversaire pour réaliser un projet commun qui prend toute son importance grâce à la coopération binationale et contribue ainsi à son profil relevant de l'histoire culturelle.

Ce projet d'exposition commun fut animé, soutenu et accompagné par de nombreux partenaires internationaux qu'il faut remercier ici. Le concept et l'élaboration de l'exposition résultent d'une coopération très étroite avec la ville de Riquewihr et la Société d'Histoire et d'Archéologie de Riquewihr, ainsi qu'avec la commune de Horbourg-Wihr et l'Association d'Archéologie et d'Histoire de Horbourg-Wihr. Parallèlement aux préparatifs de l'exposition, plusieurs séminaires organisés à l'Institut d'histoire régionale et des sciences auxiliaires de l'histoire de l'université de Tübingen ont permis d'étudier et d'explorer en profondeur l'histoire culturelle franco-allemande. Les résultats ont été intégrés dans le catalogue et dans la présentation virtuelle de l'exposition.

Notre exposition franco-allemande sera tout d'abord présentée au Hauptstaatsarchiv à Stuttgart puis, dans un second temps, dans l'ancien château des ducs de Wurtemberg à Riquewihr. Cette présentation met en lumière les temps forts de cette histoire culturelle commune. Ils se rapportent surtout à la politique, la religion et les arts et se focalisent sur les liens économiques et les imbrications culturelles.

Lorsqu'en 1796, quelques années après la Révolution, les possessions du Wurtemberg situées sur la rive gauche du Rhin furent cédées à la France, cette rupture mit fin à une relation qui avait duré presque 500 ans ; elle perdura malgré tout dans le domaine culturel et marqua le profil historique particulier des villes et villages d'Alsace autrefois wurtembergeois.

Le processus de rapprochement entre la France et l'Allemagne réamorcé après la Seconde Guerre Mondiale a été accéléré grâce à des jumelages entre des villes françaises et wurtembergeoises tels que celui entre Strasbourg et Stuttgart, entre Ludwigsbourg et Montbéliard ou encore celui entre Weil der Stadt et Riquewihr. Ces villes renouèrent avec leurs étroits liens historiques préexistants et leurs jumelages symbolisent une coopération et un partenariat en toute amitié dans une Europe commune. Cet élan donna aussi l'impulsion à la coopération transfrontalière dans le cadre de cette exposition et constitue le signe politique et culturel d'une coopération amicale.

**

L'exposition s'appuie sur des documents écrits conservés au Hauptstaatsarchiv Stuttgart, qui ont permis une étude et présentation des liens historiques subsistant entre le Wurtemberg et l'Alsace à différentes époques. À cela viennent s'ajouter de précieux manuscrits et textes imprimés de la Württembergische Landesbibliothek Stuttgart et de magnifiques tableaux, bijoux et objets d'art du Landesmuseum

Introduction
Peter Rückert et Erwin Frauenknecht

Württemberg, notamment le célèbre bassin de la Tempérance.

Ces véritables trésors du Wurtemberg furent complétés par des pièces exceptionnelles tirées d'archives, de bibliothèques et de musées français de Paris, Colmar, Montbéliard, Riquewihr et Horbourg-Wihr. Parmi elles se trouvent les actes originaux documentant l'acquisition de Horbourg et de Riquewihr en 1324 ; ils furent redécouverts à Paris aux Archives Nationales et sont présentés pour la première fois au public.

Le château des ducs de Wurtemberg, qui abritera à Riquewihr l'exposition pour le public français (ill. 1), est en soi un objet central de cette exposition. Il fut érigé en 1540 par le comte Georges de Wurtemberg-Montbéliard (1498–1558) sur les vestiges d'une enceinte médiévale et symbolise en tant que château de la Renaissance le long règne et l'influence de la culture wurtembergeoise en Alsace.

Ce sont surtout les plans de l'architecte wurtembergeois Heinrich Schickhardt (1558–1635) qui sont dignes d'attention. Il fit construire sur commande du duc Frédéric Ier de Wurtemberg (1557–1608) d'importants édifices seigneuriaux, bourgeois ou encore religieux en Alsace et autour de Montbéliard. La mise en relation des dessins de Schickhardt aujourd'hui conservés avec les bâtiments encore existants, a un charme tout particulier et est un point fort de l'exposition.

Les thèmes centraux de l'exposition se suivent de manière chronologique : depuis les débuts au seuil du XIVe siècle, où le regard se tourne vers le pouvoir wurtembergeois et son territoire en Alsace, en passant par les questions dynastiques et religieuses, qui menèrent à l'introduction de la Réforme dans les territoires alsaciens. Le lien religieux du luthéranisme unira pour des siècles le cœur du territoire du Wurtemberg avec ses territoires situés sur la rive gauche du Rhin autour de Horbourg/Riquewihr et de Montbéliard/Mömpelgard. Les décennies autour de l'année 1600 se détachent par un essor remarquable de la culture et de l'architecture ; l'échange culturel particulièrement soutenu au niveau de l'instruction et de la musique y fut d'une grande importance.

La relation économique entre le Wurtemberg et l'Alsace était surtout marquée par le vin : la culture du vin de qualité à Riquewihr et ses environs fut à l'origine d'un important courant d'exportation de vin en direction du Wurtemberg, de Montbéliard et encore bien au-delà. Des personnalités célèbres telles que le philosophe Voltaire s'engagèrent dans le commerce du vin alsacien comme le prouvent plusieurs lettres autographes conservées.

Après la cession des territoires du Wurtemberg situés sur la rive gauche du Rhin en 1796 à la jeune République française, ce sont les antagonismes franco-allemands qui marquèrent les 150 années suivantes – que ce soit au travers de conflits politiques ou par d'effroyables guerres. Ce n'est qu'à la fin de la Seconde Guerre Mondiale que la France et l'Allemagne se rapprochèrent de nouveau. Ce partenariat franco-allemand sera surtout mis en lumière dans l'exposition par des jumelages entre des villes wurtembergeoises et françaises telles que Stuttgart et Strasbourg, Ludwigsbourg et Montbéliard ainsi que Weil der Stadt et Riquewihr. Au vu de l'intense coopération entre l'Allemagne et la France de nos jours, ces jumelages permettent d'illustrer des visions communes dans le domaine de la politique culturelle.

∗∗∗

La conception multimédia et interactive de cette exposition a pour but de s'adresser à un public très large, qui est invité à se plonger dans cette histoire commune. Les objets et artéfacts exposés, leur mise en scène et leur contextualisation – tout cela est accompagné de formes de présentation numériques et interactives. Des vues d'ensemble cartographiques permettent au visiteur de s'orienter à l'intérieur de l'espace historique (ill. 2), une projection de photos de bâtiments incite à partir à la recherche des traces architecturales laissées par le Wurtemberg en Alsace. L'exposition invite à une approche ludique du savoir

Introduction
Peter Rückert et Erwin Frauenknecht

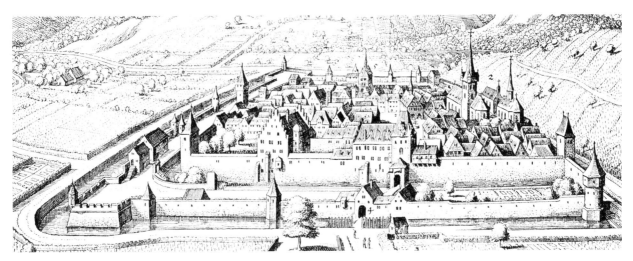

3 Ansicht von Reichenweier. Stich von Matthäus Merian, 1643 (Ausschnitt).

Vue de Riquewihr. Gravure de Matthäus Merian, 1643 (détail).

historique ; ainsi, la vue historique de la ville de Riquewihr d'après une gravure de Matthäus Merian peut être explorée en détail sur une table multimédia. Le visiteur y est par ailleurs emmené virtuellement dans la ville telle qu'elle était autrefois ; elle a d'ailleurs très bien conservé son patrimoine historique jusqu'à aujourd'hui (ill. 3).

Le célèbre bassin de la Tempérance que réalisa vers 1600 le potier d'étain lorrain François Briot pour le duc Frédéric Ier de Wurtemberg est animé en 3D sur un écran grâce à une multitude d'images de détails. Cela permet, en complément de l'objet original, de contempler plus précisément et de mieux comprendre les subtilités de cet impressionnant programme allégorique de la Renaissance (ill. 4). Non loin de là, une autre installation présente, transcrits et traduits, les trois actes centraux entérinant l'acquisition de Horbourg et de Riquewihr dans les années autour de 1324. Ces médias permettent de présenter de manière compréhensible et scientifiquement mis en contexte ces objets exposés pour la première fois et marquant le point de départ de cette histoire commune.

Des enregistrements des principaux textes-clés tirés de lettres et de testaments exposés peuvent être écoutés au niveau des stations audio. S'ajoutent à cela des enregistrements musicaux récents grâce, en partie, à des découvertes très remarquées de partitions, notamment le « Klaglied », les lamentations du comte Georges de Wurtemberg-Montbéliard, qu'il composa en vers autour de 1540 en s'appuyant sur une mélodie connue de ses contemporains. Le « son de l'époque » amène ainsi le visiteur le plus près possible du contexte historique, dans le son comme dans la musique, en alliant objets authentiques et tonalité historique. Il est ainsi possible de parcourir l'exposition tout en participant de manière interactive aux événements historiques et en contemplant chacun pour soi les traces de l'histoire commune du Wurtemberg et de l'Alsace.

La présentation de l'exposition sur le site internet du Landesarchiv Baden-Württemberg propose une visite virtuelle qui est reliée aux différentes stations numériques et audios décrites précédemment et permet donc de voir en ligne les mises en scènes, animations et pistes audios. Une mise en lien avec le répertoire numérique du Landesarchiv permet à chacun de poursuivre et d'approfondir ses

24 **Introduction**
Peter Rückert et Erwin Frauenknecht

4

recherches et de mettre en contexte les documents proposés.

Les ponts historiques entre le Wurtemberg et l'Alsace et, par extension, entre l'Allemagne et la France, se prêtent à être franchis ensemble. Une coopération dépassant les frontières nationales a permis la réalisation de cette exposition et l'a constamment inspirée. Nous la concevons comme un signal politique et culturel dans un processus de rapprochement et de coopération dans l'amitié qu'il s'agit de poursuivre.

C'est grâce à nos partenaires et prêteurs que ce panorama historique du Wurtemberg et de l'Alsace a pu être si richement mis en scène. Nous remercions ici, parmi tant d'autres, tout particulièrement ceux qui ont œuvré à la réalisation de ce projet commun – au-delà des frontières : Vincent Scherrer et Daniel Klack pour la ville de Riquewihr, Cécile Rey-Hugelé pour les Musées de Montbéliard et Aline Bouche pour les Archives municipales de Montbéliard. Pour finir, nous remercions également le consul général Gaël de Maisonneuve et Johanne Mazeau-Schmidt pour le soutien amical de l'Institut Français à Stuttgart et le Dr. Miriam Régerat-Kobitzsch pour la remarquable traduction des textes en français.

4 Temperantia-Schale von François Briot, 1585/1590 (Ausschnitt).

Bassin de la Tempérance par François Briot, 1585/1590 (détail).

Die Anfänge Württembergs im Elsass: Herrschaft und Territorium
Erwin Frauenknecht

Aus der Perspektive der Grafschaft Württemberg schien das Elsass im späten Mittelalter weit entfernt zu liegen. Dennoch reichen die ersten Ansätze dieser Beziehungen zwischen Württemberg und dem Elsass bis in das frühe 14. Jahrhundert zurück. Konkret bietet der Erwerb von Horburg und Reichenweier durch die Grafschaft Württemberg im Jahr 1324 einen Anlass, die Anfänge Württembergs im Elsass genauer in den Blick zu nehmen. Unter dem Begriffspaar „Herrschaft und Territorium" gilt es, diese Anfänge zu skizzieren und in ihren Bezügen zu den territorialen Nachbarn im oberen Elsass einzuordnen. Im Mittelpunkt stehen dabei ausgewählte Beispiele, um die Konsolidierung und Erweiterung der elsässischen Besitzungen bis zur Mitte des 15. Jahrhunderts näher zu beleuchten.

Württemberg selbst galt um 1300 als aufstrebendes Territorium. Die ambitionierte Regentschaft Graf Eberhards I. (1265–1325) brachte territorialen Zugewinn, evozierte aber im Konflikt mit dem König und anderen Fürsten auch schwere Krisen für die Grafschaft.[1] Im Südwesten etablierte sich die Grafschaft Württemberg als wichtiges Territorium.

In dieser „Gründerzeit"[2] Württembergs hatten die frühen Bezüge der württembergischen Grafen in die Regionen westlich des Rheins unverkennbar einen dynastischen Hintergrund. Verbindungen in diesen Raum resultierten aus Heiratsverbindungen und sollten den Einflussbereich der Dynastie erweitern. Eberhards zweite Frau, Margarethe, war eine lothringische Herzogstochter, und auch für seinen Sohn, Graf Ulrich III., sahen die württembergischen Heiratspläne ein nach Westen ausgerichtetes Konnubium vor. Graf Ulrich III. wurde mit einer Tochter des Pfirter Grafen Theobald II. verlobt, wohl schon vor 1312.[3] Als die Pfirter Grafen 1324 in männlicher Linie ausstarben, entwickelte sich aus dem Streit um das Erbe der Grafschaft Pfirt eine erhebliche territoriale Dynamik im Elsass, die über den Sundgau hinaus Auswirkungen hatte. Allen voran gelang es den Habsburgern mit rascher Entschlossenheit, die Grafschaft Pfirt für ihren Herrschaftsbereich zu sichern. In einem Vergleich vom März 1324 wurden dabei auch mögliche Ansprüche Graf Ulrichs von Württemberg mit Geld ausgeglichen.[4]

Der Erwerb von Horburg und Reichenweier im Jahr 1324

Aus dem Umfeld der Pfirter Grafen entschlossen sich Ende 1324 auch die kinderlosen Grafen von Horburg zu einem Verkauf ihrer Herrschaft (Abb. 1). Die beiden Brüder Walther und Burchard von Horburg verkauften am 7. Dezember 1324 in Reichenweier an Graf Ulrich von Württemberg, ihrem *lieben oheim*, ihren umfangreichen Besitz für insgesamt 4.400 Mark Silber. Der Umfang des Kaufes wird in der Urkunde genau beschrieben:

[…] *unser herrschafft von Horburch, die graveschafft Witckisowe, und das lanhtgerirht, so wir haben in dem Leimental an dem Blauen, Bihlstein unser burch, Richenwilre die stat, Cellenberg burge und stat, und swas zu der herschaft von Horburch, zu der vorgenannten grafschaft und zu den vorgenannten vestin gehöret […]*[5]

Es handelt sich um ein ganzes Bündel von unterschiedlichen Besitz- und Herrschaftsrechten, die Graf Ulrich von den Horburger Brüdern erwarb: Neben der Herrschaft Horburg gehörten dazu das Landgericht im Leimental, die Stadt Reichenweier, Burg und Stadt Zellenberg sowie die Burg Bilstein. Mit der sonst kaum erwähnten, und auch nicht sicher lokalisierbaren Grafschaft *Witckisowe* war jedenfalls der Grafentitel verbunden, mit dem sich die Herren von Horburg bezeichneten.[6] Viel weiter südlich gegen Basel gelegen ist das Landgericht Leimental zu lokalisieren, das die Horburger in ihrer zeitweiligen Funktion als oberelsässische Landvögte beanspruchten. Andere Teile, wie Burg und Stadt Zellenberg, blieben von Lehensansprüchen des benachbarten Hochstifts Straßburg beeinträchtigt, dazu gleich mehr.[7]

Die landesgeschichtliche Forschung bewertet die Erwerbungen von 1324 als „Torso eines zunächst größer geplanten Projekts".[8] Wie planvoll Graf Ulrich dabei vorging, verdeutlichen zwei bisher unbekannte Urkunden aus dem Jahr 1328. Die beiden Dokumente helfen auch, den Ablauf des Kaufes von 1324 besser einzuordnen, denn die Übernahme des erkauften Besitzes erfolgte nicht sofort. Der Grund der Verzögerung wird aus den Quellen nicht eindeutig erkennbar, aber wir sehen immerhin, dass auch die Habsburger versucht hatten, den Besitz der beiden Brüder von Horburg an sich zu ziehen.[9] Denn 1327 vereinbarte Herzog Albrecht von Österreich mit Graf Burchard von Horburg, dessen Herrschaft zu übernehmen. Aus der Kaufsumme von 2.300 Mark Silber sollte auch die Versorgung von Burchards Frau Lucie (*siner elichen hußfrowen der edeln Lucien von Rappoltstein sechs hundert marck*) und dem gemeinsamen Kind (*er sol ouch sinem kinde davon geben sechs hundert marck*) sichergestellt werden.[10] Nach allem, was wir erkennen, wurde der geplante Verkauf an die Habsburger nicht realisiert, denn im Jahr darauf forcierte erneut Graf Ulrich von Württemberg seine Bemühungen um den Erwerb des Horburger Besitzes.

Damit zurück zu den eben erwähnten beiden unbekannten Urkunden. Am 9. Juni 1328 übergab Burchard von Horburg die Dörfer Sundhofen, Wolfgantzen und Volgelsheim (*Sunthoven, Wolfgangeschen, das zwuschent Colmar und der Brisah lit, Volgoxhen, das Brisah der Bruggen aller nehst lit*).[11] Als Lehen waren diese Dörfer bisher verliehen an die Herren von Hattstatt, sie wurden nach ihrem Heimfall von Burchard jetzt an Graf Ulrich verkauft. Einige Wochen später quittierte Burchard den Erhalt von 1.000 Mark Silber *von des kauffes wegen, den er getan hat umme die Herschaft von Horburg*.[12] Beide Urkunden verdeutlichen, dass der württembergische Graf damit seine Position im südlichen Bereich der Grafschaft Horburg verstärkte.

Wohl 1328 war Walther, der ältere der beiden Horburger Grafen, gestorben,[13] im Frühjahr 1329 bekräftigte der jüngere Bruder, Burchard von Horburg, noch einmal die Weitergabe seines gesamten Besitzkomplexes an Graf Ulrich III., diesmal ausdrücklich auch mit Bezug auf die lehnsrechtlichen Teile seiner Herrschaft (*zu rehtem lehen gelihen han ewiclich*).[14]

Das führte zu Konflikten. Denn auf einen Teil der Horburger Herrschaft hatte der streitbare Straßburger Bischof Berthold von Buchegg (1328–1353) lehnsrechtliche Ansprüche angemeldet, insbesondere über Burg und Stadt Zellenberg. Daraus erwuchs eine regelrechte Fehde. Der spätmittelalterliche Chronist Matthias von Neuenburg liefert in seiner zeitgenössischen Vita Bertholds von Buchegg eine ausführliche Beschreibung dieses Konflikts, auf die an dieser Stelle nicht näher eingegangen werden kann.[15] Im Oktober 1329 erreich-

Die Anfänge Württembergs im Elsass
Erwin Frauenknecht

1 Die beiden Brüder Walther und Burchard von Horburg verkaufen 1324 ihre Herrschaft an Graf Ulrich von Württemberg (Vidimus von 1332; ANP K 2316, liasse 2, Nr. 2).

Les deux frères Walter et Burkart de Horbourg vendent en 1324 leur seigneurie au comte Ulrich de Wurtemberg (Vidimus datant de 1332 ; ANP K 2316, liasse 2, Nr. 2).

ten die verfeindeten Parteien zwar eine Einigung,[16] die allerdings in den Folgejahren brüchig blieb. Erst 1336 sollten sich der Straßburger Bischof und der württembergische Graf endgültig aussöhnen.[17]

Spätestens 1332 war wohl auch Burchard von Horburg verstorben.[18] Die Vormundschaft über Burchards unmündigen und wegen seiner körperlichen Beeinträchtigungen auch nicht anerkannten Sohn hatte der Edle Johannes von Rappoltstein übernommen, der Onkel mütterlicherseits.[19] Aus dieser Vormundschaft erklärt sich die Überlieferungssituation der Verkaufsurkunde von 1324. Die Ausfertigung von 1324 ist nicht erhalten, sondern nur durch ein sogenanntes Vidimus überliefert, also durch eine spätere Abschrift. Am 13. September 1332 erklärte Johannes von Rappoltstein, dass er den Text der Verkaufsurkunde wortwörtlich in eine von ihm in Stuttgart ausgestellte Urkunde habe aufzeichnen lassen.[20] Aus der Vormundschaft entstanden aber keine weiteren Konflikte – im Gegenteil, sehr rasch suchten beide Seiten den Ausgleich. Schon im Juni 1328, unmittelbar nach dem Kauf der drei Dörfer aus der Horburger Herrschaft südlich von Colmar, verglich sich Graf Ulrich von Württemberg mit den Herren von Rappoltstein. Ihre Erben, Leute und Güter sollten in Liebe und Freundschaft (*in liebe und in frůndschefte*) bei den Rechten und Gewohnheiten bleiben, wie sie bisher zwischen den Herrschaften Horburg und Rappoltstein bestanden.[21] Als verlässliche Lehensleute waren die Rappoltsteiner auch später häufig im Dienst der württembergischen Grafen anzutreffen.

Man erkennt, wie unterschiedlich sich für Graf Ulrich von Württemberg die Sicherung seines ab 1324 erworbenen Besitzes gestaltete. Er musste sich in diesen frühen Jahren mit den territorialen, benachbarten Herrschaftsträgern arrangieren und die erworbenen Herrschaftsrechte abklären. Das geschah, wie im Fall von Burg und Stadt Zellenberg, mit dem Straßburger Bischof im Rahmen einer militärischen Auseinandersetzung oder auf dem Weg der Verständigung, wie sich am Beispiel der Herren von Rappoltstein erkennen lässt. Spätestens nach der endgültigen Aussöhnung zwischen Graf Ulrich von Württemberg und dem Bischof von Straßburg im Jahr 1336 scheinen die strittigen Ansprüche geklärt.

Nur in Umrissen ist aus den Quellen die weitere Entwicklung bis in die Mitte des 14. Jahrhunderts zu erkennen. Einen interessanten Anhaltspunkt liefert eine Beobachtung von Bernhard Metz, der einige elsässische Wallfahrtsorte untersuchte, die in Burgkapellen zu lokalisieren sind. Zwischen Burgherrn und Pilgern standen divergierende Interessen, denn für den Burgherrn waren die Sicherheitsinteressen seiner Burg wichtiger als ein lebhafter Pilgerbetrieb.

Das älteste Beispiel im Elsass für einen solchen Fall war eine lokale Marienwallfahrt auf der Burg Bilstein.[22] Dem Marienbild in der Kapelle wurde eine wunderwirkende Kraft nachgesagt, die Pilger aus der nahen Umgebung anzog. Spätestens seit 1332 war Graf Ulrich von Württemberg der Burgherr von Bilstein. Schon nach kurzer Zeit, 1337, lässt der Württemberger das Marienbild hinunter in die Stadt Reichenweier verlegen, aus Sorge um die Sicherheit seiner Burg.[23] Vor dem Hintergrund der eben erst überwundenen Fehde mit dem Straßburger Bischof erscheint das Handeln des Grafen naheliegend. Ob Graf Ulrich damit auch die Förderung städtischer Interessen im Blick hatte, lässt sich nicht sicher erkennen. In der Liebfrauenkapelle in Reichenweier besaß das Marienbild jedenfalls noch bis zum Ende des 14. Jahrhunderts eine Anziehungskraft auf Pilger.[24]

Für die zweite Hälfte des 14. Jahrhunderts besitzen wir kaum Quellen, die den neuen Besitz der Grafen von Württemberg näher beschreiben. Insgesamt lässt sich festhalten, dass Grafschaft und Herrschaft Horburg und Reichenweier mehrmals als Pfandobjekte bei Heiratsverbindungen dienten. Gerade für die dynastische und politische Ausrichtung Württembergs nach Westen bot sich das an.[25] Als 1353 eine Heirat zwischen dem lothringischen Herzog und einer württembergischen Prinzessin zustande kam, versicherte Graf Eberhard II. die Mitgift seiner Tochter Sophie in Höhe von 30.000 Gulden mit seinen gesamten elsässischen Besitzungen: die Herrschaft Horburg, die Grafschaft Witkisaue, die Stadt Reichenweier sowie die Burg Bilstein (*unser herschaft ze Horburch, die grefschafft ze Wikisowe, Richenwilr die stat, Bilstein die burch*).[26]

Zieht man ein erstes Fazit für das 14. Jahrhundert aus dem Besitzerwerb der elsässischen Herrschaften, so ist das Bemerkenswerteste daran, dass die von den württembergischen Stammlanden weit entfernten Gebiete in der Hand der württembergischen Grafen geblieben sind. Erkennbar ist auch, wie planvoll Graf Ulrich dabei vorgegangen ist. Das zeigt der Kauf einiger Dörfer südlich von Colmar, den Graf Ulrich 1328 vollzogen hatte. Konsolidierung hieß aber auch, Besitzansprüche aufzugeben, wie im Fall von Burg und Stadt Zellenberg. Es gelang den württembergischen Grafen, die elsässischen Herrschaften Horburg und Reichenweier bei Württemberg zu halten.

Das Mömpelgarder Erbe
Mit der Heiratsverbindung zwischen dem minderjährigen Graf Eberhard IV. und Henriette von Montfaucon eröffnete sich für die württembergische Erwerbspolitik eine ganz neue Dimension. Der Heiratsvertrag von 1397 (Abb. 2) sah vor, dass Henriette als Erbin die gesamte Grafschaft Mömpelgard als Mitgift in die Ehe einbringen sollte: Dazu gehörten rund 50 Ortschaften im Bereich der Burgundischen Pforte, zusätzlich die benachbarten Herrschaften Granges, Clerval und Passavant (als Lehen der Freigrafschaft Burgund) sowie die Herrschaft Porrentruy (als Pfand des Hochstifts Basel). In einem gediegenen Sammelband wurden vor einigen Jahren Art, Umfang und Entwicklung der vielschichtigen Beziehungen zwischen Württemberg und Mömpelgard vorgestellt und zusammengetragen, worauf an dieser Stelle verwiesen sei.[27] Von Anfang an war die Grafschaft Württemberg in die weiteren Geschicke der mömpelgardischen Lande involviert: Von 1397 bis 1409 regierte Graf Eberhard III., danach bis 1419 sein Sohn Eberhard IV. Nach dessen frühen Tod führte seine Witwe Henriette bis 1444 die Herrschaft in Mömpelgard fort. In ihrer Herrschaftszeit formierten sich die mömpelgardischen Lande erst vollständig, und auch in der Grafschaft Württemberg übernahm sie zeitweise als Vertreterin ihrer unmündigen Söhne Ludwig und Ulrich eine profilierte Stellung.[28]

Durch diese Fokussierung auf die Grafschaft Mömpelgard gerieten die elsässischen Herrschaften Horburg und Reichenweier in den Hintergrund. Im Grunde blieben sie in ihrer Randlage: Vor 1397 weit von den württember-

Die Anfänge Württembergs im Elsass
Erwin Frauenknecht

2   Heiratsvertrag für Graf Eberhard IV. von Württemberg und Gräfin Henriette von Mömpelgard, 1397 (HStAS A 602 Nr. 36).

Contrat de mariage entre le comte Eberhard IV de Wurtemberg et la comtesse Henriette de Montbéliard de 1397 (HStAS A 602 Nr. 36).

gischen Stammlanden entfernt, nach dem Erwerb der Grafschaft Mömpelgard zumindest bis in die Mitte des 15. Jahrhunderts nachgeordnet und im Schatten der mächtigen Grafschaft Mömpelgard. Im frühen 15. Jahrhundert erscheinen kaum Quellen, in denen die elsässischen Herrschaften verstärkt hervortreten. Erst nach der Landesteilung der Grafschaft Württemberg 1442 sollte sich das wieder ändern.[29]

Württemberg und die elsässischen Besitzungen in ihren heraldischen Zeichen

Die wirkmächtige Verbindung Württembergs mit Mömpelgard und ihre Wirkung auf die elsässischen Besitzungen in Reichenweier und Horburg sollen abschließend unter heraldischen Gesichtspunkten beleuchtet werden. Wie sehr die Bildsprache der Heraldik dynastische Verbindungen zum Ausdruck bringen konnte, kann als Gemeinplatz gelten. Auch nach Jahrhunderten vermag die Symbolik der Wappen frühere Herrschaftsbeziehungen zum Ausdruck zu bringen. Beispielhaft dafür mag das Hochzeitsbild von Henriette von Mömpelgard und Eberhard IV. stehen, das Herzog Friedrich zu Beginn des 17. Jahrhunderts hatte anfertigen lassen (Abb. 3). Nach dem Tod seines kinderlosen Onkels, Herzog Ludwig († 1593), hatte der aus der Mömpelgarder Linie stammende Friedrich auch in Stuttgart die Herrschaft übernommen.[30] Wichtig war für den Herzog die Erinnerung an den Beginn der Beziehungen zwischen Württemberg und Mömpelgard, die 1397 mit der vereinbarten Heirat zwischen Graf Eberhard IV. und Henriette von Mömpelgard ihren Anfang genommen hatten. Die Hochzeit selbst fand einige Jahre später, wohl vor 1407 statt, und die Erinnerung an diese Hochzeit transportiert das Bild, freilich mit den künstlerischen Gestaltungsmitteln des frühen 17. Jahrhunderts.

Die Identifikation des Brautpaares im Zentrum der Darstellung ist über die im Sockel abgebildeten Wappen eindeutig möglich. Die württembergischen Hirschstangen im Wappen unter dem Bräutigam und die mömpelgardischen Barben im Wappen unter der Braut verdeutlichen, dass es sich hier um Graf Eberhard IV. und Henriette von Mömpelgard handeln muss.[31]

Die Bedeutung des Mömpelgarder Wappens ist in der Forschung gut dokumentiert, und auch seine Verbindung mit dem Wappenbild der württembergischen Grafen ist ausführlich nachgewiesen.[32] Aus der Zeit von Henriettes Vormundschaftsregierung ist ein Siegel belegt, das erstmals im gespaltenen Wappenschild die württembergischen Hirschstangen mit den mömpelgardischen Barben vereint.[33] Nach der Landesteilung 1442 kamen die linksrheinischen Besitzungen an die Uracher Linie, und bald danach wurde die Siegelführung der Uracher Linie angepasst. 1447 verwendete Graf Ludwig I. erstmals ein Siegel mit einem viergeteilten Wappen, das im ersten und vierten Feld die württembergischen Hirschstangen, im zweiten und dritten Feld die mömpelgardischen Barben zeigt, um den Umfang seines Uracher Landesteils auszudrücken.[34] In dieser Grundform blieb das württembergische Wappen in Gebrauch, auch nach der Zusammenführung beider Landesteile 1482 stellten die württembergischen Hirschstangen und die mömpelgardischen Barben die zentralen Bestandteile des gräflichen Wappens dar. Auch in den zeitgenössischen Wappenbüchern kam das zum Ausdruck. Im Wappenbuch des Konrad Grünenberg ist das gräfliche Wappen umringt von den Besitzungen der Württemberger. Auch der Hinweis auf den elsässischen Besitz fehlte nicht, zumindest die Herrschaft Horburg ist über das Horburger Wappen angesprochen.[35]

Noch enger scheint der württembergische Bezug im Wappen der Stadt Reichenweier. Die drei übereinanderliegenden Hirschstangen verdeutlichen unmissverständlich den Bezug zur württembergischen Herrschaft. Der darüberliegende sechsstrahlige Stern spielt auf die früheren Herrschaftsträger, die Grafen von Horburg, an. Die Hirschstangen sind allerdings nicht, wie üblich linksgewendet (heraldisch gesehen), sondern rechtsgewendet. Vielleicht steckt hinter dieser Änderung eine Form von heraldischer Courtoisie, um dem Wappen der gräflichen Herrschaft nicht zu nahe zu kommen. Hier scheinen jedoch noch weitere Untersuchungen nötig zu sein. Der bisher früheste Beleg für diese Siegelform mit den gewendeten Hirschstangen stammt aus dem Jahr 1363.[36] Am 28. Februar (*ze Kolmar an dem nehesten Cistage nach sant Mathys Tag des heilgen Zwelfbotte*) verbündeten sich in Colmar rund zwei Dutzend Fürsten, Herren und Vertreter elsässischer Städte. Auch Vogt, Rat und Bürger von Reichenweier besiegeln den Vertrag (Abb. 4). Die Umschrift des Siegels verweist auf die Bürger von Reichenweier (+ S' CIVIVM OPPIDI · IN · RICHENWILER), das Siegelbild auf die württembergische Herrschaft.

1 Vgl. dazu Mertens 1995, S. 27 ff.; Raff 1988, S. 69 ff.
2 Mertens 1995, S. 50.
3 Schukraft 1997, S. 16.
4 Schukraft 1997, S. 16; Druck der Urkunde bei Sattler 1767, Nr. 67 S. 95.
5 ANP K 2316, liasse 2 no. 4; ediert bei Schöpflin 1775, S. 132 Nr. 929; auch RUB 1, S. 277 f. Nr. 379; vgl. dazu Stälin 1856, S. 177 f.
6 Vgl. dazu Bischoff 1997, S. 17 f.; Herrenschneider 1993, S. 131 f.
7 Siehe Kat. I.7.
8 Mertens 1995, S. 51.
9 Vgl. RUB 1, S. 286 f. Nr. 392 (1327 Juni 6). Die bisher verschollene Originalausfertigung der Urkunde befindet sich in ANP, K 2316, liasse 2, no. 3.
10 Ebd.
11 ANP, K 2316, liasse 2, no. 2; vgl. Kat. Nr. I.3.
12 ANP, K 2316, liasse 2, no. 1; vgl. Kat. Nr. I.4.
13 Jordan 1997, S. 9.
14 RUB 1, S. 296 Nr. 402.
15 Vgl. Hofmeister 1924/40, S. 508 ff.
16 RUB 1, S. 299 Nr. 405; s. HStAS A 602 Nr. 6342.
17 Vgl. dazu Stälin 1856, S. 178 f.
18 Über das Todesjahr liegen widersprüchliche Angaben vor. Stälin 1856, S. 177 nennt das Jahr 1331, aber noch im Februar 1332 vermachen Burchard und seine Frau Lucie dem Stift St. Dié Einkünfte aus Weinbergen, vgl. RUB 1, S. 321 Nr. 434.
19 Vgl. RUB 1, S. 327 Nr. 441 mit weiteren Hinweisen.
20 ANP, K 2316, liasse 2, no. 4; vgl. RUB 1, S. 325 Nr. 439 (dort als verschollen verzeichnet).
21 Vgl. RUB 1, S. 289 f. Nr. 396 oder die Belehnung im September 1329, vgl. RUB 1, S. 298 Nr. 404.
22 Metz 2012.
23 Ebd., S. 92 f.
24 Ebd., S. 93 mit Anm. 8.
25 Vgl. dazu Heinz 1973, S. 105–107.
26 HStAS A 602 Nr. 21; vgl. auch Kat. I.8.
27 Lorenz/Rückert 1999.
28 Vgl. dazu Breyvogel 1999.
29 Vgl. dazu den Beitrag Rückert, Das Haus Württemberg.
30 Vgl. dazu den Beitrag Mährle.
31 Fischer 2010; vgl. Kat. I.11.
32 Vgl. Lorenz 1999, Exkurs S. 19–30; Schön 1999; Lorenz 2010.
33 Schön 1999, S. 37.
34 Ebd., S. 40.
35 Vgl. Kat. II.1.
36 Vgl. StA Kanton Basel, Urk. 340. Eine Abbildung des Siegels unter: http://www.sigilla.org/acte/stabs-urk-340-28237 (letzter Zugriff: 30.10.2023).

Les débuts du Wurtemberg en Alsace : pouvoir souverain et territoire
Erwin Frauenknecht

Vu de la perspective du comté de Wurtemberg, l'Alsace semblait bien loin à la fin du Moyen Âge. Les premières ébauches de la relation entre le Wurtemberg et l'Alsace remontent cependant au début du XIVe siècle. Concrètement, c'est l'acquisition de Horbourg et de Riquewihr par le comté de Wurtemberg en 1324 qui est une occasion d'étudier de plus près les débuts du Wurtemberg en Alsace. Les deux termes de « pouvoir souverain » et de « territoire » vont servir de fil conducteur pour esquisser par la suite les débuts de cette relation et les situer dans leurs rapports avec les territoires voisins de l'Alsace méridionale. Au centre de cette étude seront placés des exemples choisis qui permettront de mettre en lumière la consolidation et l'expansion des possessions alsaciennes jusqu'au milieu du XVe siècle.

Le Wurtemberg était considéré aux alentours de 1300 comme un territoire en pleine expansion. La régence ambitieuse du comte Eberhard Ier (1265–1325) eut pour effet des gains territoriaux, provoqua cependant également de graves crises pour le comté dans le contexte de conflits avec le roi et d'autres princes.[1] Le comté de Wurtemberg réussit à s'établir en tant que territoire important dans le Sud-Ouest de l'Empire.

Durant cette « Gründerzeit »[2] du Wurtemberg, les liens noués très tôt entre les comtes wurtembergeois dans les régions situées à l'ouest du Rhin avaient sans conteste un caractère dynastique. Les relations avec cette région étaient le résultat de liens matrimoniaux qui avaient pour but d'étendre la sphère d'influence de la dynastie. La seconde épouse d'Eberhard, Marguerite, était la fille d'un duc lorrain, et pour son fils, le comte Ulrich III, les projets matrimoniaux prévoyaient une orientation vers l'Ouest par un *connubium*. Le comte Ulrich III fut fiancé à une fille du comte de Ferrette, Théobald II, et ce probablement dès avant 1312.[3] Lorsque la lignée masculine des comtes de Ferrette vint à s'éteindre en 1324, le différend autour de l'héritage du comté de Ferrette fut à l'origine, en Alsace, d'une importante dynamique territoriale qui traversa même les frontières du Sundgau. Tout d'abord les Habsbourg parvinrent, grâce à une détermination rapide, à mettre la main sur le comté de Ferrette au profit de leur territoire souverain. Un compromis conclu en mars 1324 compensa financièrement les possibles revendications du comte Ulrich de Wurtemberg.[4]

L'acquisition de Horbourg et de Riquewihr en 1324

Dans l'entourage du comte de Ferrette les comtes de Horbourg, sans enfants, se décidèrent également à la fin de l'année 1324 à vendre leur seigneurie (ill. 1). Les deux frères Walter et Burkart de Horbourg vendirent au comte Ulrich de Wurtemberg, leur « cher oncle » (*lieben oheim*), le 7 décembre 1324 à Riquewihr leurs vastes possessions pour 4.400 marks d'argent. Le détail de la vente est décrit dans l'acte de cession :

[…] *unser herrschafft von Horburch, die graveschafft Witckisowe, und das lanhtgeriht, so wir haben in dem Leimental an dem Blauen, Bihlstein unser burch, Richenwilre die stat, Cellenberg burge und stat, und swas zu der herschaft von Horburch, zu der vorgenannten grafschaft und zu den vorgenannten vestin gehöret* […][5] (« (…) notre seigneurie de Horbourg, le comté de Witkisaue, et la juridiction correspondante, ainsi que dans le Leimental autour du Blauen, notre château du Bilstein, la ville de Riquewihr, la ville et le château de Zellenberg et tout ce qui dépend de la seigneurie de Horbourg, au comté mentionné ci-dessus et tous les châteaux mentionnés ci-dessus (…) »).

Il s'agit donc d'un ensemble de différents droits de possession et de pouvoir souverain que le comte Ulrich racheta aux deux frères : au-delà de la seigneurie de Horbourg, il s'agissait de la juridiction dans le Leimental, de la ville de Riquewihr, du château et de la ville de Zellenberg ainsi que du château du Bilstein. Au comté de Witkisaue, pour le reste rarement mentionné et dont la localisation n'est pas certaine, était rattaché le titre comtal que portaient les seigneurs de Horbourg.[6] Le Landgericht du Leimental est à situer beaucoup plus au sud, vers Bâle ; les comtes de Horbourg y rendaient la justice au vu de leur fonction intermittente de grands-baillis de Haute-Alsace. D'autres parties comme le château et la ville de Zellenberg restèrent entravées en partie par des revendications de suzeraineté de la part de la principauté ecclésiastique de Strasbourg, comme nous allons le voir par la suite.[7]

Les études d'histoire régionale ont longtemps considéré les acquisitions de 1324 comme une « ébauche d'un plan à l'origine plus vaste ».[8] La démarche très réfléchie du comte Ulrich se manifeste cependant dans deux actes jusque-là inconnus datant de 1328. Les deux documents permettent également de mieux comprendre le déroulement de l'acquisition de 1324, car le comte de Wurtemberg ne prit pas immédiatement possession des droits et terres qu'il avait achetés. La raison qui explique ce délai n'est pas décelable dans les sources, mais celles-ci indiquent au moins que les Habsbourg avaient également tenté d'acquérir les possessions des deux frères de Horbourg.[9] Car en 1327 le duc Albert d'Autriche convint avec le comte Burkart de Horbourg de reprendre ses droits et possessions. Le prix de vente de 2.300 marks d'argent devait aussi assurer la subsistance de l'épouse de Burkart, Lucie (*siner elichen hußfrowen der edeln Lucien von Rappoltstein sechs hundert marck* / « pour son épouse, la noble Lucie de Ribeaupierre, six-cent marks »), et de leur enfant (*er sol ouch sinem kinde davon geben sechs hundert marck* / « il doit également donner à son enfant six-cent marks »).[10] D'après tout ce que nous savons, l'achat prévu au profit des Habsbourg n'eut pas lieu car l'année suivante le comte Ulrich de Wurtemberg accrut ses efforts pour acquérir les droits et possessions dépendant de Horbourg.

Revenons donc aux deux actes évoqués plus haut. Le 9 juin 1328, Burkart de Horbourg remit les villages de Sundhoffen, Wolfgantzen et Volgelsheim (*Sunthoven, Wolfgangeschen, das zwuschent Colmar und der Brisah lit, Volgoxhen, das Brisah der Bruggen aller nehst lit* (« Sundhoffem, Wolfgantzen, qui se situe entre Colmar et Brisach, Volgelsheim qui se situe non loin de Brisach et de son pont »).[11] Ces villages avaient été concédés en fiefs aux seigneurs de Hallstatt et furent, une fois récupérés par Burkart, vendus au comte Ulrich. Plusieurs semaines plus tard, Burkart confirma la réception de la somme de 1.000 marks d'argent *von des kauffes wegen, den er getan hat umme die Herschaft von Horburg* (« concernant l'acquisition qu'il a faite au sujet de la seigneurie de Horbourg »).[12] Les deux actes indiquent clairement que le comte de Wurtemberg renforça par cette décision sa position dans la partie sud du comté de Horbourg.

C'est probablement en 1328 que mourut Walter, l'aîné des deux comtes de Horbourg,[13] et au printemps de l'année 1329 le frère cadet

Burkart de Horbourg confirma de nouveau la vente de tout ce complexe territorial au comte Ulrich III en évoquant, cette fois-ci, expressément les parties de ses possessions relevant du droit féodal (*zu rehtem lehen gelihen han ewiclich*).[14]

Cette décision provoqua des conflits. Car l'évêque de Strasbourg Berthold de Bucheck (1328–1353), un homme particulièrement querelleur, fit valoir des droits féodaux sur une partie de la seigneurie de Horbourg, en particulier sur le château et la ville de Zellenberg. Il en résulta une véritable querelle. Matthias de Neuenbourg, un chroniqueur de la fin du Moyen Âge, fournit dans la Vie qu'il rédigea de son contemporain Berthold de Bucheck un récit circonstancié de ce conflit qui ne peut pas être rendu ici dans tous ses détails.[15] Les parties en conflit parvinrent à un accord en octobre 1329,[16] mais celui-ci resta très fragile dans les années qui suivirent. Ce n'est qu'en 1336 que l'évêque de Strasbourg et le comte de Wurtemberg finirent par se réconcilier définitivement.[17]

Burkart de Horbourg mourut probablement aux alentours de 1332.[18] Le fils mineur de Burkart que ce dernier n'avait pas reconnu à cause de son handicap physique fut mis sous la tutelle du noble Jean de Ribeaupierre, son oncle maternel.[19] Cette mise sous tutelle permet de mieux comprendre la transmission du contenu de l'acte d'achat de 1324. L'exemplaire de 1324 n'est plus conservé, il en subsiste uniquement un vidimus, donc une copie ultérieure. Le 13 septembre 1332, Jean de Ribeaupierre affirme avoir repris mot pour mot le texte de l'acte d'achat dans un acte qu'il fit dresser à Stuttgart.[20] Sa tutelle par ailleurs ne généra pas d'autres conflits, bien au contraire, car les deux côtés cherchèrent très rapidement à se mettre d'accord. Dès le mois de juin 1328, peu après l'acquisition des trois villages situés au sud de Colmar et dépendant de la seigneurie de Horbourg, le comte Ulrich de Wurtemberg et les sires de Ribeaupierre se mirent d'accord. Leurs héritiers et vassaux dans leurs biens devaient conserver en tout amour et amitié (*in liebe und in frůndschefte*) les droits et usages préexistants entre les seigneuries de Horbourg et de Ribeaupierre.[21] La famille de Ribeaupierre s'avéra être aussi plus tard en maintes occasions un vassal fidèle aux côtés des comtes de Wurtemberg.

On voit donc que le comte Ulrich de Wurtemberg dut composer de différentes manières afin d'assurer les territoires qu'il avait acquis en 1324. Il dut au début trouver certains arrangements avec des souverains territoriaux voisins et éclaircir les droits souverains acquis. Cela se fit, comme dans le cas du château et de la ville de Zellenberg, contre l'évêque de Strasbourg au prix d'un conflit militaire ou alors par la voie d'un accord comme l'a montré le cas précis avec les sires de Ribeaupierre. C'est au plus tard après la réconciliation définitive entre le comte Ulrich de Wurtemberg et l'évêque de Strasbourg en 1336 que les droits litigieux semblent avoir été clarifiés.

L'évolution jusqu'au milieu du XIVe siècle ne peut être retracée que de façon très vague à partir des sources écrites. Une observation de Bernhard Metz qui étudia plusieurs lieux de pèlerinage alsaciens situés dans des chapelles de châteaux fournit cependant un indice intéressant. Les intérêts des châtelains et des pèlerins divergeaient car le châtelain favorisait la sécurisation de son château aux dépens du développement du pèlerinage.

L'exemple le plus ancien d'un tel phénomène en Alsace est le pèlerinage marial au château de Bilstein.[22] La statue de la Vierge dans la chapelle était considérée comme miraculeuse et attirait les pèlerins des environs proches. C'est au plus tard en 1332 que le comte Ulrich de Wurtemberg devint le châtelain de Bilstein. Peu de temps après, en 1337, le comte fit transférer la représentation mariale dans la ville de Riquewihr pour renforcer la sécurisation de son château.[23] Dans le contexte du conflit tout juste résolu avec l'évêque de Strasbourg, la décision du comte n'en paraît que plus logique. Il n'est cependant pas possible de savoir si, par cette décision, le comte Ulrich avait alors également voulu renforcer les intérêts de la ville. Dans l'église Notre-Dame de Riquewihr, la représentation de la Vierge attira encore nombre de pèlerins jusqu'à la fin du XIVe siècle.[24]

Pour la seconde moitié du XIVe siècle nous n'avons que peu de sources qui décrivent de manière plus détaillée les nouvelles possessions des comtes de Wurtemberg. De manière générale, il peut être affirmé que le comté et la seigneurie de Horbourg et de Riquewihr furent à plusieurs reprises mis en gage dans le cadre de la politique matrimoniale. Cela servait l'orientation dynastique et politique du Wurtemberg en direction de l'Ouest.[25] Lorsque fut négocié en 1353 un mariage entre le duc de Lorraine et une princesse du Wurtemberg, la totalité des possessions territoriales du comte Eberhard II en Alsace servirent de garantie pour assurer la dot de 30.000 florins de sa fille Sophie : la seigneurie de Horbourg, le comté de Witkisaue, la ville de Riquewihr ainsi que le château de Bilstein (*unser herschaft ze Horburch, die grefschafft ze Wikisowe, Richenwilr die stat, Bilstein die burch*).[26]

Si nous devons tirer une première conclusion de ce chapitre sur les acquisitions des seigneuries alsaciennes au XIVe siècle, le plus remarquable est sans doute que ces territoires très éloignés du cœur du comté wurtembergeois soient restés en possession des comtes de Wurtemberg. Il est possible de reconnaître par ailleurs que le comte Ulrich procéda de manière méthodique. La preuve en est l'achat de plusieurs villages au sud de Colmar en 1328. Cette consolidation allait cependant aussi de pair avec l'abandon de droits de propriété, notamment dans le cas du château et de la ville de Zellenberg. Les comtes de Wurtemberg parvinrent donc à maintenir les seigneuries alsaciennes de Horbourg et de Riquewihr dans le Wurtemberg.

L'héritage montbéliardais

Grâce au mariage du comte Eberhard IV, encore mineur, avec Henriette de Montfaucon, la politique d'acquisition de territoires de la part du Wurtemberg prit une nouvelle dimension. L'accord de mariage de 1397 (ill. 2) stipulait que la dot d'Henriette comprendrait la totalité du comté de Montbéliard dont elle était l'héritière ; le comté regroupait 50 localités au niveau de la Porte de Bourgogne, les seigneuries avoisinantes de Granges, Clerval et de Passavant (comme fief de la Franche-Comté de Bourgogne), ainsi que la seigneurie de Porrentruy (mise en gage par la principauté ecclésiastique de Bâle). Le caractère, l'étendue et l'évolution des relations à multiples facettes entre le Wurtemberg et Montbéliard furent présentés et réunis dans un solide ouvrage collectif il y a quelques années et nous renvoyons ici à cette publication.[27] Le comté de Wurtemberg fut impliqué dès le début dans les destinées des territoires montbéliardais : le règne du comte Eberhard III dura de 1397 à 1409, puis vint son fils Eberhard IV jusqu'en 1419. Après sa mort prématurée, c'est sa veuve Henriette qui régna jusqu'en 1444 sur Montbéliard. C'est avec elle que les territoires montbéliardais atteignirent leur forme définitive et elle joua également, pour un temps, un rôle important dans le comté de Wurtemberg en tant que tutrice de ses deux fils Louis et Ulrich, encore mineurs.[28]

Les territoires alsaciens des seigneuries de Horbourg et de Riquewihr passèrent à l'arrière-plan à cause de cette focalisation sur le comté de Montbéliard. Ils restèrent, au fond, à la périphérie : avant 1397 ils se trouvaient géographiquement éloignés du cœur du comté de Wurtemberg ; après l'acquisition du comté de Montbéliard ils jouèrent, du moins jusqu'au milieu du XVe siècle, un rôle secondaire et restèrent à l'ombre du puissant comté de Montbéliard. Rares sont les sources du début du XVe siècle qui mettent l'accent sur les seigneuries alsaciennes. Ce n'est qu'après la partition du comté de Wurtemberg en 1442 que les choses changèrent.[29]

3 Darstellung der Hochzeit zwischen Graf Eberhard IV. und Gräfin Henriette von Mömpelgard (1605-1608) (LMW Inv. 2004-256).

Représentation du mariage entre le comte Eberhard IV et la comtesse Henriette de Montbéliard (1605-1608) (LMW n° d'inv. 2004-256).

Le Wurtemberg et les possessions alsaciennes dans leurs signes héraldiques

En guise de conclusion les puissants liens unissant le Wurtemberg à Montbéliard et leurs effets sur les possessions alsaciennes de Riquewihr et de Horbourg seront ici mis en lumière sous l'aspect de l'héraldique. C'est un lieu commun que d'affirmer que le langage imagé de l'héraldique transportait des liens dynastiques. La symbolique des blasons exprime encore des siècles plus tard des relations de souveraineté d'antan. Un exemple en est la représentation du mariage d'Henriette de Montbéliard et d'Eberhard IV que fit réaliser le duc Frédéric au début du XVIIe siècle (ill. 3). Après la mort sans descendants directs de son oncle, le duc Louis († 1593), Frédéric, issu de la ligne montbéliarde, avait également hérité du pouvoir à Stuttgart.[30]

Il était important pour le duc de rappeler les débuts de la relation entre le Wurtemberg et Montbéliard qui remontaient à l'accord de mariage entre le comte Eberhard IV et Henriette de Montbéliard en 1397. Le mariage en lui-même se tint quelques années plus tard, probablement avant 1407, et le tableau ravive le souvenir de ce mariage, bien évidemment avec les libertés artistiques habituelles au début du XVIIe siècle. Il est possible d'identifier clairement le couple au centre de l'image grâce aux blasons placés sur le socle. Les bois de cerf du Wurtemberg sous le marié et les barbeaux de Montbéliard sous la mariée indiquent qu'il s'agit ici du comte Eberhard IV et d'Henriette de Montbéliard.[31]

La signification des armoiries de Montbéliard est bien documentée, tout comme sa mise en relation avec le blason des comtes de Wurtemberg.[32] Il a été conservé un sceau datant de la période de régence d'Henriette qui présente pour la première fois un blason partitionné unissant les bois de cerf du Wurtemberg et les barbeaux de Montbéliard.[33] Après la partition du Wurtemberg en 1442, les territoires situés sur la rive gauche du Rhin

Les débuts du Wurtemberg en Alsace
Erwin Frauenknecht

4

revinrent à la ligne d'Urach qui adapta son sceau peu de temps après. En 1447, le comte Louis Ier se servit pour la première fois d'un sceau arborant un blason écartelé présentant dans les premier et quatrième champ les bois de cerf wurtembergeois et dans les deuxième et troisième champ les barbeaux montbéliardais, afin de démontrer l'extension des territoires relevant de la ligne d'Urach.[34] Les armoiries du Wurtemberg conservèrent cette forme originelle ; même après la réunion des deux parties du Wurtemberg en 1482, les bois de cerf du Wurtemberg et les barbeaux de Montbéliard restèrent les éléments centraux du blason comtal. Cette forme se retrouve également dans les armoriaux de l'époque. Dans l'armorial de Konrad Grünenberg par exemple, le blason comtal est entouré des possessions de la Maison de Wurtemberg. Les possessions alsaciennes y sont également évoquées, du moins la seigneurie de Horbourg, qui est représentée par le blason de Horbourg.[35]

Le lien avec le Wurtemberg s'exprime encore plus nettement dans le blason de la ville de Riquewihr. Les trois bois de cerf superposés évoquent clairement ce rapport au pouvoir souverain du Wurtemberg. L'étoile à six branches qui surmonte les bois de cerf est une allusion aux souverains antérieurs, les comtes de Horbourg. Les bois de cerf ne sont, en revanche, pas tournés comme d'habitude vers la gauche (d'un point de vue héraldique), mais vers la droite. Peut-être s'agit-il ici d'une forme de courtoisie héraldique afin de ne pas trop se rapprocher du blason des comtes de Wurtemberg. Des études plus poussées à ce sujet restent à faire. La preuve la plus ancienne que nous ayons pour cette forme du sceau arborant les bois de cerf retournés date de 1363.[36] Le 28 février (*ze Kolmar an dem nehesten Cistage nach sant Mathys Tag des heilgen Zwelfbotte*) s'allièrent à Colmar deux douzaines de princes, seigneurs et représentants de villes alsaciennes. Le bailli, le conseil et les bourgeois de Riquewihr scellèrent également ce contrat (ill. 4). La légende entourant le sceau renvoie aux bourgeois de Riquewihr (+ S' CIVIVM OPPIDI · IN · RICHENWILER), la représentation sur le sceau renvoie, quant à elle, au pouvoir wurtembergeois.

4   Siegel der Stadt Reichenweier von 1363 (StA Kanton Basel, Urk. 340).

Sceau de la ville de Riquewihr de 1363 (StA Kanton Basel, Urk. 340).

1   Cf. à ce sujet Mertens 1995, p. 27 sq.; Raff 1988, p. 69 sq.
2   Mertens 1995, p. 50.
3   Schukraft 1997, p. 16.
4   Schukraft 1997, p. 16; Acte imprimé dans Sattler 1767, n° 67 p. 95.
5   ANP K 2316, liasse 2 n° 4 ; éditée dans Schöpflin 1775, p. 132 n° 929; également dans RUB 1, p. 277 sq. n° 379 ; cf. à ce sujet Stälin 1856, p. 177 sq.
6   Voir à ce sujet Bischoff 1997, p. 17 sq.; Herrenschneider 1993, p. 131 sq.
7   Voir cat. I.7.
8   Mertens 1995 p. 51.
9   Cf. RUB 1, p. 286 sq. N° 392 (1327 Juni 6). L'exemplaire de l'acte original, disparu par le passé, est conservé aux Archives nationales, cf. ANP K 2316, liasse 2, n° 3.
10 Ibid.
11 ANP, K 2316, liasse 2, n° 2; cf. cat. I.3.
12 ANP, K 2316, liasse 2, n° 1; cf. cat. I.4.
13 Jordan 1997, p. 9.
14 RUB 1, p. 296 n° 402.
15 Cf. Hofmeister 1924/40, p. 508 sq.
16 RUB 1, p. 299 n° 405; voir HStAS A 602 Nr. 6342.

17 Cf. à ce sujet Stälin 1856, p. 178 sq.
18 Il existe des indications contradictoires concernant la date de sa mort. Stälin 1856 p. 177 parle de l'année 1331, or en février 1332 Burkart et son épouse Lucie lèguent à la collégiale de Saint-Dié des revenus issus des rendements du vignoble, cf. RUB 1, p. 321 n° 434.
19 Cf. RUB 1, p. 327 n° 441 avec d'autres indices.
20 ANP, K 2316, liasse 2, n° 4; cf. RUB 1, p. 325 n° 439 (indiqué ici comme ayant disparu).
21 Cf. RUB 1, p. 289 sq. N° 396 ou l'inféodation en septembre 1329, cf. RUB 1, p. 298 n° 404.
22 Metz 2012.
23 Ibid., p. 92 sq.
24 Ibid., p. 93 avec la notice 8.
25 Cf. à ce sujet Heinz 1973, p. 105–107.
26 HStAS A 602 Nr. 21; cf. également cat. I.8.
27 Lorenz/Rückert 1999.
28 Cf. à ce sujet Breyvogel 1999.
29 Cf. à ce sujet la contribution de Rückert dans ce volume.
30 Cf. à ce sujet la contribution de Mährle dans ce volume.
31 Fischer 2010; cf. cat. I.11.
32 Cf. Lorenz 1999, p. 19–30; Schön 1999; Lorenz 2010.
33 Schön 1999, p. 37.
34 Ibid., p. 40.
35 Cf. cat. II.1.
36 Cf. StA Kanton Basel, Urk. 340. Une représentation du sceau se trouve ici: http://www.sigilla.org/acte/stabs-urk-340-28237 (vu le 30.10.2023).

Das Haus Württemberg und seine Gebiete im Elsass – Dynastisches Potential und die Kraft der Reformation
Peter Rückert

Nach der Landesteilung der Grafschaft Württemberg 1442 hatte die Uracher Linie Graf Ludwigs I. auch die linksrheinischen Gebiete, also die Grafschaft Mömpelgard und die elsässischen Herrschaften Horburg und Reichenweier, übernommen.[1] Die sich in den nächsten Jahrzehnten anschließende Entwicklung zur Wiedervereinigung Württembergs wurde mit dem Münsinger Vertrag 1482 abgeschlossen. Die zwischenzeitlich erfolgten Verhandlungen und Einigungen im Haus Württemberg lassen die besondere Bedeutung der elsässischen Gebiete für sein dynastisches Profil zunächst verfolgen.

Wurde der Besitz der Grafschaft Mömpelgard mit ihren zugehörigen Herrschaften im Kontext der dynastischen Teilungsvorgänge bereits eingehend beschrieben und seine Bedeutung als „dynastische Reserve" bzw. „territoriale Reserve" betont,[2] spielen die elsässischen Gebiete um Horburg und Reichenweier dafür bislang eine nachgeordnete und kaum bekannte Rolle. Doch stellten diese sowohl für die dynastische Entwicklung Württembergs wie auch für die kirchliche Situation bis zur Einführung der Reformation einen eigenen Schauplatz der gemeinsamen Geschichte dar, der im Folgenden fokussiert werden soll. Dabei gilt es, vor allem auf die Präsenz des Hauses Württemberg im Elsass zu achten und die Verbindungen und Kontakte zwischen „Stammland" und „Nebenland"[3] im späten 15. und frühen 16. Jahrhundert gerade aus elsässischer Perspektive zu beleuchten. Die sich damals formierende gemeinsame Verwaltung der elsässischen Herrschaften mit der Grafschaft Mömpelgard sollte dann für die weitere württembergische Herrschafts- und Verwaltungsgeschichte eine nachhaltige Basis bieten, die sich auch auf wirtschaftliche und kulturelle Entwicklungen auswirkte.[4]

Kann von einer spürbaren Präsenz der Uracher Linie des Hauses Württemberg in den linksrheinischen Gebieten unter den Nachfolgern von Graf Ludwig I. kaum die Rede sein, so änderte sich die herrschaftliche Situation mit dem „Uracher Vertrag" von 1473 markant: Um die Wiedervereinigung der württembergischen Landesteile vorzubereiten, erhielt Graf Heinrich von der Stuttgarter Linie die mömpelgardischen Lande und die Gebiete im Elsass erblich zugewiesen.[5] Dabei ging es um seine Kompensation, die Graf Eberhard V. von Württemberg-Urach (= Eberhard im Bart) für Zugeständnisse der Stuttgarter Verwandten zur Wiedervereinigung unter seiner Führung in Kauf nahm.

Graf Heinrich sollte hier bis zum Jahr 1482 regieren, übergab damals aber Mömpelgard gegen eine jährliche Pension an seinen älteren Bruder Eberhard.[6] Die Gebiete im Elsass hingegen behielt er für sich; sie wurden dann auch nicht in den Münsinger Vertrag zur Wiedervereinigung Württembergs eingeschlossen.[7]

Für Graf Heinrich, der sowohl in der württembergischen wie in der französischen

Das Haus Württemberg und seine Gebiete im Elsass
Peter Rückert

1 Reste der Grabplatte für Gräfin Elisabeth von Zweibrücken-Bitsch, erste Gemahlin Graf Heinrichs von Württemberg-Mömpelgard, 1487.

Restes de la dalle funéraire de la comtesse Élisabeth de Deux-Ponts-Bitche, première épouse du comte Henri de Wurtemberg-Montbéliard, 1487.

Geschichtsschreibung als problematische Gestalt skizziert wird,[8] war zunächst eine geistliche Karriere gescheitert;[9] er drängte in sein Erbe und zur Teilhabe an der weltlichen Herrschaft zurück und residierte ab 1473 zunächst in Mömpelgard. Mehrfach versuchte er, seine Herrschaften zu verkaufen,[10] nahm dann aber Reichenweier zu seiner Residenz. Im Jahr 1485 heiratete Heinrich die Grafentochter Elisabeth von Zweibrücken-Bitsch; im Schloss Reichenweier wurde dann 1487 ihr Sohn Eitel Heinrich, der spätere Herzog Ulrich, geboren.[11] Kurz nach der Geburt verstarb Elisabeth, und Heinrich heiratete im Jahr darauf Gräfin Eva von Salm, die ihm die Kinder Maria (1496) und Georg (1498) schenken sollte.[12] Auch diese Hochzeit fand im Schloss Reichenweier statt, das nach Heinrichs Tod 1519 noch für zwei Jahre als Evas Witwensitz diente.[13] Beide Gemahlinnen Heinrichs wurden schließlich in der Liebfrauenkirche in Reichenweier bestattet, Heinrich hingegen in der Stuttgarter Stiftskirche (Abb. 1, 2).[14]

In der Zwischenzeit war Graf Heinrich von seinem in Stuttgart regierenden Vetter Eberhard V. unter Begründung der Geisteskrankheit 1490 auf der Burg Hohenurach inhaftiert worden. Seine Gemahlin Eva folgte ihm und brachte dort in der Gefangenschaft ihre beiden Kinder zur Welt. Die innigen Briefe des Grafenpaares zeugen noch von ihrer Zuneigung und gemeinsamen Besorgnis in dieser bedrohlichen Situation.[15]

In Reichenweier hatte dann Graf Eberhard V. für Heinrich die Regierung übernommen. Stellvertretend schickte er 1494 seine Räte nach Horburg und Reichenweier, um dort die Huldigung der Einwohner entgegenzunehmen.[16] Nach Eberhards Tod 1496 sollte schließlich Heinrichs Bruder, Eberhard VI., der jetzt Herzog von Württemberg war, auch die Herrschaft über alle linksrheinischen Gebiete führen. Freilich nicht lange, denn bereits zwei Jahre später wurde Eberhard von den württembergischen Landständen im Zusammenspiel mit Kaiser Maximilian abgesetzt, und ein landständisches Regiment sollte nun bis auf Weiteres die Regierung im Herzogtum Württemberg übernehmen.

Blicken wir kurz auf diese wechselhafte Zeit zurück: Eine repräsentative Herrschaft mit Präsenz des Hauses Württemberg in der Grafschaft Mömpelgard und in den elsässischen Herrschaften lässt sich nur für die knapp zwei Jahrzehnte der Regierung Graf Heinrichs vor Ort verbinden; zunächst mit Mömpelgard, dann ab 1482 mit dem Elsass, wo Heinrich Reichenweier zu seiner Residenzstadt machte. Hier bestätigte er den Bürgern 1489 ihre städtischen Privilegien,[17] hier feierte er

Das Haus Württemberg und seine Gebiete im Elsass
Peter Rückert

2 Grabpatte für Graf Heinrich von Württemberg-Mömpelgard in der Stuttgarter Stiftskirche. Zeichnung von Andreas Rüttel d.J., 1583 (WLB Cod.hist. 2° 130, Fol. 1 r).

Dalle funéraire pour le comte Henri de Wurtemberg-Montbéliard dans l'église collégiale de Stuttgart. Dessin d'Andreas Rüttel le Jeune, 1583 (WLB Cod. hist. 2° 130, fol. 1 r).

große Feste wie Hochzeit und Geburt. Das alte Schloss Reichenweier nahm damals in der württembergischen Residenzenlandschaft einen festen Platz ein.[18]

Reaktionen der Bewohner vor Ort, im württembergischen Elsass und in den Pays de Montbéliard auf diese herrschaftlichen Vorgänge sind kaum bekannt. War kein Mitglied des Hauses Württemberg präsent, dann wurden Regierung, Verwaltung und Rechtsprechung von ihren Vertretern versehen. So etwa von dem berühmten Landvogt Marquard vom Stein, der die Stadt Mömpelgard 1474 nicht an die burgundischen Truppen Karls des Kühnen ausliefern wollte, obwohl diese mit der Enthauptung des gefangenen Grafen Heinrich drohten und eine Scheinhinrichtung inszenierten.[19] Es überwiegt der Eindruck, dass das konfuse Regiment Graf Heinrichs bei den Untertanen nicht sehr geschätzt war. Jedenfalls wollte man in Mömpelgard nach seinen dortigen Verkaufsabsichten nichts mehr von ihm wissen.[20]

Aus dynastischer Perspektive ist diesem „tollen Heinrich" – *Henry le Fou*[21] – immerhin die biologische Erhaltung des Hauses Württemberg zu verdanken, da sowohl die Ehe seines Vetters, Graf Eberhards V./Herzog Eberhards I., wie die seines Bruders, Graf Eberhards VI./Herzog Eberhards II., söhnelos geblieben waren.[22] Heinrichs Sohn Ulrich aus erster Ehe wie auch sein Sohn Georg aus zweiter Ehe sollten als nächster Herzog bzw. Graf von Württemberg-Mömpelgard für die Fortsetzung der württembergischen Herrschaft sorgen. Dabei scheint mit der Erhebung Württembergs zum Herzogtum 1495 die staatsrechtliche Trennung zwischen dem württembergischen Stammland und den linksrheinischen Territorien verbunden gewesen zu sein.[23]

Im Jahr 1503 übernahm Ulrich mit seiner Volljährigkeit die Regierung im Herzogtum Württemberg. Seine raschen politischen Erfolge und seine glänzende Hofhaltung in Stuttgart zeigten seine herrschaftlichen Ansprüche an, die er zunächst in enger Verbindung mit Kaiser Maximilian beeindruckend umsetzen konnte.[24] Im Hinblick auf die linksrheinischen Territorien konnte sich Ulrich mit seinem Halbbruder Georg 1513 dahin einigen, dass Georg auf alle Herrschaftsrechte im Herzogtum Württemberg verzichtete, dafür aber nach dem Tod der Eltern die elsässischen Herrschaften erhalten sollte. Die Pays de Montbéliard hingegen ließ Ulrich weiterhin durch Vögte vor Ort verwalten.[25]

Mit der Vertreibung Herzog Ulrichs aus Land und Herrschaft durch den Schwäbischen Bund 1519 und seine anschließende Flucht nach Mömpelgard kamen die linksrheinischen Territorien unmittelbar in den Fokus der Dynastie, gleichsam als letzte Rückzugsmöglichkeit des geächteten Herzogs. Das Herzogtum Württemberg wurde nun bald vom Haus Habsburg übernommen, wo ab 1522 König Ferdinand, der Bruder Kaiser Karls V., mit seinen Statthaltern in Stuttgart regierte.

Während Ferdinand Georgs Erbrechte und Regierung in Horburg und Reichenweier bestätigte, versuchte Ulrich von Mömpelgard aus, Land und Herrschaft wiederzugewinnen.[26]

Ulrich verband seine Bestrebungen bald mit der neuen, dynamischen Bewegung der Reformation, die er in Basel kennengelernt hatte und der er sich in Mömpelgard anschloss:[27] Seine Unterstützung des neuen Glaubens sollte hier in der Berufung des Predigers Guillaume Farel aus Basel schon 1524 deutlich zum Ausdruck kommen und damit die Grafschaft Mömpelgard zum ersten Territorium mit reformatorischer Predigt machen.[28] Auch den Theologen Johannes Geiling aus Ilsfeld bei Heilbronn, einen Schüler Martin Luthers, berief Ulrich bald als Prediger nach Mömpelgard. Damit standen Ulrich und die Grafschaft Mömpelgard ganz im Gegensatz zur österreichischen Regierung in Württemberg, die strikt am alten Glauben festhielt und die Anhänger Luthers und der Reformation verfolgen ließ.

Als Ulrich den Aufstand der Bauern, der mit der reformatorischen Bewegung im deutschen Südwesten einherging, für die Wiedereroberung des Herzogtums nutzen wollte, scheiterte er jedoch im März 1525 vor den Mauern von Stuttgart.[29] Er musste sich wieder zurückziehen und fand dann bald Aufnahme beim führenden Politiker des neuen Glaubens, Landgraf Philipp von Hessen.[30] Auch die Prediger der Reformation in Mömpelgard mussten dem politischen Druck nachgeben und aus der Stadt und Grafschaft weichen. Die Regierung der Mömpelgarder Lande übergab Ulrich nun an seinen Halbbruder Georg gegen eine jährliche Rente und die Möglichkeit des Rückkaufs als eine Art Statthalterschaft. Georg verlegte damit 1526 seine Residenz von Reichenweier nach Mömpelgard und versah von hier aus auch die elsässischen Gebiete.[31] Er unterstützte ebenso wie Ulrich den neuen Glauben, den er während seiner Aufenthalte in der Schweiz kennengelernt hatte. Zu den Schweizer Reformatoren pflegte Georg vom nahen Mömpelgard aus weiterhin enge Kontakte.

Ulrich sollte mit Unterstützung Philipps von Hessen im Jahr 1534 die Rückeroberung des Herzogtums Württemberg gelingen. Damit verbunden, war die Einführung der Reformation sein religiöses wie politisches Programm.[32] Graf Georg erhielt nun von Ulrich erneut die Grafschaft Mömpelgard mit den elsässischen Gebieten übertragen. Die enge Verbindung der beiden Halbbrüder kommt beispielhaft in einem Freudenlied auf Ulrichs Rückkehr und die Einführung der Reformation zum Ausdruck, das damals am Stuttgarter Hof entstand und von Georg gleich in Basel zum Druck gebracht wurde.[33] Die breite Bevölkerung sowohl im Herzogtum Württemberg wie in Mömpelgard und den elsässischen Gebieten begrüßte die Reformation, die mit der Auflösung der Klöster und Stifte, der Neuausrichtung der Gottesdienste und der Liturgie sowie der Abschaffung der Heiligenverehrung durch Feiertage, Wallfahrten usw. verbunden war.

Allerdings stand die Ausrichtung des neuen Glaubens in Württemberg und den linksrheinischen Gebieten zunächst unter unterschiedlichen theologischen Einflüssen: Während sich die landesherrlichen kirchenpolitischen Maßnahmen Ulrichs bald dezidiert an den Vorgaben Martin Luthers orientierten, war für Graf Georg der Einfluss Zwinglis und der Schweizer Reformatoren weiterhin dominant.[34] In Mömpelgard sollte ab 1536 Pierre Toussain das evangelische Kirchenwesen nach zwinglianischem Vorbild neu einrichten,[35] auch in Horburg und Reichenweier war mit Matthias Erb ab 1536 ein Anhänger Zwinglis im Sinne Graf Georgs aktiv, der die lutherische Kirchenordnung Herzog Ulrichs von 1536 nicht einführte. Mit seiner eigenen Kirchenordnung schaffte Erb 1538 die altgläubige Messfeier ab und reduzierte den Kultus auf das Einfachste.[36]

In der Kapelle St. Erhard in Reichenweier wurde eine deutsche Schule eingerichtet und 1539 am Fenstersims mit dem Motto Herzog Ulrichs und der Reformation versehen: *Das wortt Gottes plypt Ewig* (Abb. 3).[37] Zeitgleich ließ Graf Georg in diesen Jahren sowohl das Schloss in Reichenweier (1540) wie in

Das Haus Württemberg und seine Gebiete im Elsass
Peter Rückert

3

Horburg (1543) neu errichten. Es entstanden beeindruckende Renaissancebauten, die seine Herrschaftsrepräsentation und seine elsässischen Residenzen schmücken sollten (Abb. 4).

Damals beauftragte Georg auch den Herrenberger Künstler Heinrich Füllmaurer mit der Gestaltung eines großen, sechsflügeligen Wandelaltars, den er wohl für seine Schlosskirche in Mömpelgard vorgesehen hatte, den berühmten „Mömpelgarder Altar" (Abb. 5) – vergleichbar dem sogenannten „Gothaer Altar", den Herzog Ulrich zuvor bei Füllmaurer in Auftrag gegeben hatte.[38] Graf Georg erscheint als großer Bauherr und kunstsinniger Regent in seinen elsässischen und burgundischen Herrschaften, der seine fromme Überzeugung für den neuen Glauben auch in religiösen Bildwerken wie in geistlichen Liedern zum Ausdruck brachte.[39]

Die von Graf Georg gemeinsam mit Matthias Erb erneuerte Kirchen- und Sittenzucht wurde dann in einer Verordnung Georgs zusammengefasst, die das öffentliche und kirchliche Leben 1546 neu regelte.[40] Die Gotteslästerung wurde unter schwere Strafe gestellt; die Untertanen sollten den Predigtgottesdienst besuchen und keinesfalls die Messfeiern in den umliegenden katholischen Orten. Dezidiert wurde gegen Ehebruch, Hurerei, Trunksucht und den Spielteufel vorgegangen. Vor allem die Wallfahrten waren bei der Bevölkerung noch immer beliebt und konnten – wie in Württemberg – auch durch herrschaftlichen Druck kaum abgestellt werden. So wurden die Verehrung der hl. Hunna in Hunnaweier bei Reichenweier und die regelmäßige Wallfahrt zum dortigen Hunnabrunnen trotz Erbs Bemühungen weiterhin betrieben.[41]

Ein weiteres Mal änderte sich die politische und kirchliche Situation, als Herzog Ulrich seinem Sohn Christoph im Jahr 1542 die Regierung in der Grafschaft Mömpelgard übertrug und Graf Georg sich wieder in die elsässischen Herrschaften zurückziehen musste.[42] Christoph lag wie Ulrich daran, das Land im Sinne der lutherischen Lehre und der württembergischen Kirchenordnung zu reformieren und damit die Einheit im Glauben herzustellen. Pierre Toussain zog sich nach Basel zurück, und auch in Horburg und Reichenweier sollte sich bald die lutherische Ausrichtung durchsetzen.

Als in den Jahren 1548 bis 1552 das sogenannte „Interim" unter dem Druck des Kaisers nach der Wiedereinführung des altgläubigen Ritus' verlangte, verweigerten Christoph in Mömpelgard ebenso wie Georg im Elsass die Umsetzung.[43] Doch bestand Herzog Ulrich auf dessen Verkündung auch in den linksrheinischen Herrschaften. Georg entzog sich der heiklen Situation und ging in die Schweiz; Matthias Erb durfte als Religionslehrer in Reichenweier bleiben.[44] Erst mit dem Ende des Interims konnte auch Georg wieder dorthin zurückkehren.

3 Fenstersims an der ehemaligen Kapelle St. Erhard in Reichenweier mit dem Motto der Reformation: „Das Wort Gottes bleibt ewig", 1539.

Rebord de la fenêtre de l'ancienne chapelle Saint-Érard à Riquewihr avec la devise de la Réforme protestante : *Das wortt Gottes plypt Ewig* (« La parole de Dieu reste à jamais »), 1539.

Herzog Ulrich war inzwischen 1550 gestorben und Christoph hatte die Regierung in Stuttgart angetreten. Jetzt überließ er seinem Onkel Georg mit der Grafschaft Mömpelgard alle linksrheinischen Gebiete Württembergs, die nun erstmals unter dessen uneingeschränkter Herrschaft vereinigt waren.[45] Bis zu Georgs Tod 1558 war damit die kirchliche Ausrichtung in Mömpelgard, Horburg und Reichenweier nach Schweizer Vorbild gewährleistet.[46] Erst mit der Einführung der neuen Kirchenordnung für die Graf- und Herrschaften Mömpelgard und Reichenweier zwei Jahre später wurde die kirchliche Umgestaltung im lutherisch-württembergischen Sinne Herzog Christophs umgesetzt.

Von nachhaltiger Bedeutung für das gemeinsame Band der Reformation und die personelle Verbindung zwischen württembergischem Haupt- und Nebenland sollte Georgs großzügige Stiftung von 10 Stipendien werden, die er in seinem Testament verfügte: sechs für Studenten aus Mömpelgard und vier für Studenten aus dem Elsass, die im evangelischen Stift in Tübingen zu Geistlichen ausgebildet werden sollten. Dadurch wurden über 200 Jahre lang die linksrheinischen Gebiete mit einheimischen Pfarrern versorgt, die in Württemberg ausgebildet waren.[47]

Der letzte Blick soll einem großen Fest im Schloss Reichenweier gelten, wo am 10. September 1555 der 57-jährige Graf Georg überraschenderweise noch Hochzeit feierte, mit der 19-jährigen Barbara, Tochter des Landgrafen Philipp von Hessen, der Herzog Ulrich damals in sein Land zurückgeführt hatte. Ihr gemeinsamer Sohn Friedrich, der 1557 in Mömpelgard geboren wurde, sollte dann noch ein weiteres Mal das dynastische Potential der württembergischen Nebenlinie verkörpern, als auch er dann im Jahr 1593 die Regierung des Hauses Württemberg in Stuttgart übernahm.[48]

1 Vgl. den einschlägigen Überblick bei Mertens 1995, S. 55; daneben die Beiträge in Lorenz/Rückert 1999 und für das Folgende auch Maurer 1984.
2 Mertens 1995, S. 53; Lorenz 2003, S. 387.
3 Vgl. besonders zur Terminologie Stievermann 1999.
4 Vgl. dazu auch die Beiträge von Louis-David Finkeldei und Joachim Kremer in diesem Band.
5 Kat. II.2.
6 Vgl. diesen sogenannten „Vertrag von Reichenweier" bei Kat. II.3.
7 Mertens 1995, S. 55; Debard 2003.
8 Dazu ausführlich mit der Anregung zur Neubewertung Graf Heinrichs Graf 1999; daneben Debard 2003.
9 Jetzt dazu Dobras 2023.
10 Graf 1999, S. 111 f.
11 Vgl. dazu noch immer die ausführliche Darstellung bei Heyd 1841. Graf Eberhard V. sandte damals seinen Diplomaten Johannes Reuchlin als Boten nach Reichenweier; vgl. auch Rückert 2022, S. 35.
12 Graf 1997.
13 Dazu auch Ensfelder 1879.
14 Brunel 1997.
15 Graf 1999, S. 108 ff., Kat. II.4.
16 HStAS A 602 Nr. 522.
17 ADHR E 7.
18 Allerdings ist es im einschlägigen Residenzenhandbuch nicht aufgeführt; vgl. Paravicini 2003.
19 Ausführlich dazu Graf 1999, S. 112 f.
20 Ebd., S. 111.
21 Ebd., S. 107.
22 Ausführlicher dazu Stievermann 1999, S. 368.
23 Ebd., S. 369.
24 Zu Ulrich siehe vor allem die Forschungen von Brendle 1998, Brendle 1999, Brendle 2015; daneben auch Carl 1997.
25 Debard 2003, S. 48.
26 Ebd., S. 48 f.
27 Brendle 1999, S. 152.
28 Leppin 2015, S. 85.
29 Demnächst ausführlicher dazu Rückert (im Druck).
30 Vgl. Carl 1997.
31 Debard 2003, S. 49.
32 Ausführlich dazu Rückert 2017.
33 Rückert/Traub 2017; dazu Kat. II.6.
34 Brendle 2015, S. 91 ff.
35 Ebd., S. 101.
36 Ebd., S. 102.
37 Debard 2003, S. 53.
38 Zuletzt ausführlich mit Abbildungen der Einzeltafeln: Der Mömpelgarder Altar 2016.
39 Vgl. Kat. II.7.
40 Vgl. Kat. II.8.
41 Ausführlich dazu Brendle 1999, S. 150.
42 Brendle 2015, S. 101 f.
43 Brendle 2015, S. 104 ff.
44 Debard 2003, S. 55.
45 Debard 2003, S. 57; vgl. diesen „Vertrag von Stuttgart" von 1553 unter Kat. II.11.
46 Brendle 2015, S. 107.
47 Debard 1999; Debard 2003, S. 60. Dazu Kat. II.12.
48 Vgl. den Beitrag von Wolfgang Mährle in diesem Band.

La maison de Wurtemberg et ses territoires en Alsace - Potentiel dynastique et la force de la Réforme
Peter Rückert

Après la partition du comté de Wurtemberg en 1442, c'est la ligne d'Urach du comte Louis Ier qui régna sur les territoires situés sur la rive gauche du Rhin, c'est-à-dire le comté de Montbéliard et les seigneuries alsaciennes de Horbourg et de Riquewihr.[1] L'évolution des décennies suivantes visant à la réunification du Wurtemberg aboutit au traité de Münsingen en 1482. Les négociations et accords qui intervinrent au sein de la maison de Wurtemberg pendant cette période intermédiaire permettent de documenter l'importance particulière que revêtirent les territoires alsaciens pour le profil dynastique de la lignée.

Alors que la possession du comté de Montbéliard et des seigneuries qui en dépendaient a déjà fait l'objet d'études approfondies dans le contexte des partitions dynastiques accentuant son rôle de « réserve dynastique » ou de « réserve territoriale »,[2] les territoires alsaciens autour de Horbourg et de Riquewihr, eux, ne jouent jusqu'à présent qu'un rôle secondaire et méconnu. Et pourtant, ils furent eux aussi un théâtre à part entière de l'histoire commune, que ce soit pour les questions dynastiques du Wurtemberg ou pour la situation religieuse jusqu'à l'introduction de la Réforme. C'est ce rôle que nous nous efforcerons de mettre en lumière par la suite. Nous allons, pour ce faire, porter une attention particulière à la présence de la maison de Wurtemberg en Alsace et éclairer de la perspective alsacienne les relations et contacts qui subsistaient entre le cœur du duché et sa périphérie[3] à la fin du XVe et au début du XVIe siècle. L'administration commune des territoires alsaciens et du comté de Montbéliard qui se développa à cette époque devait constituer pour l'histoire administrative et territoriale du Wurtemberg une base solide qui eut aussi des répercussions sur le développement économique et culturel du comté.[4]

Alors qu'il n'y eut pas de présence significative de la ligne d'Urach de la maison de Wurtemberg dans les territoires situés sur la rive gauche du Rhin avec les successeurs du comte Louis Ier, la situation seigneuriale connut un changement significatif avec le « contrat d'Urach » de 1473 : Afin de préparer la réunification des différents territoires wurtembergeois, le comte Henri de la ligne de Wurtemberg-Stuttgart fut nommé héritier des territoires de Montbéliard et de ceux situés en Alsace.[5] Il s'agissait ici d'une compensation que le comte Eberhard V de Wurtemberg-Urach (= Eberhard le Barbu) concéda à sa parentèle de Stuttgart en échange de compromis visant à la réunification de la maison sous son autorité.

Le comte Henri ne régna sur ces territoires que jusqu'en 1482, puis il céda Montbéliard à son frère aîné Eberhard en échange d'une pension annuelle.[6] Il garda cependant les territoires en Alsace ; ils ne furent donc pas mentionnés dans le traité de Münsingen portant sur la réunification du Wurtemberg.[7]

Le comte Henri, dépeint comme un personnage problématique tant dans l'historiographie wurtembergeoise que française,[8] connut d'abord un échec dans sa carrière ecclésiastique ;[9] il réclama alors son héritage et sa participation au pouvoir séculier et résida tout d'abord à Montbéliard à partir de 1473. Il tenta à plusieurs reprises de vendre ses possessions,[10] mais prit finalement résidence à Riquewihr. Il épousa en 1485 Elisabeth, une fille du comte de Deux-Ponts-Bitche ; en 1487 naquit au château de Riquewihr leur fils Eitel-Henri, le futur duc Ulrich.[11] Elisabeth mourut peu après la naissance et Henri épousa l'année suivante la comtesse Ève de Salm avec qui il eut deux enfants, Marie (1496) et Georges (1498).[12] Ce mariage eut également lieu au château de Riquewihr, qui fit par ailleurs office de douaire pour Ève pendant deux ans après la mort d'Henri en 1519.[13] Les deux épouses d'Henri furent inhumées dans l'église Notre-Dame de Riquewihr, Henri, quant à lui, dans la collégiale de Stuttgart (ill. 1, 2).[14]

Le comte Henri avait été, entre temps, emprisonné en 1490 au château de Hohenurach par son cousin Eberhard V qui régnait alors à Stuttgart et qui l'avait déclaré atteint de maladie mentale. Sa femme Ève l'y suivit et mit au monde ses deux enfants durant la captivité. Les lettres pleines de tendresse qu'échangèrent le comte et la comtesse témoignent de l'affection qu'ils se portaient mutuellement et de leurs craintes dans cette situation dramatique.[15]

À Riquewihr, le comte Eberhard V régnait désormais à la place d'Henri. En 1494, il envoya ses conseillers à Horbourg et Riquewihr afin de recevoir les hommages de la population.[16] Après la mort d'Eberhard en 1496, ce fut finalement le frère d'Henri, Eberhard VI, alors duc de Wurtemberg, qui devint aussi le souverain de tous les territoires situés sur la rive gauche du Rhin. Pour peu de temps, à vrai dire, car deux ans plus tard, Eberhard fut destitué par la diète territoriale du Wurtemberg avec l'assentiment de l'empereur Maximilien et un conseil constitué de membres de la diète fut chargé jusqu'à nouvel ordre de la régence dans le duché de Wurtemberg.

Jetons un regard sur cette période agitée : il n'est possible de parler d'un pouvoir en représentation avec une présence de la maison de Wurtemberg dans le comté de Montbéliard et les seigneuries alsaciennes que pour une période d'à peine deux décennies, sous le règne du comte Henri ; tout d'abord à Montbéliard, puis à partir de 1482 en Alsace, où Henri fit de Riquewihr sa ville de résidence. Il y confirma aux bourgeois les privilèges de la ville[17] et c'est également en ce lieu qu'il célébra de grandes fêtes comme les mariages et naissances. L'ancien château de Riquewihr avait donc, à l'époque, sa place parmi les résidences wurtembergeoises.[18]

Les réactions des habitants sur place, dans l'Alsace wurtembergeoise et dans le Pays de Montbéliard, face à ces péripéties politiques ne sont que peu documentées. En cas d'absence d'un membre de la maison de Wurtemberg, c'étaient leurs représentants qui assuraient le bon fonctionnement du gouvernement, de l'administration et de la justice. Un de ces représentants était le célèbre bailli de Montbéliard Marquard vom Stein, qui refusa de livrer la ville en 1474 aux troupes bourguignonnes de Charles le Téméraire alors que celles-ci menaçaient, le cas échéant, de décapiter le comte Henri qu'elles tenaient prisonnier et mirent même en scène un simulacre d'exécution.[19] L'impression domine malgré tout que la régence confuse du comte Henri ne fut pas très appréciée de ses sujets. Les Montbéliardais, du moins, lui tournèrent le dos après avoir appris sa volonté de vendre la ville.[20]

Toujours est-il que d'un point de vue dynastique, la maison de Wurtemberg doit à *Henry le Fou*[21] la perpétuation biologique de la maison de Wurtemberg, car tant l'union de son cousin, le comte Eberhard V/le duc Eberhard Ier, que celle de son frère, le comte Eberhard VI/le duc

La maison de Wurtemberg et ses territoires en Alsace
Peter Rückert

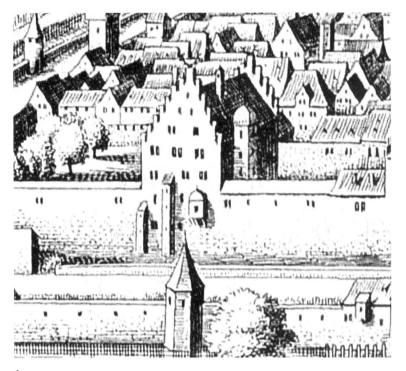

4

4 Schloss Reichenweier, Ausschnitt aus dem Kupferstich von Merian, 1643.

Château de Riquewihr, extrait d'une gravure sur cuivre de Merian, 1643.

Eberhard II, restèrent sans descendant masculin.[22] Ulrich, le fils d'Henri né de son premier mariage et son fils Georges issu de sa seconde union furent donc chargés respectivement en tant que duc et comte de Wurtemberg-Montbéliard de la continuation du règne wurtembergeois. Dans ce contexte, la séparation juridique du cœur du duché de Wurtemberg et des territoires situés sur la rive gauche du Rhin semble être liée à l'élévation du Wurtemberg au rang de duché en 1495.[23]

En 1503 débute le règne d'Ulrich, désormais majeur, sur le duché de Wurtemberg. Ses rapides succès politiques et sa cour brillante à Stuttgart étaient l'expression de ses aspirations qu'il réussit dans un premier temps à réaliser de manière impressionnante grâce à sa relation étroite avec l'empereur Maximilien.[24] Concernant les territoires situés sur la rive gauche du Rhin, Ulrich put se mettre d'accord en 1513 avec son demi-frère Georges pour que ce dernier, à la mort des parents, renonce à tous ses droits de souveraineté dans le duché de Wurtemberg en échange des territoires alsaciens. Quant au Pays de Montbéliard, Ulrich continua à le faire administrer par des baillis sur place.[25]

Avec l'exil du duc Ulrich, chassé du pouvoir et de son pays par la Ligue de Souabe en 1519, et sa fuite en direction de Montbéliard, les territoires situés sur la rive gauche du Rhin se retrouvèrent directement au centre de l'attention de la dynastie car ils étaient le refuge du duc proscrit. Le duché de Wurtemberg fut bientôt pris en charge par la maison de Habsbourg, où le roi Ferdinand, frère de l'empereur Charles Quint, régna à partir de 1522 depuis Stuttgart avec ses gouverneurs. Alors que Ferdinand avait confirmé les droits héréditaires et le pouvoir de Georges à Riquewihr et Horbourg, Ulrich, quant à lui, tenta de reconquérir son territoire et sa souveraineté depuis Montbéliard.[26]

Ulrich lia bientôt ses aspirations avec le nouveau et dynamique mouvement de la Réforme protestante qu'il avait découverte à Bâle et qu'il rejoignit depuis Montbéliard.[27] Le soutien qu'il portait à la nouvelle foi s'exprima déjà clairement en 1524 lorsqu'il invita le prédicateur Guillaume Farel de Bâle et fit ainsi du comté de Montbéliard le premier territoire où fut prêchée la doctrine réformée.[28] Ulrich fit également venir en tant que prédicateur à Montbéliard le théologien Johannes Geiling d'Ilsfeld près de Heilbronn, un élève de Martin Luther. Ces mesures placèrent Ulrich et le comté de Montbéliard aux antipodes du gouvernement autrichien à Stuttgart qui restait strictement attaché à l'ancienne foi et persécutait les partisans de Luther et de la Réforme protestante.

Lorsqu'Ulrich tenta de profiter de la révolte des paysans qui accompagna le mouvement de la Réforme protestante dans le Sud-Ouest de l'Allemagne afin de reconquérir son duché, il échoua en mars 1525 aux portes de Stuttgart.[29] Il dut de nouveau prendre la fuite et trouva refuge auprès du principal homme politique de la nouvelle foi, le landgrave Philippe de

Hesse.[30] Les prédicateurs de la Réforme établis à Montbéliard durent également céder à la pression politique et se retirer de la ville et du comté. Ulrich transmit alors le gouvernement du Pays de Montbéliard à son demi-frère Georges en tant que gouverneur moyennant une rente annuelle et avec une clause de rachat. Georges quitta ainsi Riquewihr en 1526 pour faire de Montbéliard sa nouvelle résidence d'où il put aussi régner sur les territoires alsaciens.[31] Tout comme Ulrich, il était un défenseur de la nouvelle foi, qu'il avait découverte lors de ses séjours en Suisse. Depuis Montbéliard, Georges continua à maintenir des relations étroites avec les réformateurs suisses.

Ulrich parvint à reconquérir le duché de Wurtemberg en 1534 grâce au soutien de Philippe de Hesse. Dans le cadre de cette reconquête, l'agenda politique et religieux d'Ulrich visait à l'introduction de la Réforme protestante dans le duché.[32] Le comte Georges obtint de nouveau de la part d'Ulrich le comté de Montbéliard et les territoires alsaciens. Le lien étroit entre les deux demi-frères est particulièrement bien exprimé dans un chant de louange fêtant le retour d'Ulrich et l'introduction de la Réforme, un chant qui fut écrit et interprété à la cour de Stuttgart et que Georges s'empressa de faire imprimer à Bâle.[33] La majeure partie de la population du duché de Wurtemberg ainsi que de Montbéliard et des territoires alsaciens approuvait la Réforme qui allait de pair avec la dissolution des monastères et des chapitres canoniaux, avec une réforme du culte et de la liturgie ainsi qu'avec la suppression du culte des saints au travers de fêtes, de pèlerinages etc.

L'introduction de la nouvelle foi dans le Wurtemberg et dans les territoires situés sur la rive gauche du Rhin était cependant traversée par plusieurs courants théologiques : alors que les mesures d'Ulrich relevant de la politique religieuse s'orientèrent bientôt de manière décisive vers les règles édictées par Martin Luther, le comte Georges, quant à lui, resta fortement influencé par Zwingli et les réformateurs suisses.[34] À Montbéliard, Pierre Toussain fut chargé à partir de 1536 de réorganiser l'Église protestante selon le modèle de Zwingli ;[35] à Horbourg et Riquewihr ce fut également un disciple de Zwingli, Matthias Erb, qui déploya son activité au nom du comte Georges et refusa d'y faire introduire le règlement ecclésiastique luthérien du duc Ulrich (1536). Avec son propre règlement ecclésiastique, Matthias Erb abolit la messe traditionnelle et réduisit le culte au strict minimum.[36]

Dans la chapelle Saint-Érard à Riquewihr fut fondée une école allemande et le rebord d'une des fenêtres fut orné en 1539 de la devise du duc Ulrich et de la Réforme : *Das wortt Gottes plypt Ewig* (« La parole de Dieu reste à jamais ») (ill. 3).[37] C'est durant cette même période que le comte Georges fit reconstruire les châteaux de Riquewihr (1540) et de Horbourg (1543). C'était là que d'impressionnants bâtiments de la Renaissance devaient représenter son pouvoir et orner ses lieux de résidence en Alsace (ill. 4).

Durant cette période Georges chargea également Heinrich Füllmaurer, un artiste de Herrenberg, de réaliser un grand polyptyque à six volets qu'il destinait probablement pour l'église du château de Montbéliard, le célèbre « Retable de Montbéliard » (ill. 5), comparable au « Retable de Gotha » que le duc Ulrich avait commandé auparavant chez Füllmaurer.[38] Le comte Georges fut dans ses possessions alsaciennes et bourguignonnes un maître d'ouvrage ambitieux et un prince doué d'un sens artistique développé qui exprima également son adhésion à la nouvelle foi dans des œuvres d'art religieuses ou dans des cantiques.[39]

La discipline religieuse et des mœurs que le comte Georges et Matthias Erb instaurèrent ensemble fut résumée dans un décret de Georges en 1546 qui visait à réorganiser à la vie publique et religieuse.[40] Le blasphème était sévèrement sanctionné ; les sujets étaient obligés de fréquenter le culte protestant et avaient interdiction d'aller à une messe dans les villes et villages catholiques voisins.

La maison de Wurtemberg et ses territoires en Alsace
Peter Rückert

5

5 Tafel aus dem Mömpelgarder Altar mit Darstellung der Versuchung Christi, um 1539/40.

Panneau du retable de Montbéliard montrant la scène de la Tentation du Christ, vers 1539/40.

Des mesures drastiques furent prises pour lutter contre l'adultère, la prostitution, l'ivrognerie et le démon du jeu. Les pèlerinages étaient encore particulièrement appréciés par la population et ne purent – comme dans le Wurtemberg – complètement être supprimés malgré la pression du pouvoir souverain. C'est ainsi que le culte de Sainte Hune à Hunawihr près de Riquewihr et le pèlerinage régulier auprès du puits de cette sainte ne cessa pas malgré les efforts entrepris par Erb.[41]

La situation politique et religieuse changea de nouveau lorsque le duc Ulrich transmit le gouvernement du comté de Montbéliard à son fils Christophe en 1542 et que le comte Georges dut une nouvelle fois se retirer sur ses terres alsaciennes.[42] Christophe avait, comme Ulrich, à cœur de réformer le pays conformément à la doctrine luthérienne et au règlement ecclésiastique du Wurtemberg afin d'établir l'unité de la foi. Pierre Toussain retourna à Bâle et la tendance luthérienne s'imposa alors également à Horbourg et Riquewihr.

Lorsque, de 1548 à 1552, l'« Intérim d'Augsbourg » exigea sous la pression de l'empereur la réintroduction du rite catholique, Christophe refusa son application à Montbéliard et Georges en Alsace.[43] Le duc Ulrich insista cependant pour qu'il soit proclamé également dans les territoires situés sur la rive gauche du Rhin. Georges échappa à cette situation délicate en partant pour la Suisse ; Matthias Erb eut l'autorisation de rester en tant que professeur de religion à Riquewihr.[44] Ce n'est qu'à la fin de l'Intérim que Georges put y revenir.

Le duc Ulrich était mort en 1550 et Christophe avait pris la tête du gouvernement à Stuttgart. C'est à ce moment qu'il laissa à son oncle Georges avec le comté de Montbéliard tous les territoires du Wurtemberg situés sur la rive gauche du Rhin qui furent désormais, pour la première fois, réunis sous son pouvoir absolu.[45] Jusqu'à la mort de Georges en 1558 fut donc garantie l'orientation religieuse de Montbéliard, Horbourg et de Riquewihr suivant le modèle suisse.[46] Ce n'est qu'après l'introduction du règlement ecclésiastique pour le comté de Montbéliard et la seigneurie de Riquewihr deux ans plus tard que s'opéra une restructuration de l'Église conforme au luthéranisme, telle que le souhaitait le duc Christophe dans le Wurtemberg.

Une mesure qui prouva de manière durable le rapport étroit que formaient la Réforme et les liens dynastiques entre le cœur du duché du Wurtemberg et sa périphérie fut le don de dix généreuses bourses que Georges stipula dans son testament : six étaient destinées à des étudiants de Montbéliard et quatre à des étudiants alsaciens, qui devaient être formés aux fonctions ecclésiastiques dans le séminaire protestant de Tübingen. En conséquence, pendant plus de 200 ans, les territoires situés sur la rive gauche du Rhin furent desservis par des pasteurs locaux formés dans le Wurtemberg.[47]

Le dernier regard se porte sur une grande fête qui se tint au château de Riquewihr le 10 septembre 1555, lorsque le comte Georges, à la grande surprise de tous car il était déjà âgé de 57 ans, se maria avec Barbara, âgée de 19 ans, la fille du landgrave Philippe de Hesse qui avait aidé le duc Ulrich à reconquérir ses terres. Leur fils, Frédéric, naquit en 1557 à Montbéliard et devait incarner une nouvelle fois le fort potentiel dynastique de la branche cadette de Wurtemberg lorsqu'il prit, lui aussi, la tête de la maison de Wurtemberg à Stuttgart en 1593.[48]

1 Voir l'étude de référence dans Mertens 1995, p. 55 ; voir par ailleurs les contributions figurant dans Lorenz/Rückert 1999 et pour ce qui suit également Maurer 1984.
2 Mertens 1995, p. 53; Lorenz 2003, p. 387.
3 Le terme allemand utilisé ici est « Nebenland », voir notamment pour cette terminologie Stievermann 1999.
4 Voir pour cela également les contributions de Louis-David Finkeldei et de Joachim Kremer dans ce volume.
5 Cat. II.2.
6 Voir pour ce qu'on appelle le « contrat de Riquewihr » dans cat. II.3.
7 Mertens 1995, p. 55; Debard 2003.
8 Voir à ce sujet pour plus de détails et avec des suggestions pour une réévaluation du rôle du comte Henri Graf 1999, tout comme Debard 2003.
9 Voir à ce sujet Dobras 2023.
10 Graf 1999, p. 111 sq.
11 Cf. à ce sujet le récit détaillé dans Heyd 1841. Le comte Eberhard V envoya comme émissaire son diplomate Johannes Reuchlin à Riquewihr, cf. également Rückert 2022, p. 35.
12 Graf 1997.
13 Voir également Ensfelder 1879.
14 Brunel 1997.
15 Graf 1999, p. 108 sq., cat. II.4.
16 HStAS A 602 n° 522.
17 ADHR E 7.
18 Il n'est cependant pas mentionné dans le manuel correspondant énumérant les villes de résidence, cf. Paravicini 2003.
19 Pour plus de détails à ce sujet voir Graf 1999, p. 112 sq.
20 Ibid., p. 111.
21 Ibid., p. 107.
22 Pour plus de détails voir Stievermann 1999, p. 368.
23 Ibid., p. 369.
24 Au sujet d'Ulrich voir surtout les études de Brendle 1998, Brendle 1999, Brendle 2015 ; voir également Carl 1997.
25 Debard 2003, p. 48.
26 Ibid., p. 48 sq.
27 Brendle 1999, p. 152.
28 Leppin 2015, p. 85.
29 Bientôt plus en détail dans Rückert (à paraître).
30 Cf. Carl 1997.
31 Debard 2003, p. 49.
32 En détail dans Rückert 2017.
33 Rückert/Traub 2017; voir cat. II.6.
34 Brendle 2015, p. 91 sq.
35 Ibid., p. 101.
36 Ibid., p. 102.
37 Debard 2003, p. 53.
38 Dernière parution avec la reproduction des différents panneaux qui composent ce retable : Der Mömpelgarder Altar 2016.
39 Cf. cat. II.7.
40 Cf. cat. II.8.
41 En détail dans Brendle 1999, p. 150.
42 Brendle 2015, p. 101 sq.
43 Brendle 2015, p. 104 sq.
44 Debard 2003, p. 55.
45 Debard 2003, p. 57 ; cf. ce « contrat de Stuttgart » de 1553 dans cat. II.11.
46 Brendle 2015, p. 107.
47 Debard 1999 ; Debard 2003, p. 60. Voir à ce sujet cat. II.12.
48 Cf. la contribution de Wolfgang Mährle dans ce volume.

Im Herbst der Renaissance. Horburg und Reichenweier unter Herzog Friedrich I. von Württemberg
Wolfgang Mährle

Das „lange" 16. Jahrhundert war eine glänzende Epoche des Elsass, ja ein „Goldenes Zeitalter" (Bernard Vogler) dieser Region.[1] In den Jahrzehnten zwischen Reformation und Dreißigjährigem Krieg zeichnete sich das territorial fragmentierte Land zwischen Vogesen und Rhein durch eine hohe politische Stabilität, langfristige wirtschaftliche Prosperität und eine außergewöhnliche Blüte der Wissenschaften und der Künste aus. Nur wenige militärische Konflikte – vor allem der Straßburger Bischofskrieg von 1592 bis 1604 – beeinträchtigten zeitweise den Handel und das kulturelle Leben. Erst in den Jahren unmittelbar vor dem Beginn des Dreißigjährigen Krieges verschärften sich auch im Elsass die Krisensymptome. Die politischen und konfessionellen Spannungen nahmen zu, und es kam zu einer ausgeprägten Wirtschafts- und Währungskrise. Der Krieg selbst bedeutete für die von Truppendurchzügen und Kämpfen stark betroffene Region dann eine demografische und ökonomische Katastrophe.

Die positive Entwicklung des Elsass im 16. Jahrhundert spiegelte sich auch und besonders in den württembergischen Besitzungen, in der Grafschaft Horburg und in der Herrschaft Reichenweier.[2] Die Gemeinden bei Colmar, die vom Weinexport lebten, konnten in den Jahrzehnten um 1600 Handelsbeziehungen anknüpfen, die weit über die regionalen Märkte hinausreichten.[3] Wein aus Reichenweier wurde bis nach England und Skandinavien exportiert. Die Folge des ökonomischen Booms war ein steigender Wohlstand in der Region, der Freiräume schuf für Investitionen und für eine Erhöhung des Lebensstandards. Als der württembergische Baumeister Heinrich Schickhardt im Frühjahr 1600 nach Reichenweier kam, konnte er in seinem Tagebuch festhalten: […] *daher dann fast alle Dörffer diser Herrschafft / trefflich wollerbauwen / unnd von vermöglichen Reb unnd Bauwrsleuthen bewohnt werden.*[4]

Im Folgenden sollen ausgewählte Aspekte der vielfältigen Beziehungen zwischen dem Herzogtum Württemberg und den württembergischen Besitzungen im Elsass während der Regierungszeit Graf bzw. Herzog Friedrichs von Württemberg (1557–1608) in den Blick genommen werden[5] (Abb. 1). Friedrich war seit 1581 regierender Graf in den linksrheinischen Gebieten seines Hauses, d.h. in der Grafschaft Mömpelgard und den von dort verwalteten Besitzungen, zu denen die Grafschaft Horburg und die Herrschaft Reichenweier zählten. Seit August 1593 amtierte er als Friedrich I., Herzog von Württemberg. Friedrich übte von diesem Zeitpunkt an bis zu seinem Tod im Januar 1608 die Regierung über den gesamten württembergischen Territorialbesitz aus.

Den Gebieten links des Rheins kam in der Politik Herzog Friedrichs I. eine erhebliche Bedeutung zu. Auch aus diesem Grund waren Verbindungen zwischen den württembergischen Nebenländern im Elsass bzw. an der

Im Herbst der Renaissance
Wolfgang Mährle

1 Porträt Herzog Friedrichs I., ca. 1596 (Musée des Ducs de Wurtemberg, Montbéliard).

Portrait du duc Frédéric Ier, vers 1596 (Musée des Ducs de Wurtemberg, Montbéliard).

Burgundischen Pforte und dem Hauptland im Mittleren Neckarraum um 1600 intensiver als in anderen Zeitabschnitten.[6] Nachfolgend soll zunächst den biografischen Voraussetzungen dieser Konstellation nachgegangen werden. Anschließend wird der Stellenwert der württembergischen Besitzungen im Elsass in der Territorialpolitik Herzog Friedrichs skizziert. Schließlich soll am Beispiel des Wirkens von Heinrich Schickhardt in Horburg und Reichenweier ein Schlaglicht auf den kulturellen (und technischen) Austausch geworfen werden, der um 1600 zwischen den verschiedenen württembergischen Ländern bestand.

Biografische Bindungen: Herzog Friedrich I. und das Elsass

Friedrich war nicht nur eine der prägendsten Persönlichkeiten an der Spitze des Herzogtums Württemberg. Er war auch derjenige Herzog, dessen biografische Bindungen an die linksrheinischen Gebiete am engsten waren.

Dabei spielte nicht nur die Grafschaft Mömpelgard eine wichtige Rolle, sondern auch der Besitz im Elsass.[7]

Geboren am 19. August 1557 in Mömpelgard als Sohn des fast 60-jährigen Grafen Georg von Württemberg-Mömpelgard (1498–1558) und der 38 Jahre jüngeren Barbara von Hessen (1536–1597), einer Tochter Philipps des Großmütigen, verbrachte Friedrich seine Kindheit ab November 1559 gemeinsam mit seiner jüngeren Schwester Eva Christina (1558–1575) am Witwensitz seiner Mutter in Reichenweier.[8] Die ersten Lebensjahre Friedrichs unter der Obhut seiner aufbrausenden, mit der Erziehung ihrer Kinder offensichtlich überforderten Mutter Barbara waren alles andere als eine glückliche Zeit.[9] Friedrich und seine kleine Schwester waren dem unberechenbaren Temperament Barbaras ausgesetzt, empfingen wenig liebevolle Zuwendung und wurden stattdessen häufig gemaßregelt und auch geschlagen.

Im Alter von acht Jahren erhielt Friedrich auf Anordnung Herzog Christophs (1515–1568) einen Präzeptor. Ob die Erziehung des jungen Grafen ab diesem Zeitpunkt in Reichenweier oder in Mömpelgard, wie von Herzog Christoph vorgesehen, stattfand, lässt sich nicht mehr ermitteln. Da Friedrich nach Erreichen der Volljährigkeit die linksrheinischen, größtenteils frankophonen Gebiete des Hauses Württemberg regieren sollte, nahm bereits in seiner frühen Erziehung die Vermittlung von französischen Sprachkenntnissen eine wichtige Rolle ein.

Im Sommer 1568, wenige Wochen nachdem der württembergische Erbprinz Eberhard verstorben war und als zudem seine Mutter Barbara im Begriff stand, eine zweite Ehe mit dem Grafen Daniel von Waldeck-Wildungen einzugehen, verließ Friedrich auf Geheiß Herzog Christophs seinen bisherigen Lebensraum in Mömpelgard und im Elsass, um seine Erziehung am Hof in Stuttgart fortzuführen.[10] Nach drei Jahren in der württembergischen Residenzstadt wurde er von 1571 bis 1574 in Tübingen an der von Herzog Christoph einge-

Im Herbst der Renaissance
Wolfgang Mährle

richteten Akademie ausgebildet, dem Vorläufer des Collegium Illustre.[11] In den folgenden Jahren hielt sich Friedrich überwiegend in Stuttgart auf oder befand sich auf Reisen.[12] Nach langer Abwesenheit kehrte er im Jahr 1577 in seinen Geburtsort Mömpelgard zurück.[13] Er hatte von Herzog Ludwig (1554–1593) den Auftrag erhalten, in der Grafschaft an der Burgundischen Pforte die Konkordienformel zu veröffentlichen und ihre Annahme bei den örtlichen Pfarrern und Lehrern durchzusetzen. Diesen Auftrag konnte er aufgrund des Widerstands der Einwohnerschaft, die zu bedeutenden Teilen dem Calvinismus zugewandt war, nicht erfüllen. Friedrich musste nach kurzem Aufenthalt aus Mömpelgard fliehen.

Ende Juni 1581, wenige Wochen nach seiner Hochzeit mit Sibylla von Anhalt (1564–1614),[14] übernahm der für volljährig erklärte Graf Friedrich mit knapp 24 Jahren, wie vorgesehen, die Regierung in den linksrheinischen Besitzungen seiner Dynastie.[15] Diese umfassten neben der bereits erwähnten Grafschaft Mömpelgard, einem Reichslehen, und dem Allodialbesitz im Elsass einige weitere kleinere Gebiete mit unterschiedlichem Rechtsstatus.[16] Die Mömpelgard benachbarten „Quatre Terres" Héricourt, Blamont, Clémont und Châtelot wurden vom Haus Württemberg als Allode betrachtet; dies war jedoch umstritten.[17] Hingegen waren die Besitzungen Clerval, Granges und Passavant in der Franche-Comté Lehen des Königs von Spanien in seiner Eigenschaft als Graf von Burgund (vgl. Abb. S. 20).

Graf Friedrich residierte bis zum Jahr 1593 in Mömpelgard. Während seiner 12-jährigen Regierungszeit an der Burgundischen Pforte spielten die elsässischen Besitzungen in seinem Regierungshandeln lediglich eine Nebenrolle. Sie lieferten indes wertvolle landwirtschaftliche Erzeugnisse, vor allem Wein, und dienten dem Grafen als Nebenresidenzen, die unter anderem bei Reisen Friedrichs als vorübergehende Aufenthaltsorte genutzt wurden.[18] Verschiedentlich erwiesen sich die Besitzungen um Colmar jedoch für den Grafen auch aus politischen Gründen als wertvoll. Als Friedrich im Jahr 1587 die von ihm wenige Monate zuvor verkündete – lutherisch geprägte – „Confession de Montbéliard" in seiner Residenzstadt gegen die Anhänger Calvins gewaltsam durchzusetzen beabsichtigte, war Reichenweier einer der Sammlungsorte für seine Truppen.[19] Ein halbes Jahr später wurde das Schloss Horburg zum Zufluchtsort für den Grafen.[20] Friedrich hatte sich durch seine Unterstützung des Hugenottenführers Heinrich von Bourbon-Navarra in die französischen Religionskriege eingemischt. Ende Dezember 1587 fielen daraufhin die Truppen der katholischen Liga unter der Führung des Heinrich von Guise und des Marquis Heinrich von Pont-à-Mousson in die württembergischen Gebiete um Mömpelgard ein und verwüsteten die Gegend um die Residenzstadt.

Erst als Friedrich im August 1593 im Alter von 36 Jahren seinem kinderlos verstorbenen Vetter zweiten Grades Ludwig in der Regierung des Herzogtums Württemberg nachfolgte, verlagerte sich sein Lebensmittelpunkt von Mömpelgard bzw. vom Elsass dauerhaft nach Stuttgart. Friedrichs Politik in seiner neuen Funktion als Herzog von Württemberg knüpfte jedoch auf vielen Feldern an seine Zeit als Regent an der Burgundischen Pforte an.

Eine Landbrücke nach Mömpelgard? Die Territorialpolitik Herzog Friedrichs und die elsässischen Exklaven

Friedrich gilt als frühabsolutistischer Herrscher, der bereits als Graf in Mömpelgard mit eiserner Hand regierte und der nach seinem Amtsantritt in Stuttgart darauf abzielte, die württembergische Landschaft zu entmachten.[21] Im Herzogtum stieß er Reformen in vielen Bereichen an: so in der Verwaltung, in der Ökonomie, im Verkehrswesen, in der Kirche und im Bildungswesen.[22] Für die elsässischen Besitzungen um Horburg und Reichenweier wurde vor allem Friedrichs Reichs- und Territorialpolitik wichtig. Diese hatte zwei wesentliche Zielsetzungen: Friedrich strebte erstens Statusverbesserungen der von ihm regierten Gebiete an. Zweitens zielte er auf deren Arrondierung bzw. Vergrößerung ab.

Die Bestrebungen Friedrichs, die Rechtsstellung der württembergischen Territorien zu heben, betrafen die Grafschaft Horburg und die Herrschaft Reichenweier nicht. Der Herzog versuchte in den 1590er Jahren, ein Reichstagsvotum für die Grafschaft Mömpelgard zu erlangen und dieser den Rang einer gefürsteten Grafschaft zuerkennen zu lassen.[23] Diesen Plänen war kein Erfolg beschieden. Politisch weitaus wichtiger war jedoch, dass Friedrich die seit dem Kaadener Vertrag von 1534 bestehende österreichische Afterlehenschaft des Herzogtums Württemberg gegen eine Geldzahlung von 400.000 Gulden abzulösen vermochte.[24] Im Prager Vertrag vom 24. Januar 1599 wurde Württemberg von Kaiser Rudolf II. wieder als Reichslehen anerkannt (Abb. 2). Österreich behielt lediglich eine Anwartschaft auf das Herzogtum, sollte das Haus Württemberg im Mannesstamm aussterben.

Bedeutsam für die elsässischen Besitzungen des Hauses Württemberg waren hingegen die Anstrengungen Herzog Friedrichs, den eigenen Herrschaftsbereich zu erweitern.[25] Friedrich gelangen Arrondierungen der territorialen Besitzungen Württembergs im Mittleren Neckarraum – etwa durch Kauf der bisher badischen Ämter Besigheim und Mundelsheim (1595). Sein besonderes Interesse galt jedoch auch nach 1593 dem elsässisch-burgundischen Raum. Mit seiner „Westpolitik" setzte Friedrich zum Teil sein früheres Engagement als Regent von Mömpelgard fort und knüpfte gleichzeitig an die württembergischen Versuche einer oberrheinischen Territorialbildung im Spätmittelalter an.

Friedrich versuchte mit Erfolg, die linksrheinischen Gebiete seines Hauses zu vergrößern. Der Herzog nahm 1595 die Herrschaft Franquemont am Oberlauf des Doubs in Besitz. Es handelte sich dabei um ein Lehen des Bischofs von Basel. Eine späte Frucht des konfessionspolitischen Engagements Friedrichs in den 1580er Jahren war, dass im Jahr 1605 das in der Normandie gelegene Herzogtum Alençon als Pfand an Württemberg überging. König Heinrich IV. von Frankreich beglich mit der Verpfändung seine Schulden aus der Zeit vor seiner Thronbesteigung.

Das zentrale strategische Ziel der nach Westen orientierten Territorialpolitik Herzog Friedrichs bestand indes in dem ambitionierten Versuch, eine Landbrücke zwischen dem württembergischen Kernterritorium in Schwaben und den elsässischen Besitzungen um Horburg und Reichenweier bzw. der Grafschaft Mömpelgard zu errichten.[26] Nach Friedrichs Wille sollte auf diese Weise ein großer württembergischer Länderkomplex im Südwesten des Heiligen Römischen Reiches entstehen. Durch diese Politik wurden die elsässischen Exklaven innerhalb des württembergischen Länderverbunds deutlich aufgewertet. Sie bildeten nun für einige Jahre einen Eckpfeiler der herzoglichen Territorialpolitik.

Friedrich erwarb im Jahr 1603 die badischen Ämter Altensteig und Liebenzell und nahm in einem längeren Prozess zwischen 1595 und 1605 das bisher unter badischer und ebersteinischer Schutzvogtei stehende Priorat Klosterreichenbach in Besitz. Von überragender Bedeutung im Kontext der „Westpolitik" Friedrichs war freilich sein Engagement im Straßburger Bischofskrieg (1592–1604).[27] In diesem Konflikt unterstützte der württembergische Herzog den evangelischen Kandidaten Johann Georg von Brandenburg-Jägerndorf. Friedrich zielte jedoch im Verlauf der Auseinandersetzung immer deutlicher darauf ab, das Bistum mittelfristig für seinen 1586 geborenen zweiten Sohn Ludwig Friedrich zu sichern.[28] Diese ehrgeizigen Pläne, die zeitweise von König Heinrich IV. von Frankreich unterstützt wurden, ließen sich nicht verwirklichen. Friedrich erreichte allerdings, dass ihm im Jahr 1604 das straßburgische Amt Oberkirch für die Dauer von 30 Jahren als Pfandbesitz übertragen wurde (Abb. 3). Oberkirch hatte bereits seit 1597 unter württembergischer Verwaltung gestanden.[29]

Im Herbst der Renaissance
Wolfgang Mährle

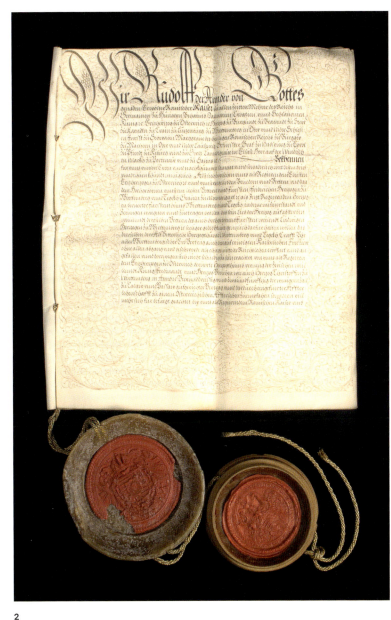

2

2 Prager Vertrag vom
24. Januar 1599
(HStAS A 107 U 13).

Contrat de Prague
du 24 janvier 1599
(HStAS A 107 U 13).

Gründen darauf hoffen konnte, dass sein Sohn Bischof von Straßburg werden würde. Der Stadt wäre in diesem Fall eine wichtige Brückenfunktion in die Oberrheinebene und in das Elsass zugekommen.

Die von Herzog Friedrich betriebene „Westpolitik" blieb ein Torso. Die durch sein Eingreifen in die konfessionellen Konflikte im Elsass und in Frankreich als Pfänder erworbenen Territorien konnten langfristig vom Haus Württemberg nicht behauptet werden. Das Herzogtum Alençon wurde bereits 1612 von der französischen Krone ausgelöst. Das straßburgische Amt Oberkirch befand sich zunächst bis 1634 und dann nochmals von 1649 bis 1665 in württembergischem Pfandbesitz. Friedrichs Sohn und Nachfolger Johann Friedrich hat die „Westpolitik" seines Vaters nach 1608 nicht weiterverfolgt.[31] Spätestens seit dem Ausbruch des Dreißigjährigen Krieges fehlten hierfür auch alle reichspolitischen Voraussetzungen.

Architektonische Spiegelungen: Spätrenaissance in Horburg und Reichenweier

Herzog Friedrich I. trat als überaus ehrgeiziger Bauherr hervor.[32] Während seiner Regierungszeit entstanden sowohl in den schwäbischen als auch in den links des Rheins gelegenen Besitzungen des Hauses Württemberg zahlreiche repräsentative Gebäude, aber auch Funktionsbauten, wie etwa Schulgebäude oder Festungs- und Verteidigungsanlagen. Der wichtigste Baumeister im Dienst Friedrichs war der aus Herrenberg stammende, bereits erwähnte Heinrich Schickhardt (1558–1635).[33] Schickhardt, der zu den führenden Architekten in Süddeutschland um 1600 zählt, hat insbesondere in Mömpelgard, wo er von 1600 bis 1608 seinen Lebensmittelpunkt hatte, mehrere bedeutende Bauwerke errichtet: so unter anderem das von 1598 bis 1602 erbaute Collegium und die zwischen 1601 und 1607 entstandene Renaissancekirche St. Martin.[34]

Im Kontext der in die Oberrheinebene und ins Elsass zielenden Territorialpolitik Friedrichs ist im Übrigen die 1599 erfolgte Gründung der Stadt Freudenstadt im Schwarzwald zu sehen.[30] Die Fundation wurde zu einem Zeitpunkt realisiert, als der Herzog mit guten

Die rege Bautätigkeit unter Herzog Friedrich und das Wirken Heinrich Schickhardts strahlten auch auf die elsässischen Besitzungen um

Horburg und Reichenweier aus. Der Herzog als Auftraggeber und sein Baumeister waren in mehrere Projekte in den elsässischen Exklaven involviert. Dabei handelte es sich vor allem um Arbeiten an den herzoglichen Schlössern und an Kirchen sowie um den Neubau privater Wohnhäuser.

In Horburg ließ Friedrich das von seinem Vater Georg 1543 als vierflügelige Anlage wiedererrichtete Schloss durch Schickhardt erweitern.[35] Der Baumeister berichtet über seine Arbeiten im Journal seiner 1599/1600 durchgeführten Reise nach Italien. Demnach wurden *noch zwey ansehnliche Gebeuw / mit vilen schönen Fürstlichen Zimmern / und andern notwendigen Gemachen samt Pfisterey / Keller und Stallungen* erbaut.[36] Die von Schickhardt errichteten Gebäude sind nicht erhalten, da das Schloss Horburg 1675 zerstört wurde. Ob Schickhardt beim Bau einer 1906 abgebrochenen Kirche in Horburg mitgewirkt hat, ist unsicher.

In Reichenweier und Hunaweier sind jeweils Bürgerhäuser nachgewiesen, an deren Errichtung Schickhardt beteiligt war.[37] In Reichenweier plante Schickhardt das 1606 errichtete, großzügig ausgestattete Wohnhaus des Magistratsmitglieds Ambrosius Dieffenbach[38] (Abb. 4). In Hunaweier konzipierte er ein 1610 fertiggestelltes Gebäude, das zunächst als Herrenstube, später als Zehnthof genutzt wurde.[39] Beide Häuser sind im zeitgenössischen Stil der Spätrenaissance ausgeführt. Nachgewiesen sind des Weiteren – nicht näher spezifizierte – Arbeiten Schickhardts am Schloss und in der Kirche in Reichenweier sowie Instandsetzungsarbeiten an einem dortigen Brunnen. Möglich ist, dass der württembergische Baumeister an der Planung eines weiteren privaten Wohnhauses in Reichenweier, desjenigen des Peter Muller, mitgewirkt hat. Eventuell war er auch an Arbeiten an der dortigen Wallbefestigung beteiligt.[40]

Sein technisches Wissen machte Schickhardt in Ostheim nutzbar. Ihm gelang die Errichtung einer Mühle mit vier Mahlwerken.[41] Bei dem von Schickhardt geplanten Gebäude handelte sich um die erste Mühle in der Herrschaft Reichenweier. Frühere Bauvorhaben waren an der geringen Wassergeschwindigkeit der Fecht gescheitert.

Durch Schickhardt selbst bezeugt ist schließlich eine Tätigkeit in Bebelnheim. Unter der Leitung des württembergischen Baumeisters wurde die dortige Sebastians-Kirche vergrößert. Das Gotteshaus erhielt zudem einen neuen Turm.[42]

Dass eine berühmte Persönlichkeit wie der Baumeister Heinrich Schickhardt in der Grafschaft Horburg und in der Herrschaft Reichenweier tätig wurde und hier ihre Spuren hinterließ, ist ohne die Zugehörigkeit dieser elsässischen Gebiete zum württembergischen Länderkomplex nicht vorstellbar. In den Jahren um 1600 waren die Verbindungen des Hauses Württemberg ins Elsass besonders fruchtbar, weil Herzog Friedrich aus biografischen wie politischen Gründen an den linksrheinischen Gebieten überaus interessiert war und sie nachhaltig förderte. Diese Grundkonstellation sowie günstige politische und ökonomische Rahmenbedingungen bildeten die Grundlage dafür, dass das Renaissancezeitalter in Horburg und Reichenweier mit einem goldenen Herbst ausklingen konnte.

Im Herbst der Renaissance
Wolfgang Mährle

1 Vogler 1977; Vogler 2012, S. 73–89. Zur Geschichte des Elsass in den hier behandelten Jahrzehnten um 1600 vgl. daneben bes. Rapp 1970, S. 219–258; Dreyfus 1979, S. 135–146; Sittler 1994, S. 117–154; Vogler 1994a, S. 63–102; Vogler 1994b, S. 69–109; Brendle 2002, S. 61–84; Vogler 2003, S. 127–144; Meyer 2008, S. 138–148.
2 Einführende Informationen: Sittler 1980a, bes. S. 4–7; Le Haut-Rhin 1980–1982, Bd. 2, S. 638–644 (Horburg-Wihr), 646–649 (Hunaweier), Bd. 3, S. 1193–1196 (Reichenweier); Encyclopédie de l'Alsace 1982–1986, Bd. 7: Hemmerle–Kientzheim, S. 4083 (Horburg-Wihr), 4130–4132 (Hunaweier); Bd. 11: Rhin–Strasbourg, S. 6458–6461 (Reichenweier); Maurer/Kauffmann 1997; Koebele 2000.
3 Wolff 1967; Sittler 1980b, S. 20–23, 84–86; Vogler/Hau 1997, bes. S. 45 f.
4 Schickhardt 1602, S. 212. Die Reisetagebücher Schickhardts wurden mehrfach ediert.
5 Vgl. bes. Uhland 1984; Stievermann 1997b; Sauer 2003; Lorenz 2010; Raff 2014b, S. 4–55. Vgl. daneben auch: Hertel 1989.
6 Zu den Beziehungen zwischen Württemberg und Mömpelgard vgl. Grube 1984; Lorenz/Rückert 1999; Dieterich 2015; Finkeldei 2021. Zum Kontext Hauptland-Nebenland vgl. bes. Stievermann 1999; Finkeldei 2022.
7 Bischoff 1997, bes. S. 28–30.
8 Debard 1997a; Brendle 1997a; Brendle 1997b; Raff 2014a, S. 490–497 (Georg), 498–503 (Barbara), 544–546 (Eva Christina). Zu Georg vgl. auch Debard, 1997c (dt. Version: Debard 2003). Zur Übersiedlung Barbaras von Hessen und ihrer Familie nach Reichenweier vgl. Sauer 2003, S. 20.
9 Krinninger-Babel 1999, S. 255–258; Sauer 2003, S. 18–24.
10 Krinninger-Babel 1999, S. 258; Sauer 2003, S. 24–31.
11 Krinninger-Babel 1999, S. 259; Sauer 2003, S. 32–36. Zur Entstehung des Tübinger Collegium Illustre vgl. Conrads 1982, S. 105 f.
12 Sauer 2003, S. 37–40, 51–56. Zu den Reisen Herzog Friedrichs I. vgl. Rückert 2010.
13 Krinninger-Babel 1999, S. 259 f.; Sauer 2003, S. 40–42.
14 Decker-Hauff 1997, S. 71–80; Raff 2014b, S. 56–78.
15 Gotthard 1992, S. 6–10; Krinninger-Babel 1999, S. 261–264.
16 Zum reichsrechtlichen Status der Grafschaft Mömpelgard vgl. ausführlich Carl 1999.
17 Babel 1999, bes. S. 288–290.
18 Bischoff 1997, S. 30; Rückert 2010, S. 216, 221. Auch die Reise Friedrichs nach Italien in den Jahren 1599/1600 führte in ihrem Schlussabschnitt über das Elsass; vgl. Schickhardt 1602.
19 Krinninger-Babel 1999, S. 266.
20 Hierzu und zum Folgenden vgl. bes. Tuetey 1883; Krinninger-Babel 1999, S. 264–267, 277; Krinninger-Babel 2000; Sauer 2003, S. 73–83, bes. S. 80, 82.
21 Adam 1916; Grube 1957, S. 251–273; Vann 1986, S. 48–76.
22 Zusammenfassend Sauer 2003, S. 107–300.
23 Carl 1999, S. 358; Kluckert 2001c; Sauer 2003, S. 245.
24 Vgl. zusammenfassend Sauer 2003, S. 157–164.
25 Zum Folgenden vgl. zusammenfassend Sauer 2003, S. 233–244.
26 Hertel 1997; Hertel 2003b.
27 Sauer 2003, S. 239 f., 242–244. Zum Kontext vgl. auch Hertel 1987; Hertel 2002. Zur Vorgeschichte des Bischofskriegs vgl. Meister 1899. Eine moderne Darstellung des Bischofskriegs fehlt.
28 Debard 1997b; Raff 2014b, S. 159–184.
29 Hertel 2004.
30 Vgl. bes. Herzog Friedrichs Freudenstadt 1997; Hertel 2000; Hertel 2003b, S. 33–35.
31 Gotthard 1992.
32 Vgl. zusammenfassend Fleischhauer 1971, S. 271–316; Sauer 2003, S. 86 f., 136–145.
33 Vgl. bes. Kluckert 1992; Bouvard 1997 (dt. Version: Bouvard 2003); Lorenz/Setzler 1999; Kretzschmar 2002; Bouvard 2007b; Würfel 2009; Kretzschmar/Lorenz 2010.
34 Bouvard 2001; Kluckert 2001b; Hertel 2003a. Die wichtigste Quelle zur Rekonstruktion des Werks Schickhardts bildet dessen Inventarium, das im Original in der Württembergischen Landesbibliothek überliefert ist (Cod. hist. fol. 562) und das 2013 ediert wurde; vgl. Heyd 1902, S. 321–417; Bouvard 2007a; Schickhardt 2013.
35 Schickhardt 2013, S. 407 (fol. 178r); Wolff 1908, S. 157 f.; Rietsch 1999.
36 Schickhardt 1602, S. 209.
37 Vgl. Vogler 1994a, S. 122.
38 Zur Tätigkeit Schickhardts in Reichenweier vgl. Schickhardt 2013, S. 400 (fol. 175r), 408 (fol. 178r), 501 (fol. 202r), 543 (fol. 212v); Hugel/Zitter 1999.
39 Schickhardt 2013, S. 501 (fol. 202r); Kleindienst 1999.
40 Ottersbach 2019, S. 435 f.; vgl. hierzu auch Bouvard 1999, S. 223.
41 Schickhardt 2013, S. 304, 306, 426, 543 (fol. 149v, 183r, 212v); Hugel/Zitter 1999, S. 259. Unterlagen zum Bau der Mühle: Archives Départementales Colmar E 179.
42 Schickhardt 2013, S. 400 (fol. 175r).

À l'automne de la Renaissance. Horbourg et Riquewihr sous le règne du duc Frédéric Ier de Wurtemberg
Wolfgang Mährle

Le « long » XVIe siècle fut une période brillante pour l'Alsace, voire un « âge d'or » (Bernard Vogler) pour cette région.[1] Durant les décennies qui séparent la Réforme de la Guerre de Trente Ans, cette région située entre les Vosges et le Rhin, au territoire fragmenté, se distingue par une forte stabilité politique, une prospérité économique durable et une exceptionnelle richesse scientifique et culturelle. Rares sont les conflits militaires – notamment la Guerre des Évêques (1592–1604) – qui ont compromis pour un temps le commerce et la vie culturelle. Ce n'est que quelques années avant la Guerre de Trente Ans que s'accentuèrent en Alsace les premiers symptômes de la crise. Les tensions politiques et confessionnelles s'aggravèrent et débouchèrent sur une sévère crise économique et monétaire. Dans cette région durement marquée par les combats et passages des troupes, la guerre entraîna une catastrophe démographique et économique.

L'essor de l'Alsace au XVIe siècle se reflète également et avant tout dans les possessions wurtembergeoises, c'est-à-dire dans le comté de Horbourg et la seigneurie de Riquewihr.[2] Les villes autour de Colmar qui vivaient de l'exportation de leur vin purent nouer autour de 1600 des liens commerciaux qui dépassaient largement les marchés locaux.[3] Le vin de Riquewihr fut exporté jusqu'en Angleterre et en Scandinavie. Cet essor économique fut à l'origine de la prospérité de la région qui offrait des opportunités pour de nouveaux investissements et une hausse du niveau de vie. Lorsque le maître d'œuvre wurtembergeois Heinrich Schickhardt arrive à Riquewihr au printemps 1600, il peut ainsi constater dans son journal : [...] *daher dann fast alle Dörffer diser Herrschafft / trefflich wollerbauwen / unnd von vermöglichen Reb unnd Bauwrsleuthen bewohnt werden*[4] (« que presque tous les villages de cette seigneurie sont très bien construits et habités par des vignerons et cultivateurs fortunés »).

Nous allons maintenant examiner certains aspects des relations multiples entre le duché de Wurtemberg et les possessions wurtembergeoises en Alsace durant le règne du comte, devenu plus tard le duc Frédéric de Wurtemberg (1557–1608)[5] (ill. 1). Frédéric régnait depuis 1581 en tant que comte sur les territoires de sa maison se situant sur la rive gauche du Rhin, c'est-à-dire le comté de Montbéliard et les territoires administrés depuis cette cité, notamment le comté de Horbourg et la seigneurie de Riquewihr. En août 1593, il devint le duc Frédéric Ier de Wurtemberg et régna depuis cette date jusqu'à sa mort en janvier 1608 sur l'ensemble des possessions territoriales du Wurtemberg.

Le duc Frédéric Ier accorda dans sa politique une importance considérable aux territoires s'étendant sur la rive gauche du Rhin. C'est une des raisons pour lesquelles les relations entre les territoires annexes du Wurtemberg

À l'automne de la Renaissance
Wolfgang Mährle

3 Amt und Forst Oberkirch, Karte von Johannes Oettinger, 1609 (HStAS N 3 Nr. 1/24 Bl. 26r).

Bailliage et forêts d'Oberkirch, carte de Jean Oettinger, 1609 (HStAS N 3 n° 1/24 fol. 26r).

situés en Alsace et plus particulièrement à la Porte de Bourgogne d'un côté, et le cœur du duché dans la région du moyen Neckar de l'autre, étaient plus étroites vers 1600 qu'à d'autres époques.[6] Nous allons tout d'abord étudier les éléments biographiques de cette configuration. Ensuite nous esquisserons à grands traits l'importance des possessions wurtembergeoises en Alsace dans le cadre de la politique territoriale du duc Frédéric. Pour finir, l'exemple de l'œuvre de Heinrich Schickhardt à Horbourg et Riquewihr servira à mettre en lumière les échanges qui existaient vers 1600 sur le plan culturel (et technique) entre les différents territoires wurtembergeois.

Attaches biographiques : le duc Frédéric Ier et l'Alsace

Frédéric n'était pas uniquement une des personnalités majeures à la tête du duché de Wurtemberg. Il fut aussi le duc qui entretint les liens personnels les plus étroits avec les territoires situés sur la rive gauche du Rhin. Ceci ne vaut pas seulement pour le comté de Montbéliard, mais également pour les possessions alsaciennes.[7]

Né le 19 août 1557 à Montbéliard du comte Georges de Wurtemberg-Montbéliard (1498–1558), alors presque sexagénaire, et de Barbara de Hesse (1536–1597), de 38 ans plus jeune que son mari et fille de Philippe le Magnanime, Frédéric passa son enfance à partir de novembre 1559 avec sa sœur Eva Christina (1558–1575) sur le douaire de sa mère à Riquewihr.[8] Les premières années de son enfance sous la garde de sa mère Barbara, colérique et bien souvent clairement dépassée par l'éducation de ses enfants, furent loin d'être des années d'insouciance.[9] Frédéric et sa sœur cadette étaient soumis aux humeurs imprévisibles de leur mère Barbara ; ils ne reçurent que peu d'affection et de tendresse et furent bien souvent punis, voire battus.

À l'âge de huit ans, conformément à la volonté du duc Christophe (1515–1568), Frédéric eut un précepteur. Les sources ne permettent pas de dire si l'éducation du jeune comte se fit à Riquewihr ou, comme le souhaitait le duc Christophe, à Montbéliard. Frédéric étant destiné, une fois la majorité atteinte, à régner sur les territoires de la maison de Wurtemberg situés sur la rive gauche du Rhin, majoritairement francophones, l'apprentissage de la langue française joua très tôt un rôle important dans son instruction.

Au cours de l'été 1568, quelques semaines après le décès d'Eberhard, prince héritier du Wurtemberg, et peu avant le remariage de sa mère Barbara avec le comte Daniel de Waldeck-Wildungen, Frédéric quitta sur les ordres du duc Christophe sa ville natale de Montbéliard et l'Alsace pour parfaire son éducation à la cour de Stuttgart.[10] Après trois années passées dans la ville de résidence du Wurtemberg, il fut formé de 1571 à 1574 à Tübingen, dans l'académie fondée par le duc Christophe, le précurseur du *Collegium Illustre*.[11] Dans les années qui suivent, Frédéric vécut surtout à Stuttgart ou bien était en voyage.[12] C'est donc après une longue absence qu'il retourna dans sa ville natale en 1577.[13] Il avait été chargé par le duc Louis (1554–1593) de publier la Formule de Concorde dans le comté situé à la Porte de Bourgogne et de veiller à son application par les pasteurs et enseignants locaux. Il faillit à la tâche face à la résistance de la population qui était en majorité attachée à la doctrine calviniste. Frédéric fut même contraint, après un court séjour, de fuir Montbéliard.

Fin juin 1581, quelques semaines après son mariage avec Sibylle d'Anhalt (1564–1614),[14] le comte Frédéric, déclaré majeur à 24 ans, commença à régner, comme prévu, sur les possessions de sa dynastie situées sur la rive gauche du Rhin.[15] Celles-ci comptaient également, outre le fief impérial du comté de Montbéliard déjà évoqué et les francs-alleux en Alsace, d'autres petits territoires aux statuts juridiques divers.[16] Les « Quatre Terres » avoisinant Montbéliard, à savoir Héricourt, Blamont, Clémont et Châtelot, étaient considérées par le Wurtemberg comme un franc-alleu – même si cela était contesté.[17] Les possessions de Clerval, Granges et Passavant en Franche-Comté étaient, elles, des fiefs du roi d'Espagne en sa qualité de duc de Bourgogne (cf. ill. p. 20).

Le comte Frédéric résida jusqu'en 1593 à Montbéliard. Durant ses douze années de règne à la Porte de Bourgogne les territoires alsaciens ne furent qu'au second plan de son action gouvernementale. Ils livraient cependant des produits agricoles précieux, surtout du vin, et servaient de résidences secondaires au comte, où Frédéric faisait halte pour quelque temps lors de ses voyages.[18] Les possessions autour de Colmar s'avérèrent cependant à maintes reprises être également un précieux atout politique pour le comte.

En 1587, alors que Frédéric était déterminé à imposer de force dans sa ville de résidence contre les Calvinistes la « Confession de Montbéliard » qu'il avait fait proclamer quelques mois auparavant et qui était inspirée par la doctrine luthérienne, Riquewihr fut un des points de rassemblement de ses troupes.[19] Le château de Horbourg lui servit six mois plus tard de refuge.[20] Frédéric s'était immiscé dans les guerres de religion en France en apportant son soutien à Henri de Bourbon-Navarre, chef de file des huguenots. Fin décembre 1587, les troupes de la Ligue catholique menées par Henri de Guise et par le marquis Henri de Pont-à-Mousson envahirent les territoires wurtembergeois autour de Montbéliard et ravagèrent les environs de la ville.

Ce n'est qu'en août 1593, lorsque Frédéric, alors âgé de 36 ans, succéda à Louis, son cousin issu de germain mort sans descendants, à la tête du duché de Wurtemberg, qu'il quitta Montbéliard et l'Alsace et fit définitivement de Stuttgart son principal point d'ancrage. La politique de Frédéric en sa nouvelle qualité de duc de Wurtemberg renouera néanmoins avec beaucoup d'aspects ayant marqué son règne en tant que régent à la Porte de Bourgogne.

Un pont terrestre vers Montbéliard ? La politique territoriale du duc Frédéric et les exclaves alsaciennes

Frédéric est considéré comme un souverain pré-absolutiste qui régna déjà d'une main de fer en tant que comte de Montbéliard et qui tenta de réduire les pouvoirs des états wurtembergeois (les *Landstände*) après son accession au trône à Stuttgart.[21] Dans son duché, il lança des réformes dans de nombreux secteurs : dans l'administration, l'économie, les transports, ainsi que dans le domaine religieux et éducatif.[22] Concernant les possessions alsaciennes autour de Horbourg et de Riquewihr, ce fut surtout la politique territoriale de Frédéric au sein de l'Empire qui eut d'importantes répercussions. Cette dernière avait deux principaux objectifs : Frédéric aspirait d'abord à une amélioration du statut des territoires dont il était le souverain ; il avait, par ailleurs, pour ambition de les arrondir et en l'occurrence de les agrandir.

Les ambitions de Frédéric visant à élever le statut juridique des territoires wurtembergeois ne concernaient pas le comté de Horbourg et la seigneurie de Riquewihr. Le duc tenta dans les années 1590 d'obtenir un vote de la Diète d'Empire au sujet du comté de Montbéliard afin de l'ériger en comté élevé au rang de principauté.[23] Ce projet ne fut pas couronné de succès. Plus important d'un point de vue politique fut le fait que Frédéric parvint à payer la somme de 400.000 florins afin de purger le statut du duché de Wurtemberg comme arrière-fief autrichien comme il était stipulé dans la paix religieuse de Kadaň de 1534.[24] Ce fut dans le contrat de Prague du 24 janvier 1599 que l'empereur Rodolphe II reconnut à nouveau le Wurtemberg comme fief d'Empire (ill. 2). L'Autriche conserva uniquement un droit de succession dans le duché au cas où la maison de Wurtemberg viendrait à s'éteindre en ligne masculine.

Ce sont donc surtout les tentatives faites par le duc Frédéric pour agrandir son propre territoire qui eurent d'importantes répercussions pour les possessions alsaciennes de la maison de Wurtemberg.[25] Frédéric parvint à arrondir les possessions territoriales du Wurtemberg dans la région du moyen Neckar, notamment grâce à l'acquisition des bailliages de Besigheim et Mundelsheim (1595) auparavant badois. Son principal intérêt se porta cependant encore après 1593 sur la région de l'Alsace et de la Bourgogne. Avec sa « politique de l'Ouest » Frédéric poursuivit en partie son engagement antérieur en sa qualité de régent de Montbéliard et s'inscrivit par la même occasion dans la continuité des tentatives wurtembergeoises de la fin du Moyen Âge visant à établir une puissance territoriale dans la région du Rhin supérieur.

Frédéric tenta – avec succès – d'étendre les territoires de sa maison sur la rive gauche du Rhin. En 1595, le duc prit possession de la seigneurie de Franquemont sur les rives supérieures du Doubs. Il s'agissait d'un fief de l'évêque de Bâle. Un des fruits tardifs de l'engagement de Frédéric dans la politique confessionnelle des années 1580 fut la mise en gage du duché d'Alençon en Normandie au profit du Wurtemberg. Le roi Henri IV honora ainsi ses dettes faites avant son accession au trône de France.

Le principal objectif stratégique de la politique territoriale de Frédéric concernant l'Ouest fut cependant l'ambitieuse tentative d'établir un pont terrestre entre le cœur du duché wurtembergeois en Souabe et les possessions alsaciennes autour de Horbourg et Riquewihr, ou plutôt le comté de Montbéliard.[26] Suivant la volonté de Frédéric, un grand complexe territorial wurtembergeois devait ainsi se former dans le Sud-Ouest du Saint-Empire. Cette politique provoqua une valorisation des exclaves alsaciennes au sein des terres wurtembergeoises. Elles constituèrent désormais pour quelques années un pilier de la politique territoriale du duc.

En 1603, Frédéric fit l'acquisition des bailliages badois d'Altensteig et de Liebenzell et prit possession, au terme d'un long processus s'étendant de 1595 à 1605, du prieuré de Klosterreichenbach, auparavant sous protectorat badois et sous celui des comtes d'Eberstein. Le fait le plus notoire dans le contexte de la « politique de l'Ouest » de Frédéric fut bien évidemment son implication dans la Guerre des Évêques à Strasbourg (1592–1604).[27] Dans ce conflit, le duc de Wurtemberg apporta son soutien au candidat protestant Jean-Georges de Brandebourg-Jägerndorf. Au fil du conflit Frédéric aspira cependant de plus en plus clairement à assurer l'évêché à moyen terme à son second fils Louis-Frédéric né en 1586.[28] Ce projet ambitieux soutenu un temps par le roi Henri IV ne put être réalisé. En 1604, Frédéric réussit néanmoins à obtenir le bailliage strasbourgeois d'Oberkirch en gage pour 30 ans (ill. 3). Oberkirch était alors déjà sous administration wurtembergeoise depuis 1597.[29]

Du reste, la fondation de la ville de Freudenstadt en Forêt-Noire en 1599 s'inscrit également dans la ligne de la politique territoriale de Frédéric visant la plaine du Rhin supérieur et l'Alsace.[30] Cette fondation fut réalisée à un moment, où le duc avait de bonnes raisons d'espérer que son fils deviendrait un jour évêque de Strasbourg. La ville aurait, dans ce cas, rempli un rôle important de pont reliant la plaine du Rhin supérieur et l'Alsace.

La « politique de l'Ouest » du duc Frédéric en resta au niveau de l'ébauche. Les territoires qu'il reçut en gage en Alsace et en France pour son intervention dans les conflits religieux ne purent être consolidés sur le long terme par le Wurtemberg. Le duché d'Alençon réintégra dès 1612 le royaume de France après remboursement. Le bailliage strasbourgeois d'Oberkirch fut donné en gage au Wurtemberg jusqu'en 1634 puis de nouveau de 1649 à 1665. Le fils et héritier de Frédéric, Jean-Frédéric, ne poursuivit pas la « politique de l'Ouest » de son père après 1608.[31] Au plus tard depuis le déclenchement de la Guerre de Trente Ans les conditions politiques n'étaient d'ailleurs plus réunies pour ce genre de projet dans le Saint-Empire.

Reflets architecturaux : la Renaissance tardive à Horbourg et Riquewihr

Le duc Frédéric Ier se distingua par ses grandes ambitions en tant que maître d'ouvrage.[32] Pendant son règne furent érigés tant dans les possessions souabes de la maison de Wurtemberg que dans ses territoires situés sur la rive gauche du Rhin de nombreux édifices représentatifs et des bâtiments de fonction comme des écoles ou des bastides et systèmes de fortification. Le plus important de ses maîtres d'œuvre fut Heinrich Schickhardt (1558–1635), déjà évoqué plus haut, natif de Herrenberg.[33] Schickhardt, qui compte parmi les architectes de premier plan dans l'Allemagne du Sud au début du XVIIe siècle, a tout particulièrement érigé plusieurs édifices importants à Montbéliard, où il s'était installé

À l'automne de la Renaissance
Wolfgang Mährle

4 Wohnhaus des Magistratsmitglieds Ambrosius Dieffenbach.

Demeure du membre du Magistrat Ambroise Dieffenbach.

de 1600 à 1608, à savoir le Collège universitaire de 1598 à 1602 et de 1601 à 1607 l'église Saint-Martin, inspirée de l'architecture de la Renaissance.[34]

L'intense activité de construction sous le duc Frédéric et l'action personnelle de Heinrich Schickhardt touchèrent jusqu'aux possessions alsaciennes autour de Horbourg et de Riquewihr. Le maître d'ouvrage ducal et son maître d'œuvre étaient impliqués dans plusieurs projets concernant les exclaves alsaciennes. Il s'agissait ici de travaux concernant les châteaux ducaux et des édifices religieux ainsi que de la construction d'habitations privées.

À Horbourg, Frédéric fit agrandir par Schickhardt le château que son père Georges avait fait reconstruire à quatre ailes en 1543.[35] Le maître d'œuvre fait état de ses travaux dans le journal du voyage qu'il effectua en Italie en 1599/1600. D'après ses dires furent construits *noch zwey ansehnliche Gebeuw / mit vilen schönen Fürstlichen Zimmern / und andern notwendigen Gemachen samt Pfisterey / Keller und Stallungen* (« encore deux bâtiments considérables / avec beaucoup de chambres princières / et d'autres pièces utiles, boulangerie incluse / cave et écuries »).[36] Les bâtiments érigés par Schickhardt n'existent plus car le château de Horbourg fut détruit en 1675. Il n'est pas certain qu'à Horbourg Schickhardt ait également participé à la construction d'une église démolie en 1906.

Pour ce qui est de Riquewihr et de Hunawihr des maisons bourgeoises auxquelles Schickhardt a travaillé sont documentées.[37] À Riquewihr, Schickhardt fit les plans de la maison érigée en 1606 et généreusement aménagée du membre du Magistrat Ambroise Dieffenbach[38] (ill. 4). À Hunawihr, il conçut un bâtiment terminé en 1610 qui servit tout d'abord de *Herrenstube* pour l'élite locale et fit, plus tard, office de *Zehnthof* pour collecter la dîme.[39] Les deux maisons furent érigées dans le style de l'époque, la Renaissance tardive. Sont par ailleurs documentés, sans être exactement spécifiés, des travaux de Schickhardt au château et à l'église de Riquewihr, ainsi que des travaux de rénovation d'une fontaine de cette même ville. Il est possible que le maître d'œuvre wurtembergeois ait également contribué à la conception d'une autre demeure privée à Riquewihr, celle de Peter Muller. Il participa peut-être aussi aux travaux de fortification de la ville.[40]

Schickhardt mit à profit son savoir technique à Ostheim. Il parvint à y faire construire un moulin avec quatre broyeurs.[41] Ce bâtiment conçu par Schickhardt fut le premier moulin de la seigneurie de Riquewihr. Des projets antérieurs avaient échoué à cause du faible courant de la Fecht.

Schickhardt lui-même témoigne par ailleurs d'un projet de construction à Beblenheim ; l'église Saint-Sébastien y fut en effet agrandie sous la direction du maître d'œuvre wurtembergeois. L'édifice religieux fut par ailleurs doté d'un nouveau clocher.[42]

Qu'une personnalité aussi célèbre que l'architecte Heinrich Schickhardt ait œuvré dans le comté de Horbourg et dans la seigneurie de Riquewihr et y ait laissé des traces de son travail n'est pas concevable sans l'appartenance de ces territoires alsaciens au complexe territorial wurtembergeois. Dans les années

1600, les attaches de la maison de Wurtemberg en Alsace portèrent de nombreux fruits car le duc Frédéric se montrait très intéressé par les territoires situés sur la rive gauche du Rhin pour des raisons aussi bien personnelles que politiques et fit tout pour assurer leur développement. Ces conditions de départ, tout comme un contexte politique et économique favorable, expliquent que l'époque de la Renaissance put se terminer par un automne doré à Horbourg et à Riquewihr.

1 Vogler 1977; Vogler 2012, p. 73–89. Concernant l'histoire de l'Alsace durant les décennies autour de 1600 traitées ici, voir aussi notamment Rapp 1970, p. 219–258; Dreyfus 1979, p. 135–146; Sittler 1994, p. 117–154; Vogler 1994a, p. 63–102; Vogler 1994b, p. 69–109; Brendle 2002, p. 61–84; Vogler 2003, p. 127–144; Meyer 2008, p. 138–148.
2 En guise d'introduction voir Sittler 1980a, plus particulièrement p. 4–7; Le Haut-Rhin 1980–1982, vol. 2, p. 638–644 (Horbourg-Wihr), 646–649 (Hunawihr), vol. 3, p. 1193–1196 (Riquewihr); Encyclopédie de l'Alsace 1982–1986, vol. 7 : Hemmerle-Kientzheim, p. 4083 (Horbourg-Wihr), 4130–4132 (Hunawihr); vol. 11 : Rhin-Strasbourg, p. 6458–6461 (Riquewihr); Maurer/Kauffmann 1997; Koebele 2000.
3 Wolff 1967; Sittler 1980b, p. 20–23, 84–86; Vogler/Hau 1997, plus particulièrement p. 45 sq.
4 Schickhardt 1602, p. 212. Il existe plusieurs éditions des journaux de voyage de Schickhardt.
5 Voir surtout Uhland 1984; Stievermann 1997b; Sauer 2003; Lorenz 2010; Raff 2014b, p. 4–55. Cf. également : Hertel 1989.
6 Concernant les relations entre le Wurtemberg et Montbéliard voir Grube 1984; Lorenz/Rückert 1999; Dieterich 2015; Finkeldei 2021. Pour les relations entre le cœur du duché et la périphérie voir tout particulièrement Stievermann 1999 ; Finkeldei 2022.
7 Bischoff 1997, surtout p. 28–30.
8 Debard 1997a; Brendle 1997a; Brendle 1997b; Raff 2014a, p. 490–497 (Georges), 498–503 (Barbara), 544–546 (Eva Christina). Concernant Georges, voir également Debard, 1997c (version allemande : Debard 2003). Au sujet de l'installation de Barbara de Hesse et de sa famille à Riquewihr voir Sauer 2003, p. 20.
9 Krinninger-Babel 1999, p. 255–258; Sauer 2003, p. 18–24.
10 Krinninger-Babel 1999, p. 258; Sauer 2003, p. 24–31.
11 Krinninger-Babel 1999, p. 259; Sauer 2003, p. 32–36. Pour la genèse du *Collegium Illustre* de Tübingen voir Conrads 1982, p. 105 sq.
12 Sauer 2003, p. 37–40, 51–56. Au sujet des voyages du duc Frédéric Ier cf. Rückert 2010.
13 Krinninger-Babel 1999, p. 259 sq.; Sauer 2003, p. 40–42.
14 Decker-Hauff 1997, p. 71–80; Raff 2014b, p. 56–78.
15 Gotthard 1992, p. 6–10; Krinninger-Babel 1999, p. 261–264.
16 Concernant le statut juridique du comté de Montbéliard dans le Saint-Empire cf. en détail Carl 1999.
17 Babel 1999, surtout p. 288–290.
18 Bischoff 1997, p. 30; Rückert 2010, p. 216, 221. Le voyage de Frédéric en Italie dans les années 1599/1600 se termina également par une étape en Alsace; cf. Schickhardt 1602.
19 Krinninger-Babel 1999, p. 266.
20 À ce sujet et pour ce qui suit voir surtout Tuetey 1883; Krinninger-Babel 1999, p. 264–267, 277; Krinninger-Babel 2000; Sauer 2003, p. 73–83, plus particulièrement p. 80, 82.
21 Adam 1916; Grube 1957, p. 251–273; Vann 1986, p. 48–76.
22 Cf. le récapitulatif dans Sauer 2003, p. 107–300.
23 Carl 1999, p. 358; Kluckert 2001c; Sauer 2003, p. 245.
24 Cf. un résumé dans Sauer 2003, p. 157–164.
25 Pour ce qui suit, voir le récapitulatif dans Sauer 2003, p. 233–244.
26 Hertel 1997; Hertel 2003b.
27 Sauer 2003, p. 239 sq., 242–244. Pour le contexte voir aussi Hertel 1987; Hertel 2002. Concernant les antécédents à la Guerre des Évêques cf. Meister 1899. Il n'existe pas d'étude contemporaine sur ce conflit.
28 Debard 1997b; Raff 2014b, p. 159–184.
29 Hertel 2004.
30 Voir tout particulièrement Herzog Friedrichs Freudenstadt 1997; Hertel 2000; Hertel 2003b, p. 33–35.
31 Gotthard 1992.
32 Voir un résumé dans Fleischhauer 1971, p. 271–316; Sauer 2003, p. 86 sq., 136–145.
33 Voir surtout Kluckert 1992; Bouvard 1997 (version allemande : Bouvard 2003); Lorenz/Setzler 1999; Kretzschmar 2002; Bouvard 2007b; Würfel 2009; Kretzschmar/Lorenz 2010.
34 Bouvard 2001; Kluckert 2001b; Hertel 2003a. La source principale permettant de retracer l'œuvre de Schickhardt est son inventaire, dont l'original est conservé à la Bibliothèque d'État de Wurtemberg (Cod. hist. fol. 562) et qui fut édité en 2013; cf. Heyd 1902, p. 321–417; Bouvard 2007a; Schickhardt 2013.
35 Schickhardt 2013, p. 407 (fol. 178r); Wolff 1908, p. 157 sq.; Rietsch 1999.
36 Schickhardt 1602, p. 209.
37 Voir Vogler 1994a, p. 122.
38 Concernant les travaux de Schickhardt à Riquewihr cf. Schickhardt 2013, p. 400 (fol. 175r), 408 (fol. 178r), 501 (fol. 202r), 543 (fol. 212v); Hugel/Zitter 1999.
39 Schickhardt 2013, p. 501 (fol. 202r); Kleindienst 1999.
40 Ottersbach 2019, p. 435 sq.; voir également à ce sujet Bouvard 1999, p. 223.
41 Schickhardt 2013, p. 304, 306, 426, 543 (fol. 149v, 183r, 212v); Hugel/Zitter 1999, p. 259. Documents relatifs à la construction du moulin: Archives Départementales de Colmar E 179.
42 Schickhardt 2013, p. 400 (fol. 175r).

Residieren und Verwalten im württembergischen Elsass des Ancien Régime
Louis-David Finkeldei

Einleitung

Am 29. April 1648 heiratete Herzog Georg II. (1626–1699)[1] aus der Linie Mömpelgard des Hauses Württemberg die Prinzessin Anne Comtesse de Coligny, Duchesse de Châtillon (1624–1684)[2] aus dem französischen Hochadel.[3] Für das Paar stellte sich nun die Frage, wo es residieren und wovon es leben sollte. Georg II. war nämlich nicht der Erbe des württembergischen Thrones in Mömpelgard. Diesen hatte der ältere Bruder Leopold Friedrich (1624–1662) geerbt. Seit dem fürstbrüderlichen Vergleich[4] von 1617 gab es mehrere regierende Linien des Hauses Württemberg, so auch in Mömpelgard eine, die die linksrheinischen Besitzungen Württembergs regierte.[5] Um einen Ausgleich zwischen den Brüdern Leopold Friedrich und Georg II. zu erlangen, teilte man – dem Modell des fürstbrüderlichen Vergleichs folgend – wieder ein Stück des württembergischen Herrschaftsbereiches ab. Während Leopold Friedrich die Grafschaft Mömpelgard mit den dazugehörigen Herrschaften in der burgundischen Pforte behielt und in Mömpelgard residierte, erhielt Georg II. die elsässischen Besitzungen und nahm das Schloss Horburg als Residenz. Während der folgenden 14 Jahre wurde Horburg damit eine zentrale Residenz des Hauses Württemberg.

Die Episode führt zum Kernanliegen dieses Beitrags, nämlich die Residenzorte und Verwaltungsknotenpunkte im württembergischen Elsass in den Blick zu nehmen. Wenn über Residenzen und Verwaltung im frühneuzeitlichen Württemberg gesprochen wird, richtet sich der Blick meist auf Städte wie Stuttgart, Tübingen, Ludwigsburg oder Mömpelgard. Die elsässischen Orte Horburg und Reichenweier spielen in diesem Zusammenhang hingegen meist kaum eine Rolle.[6] Die Präsenz Herzog Georgs II. verdeutlicht jedoch, dass ihre Bedeutung innerhalb des württembergischen Machtgefüges einer tiefergehenden Analyse als Residenzorte und Verwaltungsknotenpunkte bedarf. Der Beitrag knüpft dafür an den Perspektivwandel innerhalb der landesgeschichtlichen Forschung in den letzten Jahren an. Der lange auf das rechtsrheinische Württemberg gerichtete Fokus wurde aufgebrochen. Württemberg wird zunehmend in seiner historischen Gesamtheit gedacht.[7] Dieser Wandel geht mit einer praxeologischen Perspektivverschiebung einher, weg von Strukturen, hin zu den eigentlichen Akteuren und ihren alltäglichen Lebens- und Handlungsweisen.[8]

An diese Entwicklungen anknüpfend nimmt der hiesige Beitrag Horburg und Reichenweier nicht als württembergischen „Streubesitz", sondern als Residenzorte und Verwaltungsknotenpunkte in den Blick und fragt nach ihrer Rolle innerhalb des württembergischen Herrschaftsgefüges während des 17. und 18. Jahrhunderts. Ein erster Abschnitt fokussiert die württembergischen Residenzen im Elsass des 17. Jahrhunderts und beleuchtet die Kunst- und Wunderkammer von Herzog Georg II. In einem zweiten Abschnitt werden die elsässischen Besitzungen Württembergs als Verwaltungsknotenpunkte diskutiert. Anhand mehrerer Schlaglichter werden sowohl die geistlichen als auch die weltlichen Verbindungen zwischen Württemberg und dem Elsass im 18. Jahrhundert untersucht und vorgestellt.

Die württembergischen Residenzen im Elsass

Die zentrale Residenz Württembergs links des Rheins war in der Frühen Neuzeit das Schloss Mömpelgard, neben weiteren Residenzen im Elsass. Hier war im 17. Jahrhundert zunächst das Schloss Horburg von herausragender Bedeutung. Dieses Schloss, das bis zum 16. Jahrhundert mehrmals zerstört und wiederaufgebaut worden war, sollte im Jahr 1543 von Georg I. von Württemberg (1498–1558) neu errichtet werden.[9] Tiefgreifende Veränderungen erfuhr der Bau, als dessen Sohn, Herzog Friedrich I. (1557–1608), das Schloss 1596 durch den Baumeister Heinrich Schickhardt (1558–1635) stark befestigen und im Renaissancestil umbauen ließ.[10] Während des Dreißigjährigen Krieges wurde das Schloss mehrfach schwer verwüstet. Es wurde sowohl von kaiserlichen als auch von schwedischen Truppen besetzt, wobei nicht nur zahlreiche Schäden entstanden, sondern auch zahlreiche Ausstattungsobjekte abhandenkamen.[11] In den 1650er Jahren renovierte Herzog Georg II. die Anlage und erweiterte sie um einen prächtigen Lustgarten, wofür er mehrere umliegende Flächen aufkaufte.[12] Während des Holländischen Krieges 1672–1678 wurde das Schloss schließlich durch Henri de La Tour d'Auvergne, Vicomte de Turenne (1611–1675), im Jahr 1675 vollständig zerstört.[13] Vom Schloss Horburg ist kaum mehr etwas erhalten; allein ein Portal steht heute noch neben dem Rathaus von Horbourg-Wihr.

Eine zweite wichtige Residenz der Herzöge von Württemberg im Elsass war das Schloss Reichenweier. Das heute noch existierende Schloss ließ Graf Georg I. von Württemberg im Jahr 1540 errichten.[14] Er hatte den früheren Schlossbau weitestgehend abreißen und hier ein neues Schloss erbauen lassen. Nach der Zerstörung des Schlosses Horburg avancierte Reichenweier ab dem ausgehenden 17. Jahrhundert zum Zentrum der württembergischen Präsenz im Elsass.

Eine dritte, heute in Vergessenheit geratene Residenz der Württemberger war schließlich der sogenannte „Württembergische Hof" (*Cour de Wurtemberg*) in Straßburg. Wann die dauerhafte Präsenz Württembergs in Straßburg begann, ist bisher unklar. Fest steht, dass diese Residenz ihre Hochphase im 17. Jahrhundert erlebte.[15] So ist ein Inventar des „Württembergischen Hofes" von Herzog Friedrich I. aus dem Jahr 1608 überliefert.[16] Eine besondere Bedeutung kam der Residenz im Dreißigjährigen Krieg zu. Während der kriegerischen Auseinandersetzungen suchten wiederholt Mitglieder des Hauses Württemberg Schutz hinter den Stadtmauern der zu dieser Zeit mächtigen freien Reichsstadt Straßburg, darunter Herzog Eberhard III. von Württemberg, der gleich mehrere Jahre dort lebte.[17]

Seit dem ausgehenden Mittelalter nahmen zahlreiche Mitglieder des Hauses Württemberg ihre Residenz im Elsass, zunächst die Grafen Heinrich (1446–1519) und Georg I.[18] Anschließend wuchs dessen Sohn, der spätere Herzog Friedrich I., zeitweise im Schloss Reichenweier auf. Im 17. Jahrhundert erhielten die Schlösser ihre besondere Bedeutung, als es darum ging, die steigende Anzahl an Mitgliedern des Hauses Württemberg mit standesgemäßen Sitzen auszustatten.

Als Herzog Friedrich I. 1608 verstarb, hinterließ er zahlreiche Kinder. Von ihnen erreichten unter anderem auch fünf Söhne das Erwachsenenalter.[19] Der Erstgeborene, Herzog Johann Friedrich (1582–1628), stand damit vor der Herausforderung, seine Brüder standesgemäß zu versorgen. Er entschied sich dafür, den Besitz zu teilen.[20] Der Umfang des Erbes wurde im fürstbrüderlichen Vergleich von 1617 nach dem Alter abgestuft: Johann Friedrich behielt den Großteil des Herzogtums. Mömpelgard mit dem elsässischen Württemberg fiel an den zweitgeborenen Ludwig Friedrich (1586–1631). Herzog Ludwig Friedrich hinterließ wiederum selbst zwei Söhne: Leopold Friedrich und Georg II. Während Leopold Friedrich die Grafschaft Mömpelgard erhielt, sprach man Georg II., wie eingangs erwähnt, die elsässischen Besitzungen zu.

Unter Georg II. erlebte das elsässische Württemberg eine Blütezeit. Der Herzog erhielt gemeinsam mit seinem Bruder weite Teile seiner Erziehung in Frankreich. Nach der Hochzeit mit Anne de Coligny 1648 nahm er seinen Sitz in Horburg. Da der junge Herzog über den gesamten württembergischen Besitz im Elsass, inklusive der auf dem rechten Rheinufer gelegenen Burg Sponeck verfügte, wurde das Schloss Horburg zu einer repräsentativen württembergischen Residenz. Georg II. erweiterte seinen Besitz und kaufte im Jahr 1660 die Herrschaft Wasselonne von der Stadt Straßburg.[21] Er ließ das Schloss Horburg nicht nur herrichten, sondern legte auch einen Lustgarten an.[22] Herzog Georg II. war sehr um eine Stabilisierung und Erweiterung seiner Machtstellung im Elsass bemüht. Auch war er ein sehr gebildeter und belesener Fürst. Von seinen literarischen Aktivitäten zeugen nicht nur zahlreiche Manuskripte theologischen und historischen Inhalts,[23] sondern besonders auch das gedruckte Werk „Traité de la Bible close, et d´Élie qui la doit ouvrir, traduit d´Italien en François"[24] aus dem Jahr 1667.

Das weit gespannte Interesse von Herzog Georg II. erschöpfte sich freilich nicht in seinem schriftlichen Schaffen. Er war vor allem auch ein leidenschaftlicher Sammler wertvoller, seltener und exotischer Objekte, die er zu einer Kunst- und Wunderkammer zusammenstellte.[25] Wie aus dem „Inventarium über die Kunst Kammer"[26] hervorgeht, welches man 1681 anfertigen ließ, umfasste die Sammlung Objekte aus verschiedensten Themengebieten. Zunächst verfügte der Herzog über eine gut ausgestattete Bibliothek. Dass sich sein Interesse nicht auf religiöse und historische Themen beschränkte, sondern auch auf die sich seit dem 17. Jahrhundert entwickelnden Wissenschaften erstreckte, wird daran deutlich, dass die Bibliothek mit für die damalige Zeit modernen Objekten ausgestattet war, so zwei große und zwei kleine Globen, einen *Tubus Opticus* sowie ein *Planiglobium*.[27]

Zur Kunstkammer Georgs II. gehörte weiterhin eine Gemäldesammlung, die, neben einem Portrait von Kaiser Ferdinand II. in Lebensgröße, unter anderem auch zahlreiche Portraits von Mitgliedern des Hauses Württemberg umfasste, mehrheitlich von Personen der Linien Weiltingen und Oels.[28] Die Auswahl an Gemälden verdeutlicht, auf welche Zweige des Hauses Württemberg der Herzog ausgerichtet war, und wo innerdynastische Konfliktlinien verliefen. Portraits der zeitgleich in Stuttgart regierenden Herzöge sind hingegen nicht zu finden. Dies hängt damit zusammen, dass Georg II. mit seinen Verwandten aus Oels und Weiltingen versuchte, den französischen Einfluss zurückzudrängen, während der in Stuttgart regierende Herzog-Administrator Friedrich Carl aus der Linie Winnental (1652–1698) ein Parteigänger von König Ludwig XIV. war.

Wie tief der Graben zwischen den Zweigen des Hauses Württemberg damals tatsächlich war, wird daran deutlich, dass Friedrich Carl 1680 den Sohn von Georg II. entführen ließ. Georg II. antwortete darauf mit einem Prozess vor dem Reichshofrat. Der mit Georg II. verbündete Herzog Silvius II. Friedrich von Württemberg-Oels (1651–1697) forderte Friedrich Carl sogar zu einem Duell heraus.[29]

Anhand der Auswahl an Bildern in Georgs Sammlung wird somit nicht nur deutlich, wofür sich der Herzog interessierte, sondern sie spiegelt auch die innerdynastischen Konflikte der Zeit wider. Die Gemäldesammlung offenbart schließlich, dass Georg II. zwar sehr gläubig, aber auch weltlichen Freuden nicht abgeneigt war. So findet sich in dem Inventar der Kunstkammer auch eine Sammlung von 40 *Gemählden von Allerhand Nackhichten Posituren*.[30]

1 Wachsportrait von Herzog Georg II. von Württemberg, 2. Hälfte des 17. Jahrhunderts (Musée d'Art et d'Histoire Montbéliard 337_1860.952.01).

Portrait en cire du duc Georges II de Wurtemberg, seconde moitié du XVIIe siècle (Musée d'Art et d'Histoire Montbéliard 337_1860.952.01).

Im Kontext der Kunst darf auch die Sammlung an Medaillen und Wachsbossierungen, d.h. dreidimensionalen Wachsportraits des Herzogs nicht außer Acht gelassen werden. Wachsportraits erfuhren im 17. Jahrhundert große Beliebtheit. So ist etwa ein aufwändiges Wachsportrait des berühmten württembergischen Kommandanten vom Hohentwiel, Konrad Widerholt, überliefert.[31] Wie groß das Interesse von Herzog Georg II. an dieser Kunstform war, wird daran ersichtlich, dass er nicht nur eine Sammlung davon besaß, sondern auch ein Portrait von sich selbst anfertigen ließ (Abb. 1).[32]

Neben den bildlichen Darstellungen verfügte Herzog Georg II. über verschiedene preziöse Geschirrsorten. Zu seiner Sammlung gehörten Tafelsilber, Porzellan-, Holz-, Glas- und Elfenbeingeschirre. Besondere Aufmerksamkeit erregte das als *Terra Sigillata* bezeichnete römische Geschirr. Gegenüber anderen Geschirrsorten wurde hier auch teilweise die

Provenienz vermerkt. So ist notiert, dass *9 Stuck dergleichen Erden […] auß der Insul Malta mit einem gedruckten Zettel von Anno 1615*[33] stammen. Diese Stücke zeigen, dass man am württembergischen Hof im Elsass die zeitgenössische Begeisterung für die griechisch-römische Antike teilte. Daneben wird deutlich, wie gut man vernetzt war. Es war offenbar kein Problem, Objekte aus weit entfernten Ländern wie Malta zu besorgen.

Wie weit diese Netzwerke reichten, wird schließlich an der großen Zahl exotischer Objekte sichtbar, die das Inventar auflistet. Herzog Georg II. besaß zahlreiche kuriose und unübliche Dinge, wie Korallen, ein *Becher von Rinoceros Horn*, *Türkische Töpfe*, *Indianisch Holtz*, *5 Indianische Dolch* sowie *Groß und Kleine Meer Schneckhen*. Diese Objekte verdeutlichen, dass die europäische Expansion nicht nur ein Phänomen der Kolonialmächte war, sondern auch in Württemberg nicht unbemerkt blieb und dort rezipiert wurde.

Die große Anzahl an Exotika in der Kunstkammer Herzog Georgs II. zeigt, dass das linksrheinische Württemberg neben dem Stammland einen eigenen Rezeptionsraum der europäischen Expansion darstellte.[34] Die württembergischen Höfe in Horburg und Reichenweier waren im 17. Jahrhundert gut vernetzt. Über diese weitreichenden Verbindungen wurden sowohl antike Objekte aus dem Mittelmeerraum wie auch Exotika aus der außereuropäischen Welt beschafft.

Nach dem Umzug von Herzog Georg II. 1662 nach Mömpelgard verlor das elsässische Württemberg als Residenzstandort an Bedeutung. Freilich lebten auch im 18. Jahrhundert noch Mitglieder des Hauses Württemberg im Elsass, wobei besonders Anna von Württemberg (1660–1733) – eine ledig gebliebene Tochter Herzog Georg II. – Aufmerksamkeit erregte. Sie war für einen extravaganten Lebensstil bekannt und lebte mit vielen Hunden, Katzen und Wieseln in Ostheim zusammen.[35]

Das Elsass als Verwaltungsknotenpunkt für die württembergische Herrschaft

Während das württembergische Elsass im 18. Jahrhundert für seine herrschaftlichen Residenzen an Bedeutung verlor, nahm seine Bedeutung als Verwaltungsknotenpunkt deutlich zu.[36] Nach dem Tod des letzten Herzogs aus der Mömpelgarder Linie des Hauses Württemberg, Leopold Eberhard, im Jahr 1723 fiel der gesamte linksrheinische Besitz an die Stuttgarter Linie. Württemberg, Mömpelgard und die elsässischen Besitzungen waren dadurch wieder vereint. Dies führte dazu, dass das württembergische Elsass nun in der Mitte zwischen Mömpelgard einerseits und dem Herzogtum Württemberg andererseits lag. Es war nun wiederum ein Bindeglied zwischen beiden Regionen. Über Horburg und Reichenweier wurden die Kommunikation, der Warenaustausch und die Verwaltung zwischen Württemberg und Mömpelgard sichergestellt. Dieser Austausch intensivierte sich im Laufe des 18. Jahrhunderts deutlich und schlug sich in einer kontinuierlich gesteigerten Verwaltungskorrespondenz nieder. Insbesondere die Anzahl der nach Stuttgart versandten Bittschriften nahm stetig zu.[37]

Um diese Kommunikation sicherzustellen, verfügte Württemberg im Elsass über einen eigenen Verwaltungsapparat. Dieser gliederte sich in einen weltlichen und einen geistlichen Teil. Die weltliche Verwaltung umfasste im Jahr 1752 einen Regierungsrat, einen Vogt (*Bailli*), einen Fiskalprokurator, einen Schreiber, einen Direktor der Domänen mit einem Schaffner und einem Wasser- und Forstmeister, dem fünf Förster unterstellt waren.[38] Die Regierungsräte (*conseillers de régence*) im Elsass waren zum einen Jean Louis Treitlinger, der von 1752 bis 1769, und Andreas Sandherr, der von 1771 bis 1792 amtierte. Gegenüber ihren Kollegen in Mömpelgard und Stuttgart füllten diese Regierungsräte besondere Aufgaben aus. Sie leiteten nicht nur die lokale Verwaltung, sondern waren zugleich auch Agenten oder Residenten der Herzöge im Elsass. Dies bedeutet, dass sie neben ihrer

Leitungsfunktion innerhalb der württembergischen Verwaltung im Elsass auch die Funktion eines württembergischen Unterhändlers innehatten, der mit den französischen Beamten und hier insbesondere mit dem Conseil souverain d'Alsace, der französischen Regionalverwaltung im Elsass, zu verhandeln hatte. Sie waren somit zugleich Beamte und Diplomaten.

Eine dritte besondere Aufgabe war die Sicherstellung der Kommunikation zwischen den Landesteilen. Württemberg und Mömpelgard waren im 18. Jahrhundert nicht über einen eigenen Botenverkehr miteinander verbunden. So hatte Herzog Carl Eugen (1728–1793) zwar im August 1771 angewiesen, einen Boten zu ernennen, der einmal pro Monat zwischen Stuttgart und Mömpelgard verkehren sollte,[39] doch wurde diese Anweisung nicht umgesetzt. Man löste das Problem der gegenseitigen Anbindung, indem man Akteure an Schlüsselstellungen mit der Übergabe der Korrespondenz beauftragte. Der Postmeister von Mömpelgard brachte die Briefe nach Belfort, von wo aus sie mit der französischen Post nach Straßburg gebracht wurden. Die Weitergabe in Straßburg war nun Aufgabe der württembergischen Regierungsräte im Elsass. Jean Louis Treitlinger organisierte den Weiterversand nach Stuttgart mit seiner Frau über die Thurn und Taxis Post. So schrieb er in einem Brief an den württembergischen Gesandten Philipp von Wernicke in Paris: *Il m'a été adressé pendant mon séjour en haute Alsace de la part de M. le Baron de Hardenberg une caisse renfermant de la viande salée, pour la faire passer à Votre Excellence, ma femme en a chargé le coche faute d'autres occasions et pour lui donner un cours plus prompt* („Während meines Aufenthaltes im Oberelsass habe ich von Herrn Baron von Hardenberg eine Kiste mit Pökelfleisch erhalten, um sie Eurer Exzellenz zu übergeben. Aus Mangel an anderen Gelegenheiten und um dem Paket eine schnellere Ankunft zu ermöglichen, habe ich meine Frau damit beauftragt, es dem Kutscher zu geben").

Das Schreiben Treitlingers verdeutlicht zunächst, dass der Austausch von formellen Akteuren, aber auch von ihren Familienangehörigen bewerkstelligt wurde. Der Brief zeigt weiterhin, dass sich der über das Elsass abgewickelte Versand zwischen Württemberg und Mömpelgard nicht nur auf Papiere beschränkte. Neben Berichten, Akten- und Urkundensendungen wurden häufig auch Objekte wie Bücher, Pflanzen oder Nahrungsmittel versandt.

Große Bedeutung hatte diese Transportroute für persönliche Einkäufe des Herzogs. Aus den unzähligen Rechnungen für Herzog Carl Eugen, die er aus der Kasse von Mömpelgard begleichen ließ, geht hervor, dass neben einer Vielzahl an Büchern, Schmuck und Möbeln vor allem Pflanzen für die herzoglichen Park- und Gartenanlagen in Stuttgart, Ludwigsburg, Hohenheim und auf der Solitude angeschafft wurden.[40] Eine Rechnung des Straßburger Händlers Dürninger vom 20. März 1780 zeigt etwa, dass Herzog Carl Eugen durch den im Elsass residierenden Regierungsrat Andreas Sandherr 2.100 Pappeln aus Italien nach Württemberg bringen ließ.[41] Die Aktivitäten der württembergischen Regierungsräte im Elsass stehen für die hohe Bedeutung dieser Region als Knotenpunkt für Handel und Transport der Herrschaft Württemberg.

Der zweite Stützpfeiler der württembergischen Verwaltung im Elsass war die lutherische Geistlichkeit. Sie war fester Bestandteil der Verwaltung und wurde in den zeitgenössischen württembergischen Adressbüchern auch als solche ausgewiesen.[42] Die Vertreter der Kirche nahmen eine wichtige Funktion als Bindeglied zwischen dem Herzog und der Bevölkerung ein. Für viele Menschen trat die Herrschaft hier im Alltag zunächst durch das Handeln der Pfarrer in Erscheinung. Neuigkeiten erfuhr man zuerst über den Gottesdienst. Um die konfessionelle Konformität der Pfarrer sicherzustellen und zur dauerhaften Festigung der kirchlichen Verbindung der württembergischen Landesteile beizutragen, hatte man schon früh Maßnahmen ergriffen. So sollte ein

Stipendium Graf Georgs I. den jährlichen Unterhalt mehrerer aus dem linksrheinischen Württemberg für das Priesteramt bestimmter Theologiestudenten am evangelischen Stift in Tübingen finanzieren.[43] Sechs Plätze waren für Studenten aus Mömpelgard und vier für Studenten aus dem Elsass bestimmt. Während seines über 230-jährigen Bestehens (1560–1793) wurde das Stipendium zwar nicht immer voll ausgeschöpft, es trug durch den direkten Kontakt zwischen dem rechts- und dem linksrheinischen Württemberg wesentlich zu einem nachhaltigen transregionalen Austausch bei.[44]

Fazit

Mit den Schlössern in Horburg und Reichenweier nahm das Elsass bedeutenden Anteil an der württembergischen Residenzenlandschaft im 17. und 18. Jahrhundert. Während der Regierungszeit Herzog Georgs II. in Horburg (1648–1662) kann sogar von einer Blüte württembergischer Hofkultur im Elsass gesprochen werden. Der gebildete und belesene Herzog baute die Schlossanlage nach den Verwüstungen des Dreißigjährigen Krieges wieder auf und erweiterte sie um einen prächtigen Lustgarten. Darüber hinaus gestaltete er eine beeindruckende Kunstkammer (Abb. 2). Anhand ihrer Bestände spiegeln sich zum einen innerdynastische Konflikte wider, zum anderen wird anhand der vielen, auch aus der „Neuen Welt" stammenden Objekte deutlich, dass das württembergische Elsass als wichtiger Rezeptionsraum der voranschreitenden Globalisierung im 17. Jahrhundert angesehen werden kann.

Die Verwaltung des württembergischen Elsass im 17. und 18. Jahrhundert stützte sich einerseits auf am evangelischen Stift in Tübingen ausgebildete Geistliche, andererseits auf Regierungsräte, die nicht nur die lokale Verwaltung im Elsass leiteten, sondern auch als Diplomaten arbeiteten und den Schriftverkehr zwischen Württemberg, dem Elsass und Mömpelgard sicherstellten. Auf diesem Wege wurde etwa auch ein großer Teil der internationalen Einkäufe Herzog Carl Eugens abgewickelt. Das württembergische Elsass erscheint damals als ein zentraler Knotenpunkt der Verflechtung Württembergs mit seinen linksrheinischen Besitzungen, aber auch weit darüber hinaus.

---

1 Grundsätzlich zu Herzog Georg II. von Württemberg-Mömpelgard vgl. Debard 1997d, S. 183–186.
2 Zu Anne de Coligny vgl. Debard 1997e, S. 186.
3 ANP K 1765 Liasse 1: Mariage du duc Georges de Wurtemberg avec Anne de Coligny; succession de cette princesse (contrat de mariage, transactions entre les héritiers d'Anne de Coligny), 1648–1758.
4 Der Fürstbrüderliche Vergleich von 1617 ist in zahlreichen Exemplaren überliefert. Stellvertretend sei an dieser Stelle das Exemplar von Ludwig Friedrich genannt: HStAS G 81 Bü 1, Nr. 3: Fürstbrüderlicher Vergleich, 28. Mai 1617 (s. Kat. IV.2).
5 Zur Linie Württemberg-Mömpelgard vgl. Schukraft 2007, S. 116–127.
6 Für eine der wenigen Auseinandersetzungen mit dem württembergischen Elsass vgl. Schukraft 1998, S. 42–45.
7 Beispielhaft hierfür vgl. Lorenz/Rückert 1999; Debard 1992.
8 Frühe wegweisende Arbeiten sind Medick 1997; Sabean 1984.
9 Vgl. den Beitrag von Peter Rückert, Das Haus Württemberg, in diesem Band.
10 HStAS N 220 A 14: Neubau des Schlosses in Horburg, 1596. Zu Herzog Friedrich I. vgl. den Beitrag von Wolfgang Mährle in diesem Band.
11 ADHR E 54: Relation adressée par les officiers de la seigneurie de Riquewihr à la Régence de Montbéliard, indiquant de quelle manière les Impériaux se sont emparés du château de Horbourg. États des dégâts qui y ont été causés et des objets volés ou détruits. Rapport adressé au Conseil de Régence de Montbéliard sur les réparations à faire au château de Horbourg. Procès-verbal de visite indiquant les réparations à faire au château de Horbourg. Lettre des officiers de la seigneurie de Riquewihr au major-général d'Erlach pour demander l'évacuation du château de Horbourg, 1632–1650.
12 ADHR E 54: Etat des particuliers dont les champs ont été compris dans la formation du jardin du château de Horbourg, 1650; AD Haut-Rhin E 55: Correspondance relative au projet d'aliénation ou de concession de l'emplacement du ci-devant château de Horbourg et du jardin en dépendant, appelé Lustgarten, ca. 1650.

13 ANP K 2308 Liasse 3: Démolition du château de Horbourg, 1675.
14 Vgl. Debard 1997a, S. 126–127. Dazu auch der Beitrag von Peter Rückert in diesem Band.
15 ANP K 2329 Liasse 2: Hôtel des Wurtemberg à Strasbourg, 1399–1655. Auf der Grundlage dieser Unterlagen ließen sich weitere Forschungen zur Präsenz des Hauses Württemberg in Straßburg anstellen.
16 ANP K 2329 Liasse 2: Hôtel des Wurtemberg à Strasbourg, inventaire du mobilier, 1608.
17 Vgl. Ernst 2005, S. 187–210; Fischer 1997, S. 152–155.
18 Vgl. dazu ausführlicher den Beitrag von Peter Rückert in diesem Band.
19 Zu den Kindern Herzog Friedrichs I. vgl. den Stammbaum in Stievermann 1997b, S. 130.
20 Landesteilungen waren im 16. und 17. Jahrhundert üblich: Die Askanier, die Hessen oder die Badener teilten ebenfalls wiederholt ihren Herrschaftsbereich. Vgl. Brauneder 2008, Sp. 489–491.
21 ANP K 1762 Liasse 2: Achat de la seigneurie de Wasselheim sur la ville de Strasbourg. Négociation à ce sujet, prix de la vente déposé, 1660.
22 AD Haut-Rhin E 54: Contrat d'acquisition par le duc George de Wurtemberg d'un champ situé à Horbourg, pour être réuni au jardin du château.
23 Im Pariser Nationalarchiv finden sich zahlreiche Manuskripte von ihm: ANP K 1764 Liasse 1–3.
24 Vgl. Kat. IV.8.
25 Allgemein zur württembergischen Kunstkammer vgl. Landesmuseum Württemberg 2019; Fleischhauer 1976.
26 HStAS A 266 Bü 940: Inventarium über die im fürstlichen Schloß zu Mümpelgart Im Martio Anno 1681 befundene Gemählde, unnd andere Sachen, 1681. Es ist davon auszugehen, dass wesentliche Teile dieser Sammlung bereits während der elsässischen Zeit Herzog Georgs II. existierten.
27 HStAS A 266 Bü 940: Inventarium über die im fürstlichen Schloß zu Mümpelgart Im Martio Anno 1681 befundene Gemählde, unnd andere Sachen, 1681, fol. 9r.
28 HStAS A 266 Bü 940: Inventarium über die im fürstlichen Schloß zu Mümpelgart Im Martio Anno 1681 befundene Gemählde, unnd andere Sachen, 1681, fol. 2r–3r.
29 HStAS G 174 Bü 2: Jugend des Herzogs Leopold Eberhard von Württemberg-Mömpelgard. Subfasz. II-V, 1680–1683.
30 HStAS A 266 Bü 940: Inventarium über die im fürstlichen Schloß zu Mümpelgart Im Martio Anno 1681 befundene Gemählde, unnd andere Sachen, 1681, fol. 3r.
31 Württembergisches Landesmuseum E 1177: Wachsbossierung, Conrad Widerholt (1598–1667), o. J. [zweite Hälfte 17. Jahrhundert].
32 Musée d'Art et d'Histoire Montbéliard 337_1860.952.01: Portrait en cire de Georges II, duc de Wurtemberg, o. J. [zweite Hälfte des 17. Jahrhunderts].
33 HStAS A 266 Bü 940: Inventarium über die im fürstlichen Schloß zu Mümpelgart Im Martio Anno 1681 befundene Gemählde, unnd andere Sachen, 1681, fol. 6v.
34 Vgl. Finkeldei (im Druck).
35 HStAS G 160 Bü 7: Akten betreffend der Prinzessin Anna von Württemberg-Mömpelgard kümmerliche Lage, Wunderlichkeiten, Aufenthalt zu Ostheim und in der Folge zu Mömpelgard, Krankheit und am 13. Juni 1733 erfolgtes Absterben, Verlassenschaft und Verhandlungen, 1724–1739. Vgl. Debard 1997f, S. 187.
36 Zur Verwaltungskommunikation zwischen Württemberg und Mömpelgard im 18. Jahrhundert vgl. Finkeldei 2021, S. 291–310.
37 HStAS A 8 Bü 407 bis Bü 420: Herzogliche Entscheidungen auf die von dem Mömpelgarder Conseil vorgelegten Verwaltungsangelegenheiten, 1755–1760, 1767–1793.
38 Eine genaue Auflistung der weltlichen Beamten für das elsässische Württemberg ist im württembergischen Adressbuch ab dem Jahr 1750 zu finden: Bürkh 1752, S. 74 f.
39 ANP K 1942 Liasse 1: Anweisung Herzog Carl Eugens an den Conseil, 26. August 1771.
40 Im Nationalarchiv Paris sind umfangreiche Bestände zu den Rechnungen Herzog Carl Eugens überliefert: ANP K 1792 Liasse 3 und K 1793 Liasse 1.
41 ANP K 1793 Liasse 1: Rechnung von Dürninger l'Aîné, 20. März 1780.
42 Eine genaue Auflistung der geistlichen Beamten für das elsässische Württemberg ist im württembergischen Adressbuch ab dem Jahr 1750 zu finden: Bürkh 1752, S. 75.
43 Vgl. Dormois 1999, S. 313–332. Dazu wiederum ausführlicher der Beitrag von Peter Rückert in diesem Band.
44 Vgl. dazu etwa die Berichte in: Landeskirchliches Archiv AEvST E 1 (Ephorat: Altes Kastenbuch), Nr. 144/2: Berichte nach Mömpelgard und Reichenweier über Studium und Sitten der Stipendiaten, 1590–1618, 1648.

Résider et administrer dans l'Alsace wurtembergeoise de l'Ancien Régime
Louis-David Finkeldei

Introduction

Le 29 avril 1648 le duc Georges II (1626–1699)[1] de la ligne de Montbéliard de la maison de Wurtemberg épousa la comtesse Anne de Coligny, duchesse de Châtillon (1624–1684),[2] membre de la haute noblesse française.[3] Le couple dut alors décider de son lieu de résidence commun et de ses moyens de subsistance. Car Georges II n'était pas l'héritier du trône wurtembergeois de Montbéliard. C'est son frère aîné Léopold-Frédéric (1624–1662) qui en avait en effet hérité. Depuis le « traité des cinq frères »[4] de 1617, il existait plusieurs lignes régnantes dans la maison de Wurtemberg, dont une à Montbéliard qui contrôlait les territoires du Wurtemberg situés sur la rive gauche du Rhin.[5] Afin de compenser la situation des deux frères Léopold-Frédéric et Georges II, il fut de nouveau procédé – comme lors du « traité des cinq frères » – à un partage d'une partie du territoire du Wurtemberg. Alors que Léopold-Frédéric gardait le comté de Montbéliard avec les seigneuries qui en dépendaient à la Porte de Bourgogne et résidait à Montbéliard, Georges II, quant à lui, obtint les possessions alsaciennes et établit sa résidence au château de Horbourg. Horbourg devint alors pour les quatorze années à venir une des résidences de premier plan de la maison de Wurtemberg.

Cet épisode nous conduit à cerner un des objectifs principaux de cet article qui est de mettre en lumière les lieux de résidence et centres administratifs de l'Alsace wurtembergeoise. Lorsqu'il est question des résidences et de l'administration du Wurtemberg à l'époque moderne, le regard se tourne souvent vers des villes comme Stuttgart, Tübingen, Ludwigsburg ou Montbéliard. Les villes alsaciennes de Horbourg et Riquewihr ne sont que très rarement considérées dans ce contexte.[6] La présence du duc Georges II prouve cependant que leur importance au sein de la structure du pouvoir dans le Wurtemberg nécessite une analyse plus approfondie de ces villes en tant que lieux de résidence et centres administratifs. Cette contribution s'inscrit pour cela dans le changement de perspective qui a eu lieu ces dernières années dans les études historiques sur le Wurtemberg. En effet, l'accent avait longtemps été mis sur les territoires du Wurtemberg situés sur la rive droite du Rhin. Désormais, le Wurtemberg est de plus en plus pensé dans sa totalité historique.[7] Ce changement implique un changement de perspective d'un point de vue praxéologique, en s'éloignant de l'étude des structures pour se pencher sur les acteurs historiques à proprement parler et sur leur mode de vie et leurs actions au quotidien.[8]

En s'inscrivant dans la continuité de cette réévaluation historique, les villes de Horbourg et de Riquewihr ne seront pas considérées, dans cet article, comme faisant partie du territoire éparpillé du Wurtemberg, mais bien comme des lieux de résidence et des centres administratifs à part entière ; l'article vise donc à étudier leur rôle au sein de la structure du pouvoir du Wurtemberg aux XVIIe et XVIIIe siècles. Une première partie se concentrera sur les résidences wurtembergeoises en Alsace au XVIIe siècle et mettra en pleine lumière le cabinet de curiosités du duc Georges II. La seconde partie étudiera la fonction des territoires alsaciens du Wurtemberg en tant que centres administratifs. Plusieurs exemples éclaireront tant les liens religieux que séculiers entre le Wurtemberg et l'Alsace au XVIIIe siècle.

Les résidences wurtembergeoises en Alsace

À l'époque moderne, le principal lieu de résidence wurtembergeois sur la rive gauche du Rhin était le château de Montbéliard, auquel venaient s'ajouter d'autres résidences en Alsace. À cet égard, c'est tout d'abord, au XVIIe siècle, le château de Horbourg qui revêt une grande importance. Ce château qui fut déjà plusieurs fois détruit et reconstruit jusqu'au XVIe siècle, fut de nouveau érigé en 1543 par Georges Ier de Wurtemberg (1498–1558).[9] Le bâtiment connut d'importantes transformations lorsque le fils de ce dernier, le duc Frédéric Ier (1557–1608), confia au maître d'œuvre Heinrich Schickhardt (1558–1635) le soin d'y ajouter des fortifications et de l'aménager dans le style de la Renaissance.[10] Le château fut plusieurs fois saccagé durant la Guerre de Trente Ans. Il fut occupé tant par les troupes impériales que suédoises ce qui provoqua de nombreux dégâts mais aussi le vol d'une grande partie du mobilier et des objets d'art.[11] Dans les années 1650, le duc Georges II fit rénover le complexe du château et y fit aménager de magnifiques jardins pour lesquels il racheta plusieurs terrains alentour.[12] Pendant la Guerre de Hollande (1672–1678), le château fut finalement totalement détruit en 1675 par les troupes d'Henri de La Tour d'Auvergne, le vicomte de Turenne (1611–1675).[13] Il ne subsiste quasiment rien du château de Horbourg, si ce n'est un portail qui se situe encore aujourd'hui près de la mairie d'Horbourg-Wihr.

Une seconde résidence importante pour les ducs de Wurtemberg en Alsace était le château de Riquewihr. C'est le comte Georges Ier de Wurtemberg qui fit construire en 1540 le château qui existe encore de nos jours.[14] Il avait pour cela fait raser en grande partie l'ancien château pour y construire un bâtiment neuf. Après la destruction du château de Horbourg, Riquewihr devint à la fin du XVIIe siècle le centre de la présence wurtembergeoise en Alsace.

Une troisième résidence aujourd'hui en grande partie oubliée était la « Cour de Wurtemberg » à Strasbourg. On ne sait jusqu'à ce jour à quel moment le Wurtemberg établit une présence permanente à Strasbourg. Toujours est-il que cette résidence connut son âge d'or au XVIIe siècle[15] comme nous l'indique un inventaire de la « Cour de Wurtemberg » conservé jusqu'à aujourd'hui et datant de l'année 1608, à l'époque du duc Frédéric Ier.[16] Ce lieu de résidence joua un rôle important durant la Guerre de Trente Ans. À plusieurs reprises, alors que les combats faisaient rage, des membres de la maison de Wurtemberg cherchèrent refuge à l'intérieur des murs de l'influente ville libre d'Empire Strasbourg, notamment le duc Eberhard III de Wurtemberg, qui y vécut plusieurs années.[17]

Depuis la fin du Moyen-Âge de nombreux membres de la maison de Wurtemberg s'installèrent en Alsace, tout d'abord les comtes Henri (1446–1519) et Georges Ier.[18] C'est ensuite le fils de ce dernier, le futur duc Frédéric Ier, qui séjourna un temps pendant sa jeunesse au château de Riquewihr. Ces châteaux prirent de l'importance au cours du XVIIe siècle lorsqu'il s'agit alors de doter le nombre grandissant de membres de la maison de Wurtemberg de demeures dignes de leur rang.

À la mort du duc Frédéric Ier en 1608, ce dernier laissa une nombreuse progéniture. Cinq de ses fils attinrent l'âge de la majorité.[19] L'aîné, le duc Jean-Frédéric (1582–1628), était confronté à la mission ardue d'assurer à ses frères une subsistance conforme à leur rang. Il prit alors la décision de partager ses biens et ses titres.[20] L'ampleur de l'héritage fut fixée par ordre décroissant suivant l'âge dans le « traité des cinq frères » de 1617 : Jean-Frédéric gardait la plus grande partie du duché. Montbéliard et l'Alsace wurtembergeoise revinrent au second frère Louis-Frédéric (1586–1631). Le duc Louis-Frédéric eut lui aussi deux fils : Léopold-Frédéric et Georges II. Alors que Léopold-Frédéric obtint le comté de Montbéliard, Georges II, quant à lui, reçut, comme il a été rappelé en introduction, les territoires alsaciens.

Sous Georges II l'Alsace wurtembergeoise vécut une période de prospérité. Le duc et son frère avaient été éduqués en grande partie en France. Après son mariage avec Anne de Coligny en 1648, il s'installa à Horbourg. Comme le jeune duc régnait sur la totalité des possessions alsaciennes du Wurtemberg, y compris sur le château de Sponeck situé sur la rive droite du Rhin, il fit du château de Horbourg un lieu de résidence wurtembergeois et un lieu de représentation du pouvoir souverain. Georges II agrandit son territoire et acheta en 1660 la seigneurie de Wasselonne vendue par Strasbourg.[21] Non seulement il entreprit des travaux dans le château de Horbourg, mais il y fit également aménager des jardins.[22] Le duc Georges II avait à cœur la stabilisation et l'expansion de son pouvoir en Alsace. Il était également un prince très instruit et cultivé. De nombreux manuscrits au contenu théologique et historique témoignent de son activité littéraire,[23] tout comme l'ouvrage « Traité de la Bible close, et d'Élie qui la doit ouvrir, traduit d'Italien en François »[24] imprimé en 1667.

L'étendue des centres d'intérêt du duc Georges II ne s'arrêtait bien évidemment pas à sa production littéraire. Il était surtout un collectionneur passionné d'objets précieux, rares et exotiques qu'il réunit tous dans son cabinet de curiosités.[25] Comme le montre bien l'inventaire de ce cabinet de curiosités[26] établi en 1681, cette collection était organisée autour de différents thèmes. De plus, le duc avait une bibliothèque bien fournie. Sa curiosité intellectuelle ne se limitait pas aux sujets religieux et historiques mais s'étendait également aux sciences développées depuis le XVIIe siècle comme le prouvent certains objets figurant dans sa bibliothèque, objets très modernes pour l'époque, comme deux grands et deux petits globes, un *Tubus Opticus* ainsi qu'un planiglobe.[27]

Le cabinet de curiosités de Georges II comptait également une collection de peintures dans laquelle se trouve un portrait grandeur nature de l'empereur Ferdinand II, tout comme de nombreux portraits de membres de la maison de Wurtemberg, surtout de personnes relevant des lignes de Weiltingen et d'Œls.[28] Le choix des peintures montre bien avec quelles branches de la maison de Wurtemberg le duc avait des affinités et où se situaient les lignes de fracture à l'intérieur de la dynastie. L'on n'y trouvera pas de portraits des ducs régnant au même moment à Stuttgart. Cette absence est due au fait que Georges II tenta, avec le concours de ses cousins de Weiltingen et d'Œls, de repousser l'influence française alors qu'à Stuttgart, le régent Frédéric-Charles de la lignée des Wurtemberg-Winnental (1652–1698) était favorable au roi Louis XIV.

L'ampleur du fossé entre les branches de la maison de Wurtemberg se manifeste dans l'enlèvement du fils de Georges II sur ordre de Frédéric-Charles en 1680. Georges II riposta par un procès devant le Conseil impérial aulique. L'allié de Georges II, le duc Silvius II Frédéric de Wurtemberg-Œls (1651–1697), provoqua même Frédéric-Charles en duel.[29]

Cette sélection de tableaux dans la collection de Georges reflète donc non seulement les goûts du duc, mais aussi les conflits interdynastiques de l'époque. La collection révèle par ailleurs que Georges II, certes très croyant, n'en rejetait pas pour autant les plaisirs profanes. L'inventaire du cabinet de curiosités indique par exemple qu'il comptait aussi une collection de 40 *Gemählden von Allerhand Nackhichten Posituren* (« tableaux montrant des nus en différentes positions »).[30]

Sur le plan artistique, les médailles et les portraits en cire en trois dimensions ne sont également pas à négliger dans la collection du duc. Les bas-reliefs en cire étaient très prisés au XVIIe siècle : ainsi a été conservé un portrait en cire d'envergure du célèbre commandant wurtembergeois du Hohentwiel, Konrad Widerholt.[31] Le fait que le duc Georges II ne possédait pas uniquement une collection d'œuvres de cire, mais commandita aussi un portrait de sa propre personne, prouve l'intérêt qu'il portait à cette forme d'art (ill. 1).[32]

En plus de représentations imagées, le duc Georges II possédait plusieurs services de grande valeur. Sa collection compte de l'argenterie et des services en porcelaine, bois, verre et en ivoire. Son service romain qualifié de *Terra Sigillata* dans l'inventaire a attiré tout particulièrement l'attention. Contrairement à d'autres services, l'inventaire contient pour ce dernier l'indication de la provenance. Il est noté que *9 Stuck dergleichen Erden […] auß der Insul Malta mit einem gedruckten Zettel von Anno 1615* (« 9 pièces de la même terre […] [proviennent] de l'île de Malte avec un papier imprimé de l'année 1615 »).[33] Ces objets montrent que la cour wurtembergeoise en Alsace partageait la fascination de ses contemporains pour l'Antiquité gréco-romaine. Ils démontrent aussi l'étendue du réseau de cette lignée qui n'avait apparemment pas de difficultés à se procurer des objets venus de régions lointaines comme Malte. L'ampleur du rayon d'action de ce réseau est également visible dans la multitude d'objets exotiques énumérés dans l'inventaire. Le duc Georges II possédait nombre de curiosités comme des coraux, un *Becher von Rinoceros Horn*, *Türkische Töpfe*, *Indianisch Holtz*, *5 Indianische Dolch* et *Groß und Kleine Meer Schneckhen* (« gobelet en corne de rhinocéros, des pots turcs, du bois des Indes, 5 dagues d'Indiens ainsi que des grands et petits escargots de mer »). Ces objets montrent que l'expansion européenne n'était pas un phénomène cantonné aux seules puissances coloniales, mais était observé et reproduit aussi dans le Wurtemberg.

Le grand nombre d'objets exotiques contenus dans le cabinet de curiosités du duc Georges II montre donc que la partie du Wurtemberg située sur la rive gauche du Rhin était un espace distinct du cœur du duché en ce qui concerne la réception de l'expansion européenne.[34] Les cours wurtembergeoises à Horbourg et à Riquewihr étaient dotées au XVIIe siècle d'un large réseau de relations. La grande portée de ces connexions permettait de se procurer soi-même des objets antiques provenant du bassin méditerranéen, ou encore des éléments plus exotiques provenant de régions beaucoup plus éloignées.

Après l'installation du duc Georges II à Montbéliard en 1662, le Wurtemberg alsacien perdit son importance en tant que lieu de résidence. Des membres de la maison du Wurtemberg y résidèrent cependant encore au XVIIIe siècle, notamment Anne de Wurtemberg (1660–1733), une fille non mariée du duc Georges II, qui faisait parler d'elle. Elle était connue pour son style de vie extravagant et vivait avec de nombreux chiens, chats et belettes à Ostheim.[35]

L'Alsace comme centre administratif pour le pouvoir wurtembergeois

Alors que l'influence des villes de résidence de l'Alsace wurtembergeoise déclina au XVIIIe siècle, la région gagna nettement en importance en tant que centre administratif.[36] Après la mort du dernier duc issu de la ligne de Montbéliard de la maison de Wurtemberg, Léopold-Eberhard, en 1723, la totalité des possessions situées sur la rive gauche du Rhin furent attribuées à la lignée de Stuttgart. Le Wurtemberg, Montbéliard et les possessions alsaciennes étaient donc de nouveau réunies. Une telle situation eut pour conséquence que l'Alsace wurtembergeoise était désormais située à mi-chemin entre Montbéliard d'un côté et le duché de Wurtemberg de l'autre ; elle servait alors de lien entre les deux régions. C'est à Horbourg et Riquewihr qu'étaient assurés la communication, l'échange de marchandises et l'administration entre le Wurtemberg et Montbéliard. Cet échange

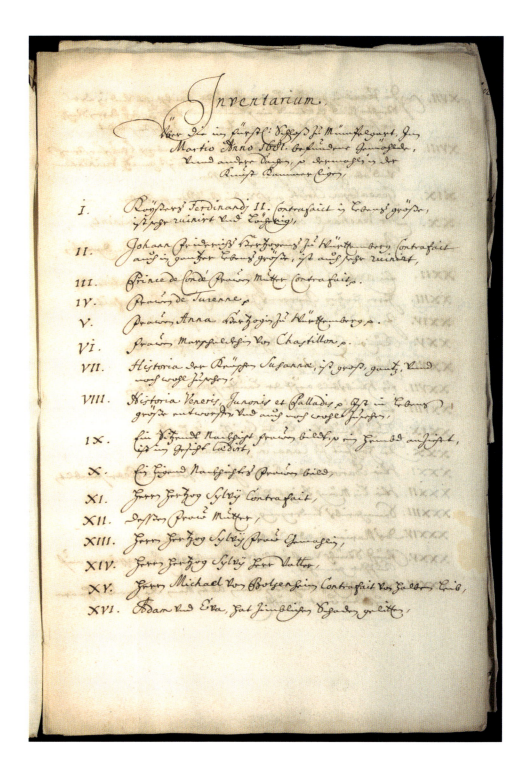

2 Inventar der Kunstkammer von 1681 (HStAS A 266 Bü 940).

Inventaire du cabinet de curiosités de 1681 (HStAS A 266 Bü 940).

s'intensifia nettement au cours du XVIIIe siècle et se manifesta par une croissance continue de la correspondance administrative. C'est surtout le nombre de requêtes envoyées à Stuttgart qui augmenta le plus.[37]

Afin de garantir cette communication, le Wurtemberg disposait en Alsace de son propre système administratif. Ce dernier était divisé en une partie religieuse et une partie séculière. L'administration séculière comptait en 1752 un conseil de régence, un bailli, un procureur fiscal, un secrétaire, un directeur des domaines avec un contrôleur et un administrateur des eaux et forêts auquel étaient subordonnés cinq gardes forestiers.[38] Les conseillers de régence en Alsace furent Jean Louis Treitlinger, qui exerça cette fonction de 1752 à 1769, et Andreas Sandherr de 1771 à 1792. Comparés à leurs collègues de Montbéliard et de Stuttgart, ces conseillers de régence avaient une mission supplémentaire bien définie : ils n'étaient pas uniquement à la tête de l'administration locale mais étaient également agents, ou résidents, des ducs en Alsace. Cela signifie qu'au-delà de leur rôle à la tête de l'administration wurtembergeoise en Alsace, ils étaient également des négociateurs wurtembergeois en contact régulier avec les fonctionnaires français et plus particulièrement avec le Conseil souverain d'Alsace, l'administration provinciale de la France en Alsace. Ils étaient donc à la fois fonctionnaires et diplomates.

Une troisième mission était de garantir la communication entre les différentes parties du territoire. Le Wurtemberg et Montbéliard n'étaient pas reliés, au XVIIIe siècle, par une liaison directe assurée par des messagers. Certes, le duc Charles-Eugène (1728–1793) avait donné l'ordre, en août 1771, de nommer un messager qui ferait un aller-retour mensuel entre Stuttgart et Montbéliard,[39] mais cette décision ne fut pas mise en pratique. Le problème de connexion fut résolu en chargeant certains acteurs à des postes clés de transmettre les missives. Le maître de poste de Montbéliard transportait les lettres à Belfort, d'où elles furent acheminées avec la poste française à Strasbourg. La répartition des lettres à Strasbourg était alors la tâche des conseillers de régence wurtembergeois. Jean Louis Treitlinger organisait la répartition du courrier vers Stuttgart avec l'aide de sa femme grâce aux services postaux des Thurn et Taxis. C'est ainsi qu'il fit part dans une lettre adressée à l'envoyé wurtembergeois à Paris, Philippe de Wernicke : *Il m'a été adressé pendant mon séjour en haute Alsace de la part de M. le Baron de Hardenberg une caisse renfermant de la viande salée, pour la faire passer à Votre Excellence, ma femme en a chargé le coche faute d'autres occasions et pour lui donner un cours plus prompt.*

La missive de Treitlinger montre tout d'abord que l'échange postal était réalisé par des acteurs remplissant d'autres fonctions officielles, mais également par des membres de leurs familles. La lettre révèle par ailleurs que le transfert postal géré en Alsace entre le Wurtemberg et Montbéliard n'était pas réduit à de simples lettres. Étaient également acheminés, au-delà de rapports, dossiers et actes officiels, des objets comme des livres, des plantes ou des denrées alimentaires.

Cette route de transport avait une grande importance pour les achats personnels du duc. Les innombrables factures du duc Charles-Eugène qu'il paya des caisses de Montbéliard indiquent qu'il avait acheté, non seulement quantité de livres, de bijoux et du mobilier, mais surtout des plantes pour les jardins et parcs ducaux à Stuttgart, Ludwigsburg, Hohenheim et le château de Solitude.[40] Une facture du négociant strasbourgeois Dürninger datée du 20 mars 1780 fait état d'une commande de 2.100 peupliers italiens que le duc Charles II Eugène fit importer dans le Wurtemberg par l'intermédiaire du conseiller de régence Andreas Sandherr résidant en Alsace.[41] L'action des conseillers de régence wurtembergeois en Alsace sont représentatifs pour la grande importance de cette région en tant que point de jonction pour le commerce et les transports dans les territoires du Wurtemberg.

Le second pilier de l'administration wurtembergeoise en Alsace était le clergé luthérien. Il était une partie constitutive de l'administration et était indiqué comme tel dans les registres locaux.[42] Les représentants de l'Église remplissaient un rôle important de lien entre le duc et la population. Pour nombre de personnes, le pouvoir du souverain se manifestait tout d'abord dans la vie quotidienne au travers de l'action d'un pasteur. Les nouvelles se répandaient en premier dans le cadre du culte dominical. Afin de garantir la conformité confessionnelle des pasteurs et de contribuer à la pérennisation de l'unité religieuse des territoires wurtembergeois, des mesures furent rapidement prises. Ainsi, une bourse du comte Georges Ier assurait la pension annuelle au séminaire protestant de Tübingen à plusieurs étudiants en théologie qui étaient originaires de la partie du Wurtemberg située sur la rive gauche du Rhin et aspiraient à devenir pasteurs.[43] Six places étaient destinées à des étudiants de Montbéliard et quatre à des étudiants alsaciens. Pendant les 230 années (1560–1793) durant lesquelles cette bourse fut proposée, le nombre maximal de candidats ne fut pas toujours atteint mais cela contribua néanmoins nettement à l'intensification des contacts entre la rive gauche et la rive droite du Wurtemberg et à un échange interrégional durable.[44]

Conclusion

Grâce aux châteaux de Horbourg et de Riquewihr, l'Alsace prit une place importante au sein des villes de résidence du Wurtemberg aux XVIIe et XVIIIe siècles. Il peut même être question d'un âge d'or de la culture de la cour wurtembergeoise en Alsace sous le règne du duc Georges II à Horbourg (1648–1662). Ce duc cultivé et érudit fit reconstruire le complexe du château après les ravages causés par la Guerre de Trente Ans et l'agrandit grâce à l'aménagement d'un jardin. Il constitua par ailleurs un somptueux cabinet de curiosités (ill. 2). Les collections de ce cabinet reflètent des conflits entre les différentes lignées dynastiques mais mettent également en lumière le fait qu'à travers de nombreux objets provenant du « Nouveau Monde » l'Alsace wurtembergeoise s'appropria pleinement au XVIIe siècle les influences que diffusait la mondialisation en cours.

L'administration de l'Alsace wurtembergeoise aux XVIIe et XVIIIe siècles s'appuya, d'un côté, sur les clercs formés au séminaire protestant de Tübingen, et de l'autre sur les conseillers de régence, qui n'étaient pas uniquement chargés de la direction de l'administration locale, mais faisaient également office de diplomates et garantissaient le maintien de la correspondance entre le Wurtemberg, l'Alsace et Montbéliard. C'est par ce canal que passa une grande partie des achats internationaux de Charles-Eugène. L'Alsace wurtembergeoise apparaît ainsi comme un point névralgique pour la relation entre le Wurtemberg et les terres de l'autre côté du Rhin, et même bien au-delà.

---

1 Au sujet du duc Georges II de Wurtemberg-Montbéliard cf. DEBARD 1997d, p. 183–186.
2 Pour Anne de Coligny cf. DEBARD 1997e, p. 186.
3 ANP K 1765 Liasse 1: Mariage du duc Georges de Wurtemberg avec Anne de Coligny; succession de cette princesse (contrat de mariage, transactions entre les héritiers d'Anne de Coligny), 1648–1758.
4 Le « traité des cinq frères » de 1617 a été conservé en de nombreux exemplaires. Nous citons ici, à titre d'exemple, celui de Louis-Frédéric : HStAS G 81 Bü 1, Nr. 3: Fürstbrüderlicher Vergleich, 28. Mai 1617 (voir cat. IV.2).
5 Au sujet de la lignée de Wurtemberg-Montbéliard cf. SCHUKRAFT 2007, p. 116–127.

6 Au sujet d'une des rares études sur l'Alsace wurtembergeoise cf. Schukraft 1998, p. 42–45.
7 À titre d'exemple cf. Lorenz/Rückert 1999; Debard 1992.
8 Les études antérieures de premier plan sont celles de Medick 1997; Sabean 1984.
9 Cf. la contribution de Peter Rückert, La maison de Wurtemberg, dans ce volume.
10 HStAS N 220 A 14: Neubau des Schlosses in Horburg, 1596. Au sujet du duc Frédéric Ier cf. la contribution de Wolfgang Mährle dans ce volume.
11 ADHR E 54: Relation adressée par les officiers de la seigneurie de Riquewihr à la Régence de Montbéliard, indiquant de quelle manière les Impériaux se sont emparés du château de Horbourg. États des dégâts qui y ont été causés et des objets volés ou détruits. Rapport adressé au Conseil de Régence de Montbéliard sur les réparations à faire au château de Horbourg. Procès-verbal de visite indiquant les réparations à faire au château de Horbourg. Lettre des officiers de la seigneurie de Riquewihr au major-général d'Erlach pour demander l'évacuation du château de Horbourg, 1632–1650.
12 ADHR E 54: État des particuliers dont les champs ont été compris dans la formation du jardin du château de Horbourg, 1650; AD Haut-Rhin E 55: Correspondance relative au projet d'aliénation ou de concession de l'emplacement du ci-devant château de Horbourg et du jardin en dépendant, appelé Lustgarten, vers 1650.
13 ANP K 2308 Liasse 3: Démolition du château de Horbourg, 1675.
14 Cf. Debard 1997a, p. 126–127. Voir par ailleurs la contribution de Peter Rückert dans ce volume.
15 ANP K 2329 Liasse 2: Hôtel des Wurtemberg à Strasbourg, 1399–1655. Ces documents permettraient des études plus profondes sur la présence de la maison de Wurtemberg à Strasbourg.
16 ANP K 2329 Liasse 2: Hôtel des Wurtemberg à Strasbourg, inventaire du mobilier, 1608.
17 Cf. Ernst 2005, p. 187–210; Fischer 1997, p. 152–155.
18 Cf. à ce sujet pour plus de détails la contribution de Peter Rückert dans ce volume.
19 Au sujet des enfants du duc Frédéric Ier cf. l'arbre généalogique dans Stievermann 1997b, p. 130.
20 La partition politique du territoire était une pratique répandue aux XVIe et XVIIe siècles : les maisons d'Ascanie, de Hesse ou de Bade y eurent également recours à plusieurs reprises. Cf. Brauneder 2008, col. 489–491.
21 ANP K 1762 Liasse 2: Achat de la seigneurie de Wasselheim à la ville de Strasbourg. Négociation à ce sujet, prix de la vente déposé, 1660.
22 AD Haut-Rhin E 54: Contrat d'acquisition par le duc George de Würtemberg d'un champ situé à Horbourg, pour être réuni au jardin du château.
23 Les Archives Nationales à Paris conservent un grand nombre de ses manuscrits : ANP K 1764 Liasse 1–3.
24 Cf. cat. IV.8.
25 Au sujet du cabinet de curiosités wurtembergeois cf. Landesmuseum Württemberg 2019; Fleischhauer 1976.
26 HStAS A 266 Bü 940: Inventarium über die im fürstlichen Schloß zu Mümpelgart Im Martio Anno 1681 befundene Gemählde, unnd andere Sachen, 1681. Il est très probable que la majeure partie de cette collection existait déjà durant la période alsacienne de la vie du duc Georges II.
27 HStAS A 266 Bü 940: Inventarium über die im fürstlichen Schloß zu Mümpelgart Im Martio Anno 1681 befundene Gemählde, unnd andere Sachen, 1681, fol. 9r.
28 HStAS A 266 Bü 940: Inventarium über die im fürstlichen Schloß zu Mümpelgart Im Martio Anno 1681 befundene Gemählde, unnd andere Sachen, 1681, fol. 2r–3r.
29 HStAS G 174 Bü 2: Jugend des Herzogs Leopold Eberhard von Württemberg-Mömpelgard. Subfasz. II-V, 1680–1683.
30 HStAS A 266 Bü 940: Inventarium über die im fürstlichen Schloß zu Mümpelgart Im Martio Anno 1681 befundene Gemählde, unnd andere Sachen, 1681, fol. 3r.
31 Württembergisches Landesmuseum E 1177: Portrait en cire, Conrad Widerholt (1598–1667), non daté [seconde moitié du XVIIe siècle].
32 Musée d'Art et d'Histoire Montbéliard 337_1860.952.01: Portrait en cire de Georges II, duc de Wurtemberg, non daté [seconde moitié du XVIIe siècle].
33 HStAS A 266 Bü 940: Inventarium über die im fürstlichen Schloß zu Mümpelgart Im Martio Anno 1681 befundene Gemählde, unnd andere Sachen, 1681, fol. 6v.
34 Cf. Finkeldei (im Druck).
35 HStAS G 160 Bü 7: Akten betreffend der Prinzessin Anna von Württemberg-Mömpelgard kümmerliche Lage, Wunderlichkeiten, Aufenthalt zu Ostheim und in der Folge zu Mömpelgard, Krankheit und am 13. Juni 1733 erfolgtes Absterben, Verlassenschaft und Verhandlungen, 1724–1739. Cf. Debard 1997f., p. 187.
36 Au sujet de la communication au sein de l'administration entre le Wurtemberg et Montbéliard au XVIIIe siècle cf. Finkeldei 2021, p. 291–310.
37 HStAS A 8 Bü 407 jusqu'à Bü 420: Herzogliche Entscheidungen auf die von dem Mömpelgarder Conseil vorgelegten Verwaltungsangelegenheiten, 1755–1760, 1767–1793.
38 Une énumération complète des fonctionnaires séculiers pour l'Alsace wurtembergeoise se trouve dans le registre local à partir de l'année 1750: Bürkh 1752, p. 74 sq.
39 ANP K 1942 Liasse 1: Instruction du duc Charles-Eugène pour le Conseil, 26 août 1771.
40 Les Archives Nationales à Paris conservent d'importants fonds au sujet des factures du duc Charles-Eugène : ANP K 1792 Liasse 3 et K 1793 Liasse 1.
41 ANP K 1793 Liasse 1: Facture de Dürninger l'Aîné, 20 mars 1780.
42 Une énumération complète des fonctionnaires religieux pour l'Alsace wurtembergeoise se trouve dans le registre local à partir de l'année 1750: Bürkh 1752, p. 75.
43 Cf. Dormois 1999, p. 313–332 ainsi que, pour plus de détails, la contribution de Peter Rückert dans ce volume.
44 Voir à ce sujet les rapports conservés dans: Landeskirchliches Archiv AEvST E 1 (Ephorat: Altes Kastenbuch), Nr. 144/2: Berichte nach Mömpelgard und Reichenweier über Studium und Sitten der Stipendiaten, 1590–1618, 1648.

Musikalische Grenzgänger zwischen Württemberg und dem Elsass: Johann Jacob Froberger, Philipp Friedrich Böddecker und Johann Sigismund Kusser

Joachim Kremer

Dass Musik keine Grenzen kenne, ist ein solcher Allgemeinplatz, dass man dafür keinen Autor bestimmen kann. Indes ist aber auch die Musikgeschichte voller Beispiele, dass politische, dynastische und konfessionelle Grenzen oft getrennt, behindert und ausgeschlossen haben, dass aber über diese Grenzen hinweg auch biographische und kulturelle Verflechtungen möglich waren.

Interregionale Beziehungen
Mobilität von Musikern zwischen Württemberg und dem Elsass gab es zu allen Zeiten. So sind in den Archiven eine Menge reisender Musikanten nachweisbar, doch viele von Ihnen sind nicht in die großen Darstellungen der Musikgeschichte eingegangen. Denn auch in der Musikgeschichtsschreibung war lange ein regional-territorialer oder ein dynastischer Blick die Regel und damit auch die Suche nach musikalischen Heroen. Obwohl inzwischen das Phänomen der Mobilität intensiv erforscht wird,[1] ist zumindest der territorial-dynastische Zugriff immer noch sinnvoll, nämlich vor allem dann, wenn Mobilität innerhalb der politischen oder konfessionellen Rahmenbedingungen erfolgte, gewissermaßen eine naheliegende Option darstellte. So haben dem aktuellen Kenntnisstand nach viele Lehrer der Lateinschule in Reichenweier ihren beruflichen Weg an der Universität in Tübingen begonnen. Auch der aus Rothenburg/Tauber stammende Johann Bernhard Falck (1658–1728) kann dazu gerechnet werden, er war über den Stuttgarter Hof in die linksrheinischen Besitzungen Württembergs gewechselt, um in Reichenweier das Amt des Kantors zu übernehmen.

Mit den politischen Profilierungsversuchen der Herrscherhäuser war oft genug auch der Anschluss an die moderne und internationale Musikkultur verbunden. Das ist deutlich im Falle des Komponisten Johann Sigismund Kusser zu erkennen, der sich selbst als Schüler des französischen Kapellmeisters Jean-Baptiste Lully bezeichnete und seinen Namen französisiert führte, nämlich als *Jean Sigismond Cousser*.[2] Nach einem vermuteten Aufenthalt in Versailles oder Paris war Kusser seit 1680 am markgräflich-badischen Hof angestellt. 1682 widmete er dem württembergischen Herzogsverwalter Friedrich Karl von Württemberg-Winnental einen Sammeldruck, seine „Composition de musique",[3] der den damals modernen Stil französischer Musik nach Württemberg transferierte. Dass schon der Straßburger Organist und Lexikograph Sébastien de Brossard den Komponisten Kusser Anfang des 18. Jahrhunderts als *bretteur et naturellement querelleur* verunglimpfte, schmälert dieses Verdienst nicht.[4] Vermutlich versuchte Kusser mit der Widmung, eine Anstellung am württembergischen Hofe vorzubereiten, zumal sein Vater dort an der Stiftskirche wirkte und er selbst seine Jugend in Stuttgart verbracht hatte. Kurzfristig war dieser Suitendruck aber eine Art Eintrittskarte für die Anstellung beim Straßburger Bischof Wilhelm IV. Egon von Fürstenberg in den Jahren 1682/83. Wilhelm IV. Egon hatte sich schon Jahrzehnte früher mit dem französischen König Ludwig XIV. verbündet und nach dem Anschluss der Stadt Straßburg an Frankreich (1681) eine ausgesprochen frankophile Politik verfolgt.

Grenzüberschreitungen des musikalischen Repertoires und der Lebenswege

Die kulturelle Vielfalt am Oberrhein war damals enorm: Die Mehrsprachigkeit war gelebte Realität, konfessionelle und politische Zugehörigkeiten, Ab- und Zuwanderungen bildeten einen vielgestaltigen Lebensraum, der nicht über eine scharf gezogene nationale Grenzlinie definiert werden kann. Einerseits spiegelt sich das in zahlreichen Lebenswegen, die im Falle der Lateinschule Reichenweiers von der Zugehörigkeit zum Kerngebiet Württemberg profitieren konnten. Für viele Musiker waren Städte und Gebiete links des Rheins wie selbstverständlich berufliche Optionen, auch für den aus Sachsen stammenden und über Hagenau nach Straßburg gelangten Orgelbauer Andreas Silbermann (1678–1734). Ab 1699 ist er im Elsass anlässlich der Wiederherstellung einer Orgel in Buchsweiler nachweisbar, sein Bruder Gottfried folgte ihm 1702, und sein Sohn Johann Andreas (1712–1769) führte die Familientradition in Straßburg weiter. Von Andreas Silbermanns 34 Orgeln sind heute einige nahezu unverändert erhalten, z. B. in Marmoutier, Straßburg/Magdalenenkirche und Ebersmünster. Aber auch für Silbermann bot die Nähe zu Frankreich besondere fachliche Anreize: 1704 bis 1706 studierte er in Paris bei François Thierry, dem letzten Vertreter einer Orgelbauerfamilie, den französischen Orgelbau.[5]

Auch im Bereich des musikalischen Repertoires sind Gemeinsamkeiten dies- und jenseits des Rheins festzustellen. Die musikalischen Repertoires in Straßburg und Stuttgart folgten einem überregionalen Austausch, beide Städte musizierten die weit verbreiteten Werke von Gregor Aichinger, Andreas Hammerschmidt oder Orlando di Lasso. Das geht aus einem Musikalieninventar aus der Zeit des Straßburger Bischofs Leopold I. hervor (1614–1624).[6] Und folglich ist wenig erstaunlich, dass an der Stiftskirche in Stuttgart auch Werke Straßburger Komponisten gesungen wurden, die Psalmvertonungen des Straßburger Kantors an St. Thomas Christoph Thomas Walliser (1614) und auch der in Straßburg erschienene Sammeldruck (1611/17) von Abraham Schadaeus (Abb. 1).[7] Zudem war bis etwa 1670 Straßburg als Druckort für Musikalien und deren Vertrieb auch für rechtsrheinische Musiker weit interessanter als Stuttgart; der Stuttgarter Organist Johann Ulrich Steigleder ließ deshalb 1627 sein „Tabulatur Buch", eine Sammlung zwei- bis vierstimmiger Orgelstücke, in Straßburg drucken.

Trotz vieler Beispiele lassen aber beide Bereiche, die Biographik und die Geschichte des musikalischen Repertoires, viele Fragen offen; die Grenzen dessen, was die Quellen eindeutig belegen, sind deutlich erkennbar. Eine geschlossene Geschichte der württembergisch-elsässischen Musikbeziehungen dürfte folglich noch lange ein Wunschbild bleiben. Eindrucksvoll ist aber die Menge der „compositeurs de musique instrumentale", die im 17. Jahrhundert im Elsass wirkten und deren Lebenswege eine Mobilität zwischen den Regionen belegen, nicht nur zwischen Württemberg und dem Elsass; so wirkte beispielsweise Georg Muffat (1653–1704) als ein „Alsacien d'adoption […] bien loin de sa première patrie", nämlich nach seinen Studien

Musikalische Grenzgänger zwischen Württemberg und dem Elsass
Joachim Kremer

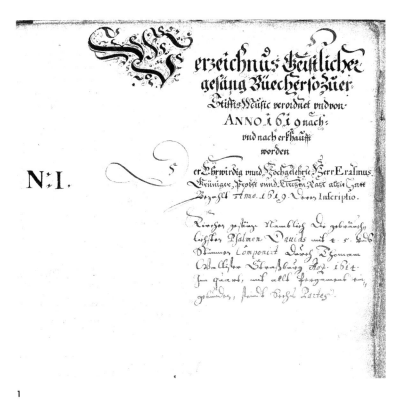

1

1 „Verzeichnues geistlicher gesang Bücher", 1619 ff. Eintrag der Psalmen Davids, Componirt durch Thomam Wallißer Straßburg Ao. 1614 (Landeskirchliches Archiv Stuttgart, A 29, Nr. 4427,1, ohne Fol. Nr.).

« Verzeichnues geistlicher gesang Bücher », 1619 sq. Note concernant les Psalmen Davids, Componirt durch Thomam Wallißer Straßburg Ao. 1614 (Landeskirchliches Archiv Stuttgart, A 29, n° 4427,1, les feuilles ne sont pas numérotées).

in Italien vorwiegend in Salzburg und Passau.[8] Für die Beziehungen zwischen Württemberg und dem Elsass sollen nachfolgend die interregionalen Verwebungen an der Musikerfamilie Böddecker und an dem Komponisten Johann Jacob Froberger (1616–1667) skizziert werden.

Von Hagenau nach Württemberg: Die Musikerfamilie Böddecker

Mit dem aus Goslar gebürtigen Joachim Böddecker siedelte sich um 1600 die Familie Böddecker in Hagenau an.[9] 1618 wurde Joachim von hier aus als *Musicus* an die Stiftskirche in Stuttgart, später als Mitglied in die Hofkapelle berufen. In Hagenau hatte er 1606 geheiratet, und seine beiden Söhne Philipp Friedrich (1607–1683) und Johann Heinrich († 1681) wurden dort geboren. Auch die Lebenswege der beiden Brüder bewegten sich zwischen Hagenau, dem Oberrhein und Stuttgart: Beide waren zeitweise Organisten in Buchsweiler, beide waren Organisten an der Barfüßerkirche in Frankfurt und beide waren Organisten am Stuttgarter Hof. Philipp Friedrich wirkte zudem als Hofmusiker in Darmstadt und Durlach, ab 1643 als Organist am Münster in Straßburg, wo er seit 1648 Nachfolger von Thomas Walliser als Universitätsorganist war, bevor er 1652 Organist an der Stiftskirche in Stuttgart wurde.[10] Die einzige von Johann Heinrich erhaltene Komposition stellt ein „Cappriccio à 2" in einem Stammbuch dar,[11] während sein Bruder Philipp Friedrich schon 1652 in Straßburg einen umfangreichen Sammeldruck publiziert hatte, seine „Sacra Partitura".[12] Er widmete ihn der Herzogin Sibylla von Württemberg-Mömpelgard (1620–1707), der Ehefrau von Herzog Leopold-Friedrich (1624–1662). Böddeckers Druck enthält eigene Vokal- und Instrumentalwerke, auch italienische Kompositionen von Claudio Monteverdi und Gasparo Casati, doch trägt die Passacaglia aus seiner Violinsonate ausdrücklich die Anweisung *alla Francese*. Wenige Jahre später (1655) publizierte er sein mehrchöriges „Te Deum" (*Melos irenicum*) in Straßburg; gewidmet war es Herzog Eberhard III. von Württemberg, dem Bruder der Mömpelgarder Herzogin Sibylla. Mit diesen Drucken gilt Philipp Friedrich als das kompositorisch produktivste Mitglied der Musikerfamilie Böddecker.

Die Mobilität der Böddeckers dokumentiert auch Probleme eines Grenzgängertums: Joachim suchte von Hagenau aus *wegen der Jesuiten Practickhen und allerhand Religionsgefährlichkeiten* eine andere Stelle,[13] so dass ihn der 1617 von Jesuiten aus Hagenau vertriebene Pastor Georg Hengher nach Stuttgart empfehlen konnte. Nach seiner Übersiedelung musste er sich aber gegen eine vermeintliche voreheliche Schwangerschaft seiner Ehefrau verwehren. Hagenauer Freunde legten für ihn in Stuttgart Zeugnis ab und schickten zudem eine Abschrift aus dem Hagenauer Kirchenbuch.[14] Philipp Friedrich kannte ebenfalls Schwierigkeiten: Neben Krieg, Pest und kostenintensiven Umzügen, die seine *Flügell sehr gelähmt*[15] haben, führte er einen heftigen Streit mit dem Stuttgarter Kapellmeister Samuel Capricornus, in dem sich beide die musikalischen Fähigkeiten absprachen.

Ein württembergischer global player in Héricourt: Johann Jacob Froberger

Vier Söhne des Stuttgarter Kapellmeisters Basilius Froberger (1575–1637) wurden Berufsmusiker am Stuttgarter Hof, doch sein Sohn Johann Jacob verfolgte demgegenüber eine beispiellose internationale Karriere. Mutmaßlich von seinem Vater und vom Organisten Steigleder unterrichtet, war er schon im Alter von etwa 19 Jahren an den habsburgischen Hof nach Wien gekommen, bereiste danach Italien, Österreich, Frankreich, England und vermutlich auch Spanien und hatte Kontakt zu bekannten Zeitgenossen: In Rom studierte er bei Girolamo Frescobaldi und hatte Kontakt zum Musiktheoretiker Athanasius Kircher, er besuchte die Höfe in Mantua und Florenz, in Dresden bestritt er 1649/50 ein Wettspiel mit Matthias Weckmann und er musizierte bei der Nachfeier der Hochzeit Philipps IV. von Spanien mit Erzherzogin Maria Anna 1650 in Brüssel. 1650 bis Winter 1652/53 hielt er sich in Paris auf, hatte Kontakt zu den Musikern Louis Couperin und Charles Fleury Sieur de Blancrocher, trat in öffentlichen Konzerten auf und genoss großes Ansehen. Zeugnis dafür ist seine Komposition „Affligée et Tombeau Sur la mort de Monsieur Blancrocher"[16], im Gedenken an seinen Freund Blancrocher, der unglücklicherweise bei einem Treppensturz zu Tode kam.

Nach einer erneuten Anstellung in Wien 1654–58, wo er 1656 sein „Libro Quarto Toccate, Ricercari, Cappricci, […]" Kaiser Ferdinand III. widmete, besteht eine biographische Lücke, bis zu einer Audienz bei Georg II. von Württemberg-Mömpelgard[17] im Jahre 1664. Damit ließ er sich als Musiklehrer der inzwischen verwitweten und seit 1663 in Héricourt wohnenden Herzogin Sibylla in der Grafschaft Mömpelgard nieder. Das besonders enge Verhältnis zwischen Froberger und seiner Schülerin Sibylla, deren Musikalität er sehr schätzte, zeigt sich in einem Brief Sibyllas an den Diplomaten, Dichter und Komponisten Constantijn Huygens (1596–1687), in dem sie detailliert die Umstände seines Todes während des Vespergebets in ihrer Anwesenheit berichtet.[18] Als gebürtiger Lutheraner war Froberger schon lange Zeit vorher in Rom zum Katholizismus konvertiert und wurde nun in der Kirche von Bavilliers katholisch begraben.

In einem erst seit 2006 bekannten Manuskript[19] finden sich musikalische Bezüge zwischen Froberger und Mömpelgard, mit folgenden, bis dahin zum Teil völlig unbekannte Kompositionen:

„Allemande, faict à Montbeliard, a l'honneur de Son Altesse Serenis^me Madame Sibÿlle, Duchesse de Wirtemberg, Princesse de Montbeliard" (No. 17).[20]

„Afligée, la quelle se joue lentement avec discretion faict à Montbeliard pour Son Altesse Serenissime Madame Sibylle, Duchesse de Wirtemberg, Princesse de Montbeliard" (No. 25).

„Meditation, la quelle se joue lentement avec discretion, faict à Madrid sur la Mort future de Son Altesse Serenis^me Madame Sibylle, Duchesse de Wirtemberg, Princesse de Montbeliard, NB Memento Mori Sibylla" (No. 33).

„Tombeau, le quel se joue lentement avec discretion, faict sur la tres douloureuse Mort de Son Altesse Serenis^me Monseig^r le Duc Leopold Friderich de Wirtemberg, Prince de Montbeliard. Requiescat in Pace + , Amen" (No. 35).[21]

Fernab der großen Zentren mag Mömpelgard abgelegen scheinen, doch sind auffallend viele Fäden des französisch-deutschen Musiktransfers schon vor Frobergers Übersiedlung mit Sibylla verbunden, denn die „Allemande […] à l'honneur" wurde eventuell schon 1659/60 in

Montbéliard komponiert.[22] Sibylla selbst war eine gebildete Frau, Christoph Schorer widmete ihr sein Buch „Von dem Cometen" (Basel 1653), ein Instrumentalunterricht beim Stuttgarter Organisten Steigleder wird allgemein angenommen. Und 1660 widmete der Stuttgarter Kapellmeister Samuel Capricornus ihr und ihren Schwestern Antonia und Anna Johanna „Zwey Lieder Von dem Leyden und Tode JESU" (Nürnberg 1660). Auch auf der Teinacher Lehrtafel „Turris Antonia" (1658–1662/63) sind die drei württembergischen Schwestern abgebildet (Abb. 2).

In musikalischer Hinsicht sticht Sibylla aber hervor, mit den Bezügen zu Böddecker und Froberger, vor allem aber durch ihren Sachverstand und ihr eigenes Cembalospiel. Bei Frobergers Werken kommt es Sibylla zufolge darauf an, die Musik *mit rechter Discretion zu schlagen, wie er sie geschlagen hat*.[23] Und wenn Froberger ihrem Spiel auf dem Tasteninstrument höchstes Lob zollte, dann weist das auf das hohe Niveau ihres Cembalospiels hin. Mit den Kompositionen auf Sibylla und auf den 1662 verstorbenen Leopold Friedrich (die offenbar schon vor der Übersiedlung 1664 entstand) wählte Froberger keine repräsentativen, sondern intime Gattungen (Méditation und Tombeau), die ihrer beider Vertrautheit entsprach.

Die musikalische Vernetzung der Welt

Die wenigen hier vorgestellten Beispiele einer Musikermobilität weisen auf enge Verbindungen zwischen dem Elsass und Württemberg im 17. Jahrhundert hin. Dieser Kulturraum schloss auch angrenzende Gebiete ein, etwa die Markgrafschaft Baden (Kusser), die Bischofs- und Reichsstädte Straßburg und Frankfurt (Böddecker) oder die Landgrafschaft Hessen-Darmstadt (Böddecker). Abgesehen von den kompositionsgeschichtlichen Leistungen, die Kussers „Composition de musique", Böddeckers „Sacra Partitura" oder Frobergers Werke darstellen, weisen Leben und Werke der genannten Musiker darauf hin, wie eng politische, konfessionelle, wirtschaftliche und territorial-dynastische Momente das Leben und Schaffen der Musiker geprägt haben.

Aber Froberger war ein *global player*: Kaiser und Könige waren unter seinen Zuhörern, sogar in England, Frankreich und Spanien. Seine Kompositionen zeichnen sich durch strenge Formen einerseits aus, aber auch durch außergewöhnliche Subjektivität, Expressivität und Programmatik, wie z. B. die berühmte „Allemande faite en passant le Rhin dans une barque en grand péril".[24] Dass er fernab der großen Musikzentren im fortgeschrittenen Alter sein Leben als Hauslehrer der verwitweten Herzogin von Mömpelgard beendete, gibt noch immer Raum für Überlegungen und Spekulationen.[25] Mit Sibylla verliert sich allerdings ein Teil der Überlieferung: Der ohne Erben verstorbene Froberger vermachte seinen Nachlass der Herzogin. Sie scheint seinen Wunsch respektiert zu haben, seine Werke zu bewahren und nicht zu publizieren: In ihrem Brief an Huygens vom 23. Oktober 1667 hebt sie hervor, dass sie seine Kompositionen *so Lieb und Wehrt* [halte], *das ich sie so lang ich Lebe nit kann, oder begehre aus handen zu lassen, dan ichs ihme auch so oft und viel auf sein Begeren versprochen, niemanden nichts zu geben*.[26] Sibylla verwahrte die Manuskripte zunächst auf; was aus ihnen geworden ist, nachdem sie infolge der Besetzung des Landes durch die Truppen Ludwigs XIV. die Grafschaft verlassen musste, ist bis heute ungeklärt.

1 Kremer 2010, S. 250–253.
2 Zu Kusser siehe grundlegend Owens 2017.
3 Vgl. Kat. IV.7.
4 Vogeleis 1911, S. 449 f.
5 Diese Zusammenfassung folgt Schaefer 2012.
6 Vogeleis 1911, S. 456–458.
7 Kipp 1929, S. 8.
8 Kopff 1970, S. 90 f.
9 Die Darstellung folgt Kipp 1929.
10 Vogeleis 1911, S. 512. Zu Walliser Vogeleis 1911, S. 390–399 und zu Böddeckers Anstellung in Stuttgart Sittard 1890, S. 302–305.
11 Vgl. Kat. IV.4.
12 Vgl. Kat. IV.3.
13 Zitiert nach Kipp 1929, S. 7.
14 Vgl. die Abschrift aus dem Hagenauer Kirchenbuch über die Eheschließung Joachim Böddeckers sowie den angesprochenen Brief seiner Hagenauer Freunde: Landeskirchliches Archiv Stuttgart, A 29, Nr. 4421,1, Fol. 2, 3.
15 Kipp 1929, S. 18.
16 FbWV 632a.
17 Dazu ausführlich Vejvar 2018b, S. 425 und „Journal historique et autographe du duc Georges II de Wurtemberg-Montbéliard", Besançon, Bibliothèque municipale, ms. Duvernoy, t. 68, fol. 185–220: 198r.
18 Vgl. Kat. IV.6.
19 Das Manuskript wurde 2006 bei Sotheby's versteigert.
20 Siehe dazu die Dresdner Abschrift, Kat. IV.5.
21 Wiedergabe der Titel nach Maguire 2007; dazu auch Van Asperen 2007.
22 Van Asperen 2007, Anm. 23.
23 So Sibylla an Huygens in einem Brief vom 2.11.1667; Leiden University Library, BPL 885, wiedergegeben in: Vejvar 2018b, S. 441.
24 FbWV 627.
25 Zu verschiedenen Deutungen siehe Vejvar 2018a, S. 128.
26 Sibylla an Huygens in einem Brief vom 2.11.1667; Leiden University Library, BPL 885, wiedergegeben in: Vejvar 2018b, S. 441.

Musiciens transfrontaliers entre le Wurtemberg et l'Alsace : Johann Jacob Froberger, Philipp Friedrich Böddecker et Johann Sigismund Kusser

Joachim Kremer

L'affirmation que la musique ne connaît pas de frontières est un tel lieu-commun qu'il est impossible d'en nommer l'auteur. L'histoire de la musique offre cependant bien des exemples où des frontières politiques, dynastiques et confessionnelles ont été souvent synonymes de séparation, d'obstacle ou d'exclusion, mais où par-delà ces frontières, il a été possible de nouer des liens biographiques et culturels.

Relations interrégionales

La mobilité des musiciens entre le Wurtemberg et l'Alsace a toujours existé. Les archives regorgent d'exemples de musiciens voyageurs, mais un grand nombre d'entre eux n'ont pas été pris en compte dans les grandes études d'histoire de la musique. En effet, pendant longtemps ont été de règle dans l'historiographie musicale la perspective régionale et territoriale ou dynastique, et, par suite, la recherche de héros musicaux. Même si le phénomène de la mobilité a fait, depuis, l'objet d'études poussées,[1] l'angle de vue territorial et dynastique reste cependant pertinent, surtout dans les cas où la mobilité s'effectua dans un cadre politique et religieux bien défini et représentait donc une option évidente. C'est ainsi que, en l'état des connaissances actuelles, de nombreux enseignants de l'école latine de Riquewihr débutèrent leur carrière professionnelle à l'université de Tübingen. Johann Bernhard Falck (1658–1728), natif de Rothenburg ob der Tauber, avait le même profil. Il s'installa dans les possessions du Wurtemberg situées sur la rive gauche du Rhin, en passant par la cour de Stuttgart, afin d'officier en tant que chantre à Riquewihr.

Les tentatives des maisons régnantes pour se démarquer politiquement allaient bien souvent de pair avec une adhésion à la culture musicale moderne et internationale. Cela est très net dans le cas du compositeur Johann Sigismond Kusser qui se qualifiait lui-même d'élève du maître de chapelle français Jean-Baptiste Lully et francisa son nom en *Jean Sigismond Cousser*.[2] Après un probable séjour à Versailles ou Paris, Kusser fut employé à partir de 1680 à la cour du margrave de Bade. Il dédia en 1682 au régent Frédéric-Charles de Wurtemberg-Winnental un recueil de partitions intitulé « Composition de musique »[3] qui introduisit dans le Wurtemberg le style alors moderne de la musique française. Le fait que l'organiste et lexicographe Sébastien de Brossard traite au début du XVIIIe siècle le compositeur Kusser de *bretteur et naturellement querelleur* ne diminue en rien son mérite.[4] Kusser tenta probablement par le biais de cette dédicace d'obtenir un poste à la cour de Wurtemberg, d'autant plus que son père officiait à la collégiale et que lui-même avait passé sa jeunesse à Stuttgart. Sur le court terme, la parution de ces suites fut cependant tout d'abord un billet d'entrée pour un poste auprès de l'évêque strasbourgeois Guillaume IV Egon de Fürstenberg dans les années 1682/83. Guillaume-Egon s'était déjà allié plusieurs décennies auparavant à Louis XIV et avait mené une politique résolument francophile après l'annexion de la ville de Strasbourg à la France en 1681.

Franchissement de frontières dans les répertoires musicaux et les parcours de vie

À l'époque, la diversité musicale dans la région du Rhin supérieur était immense : le plurilinguisme était une réalité vécue au quotidien, les appartenances confessionnelles et politiques, tout comme l'immigration et l'émigration formaient un espace de vie à multiples facettes qui ne pouvait être défini par une frontière nationale clairement tracée. Ceci se reflète notamment dans de nombreuses biographies qui, dans le cas de l'école latine de Riquewihr, profitaient de l'appartenance de cette cité au cœur du duché du Wurtemberg. Pour bon nombre de musiciens, les villes et territoires situés sur la rive gauche du Rhin étaient des débouchés évidents pour leur carrière, comme le montre également le cas du facteur d'orgues André Silbermann (1678–1734) originaire de Saxe et qui arriva à Strasbourg en passant par Haguenau. Son activité en Alsace peut être retracée jusqu'en 1699, où il fut chargé de la restauration d'un orgue à Bouxviller ; son frère Gottfried le rejoignit en 1702 et son fils Jean-André (1712–1769) perpétua la tradition familiale à Strasbourg. Des 34 orgues sortis de l'atelier d'André Silbermann sont aujourd'hui conservés dans un état quasiment inchangé notamment celles de Marmoutier, de Strasbourg (église Sainte-Madeleine) et d'Ebersmunster. La proximité de la France était également très attractive pour André Silbermann sur le plan professionnel : il fit des études à Paris de 1704 à 1706 auprès de François Thierry, le dernier représentant d'une famille de facteurs d'orgues, afin d'apprendre les techniques de la facture d'orgue française.[5]

Des similitudes sur les deux rives du Rhin apparaissent aussi dans le domaine du répertoire musical. Les répertoires musicaux à Strasbourg et à Stuttgart reflètent un échange interrégional, dans les deux villes furent jouées les œuvres très répandues de Gregor Aichinger, Andreas Hammerschmidt ou de Roland de Lassus. C'est ce qui ressort d'un inventaire de partitions datant de l'époque de l'évêque strasbourgeois Léopold Ier (1614–1624).[6] Il est, par conséquent, peu étonnant que des œuvres de compositeurs strasbourgeois furent également chantées dans l'église collégiale de Stuttgart, notamment l'adaptation musicale des psaumes par le chantre strasbourgeois à l'église Saint-Thomas, Christophe Thomas Walliser (1614), ou encore le recueil de partitions (1611/17) d'Abraham Schadaeus (ill. 1).[7] Par ailleurs, Strasbourg fut également pour les musiciens établis sur la rive droite du Rhin jusque vers 1670 un lieu d'impression et de vente de littérature musicale bien plus attractif que Stuttgart ; c'est la raison pour laquelle l'organiste de Stuttgart Johann Ulrich Steigleder fit imprimer en 1627 son « Tabulatur Buch », une collection de morceaux pour orgues de deux à quatre voix, non pas à Stuttgart, mais à Strasbourg.

Malgré ces nombreux exemples, beaucoup de questions restent sans réponse dans les deux domaines, c'est-à-dire dans les biographies comme dans l'histoire du répertoire musical, et les limites de ce que les sources écrites peuvent transmettre sans équivoque possible sont clairement visibles. Une histoire aboutie sur les relations entre le Wurtemberg et l'Alsace sur le plan musical reste donc un rêve qui est encore bien loin d'être réalisé. Il n'en reste pas moins que le nombre de « compositeurs de musique instrumentale » qui ont œuvré en Alsace au XVIIe siècle est impressionnant et leurs biographies respectives témoignent d'une mobilité entre différents territoires, et cela non seulement entre le

Wurtemberg et l'Alsace. Ainsi, Georges Muffat (1653–1704), un « Alsacien d'adoption [...] [agissait] bien loin de sa première patrie », en l'occurrence surtout à Salzbourg et à Passau après des études en Italie.[8] Concernant les relations entre le Wurtemberg et l'Alsace, nous allons maintenant esquisser les liens interrégionaux tissés par les Böddecker, une famille de musiciens, et par le compositeur Johann Jacob Froberger (1616–1667).

De Haguenau en direction du Wurtemberg : les Böddecker, une famille de musiciens

C'est avec Joachim Böddecker, originaire de Goslar, que la famille Böddecker vint s'installer vers 1600 à Haguenau.[9] Joachim fut nommé, alors résidant à Haguenau, en 1618 comme *Musicus* à la collégiale de Stuttgart, puis plus tard comme membre de la chapelle musicale de la cour ducale. Il s'était marié à Haguenau en 1606 et ses deux fils, Philipp Friedrich (1607–1683) et Johann Heinrich († 1681), étaient nés là-bas. Les biographies des deux frères oscillèrent également entre Haguenau, le Rhin supérieur et Stuttgart : les deux frères furent pour un temps organistes à Bouxwiller, à l'ancienne église franciscaine de Francfort et organistes à la cour de Stuttgart. Philipp Friedrich fut, de plus, musicien de la cour à Darmstadt et à Durlach, puis, à partir de 1643, organiste à la cathédrale de Strasbourg où il succéda en 1648 à Thomas Walliser dans la fonction d'organiste de l'université avant de devenir organiste à la collégiale de Stuttgart en 1652.[10] La seule composition de Johann Heinrich qui a été conservée est un « Capriccio à 2 » dans un album de musique,[11] alors que son frère Philipp Friedrich avait déjà publié en 1652 à Strasbourg un recueil conséquent, sa « Sacra Partitura ».[12] Il dédia ce recueil à la duchesse Sibylle de Wurtemberg-Montbéliard (1620–1707), l'épouse du duc Léopold-Frédéric (1624–1662). L'ouvrage imprimé de Böddecker contient certaines de ses compositions vocales et instrumentales, mais également des compositions italiennes de Claudio Monteverdi et de Gasparo Casati ; la passacaille dans sa sonate pour violon porte cependant l'instruction explicite *alla Francese*. Quelques années plus tard (1655), il publia un « Te Deum » (*Melos irenicum*) pour plusieurs chœurs à Strasbourg. Il était dédié au duc Eberhard III de Wurtemberg, le frère de la duchesse montbéliarde Sibylle. Ces publications font de Philipp Friedrich le compositeur le plus fécond de la famille de musiciens qu'étaient les Böddecker. La mobilité des Böddecker est également le reflet des problèmes auxquels étaient confrontés ceux qui traversaient les frontières : Joachim chercha, depuis Haguenau, un autre poste *wegen der Jesuiten Practickhen und allerhand Religionsgefährlichkeiten* (« à cause des jésuites et toute sorte de dangers liés à la religion »),[13] si bien qu'en 1617, le pasteur Georg Hengher, chassé de Haguenau par les jésuites, le recommanda pour une fonction à Stuttgart. Une fois établi à Stuttgart, il dut cependant se défendre face à l'accusation de grossesse prénuptiale portée contre son épouse. Des amis de Haguenau témoignèrent en sa faveur à Stuttgart et envoyèrent par ailleurs une copie d'un extrait du registre paroissial.[14] Philipp Friedrich connut également des déboires : en plus de la guerre, de la peste et des déménagements coûteux qui ont « beaucoup paralysé ses ailes » (*Flügell sehr gelähmt* [haben]),[15] il eut une violente querelle avec le maître de chapelle de Stuttgart, Samuel Capricornus, durant laquelle les deux hommes se déniaient mutuellement leurs talents musicaux.

Un acteur de la scène musicale internationale du Wurtemberg à Héricourt : Johann Jacob Froberger

Quatre fils du maître de chapelle de Stuttgart Basilius Froberger (1575–1637) firent carrière en tant que musiciens à la cour de Stuttgart, mais son fils Johann Jacob eut une carrière internationale sans égal. Probablement formé par son père et par l'organiste Steigleder, il partit vers l'âge de 19 ans pour la cour des

Habsbourg à Vienne, puis voyagea en Italie, en Autriche, en France, en Angleterre et probablement aussi en Espagne. Il était de surcroît en contact avec des contemporains célèbres : il étudia à Rome chez Girolamo Frescobaldi et était en contact avec le théoricien de la musique Athanase Kircher, il visita par ailleurs les cours de Mantoue et de Florence, en 1649/50 il participa à un concours musical avec Matthias Weckmann et joua à l'occasion de la fête tenue après les noces de Philippe IV d'Espagne et l'archiduchesse Marie-Anne en 1650 à Bruxelles. De 1650 à l'hiver 1652/53 il vécut à Paris, où il fut en relation avec les musiciens Louis Couperin et Charles Fleury, sieur de Blancrocher, donna des concerts publics et jouissait d'une grande renommée. La preuve en est qu'il composa le morceau « Affligée et Tombeau Sur la mort de Monsieur Blancrocher »[16] en l'honneur de son ami Blancrocher décédé après une chute mortelle du haut d'un escalier.

Après un second poste à Vienne de 1654 à 1658 où il dédia en 1656 son « Libro Quarto Toccate, Ricercari, Cappricci, [...] » à l'empereur Frédéric III, il existe une lacune dans sa biographie jusqu'à une audience chez Georges II de Wurtemberg-Montbéliard[17] en 1664. À partir de ce moment, il s'installe dans le comté de Montbéliard et devient le professeur de musique de la duchesse Sibylle devenue veuve entre temps, et vivant à Héricourt depuis 1663. La relation très étroite qu'entretenait Froberger avec son élève Sibylle, qu'il estimait beaucoup pour sa grande musicalité, trouve son expression dans une lettre de Sibylle au diplomate, poète et compositeur Constantijn Huygens (1596–1687), à qui elle rapporte en détail les circonstances de sa mort en sa présence durant les vêpres.[18] Bien qu'étant luthérien de naissance, Froberger s'était converti très tôt au catholicisme à Rome et fut enterré à l'église de Bavilliers selon le rite catholique.

Un manuscrit porté à la connaissance du public depuis 2006 seulement[19] permet de comprendre les liens musicaux existant entre Froberger et Montbéliard au travers des compostions suivantes, jusque-là quasiment inconnues :

« Allemande, faict à Montbeliard, a l'honneur de Son Altesse Serenis[me] Madame Sibÿlle, Duchesse de Wirtemberg, Princesse de Montbeliard » (n° 17).[20]

« Afligée, la quelle se joue lentement avec discretion faict à Montbeliard pour Son Altesse Serenissime Madame Sibylle, Duchesse de Wirtemberg, Princesse de Montbeliard » (n° 25).

« Meditation, la quelle se joue lentement avec discretion, faict à Madrid sur la Mort future de Son Altesse Serenis[me] Madame Sibylle, Duchesse de Wirtemberg, Princesse de Montbeliard, NB Memento Mori Sibylla » (n° 33).

« Tombeau, le quel se joue lentement avec discretion, faict sur la tres douloureuse Mort de Son Altesse Serenis[me] Monseig[r] le Duc Leopold Friderich de Wirtemberg, Prince de Montbeliard. Requiescat in Pace + , Amen" (n° 35).[21]

Loin des grandes métropoles, Montbéliard peut sembler excentré, mais il est remarquable que de nombreuses voies du transfert musical franco-allemand aient été déjà ouvertes avant l'installation de Froberger auprès de Sibylle, car l'« Allemande » citée plus haut fut probablement déjà composée en 1659/60 à Montbéliard.[22] Sibylle, quant à elle, était une femme cultivée : Christoph Schorer lui dédia son livre « Von dem Cometen » (Bâle, 1653) et l'on suppose qu'elle a pris des cours chez Steigleder, l'organiste de Stuttgart. En 1660 le maître de chapelle de la cour de Stuttgart, Samuel Capricornus, lui dédia, ainsi qu'à ses deux sœurs Antonia et Anna Johanna, « Zwey Lieder Von dem Leyden und Tode JESU » (Nuremberg,

2 Teinacher Lehrtafel „Turris Antonia", Bad Teinach 1658-1662/63. Den Brautzug biblischer Frauengestalten führen Antonia von Württemberg und ihre Schwestern Sibylla und Anna Johanna an (Ausschnitt).

Triptyque de Bad Teinach « Turris Antonia », Bad Teinach 1658-1662/63. La procession nuptiale de femmes de la Bible est menée par Antonia de Wurtemberg et ses sœurs Sibylle et Anna Johanna (détail).

1660). Le triptyque de Bad Teinach « Turris Antonia » (1658–1662/63) dépeint les trois sœurs wurtembergeoises (ill. 2).

Sur le plan musical, Sibylle se démarque de ses deux sœurs à cause de ses contacts avec Böddecker et Froberger d'une part, mais surtout grâce à ses propres compétences et à sa maîtrise du clavecin. Selon elle, il s'agit surtout, dans les œuvres musicales de Froberger *mit rechter Discretion zu schlagen, wie er sie geschlagen hat* (« de frapper avec la même juste discrétion que lui avait également employée »).[23] Et si Froberger était très élogieux au sujet de sa façon de jouer de cet instrument, cela suggère un très haut niveau de maîtrise du clavecin. Avec ses œuvres (probablement déjà composées avant son installation en 1664 à Héricourt) en l'honneur de Sibylle et de Léopold-Frédéric décédé en 1662, Froberger choisit des genres non pas représentatifs, mais plus intimes (Méditation et Tombeau), qui reflètent sans doute leurs rapports amicaux.

L'interconnexion musicale du monde

Les quelques exemples présentés ici d'une mobilité de musiciens laissent entrevoir des liens étroits entre l'Alsace et le Wurtemberg au XVIIe siècle. Cet espace culturel intégrait également des territoires voisins comme le margraviat de Bade (Kusser), les villes libres d'Empire et sièges d'un évêché, à savoir Strasbourg et Francfort (Böddecker) ou encore le landgraviat de Hesse-Darmstadt (Böddecker). Mis à part la performance que représentent du point de vue de l'histoire de la composition la « Composition de musique » de Kusser, la « Sacra Partitura » de Böddecker ou encore l'œuvre de Froberger, la vie et les créations musicales de ces derniers indiquent à quel point des éléments politiques, confessionnels, économiques, territoriaux et dynastiques ont marqué leur vie et leur œuvre.

Froberger, quant à lui, était un acteur de la scène musicale internationale, un *global player*, qui comptait des empereurs et rois parmi ses auditeurs, même en Angleterre, en France et en Espagne. Ses compositions se remarquent par le respect strict des formes, tout en étant à la fois extrêmement subjectives, expressives et programmatiques, comme par exemple sa célèbre « Allemande faite en passant le Rhin dans une barque en grand péril ».[24] Le fait que, alors déjà âgé, il s'éloigne des grands centres musicaux pour finir sa vie en tant que professeur de la duchesse de Montbéliard, alors veuve, soulève encore de nombreuses questions et spéculations.[25] Avec Sibylle se perd cependant une partie de la transmission, car Froberger, mort sans héritier, avait tout légué à la duchesse. Elle semble avoir respecté son dernier souhait, de la voir conserver ses œuvres et de ne pas les faire publier. Dans sa lettre adressée à Huygens datée du 23 octobre 1667, elle souligne qu'elle estime tellement les compositions de Froberger, qu'elle souhaite respecter la promesse qu'elle lui fit à plusieurs reprises de ne jamais les céder (*so Lieb und Wehrt* [halte]*, das ich sie so lang ich Lebe nit kann, oder begehre aus handen zu lassen, dan ichs ihme auch so oft und viel auf sein Begeren versprochen, niemanden nichts zu geben* / « elles me sont si chères et ont pour moi tant de valeur, que je ne peux et ne veux pas, tant que je vivrai, m'en séparer, car je lui ai si souvent promis à sa demande de n'en rien donner à personne »).[26] Sibylle conserva tout d'abord les manuscrits ; jusqu'à aujourd'hui, personne ne sait ce qu'ils sont devenus après la fuite de Sibylle suite à l'occupation du comté par les troupes de Louis XIV.

---

1 Kremer 2010, p. 250–253.
2 Pour Kusser voir en profondeur Owens 2017.
3 Cf. cat. IV.7.
4 Vogeleis 1911, p. 449 sq.
5 Ce résumé se fonde sur Schaefer 2012.
6 Vogeleis 1911, p. 456–458.
7 Kipp 1929, p. 8.
8 Kopff 1970, p. 90 sq.
9 Cette description se fonde sur Kipp 1929.
10 Vogeleis 1911, p. 512. Pour Walliser Vogeleis 1911, p. 390–399 et pour le poste de Böddecker à Stuttgart Sittard 1890, p. 302–305.
11 Cf. cat. IV.4.
12 Cf. cat. IV.3.
13 Cité d'après Kipp 1929, p. 7.
14 Voir la copie de l'extrait du registre paroissial de Haguenau au sujet du mariage de Joachim Böddecker ainsi que la lettre évoquée ici de ses amis de Haguenau : Landeskirchliches Archiv Stuttgart, A 29, n° 4421,1, fol. 2, 3.
15 Ibid., p. 18.
16 FbWV 632a.
17 Pour plus de détails voir Vejvar 2018b, p. 425 et « Journal historique et autographe du duc Georges II de Wurtemberg-Montbéliard », Besançon, Bibliothèque municipale, ms. Duvernoy, t. 68, fol. 185–220 : 198r.
18 Cf. cat. IV.6.
19 Le manuscrit fut vendu aux enchères chez Sotheby's en 2006.
20 Voir pour cela la copie de Dresde, cat. IV.5.
21 Les titres sont cités ici selon Maguire 2007 ; voir également Van Asperen 2007.
22 Van Asperen 2007, note 23.
23 Ainsi sont les propos tenus par Sibylle dans une lettre adressée à Huygens, datée du 2.11.1667 ; Leiden University Library, BPL 885, citée dans Vejvar 2018-Dokumente, p. 441.
24 FbWV 627.
25 Au sujet des différentes interprétations possibles voir Vejvar 2018a, p. 128.
26 Sibylle dans une lettre à Huygens datée du 2.11.1667 ; Leiden University Library, BPL 885, citée dans Vejvar 2018b, p. 441.

Elsässer Wein in Württemberg: eine kulinarische Liaison
Peter Rückert

In der spätmittelalterlichen Grafschaft und (ab 1495) dem Herzogtum Württemberg nahm der Weinbau eine bedeutende wirtschaftliche Stellung ein. Als „Neckarwein" wurde der württembergische Wein seit dem späten Mittelalter auf den benachbarten Märkten der großen Städte gehandelt und vor allem auch donauabwärts verschifft.[1] Doch ungleich prominenter und breiter vertrieben wurden schon ab dem 13. Jahrhundert die Weine aus dem Elsass. Sie galten über das späte Mittelalter und die frühe Neuzeit hinweg als qualitätvollste und teuerste Weine im deutschen Reich nördlich der Alpen. Die Wege ihrer Verbreitung verliefen vor allem rheinabwärts über die Niederlande bis nach England, Skandinavien und in den Ostseeraum, auch über den Main und die Donau nach Osten, ebenso nach Süden in die Eidgenossenschaft und gen Westen Richtung Lothringen.[2]

Als frühes Zentrum des hochgeschätzten Elsässer Weinbaus gilt die Stadt Reichenweier mit ihrer Umgebung, wo Weinbau und Weinhandel die wirtschaftliche Entwicklung seit ihren Anfängen im 13. Jahrhundert maßgeblich dominieren.[3] Als Graf Ulrich von Württemberg im Jahr 1324 die Grafschaft Horburg mit der Herrschaft Reichenweier erwarb,[4] war die wirtschaftliche Bedeutung des örtlichen Weinbaus jedenfalls bereits bekannt. Und die neue württembergische Herrschaft hatte damit Gelegenheit, sich Zugriff auf den Elsässer Wein und die daraus generierten Einkünfte zu sichern.

Die internationale wie die regionale Forschung zum Weinbau, -handel und -konsum hat in den letzten Jahrzehnten auch für das Elsass und für Württemberg einen gediegenen Kenntnisstand erreicht, woran im Folgenden angesetzt werden kann.[5] Die besondere herrschaftliche Beziehung zwischen Württemberg und seinen elsässischen Gebieten ist allerdings im Hinblick auf den Weinbau, -vertrieb und -konsum noch nicht eingehender untersucht worden, was offenbar vor allem an der verstreuten Überlieferung liegt, die heute auf mehrere südwestdeutsche und französische Archive verteilt ist.[6] Dabei sollte man aus württembergischer Perspektive erwarten, dass die besondere Qualität des Elsässer Weins, sein Marktwert und sein Prestige neben seiner wirtschaftlichen Bedeutung auch Einfluss auf die höfische Kultur in Württemberg hatte. Daran anschließend drängen sich neue Fragen auf: Welchen Anteil nahm die württembergische Herrschaft an der Weinproduktion und -vermarktung im Elsass? Wie gestalteten sich die Transport- und Handelswege nach Württemberg? Welche Rolle spielte der Elsässer Wein für den Konsum, gerade an den württembergischen Höfen in Stuttgart, Urach und Mömpelgard? Tritt seine besondere Güte und Wertschätzung bei „kulinarischen Großereignissen", wie höfischen Festen, konkret hervor?

Deutlich ist jedenfalls, dass der Wein als Handelsgut stets aus dem Elsass nach Württemberg kam und nicht umgekehrt, württembergischer Wein im Elsass gehandelt wurde.

Das heißt zunächst, dass man die württembergischen Höfe in Reichenweier und Horburg mit Elsässer Wein vor Ort selbst versorgte.[7] Entsprechend ist auch die Grundversorgung der württembergischen Residenzen im Stammland Württemberg mit den einheimischen „Neckarwein" erfolgt.[8]

Blicken wir zunächst nach Reichenweier und verfolgen seine „Weinbaugeschichte": Reichenweier ist idealtypisch als „Weinstadt" zu bezeichnen.[9] Die vorteilhaften geologischen und klimatischen Bedingungen, am Osthang der Vogesen mit der verkehrsgünstigen Anbindung an das Rheintal gelegen, erlaubten schon früh einen marktorientierten Weinbau mit überregionalem Export. Der städtegenerierende Impuls des Weinbaus wird inzwischen zwar differenziert diskutiert,[10] für die Weinstädte im Elsass ist seine wirtschaftliche Dominanz allerdings so überragend, dass Stadtwerdung und Weinbau und -handel als wirtschaftliche Grundlage dafür nicht zu trennen sind.[11]

Die Einwohner von Reichenweier waren seit dem Mittelalter ganz überwiegend im Weinbau und -handel tätig; die kulturlandschaftliche Umgebung der Stadt wurde und wird von Rebflächen dominiert, die kommunale Entwicklung wurde von der gemeinsamen wirtschaftlichen Ausrichtung auf den Weinbau geleitet. Auch die historische Infrastruktur der kleinen Stadt Reichenweier[12] machte diese Orientierung auf den Weinbau deutlich: Neben dem Marktplatz stellte die „Sinn", der Brunnenplatz für Weinverkauf und -verladung, einen zentralen Treffpunkt und Geschäftsort dar.[13] Mehrere Gasthäuser und Weinkeller dominierten das Stadtbild und die öffentliche Kommunikation über Jahrhunderte (Abb. 1).

Die einschlägige Studie von Wolff beschreibt den Weinbergbesitz der Herrschaft Württemberg, das sogenannte „Mannlehen", das laut der urbariellen Überlieferung aus dem frühen 16. Jahrhundert 80 Ar umfasste, daneben noch die Weingärten im Schlossgarten, so dass die Herrschaft unter die mittleren Weinbergsbesitzer vor Ort gezählt werden kann.[14] Da die herrschaftlichen Rechnungen des württembergischen Amtsschaffners ab dem Jahr 1474 erhalten sind,[15] erfahren wir von weiterem Weinbergbesitz im „Wolfsacker" und im „Schönenberg", der bedeutendsten Weinlage von Reichenweier, die bereits seit dem 13. Jahrhundert belegt ist.[16] Der Weinertrag, der 1543 bei 216 Ohm (etwa 110 hl.) lag, wurde in den herrschaftlichen Kellern gelagert. Zwischenzeitlich war er auch an einen städtischen Amtsträger gegen eine jährliche Rente von 110 fl. verpachtet worden.

Sicher hatten die Grafen von Württemberg den Weinbergbesitz in Reichenweier bereits mit dem Kauf der Grafschaft Horburg 1324 erworben; ab 1387 ist er auch näher beschrieben.[17] Die Weinausfuhr und der Weinhandel der Württemberger von und mit Wein aus Reichenweier wird schon bald danach greifbar: Im Jahr 1425 bitten sie den Herrn von Rappoltsweiler um zollfreie Passage für ihren Weintransport von 19 Fudern (etwa 209 hl.), der an ihren Hof nach Stuttgart gehen sollte,[18] also zum Eigenbedarf und nicht für den Handel bestimmt war – ein großer Transport, der ebenso auf eine gute Ernte wie einen großen Hofbedarf schließen lässt, und nun auf dem Weg nach der Grenze des württembergischen Territoriums die Zollstelle in Gemar passieren musste.[19] Auf der Ill wurde der Wein dann mit dem Schiff bis Straßburg gebracht und von dort weiter rheinabwärts; wir kommen auf die Transportwege zurück. Bald darauf wird auch die württembergische Zollstelle in Reichenweier eingerichtet, direkt am Ausgangstor der Stadt, wo man damals pro Fuder Wein 1 Schilling Rappen als „Brückenzoll" zu zahlen hatte, um die Straßen-, Tor- und Brückenbauarbeiten damit zu unterstützen, wie es heißt.[20] Die württembergische Herrschaft erzielte neben ihrem eigenen Weinbau bedeutende weitere Einkünfte über die Zölle und indirekten Weinsteuern in Reichenweier.

Die Weinproduktion in Reichenweier muss für die Grafen von Württemberg im späten 15. Jahrhundert lukrativ gewesen sein, denn Graf Eberhard V. (= Eberhard im Bart) ertauschte 1473 von der Abtei Pairis noch

Elsässer Wein in Württemberg: eine kulinarische Liaison
Peter Rückert

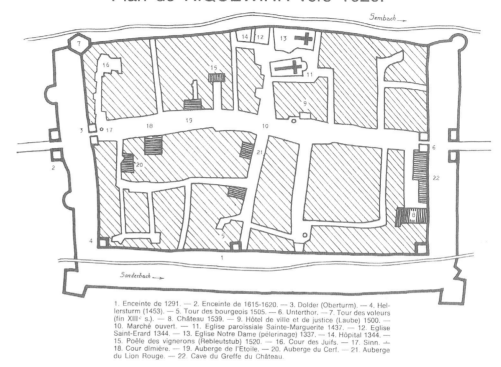

1 Grundriss von Reichenweier, um 1620 (Vorlage: C. Wolff 1967).

Plan de Riquewihr, vers 1620 (d'après C. Wolff 1967).

weitere Weinabgaben dazu.[21] Und schon ein Jahr darauf ziehen zahlreiche Weinkonvois aus Reichenweier in die württembergischen Residenzen: einer zum Grafen Ulrich V. nach Stuttgart, einer zum Grafen Eberhard V. nach Urach und neun Konvois ziehen ins württembergische Schloss nach Mömpelgard.[22] Einer hiervon soll von 35 Pferden gezogen worden sein! Dazu kommt noch ein weiterer Weintransport aus Reichenweier zu Erzherzogin Mechthild von Österreich nach Rottenburg, der Mutter Graf Eberhards im Bart. Bei diesen mächtigen Weinfuhren werden sogar die Weinsorten unterschieden: gewöhnlicher, neuer und aromatisierter Wein.[23]

Die damit angezeigte außergewöhnliche Weineinfuhr lässt sich mit wichtigen Vorgängen am württembergischen Hof verbinden: Anfang Juli 1474 fand in der Residenz von Graf Eberhard im Bart dessen großartige „Uracher Hochzeit" mit Barbara Gonzaga von Mantua statt. Bekanntlich war auch der Weinkonsum der Gäste beträchtlich: 500 Eimer Neckarwein (ca. 1.500 hl.), 12 Eimer Elsässer (ca. 36 hl.) und 4 Eimer Malvasier (ca. 12 hl.) wurden dabei verbraucht.[24] Ein Weinbrunnen im Schlosshof spendete dazu noch aus vier Röhren ununterbrochen Weiß- und Rotwein für das Volk, insgesamt 12 Eimer (ca. 36 hl.) – eine prestigeträchtige Demonstration des Reichtums und der Großzügigkeit des Bräutigams!

Angesichts der deutlich differenzierten Mengen und Qualitäten der Weinsorten ist freilich davon auszugehen, dass der herkömmliche Neckarwein den Weinbrunnen speiste, während die teuren Elsässer und Süßweine auf den Tischen der vornehmen Hochzeitsgäste landeten.[25] Den geschätzten Elsässer Wein konnte der Graf mithin aus eigener elsässischer Produktion um Reichenweier beziehen, wenn er auch die Herrschaft über die elsässischen Gebiete im Jahr zuvor seinem Vetter, Graf Heinrich, überlassen hatte.26 Und dessen Vater, Graf Ulrich V., und Eberhards Mutter, Erzherzogin Mechthild, hatten ja auch von den großen Weintransporten aus dem Elsass profitiert, ebenso wie Heinrich selbst, der die meisten Fuhren in seine Residenz nach Mömpelgard anfordern ließ. Dass dabei bereits auch die Weinsorten entsprechend unterschieden wurden, verweist zunächst auf die gediegene Kellerwirtschaft in Reichenweier, wo neben dem neuen, letztjährigen Wein auch die gewöhnlichen, das heißt bereits länger gelagerten Weine noch transport- und trinkfähig waren. Zudem wurde als Besonderheit aromatisierter Wein geliefert, den man im Elsass als „Kräuterwein" oder auch „Zytwenwein" durch kunstvolle Zusetzung von Gewürzen und Zucker bereitete.27

Der genannte Weinbrunnen in Urach, woraus die Bevölkerung für die vier Festtage der Hochzeit mit Weiß- und Rotwein versorgt wurde, war damals bereits ein zentrales repräsentatives Festelement am württembergischen Hof. Bereits im Jahr zuvor hatte Graf Ulrich V. beim Empfang von Kaiser Friedrich III. den Weinbrunnen im Stuttgarter Schlosshof sogar aus acht Röhren sprudeln lassen,28 und noch 1511, beim nächsten großen württembergischen Hochzeitsfest für Herzog Ulrich, lief der Stuttgarter Weinbrunnen wieder aus acht Röhren.29

Der großzügige Ausschank von Elsässer Weinen – neben dem importierten Malvasier als Süßwein – machte diese höfischen Feste in Württemberg auch zu kulinarischen Ereignissen: Weder bei der großen Fürstenhochzeit Markgraf Karls I. von Baden 1447 in Pforzheim noch bei der Amberger Hochzeit Pfalzgraf Philipps 1474 oder der berühmten Landshuter Hochzeit Herzog Georgs von Bayern 1475 wurde Elsässer Wein ausgeschenkt.30 Hier war der direkte Bezug der Württemberger aus eigenen elsässischen Beständen bzw. Beziehungen offenbar entscheidend. Dabei ist zu bedenken, dass die zahlreichen vornehmen Hochzeitsgäste auch in ihren Herbergen mit Wein versorgt wurden, wie in Landshut, wo die unterschiedlichen Weine in Fässern dorthin geliefert wurden.31

Sicher war bei allen diesen höfischen Festen die Qualitätskontrolle entscheidend: In Urach sollten verantwortliche Kenner *den malmasyer und all ander wein ordentlich besehen, damit ain jeder wyn den leuten nach den personen mit gutter ordnung gebenn werde*32 – eine an der Weinqualität orientierte Verteilung an die Hochzeitsgäste war angebracht.

Blicken wir zurück nach Reichenweier, denn weitere große Weintransporte sollten in den nächsten Jahren folgen: Ein Konvoi mit 24 Pferden ging gleich nach Ostern 1475 nach Mömpelgard33; der dortige Hof von Graf Heinrich zeigte regelmäßig Bedarf. Damals verließen mehr als 27 Fuder (ca. 300 hl.) die herrschaftlichen Weinkeller, wozu noch 7 Fuder (ca. 80 hl.) aromatisierter Wein kamen. Davon wurden allerdings 14 Fuder zum Teil gleich vor Ort verkauft, damals zum Preis von 8 fl. pro Fuder.34

Der nächste bemerkenswerte Transport von Elsässer Wein nach Stuttgart erfolgte 1480 mit 38 Maß (ca. 17 hl.) gewöhnlichem und 21 Maß (ca. 10,5 hl.) aromatisiertem Wein.35 Es ist davon auszugehen, dass der opulente Leichenschmaus für Graf Ulrich V., der Anfang Oktober 1480 im Stuttgarter Schloss begangen wurde,36 den großen Weintransport anfordern ließ. Insgesamt wurden hierfür 64 Eimer (ca. 190 hl.) Wein verbraucht, ohne dass wir Kenntnis von den unterschiedlichen Weinsorten hätten.

Die Beliebtheit der Elsässer Würzweine an den württembergischen Höfen wird auch in der Folgezeit deutlich, wie die Rechnungen für Stuttgart, Urach, Mömpelgard und später auch für die evangelische Klosterverwaltung in Maulbronn ausweisen.37

Als weiteres großes Hochzeitsfest im Stuttgarter Schloss lässt die Hochzeit von Herzog Ludwig mit Dorothea Ursula von Baden 1575 den Konsum der Elsässer Weine schließlich differenzierter aufzeigen: Vier Wagen mit 13 Pferden zogen damals zum Stuttgarter Schloss,

Elsässer Wein in Württemberg: eine kulinarische Liaison
Peter Rückert

2   Spätmittelalterliche Tafelkultur mit Weingefäßen. Miniatur aus „Pontus und Sidonia"; Stuttgarter Werkstatt von Ludwig Henfflin, um 1475 (UB Heidelberg, Cod. Pal. germ. 142, Bl. 68 v).

Arts de la table durant le Moyen Âge tardif avec des récipients pour le vin. Miniature tirée de « Ponthus et la belle Sidoyne », Atelier de Stuttgart de Ludwig Henfflin, vers 1475 (UB Heidelberg, Cod. Pal. germ. 142, fol. 68v).

offenbar vor allem beladen mit Muskateller, weiß und rot.[38] Dies entspricht der zeitgleichen Weinbauordnung für Reichenweier von 1575, wo der Anbau dieser Edelsorte weiß und rot vorgeschrieben wurde.[39]

Neben dem bald für den elsässischen Weinbau markanten Muskateller sind hier im 16. Jahrhundert weitere Rebsorten bekannt, wie der weit verbreitete Traminer (weiß) oder Schwarz Klemer (rot), der Klevner (Burgunder) oder der Elbling.[40] Aber vor allem der Muskateller sollte bald den Exporterfolg der Elsässer Weine sichern, so dass seine Kultivierung gezielt ausgebaut wurde.[41] Bemerkenswerterweise wurden auch in Württemberg ab dem 16. Jahrhundert Muskatellerreben angebaut,[42] ebenso wie der Klevner, der über das Elsass verbreitet worden zu sein scheint.[43]

Auch wenn die Exportzahlen damals längerfristig stagnieren sollten,[44] besaß der traditionsreiche, qualitätvolle und innovative Weinbau im Elsass des 15. und 16. Jahrhunderts eine weite Reputation, gerade in Württemberg. Dafür sorgte bereits das Haus Württemberg, das bei repräsentativen Anlässen das Prestige der edlen Elsässer Weine für sich und seinen kulinarischen Geschmack sprechen ließ, neben dem breiten Angebot an Elsässer Weinen auf den Weinmärkten der großen Städte (Abb. 2).

Freilich musste auch die Weinproduktion im Elsass Pantscherei und Weinverfälschung begegnen,[45] wie vielerorts bekannt. So hatte Kaiser Friedrich III. 1487 anlässlich einer angezeigten Weinfälschung in Esslingen eine Ordnung erlassen, deren Umsetzung dann auch in Schwaben, Franken und dem Elsass untersucht werden sollte.[46] Sie verbot jede Art von Weinzusätzen und Weinbereitung bzw. -verschönerung bei hoher Strafe.[47] Ausgenommen waren nur die Würzweine, die ja auch für die Weinproduktion in Reichenweier von großer Bedeutung waren.

Das sogenannte „Ratbuch von Reichenweier", das im Jahr 1505 gemeinsam von dem württembergischen Vogt und dem Stadtrat von Reichenweier als neue Stadtordnung angelegt wurde, zeigt in den hier niedergelegten Eidleistungen auf die württembergische Herrschaft zunächst die örtliche Dominanz der Weinwirtschaft an:[48] Es werden Weinstecher (Unterkäufer),[49] Leiterer (Fasszieher), Weinträger, Wirte genannt, die dieser Verordnung verpflichtet sind. Dabei wird nachdrücklich verlangt, dass der *hünsche Wein* nicht mit dem *edel gut Wein* gemischt werden dürfe.[50] Der auch im Elsass verbreitete Heunisch sollte als einfache, unedle Rebsorte[51] nicht teuren Edelweinen zur Streckung beigegeben werden, was offenbar vorkam. Die Ordnung für die Wirte, die in Reichenweier damals zwei Herbergen führten,[52] gab konkret vor: *Sie sollen nit zweyerlei wyssen wyn schenken und in dheinen schenkwyn weder wasser noch sust nůdt zů schütten noch ze thůnd […].*[53]

Bemerkenswert für den örtlichen Weinhandel ist zudem, dass in Reichenweier ein Einfuhrverbot für fremde Weine galt, die außerhalb der Stadtmarkung erzeugt wurden (Abb. 3).[54] Die Vermarktung der eigenen Weinproduktion sollte damit garantiert werden, was damals weitgehend gelang, wie die zahlreichen Exportnachrichten belegen. Elsässer Wein wurde auch von den Kaufleuten zahlreicher schwäbischer Städte vor Ort eingekauft, um ihre einheimischen Märkte zu bedienen.[55] So nennt etwa die Zollordnung im benachbarten Schlettstadt von 1521 die schwäbische Reichsstadt Weil der Stadt, die hier am Ladhof an der Ill ihren Zoll für den gekauften Elsässer Wein entrichten musste, neben zahlreichen deutschen und niederländischen Städten.[56]

Kommen wir damit zurück auf die Transportwege, die den Elsässer Wein üblicherweise nach Württemberg führten: Von Reichenweier aus wurde der Wein auf Wägen bis nach Schlettstadt oder Colmar transportiert, wo er auf Schiffe verladen und die Ill abwärts bis Straßburg geführt wurde.[57] Hier konnten die Weinfässer auf größere Schiffe umgeladen werden, die dann rheinabwärts fuhren. Offenbar wurden diese dann bei Ettlingen auf dem anderen Rheinufer wieder auf Wägen geladen und anschließend über den Nordschwarzwald und Pforzheim an die württembergischen Höfe nach Stuttgart und Urach geliefert (Abb. 4).

Für die württembergische Zollstelle in Neuenbürg hat sich eine Zollabrechnung aus dem späten 15. Jahrhundert erhalten, die angibt, dass *der Elsesser* in Ettlingen geladen wird.[58] Von dort aus wird er dann auch in Neuenbürg verzollt; gerechnet werden hier 2 Eimer oder 5 Ohm (ca. 2,5 hl.) auf ein Fass, das 1 Schilling Pfennige zu Zoll geben soll. Die Wirte im nahen württembergischen Wildbad konnten ihren Wein dort allerdings zollfrei führen,[59] ebenso wie die zahlreichen Badegäste, die ihren Wein selbst ins Wildbad oder ins Zellerbad (= Liebenzell) mitbrachten.

Deutlich wird, dass der einfachste und günstigste Weintransport aus dem Elsass nach Württemberg zunächst kurz über Land, dann über die Ill und Straßburg den Rhein abwärts nach Norden führte, wo man die Weinfuhren ab Ettlingen in der Markgrafschaft Baden wieder auf der bekannten Fernstraße nach Osten in Richtung Pforzheim und Stuttgart zog.[60]

Aus dem Jahr 1488 ist eine Anweisung für einen Weintransport aus Reichenweier in Stuttgart erhalten geblieben:[61] Der württembergische Landschreiber solle an Urban Kercher *6 fl. von dem Elsesser von Reichenweill bis gen Stůgartt zů fürn und dem binderknecht 3 fl. 1 lb 4 ß 4 hl.* auszahlen, für die Zehrung der beiden und den Zoll. Mit fast 20 Gulden belief sich dieser Weintransport von Reichenweier nach Stuttgart auf eine beträchtliche Summe, für die man auch etliche Fuder Neckarwein auf den schwäbischen Weinmärkten hätte kaufen können. Wir wissen zwar nicht, wieviel Wein der herrschaftliche Fuhrmann Urban Kercher und sein Binderknecht aus dem Elsass nach Stuttgart geführt haben, aber wir bekommen damit einen ersten Eindruck von den aufwändigen Transportfahrten mit Elsässer Wein nach Stuttgart.

Die Vorstellung dieser „kulinarische Liaison" zwischen dem Wein aus dem Elsass und Württemberg lässt sich gegen Ende des 18. Jahrhunderts prominent schließen: Der große französische Philosoph Voltaire hatte von Herzog Carl Eugen von Württemberg 1752 eine bedeutende Hypothek auf dessen Erträge aus dem Weinbau im Elsass und der Grafschaft Mömpelgard erhalten, womit der Herzog seine hohen Schulden bei Voltaire nach und nach begleichen wollte.[62] Zahlreiche Beschwerdebriefe Voltaires bei der württembergischen Verwaltung sind erhalten, da eine Rückzahlung der Schulden aus den Weinerträgen kaum erfolgte.[63] Der Gourmet Voltaire hatte sich jedenfalls von dem Genuss des Elsässer Weins und von dessen Erträgen (zu) viel versprochen, zumal auch er unter den Elsässer Weinen den aus Reichenweier besonders schätzte.

Elsässer Wein in Württemberg: eine kulinarische Liaison
Peter Rückert

1 Grundlegend dazu und zum Folgenden Sprandel 1998. Zum württembergischen Weinbau siehe vor allem die Arbeiten von Krämer 2006, 2009 und 2017.
2 Als einschlägige Arbeit zur elsässischen Weinbaugeschichte gilt noch immer Barth 1958, daneben für die weitere Umgebung auch Sittler 1956.
3 Zur Stadt- und Weinbaugeschichte von Reichenweier grundlegend Wolff 1967.
4 Vgl. den Beitrag von Frauenknecht in diesem Band.
5 Neben den bereits genannten Arbeiten ist für Württemberg zuletzt noch auf den Sammelband von Hirbodian/Wegner 2017 zu verweisen sowie im Hinblick auf die wesentlichen methodischen Fragen auf Matheus 2020.
6 Hier sind vor allem das Hauptstaatsarchiv Stuttgart (= HStAS), die Archives Départementales Haut-Rhin in Colmar (= ADHR) und die Archives Nationales in Paris (= ANP) zu nennen.
7 Vgl. dazu auch die Beiträge von Rückert, Das Haus Württemberg, und Finkeldei in diesem Band.
8 Dies bestätigen auch die mehrfachen Versendungen von Neckarwein vom Stuttgarter Hof an den bayerischen Herzogshof um 1500. Vgl. Sprandel 1998, S. 84, 100.
9 Vgl. dazu den grundlegenden Forschungsüberblick bei Matheus 2020, S. 127–131 (mit weiterer Literatur).
10 Vgl. ebd., S. 132.
11 Dazu wiederum ausführlich die Darstellung bei Barth 1958; dazu auch Kammerer 2001.
12 Reichenweier umfasste im 14./15. Jahrhundert offenbar kaum 1.000 Einwohner.
13 Wolff 1967, S. 121 ff.
14 Ebd., S. 40.
15 ADHR, Ancien Doubs, E 1430.
16 Wolff 1967, S. 28. Vgl. dazu die Ansicht von Reichenweier von M. Merian, Kat. III.1.
17 Barth 1958, Teil 2, S. 70, 116.
18 Wolff 1967, S. 133.
19 ADHR, Ancien Doubs, E 2531.
20 Wolff 1967, S. 131.
21 Ebd., S. 33.
22 Ebd., S. 141, 181.
23 ADHR, Ancien Doubs, E 1430.
24 Zeilinger 2003, S. 37. Dazu auch Kat. V.1.
25 Ausführlich dazu Oszvath 2014.
26 Vgl. den Beitrag Rückert in diesem Band.
27 Vgl. Rapp 1958, Teil 1, S. 316 ff., Krämer 2006, S. 114. Ausführlicher zu den unterschiedlichen Bezeichnungen und Zubereitungsarten Wolff 1967, S. 99.
28 Hoffmann/Bischoff 2022.
29 HStA Weimar, EGA, Reg. D 49, fol. 11 r. Mein Dank geht an Thomas Lang, Leipzig, für diesen Hinweis.
30 Sprandel 1998, S. 92. Zur Landshuter Hochzeit vgl. die einschlägige Quellenedition von Deutinger/Paulus 2017.
31 Deutinger/Paulus 2017, S. 75.
32 Zitiert nach Zeilinger 2003, S. 139.
33 Wolff 1967, S. 181 f.
34 Ebd., S. 187.
35 Ebd., S. 141, 254 (Vorlage: ADHR, Ancien Doubs, E 1432, S. 45).
36 Württemberg im Spätmittelalter 1985, S. 74 (P. Amelung).
37 Wolff 1967, S. 99.
38 Vgl. Krämer 2006, S. 99, Anm. 530.
39 Barth 1958, Teil 1, S. 88.
40 Krämer 2006, S. 86.
41 Vgl. auch Matheus 2020, S. 152.
42 Krämer 2006, S. 99.
43 Ebd., S. 93. Vgl. zur damaligen Qualitätsorientierung im Weinbau und weiteren Sorten auch Rückert 2020, S. 89 f.
44 Vgl. Sprandel 1998, S. 141.
45 Ausführlich dazu Barth 1958, Teil 1, S. 319 ff. Allgemein dazu Pferschy-Maleczek 1997, S. 199 f., sowie Schubert 2006, S. 200.
46 Ebd., S. 389, Anm. 268. Zum Esslinger Weinbau vgl. Salzmann 1930.
47 Pferschy-Maleczek 1997, S. 172 f.
48 Siehe die Edition bei Hund 1909; dazu auch Sicheneder 2001.
49 Vgl. Wolff 1967, S. 112 f.
50 Ebd., S. 12.
51 Krämer 2006, S. 62.
52 Vgl. dazu wiederum Abb. 1, dazu Wolff 1967, S. 115.
53 Hund 1909, S. 18.
54 Ebd., S. 28.
55 Barth 1958, Teil 1, S. 390.
56 Ebd., S. 377.
57 Ausführlich dazu ebd., S. 334 f.; dazu auch Kammerer 2001.
58 HStAS A 602 Nr. 754.
59 Zu Wildbad ausführlicher Rückert 2018.
60 Zum damaligen Fernstraßennetz vgl. Rückert 2012 (mit Karten).
61 HStAS A 602 Nr. 14821; s. Kat. V.3.
62 Ausführlich dazu Wolff 1967, S. 40 ff.
63 Vgl. Kat. V.10.

Le vin alsacien dans le Wurtemberg : une liaison culinaire
Peter Rückert

À la fin du Moyen Âge la culture de la vigne prit une importance économique notable dans le comté puis (depuis 1495) le duché de Wurtemberg. Le vin du Wurtemberg, connu sous le nom de « vin du Neckar » était vendu, depuis la fin du Moyen Âge, sur les marchés à proximité des grandes villes et surtout expédié par le Danube vers les marchés extérieurs.[1] Mais depuis le XIIIe siècle les vins d'Alsace étaient incomparablement plus renommés et plus largement diffusés. Ils étaient considérés depuis la fin du Moyen Âge et le début de l'époque moderne – et ils le furent encore longtemps – comme les vins les plus fins et les plus chers de l'Empire au nord des Alpes. Les circuits de diffusion passaient avant tout par le Rhin et allaient jusqu'aux Pays-Bas et à l'Angleterre, ainsi qu'à la Scandinavie et aux pays de la Baltique, par le Main et le Danube ils partaient aussi vers l'Est, en direction du Sud ils atteignaient la Confédération helvétique et vers l'Ouest la Lorraine.[2]

Le centre le plus ancien de cette viticulture alsacienne si hautement estimée était la ville de Riquewihr et ses environs, où la culture et le commerce du vin dominaient et avaient un poids prépondérant dans l'évolution économique depuis leur développement au début du XIIIe siècle.[3] Lorsque le comte Ulrich de Wurtemberg acquit en 1424 le comté de Horbourg et la seigneurie de Riquewihr,[4] l'importance économique de la viticulture locale était déjà bien connue. Et le nouveau pouvoir wurtembergeois avait ainsi la possibilité de s'assurer la mainmise sur le vin d'Alsace et les revenus qu'il générait.

Tant sur le plan international que régional la recherche sur la culture, le commerce et la consommation du vin a atteint pour l'Alsace et le Wurtemberg un niveau de connaissances assez élevé, d'où nous partirons pour la suite de cet exposé.[5] La relation particulière de pouvoir entre le Wurtemberg et ses territoires alsaciens, il est vrai, n'a pas encore fait l'objet d'une étude approfondie pour ce qui est de la culture, de la distribution et de la consommation du vin, ce qui d'évidence est lié avant tout à la dispersion des archives entre l'Allemagne et la France.[6] Si l'on adopte une perspective wurtembergeoise, on devrait s'attendre à ce que la qualité particulière du vin d'Alsace, sa valeur marchande et son prestige aient, à côté de son importance économique, une influence sur la culture de cour dans le Wurtemberg. D'autres questions se posent ensuite : quelle part le pouvoir wurtembergeois a-t-il prise dans la production et la commercialisation du vin en Alsace ? Quelles voies le transport et le commerce du vin ont-ils empruntées ? Quel rôle le vin d'Alsace jouait-il dans la consommation, en particulier dans les cours de Stuttgart, Urach et Montbéliard ? La qualité supérieure et la réputation de ce vin étaient-elles dans la pratique particulièrement mises en avant dans les « grands événements » culinaires tels que les fêtes de cour ?

Il est clair en tout cas que le vin en tant que denrée commerciale venait toujours d'Alsace vers le Wurtemberg et non le contraire, autrement dit le vin du Wurtemberg n'était pas commercialisé en Alsace. Cela signifie en premier lieu que les cours wurtembergeoises de Horbourg et de Riquewihr étaient approvisionnées en vin par des producteurs locaux.[7] De la même manière l'approvisionnement régulier en vin des résidences wurtembergeoises dans le cœur du comté/duché était assuré par la production locale de « vin du Neckar ».[8]

Tournons-nous d'abord vers Riquewihr et suivons l'histoire de son vignoble : Riquewihr est en effet le type idéal d'une « ville du vin ».[9] Les conditions géologiques et climatiques favorables sur le versant oriental des Vosges ainsi que les facilités de transport vers la vallée du Rhin ont permis très tôt le développement d'une culture commerciale de la vigne tournée vers l'exportation sur des marchés extérieurs à la région. Si l'impulsion qu'aurait donnée la culture de la vigne à la genèse et à la croissance urbaine fait encore l'objet de discussions portant sur les différenciations nécessaires,[10] la prépondérance économique de la vigne est telle dans les villes du vignoble alsacien qu'il est impossible de séparer la genèse urbaine de la culture et du commerce de la vigne, qui en constituent le fondement économique même.[11]

Les habitants de Riquewihr avaient depuis le Moyen Âge comme activité, dans leur immense majorité, la culture de la vigne et le commerce du vin ; les espaces cultivés autour de la ville étaient et sont toujours plantés de vignes, l'évolution de la commune a été largement déterminée par l'orientation économique collective vers la culture de la vigne. L'infrastructure historique de la petite ville de Riquewihr[12] révèle clairement cette orientation privilégiée : à côté de la place du marché, la « Sinne », la place de la fontaine, où s'effectuent la vente et le chargement du vin est un lieu central, un lieu de rencontre et d'échanges commerciaux.[13] Pendant des siècles plusieurs auberges et des caves ont dominé le paysage urbain et la communication publique (ill. 1).

Wolff, dans une étude détaillée, décrit les propriétés de la Maison de Wurtemberg dans le vignoble, ce qu'on appelait le « Mannlehen », qui d'après la tradition conservée dans les cadastres et remontant au début du XVIe siècle, comprenait 80 ares, auxquels venaient s'ajouter les vignes des jardins du château, si bien que la maison souveraine pouvait être rangée dans la localité parmi les détenteurs de propriétés de taille moyenne.[14] Comme les documents comptables du contrôleur de la Maison de Wurtemberg ont été conservés à partir de l'année 1474,[15] nous avons la trace d'autres propriétés dans les vignes, au « Wolfsacker » et au « Schönenberg », le coteau le plus important de Riquewihr, qui était déjà réputé au XIIIe siècle.[16] Le produit de la vendange, qui en 1543 était de 216 ohm (environ 110 hl), était entreposé dans les caves de la maison souveraine. Entre-temps il avait été affermé à un titulaire d'un office communal pour une rente annuelle de 110 florins.

Les comtes de Wurtemberg avaient certainement acheté les vignes à Riquewihr en même temps que le comté de Horbourg en 1324 ; à partir de 1387 ces vignes sont décrites avec plus de précision.[17] L'exportation et le commerce du vin de Riquewihr auxquels se livrait la Maison de Wurtemberg devient pour nous peu de temps après une réalité saisissable : en 1425 les Wurtemberg demandent au seigneur de Ribeauvillé le libre passage avec exemption de droits pour un transport de vin de 19 foudres (environ 209 hl) destiné à la Cour de Stuttgart,[18] donc pour leur usage personnel et non pour un usage commercial – un volume important qui laisse supposer une bonne vendange ainsi que des besoins importants à la Cour, et qui devait maintenant passer la douane à Guémar après avoir franchi la frontière du territoire wurtembergeois.[19] Le vin était ensuite chargé sur des bateaux qui descendaient le cours de l'Ill jusqu'à Strasbourg et de là continuaient leur route sur le Rhin, nous reviendrons plus tard sur les voies de circulation des marchandises. Peu de temps après, un poste de douane wurtembergeois fut installé à Riquewihr, à proximité immédiate de la porte de la ville, où on devait payer à l'époque pour un foudre de vin un schilling rappen comme « péage au pont », pour financer les travaux de construction et de réparation des routes, des portes et des ponts, comme il était dit dans les textes.[20] Le pouvoir wurtembergeois, outre ce que lui rapportaient ses vignes, avait à Riquewihr d'importants revenus provenant des droits de douane et des impôts indirects sur le vin.

La production de vin à Riquewihr devait être lucrative pour les comtes de Wurtemberg à la fin du XVe siècle pour qu'Eberhard V (= Eberhard le Barbu) reçoive dans le cadre d'un échange avec l'abbaye de Pairis des taxes supplémentaires sur le vin.[21] Dès l'année suivante de nombreux convois de vin partaient de Riquewihr pour les résidences wurtembergeoises : un pour le comte Ulrich V vers Stuttgart, un pour le comte Eberhard V pour Urach et neuf convois pour le château de Montbéliard.[22] L'un d'entre eux a dû être tiré par pas moins de 35 chevaux ! À cela s'ajoute encore un transport de vin de Riquewihr à Rottenburg, pour l'archiduchesse Mathilde d'Autriche, la mère d'Eberhard le Barbu. Dans ces imposantes livraisons de vin, l'on différencia entre vin ordinaire, vin nouveau et vin aromatisé.[23]

L'extraordinaire volume des importations de vin que l'on vient de signaler est lié à d'importants événements survenus à la cour wurtembergeoise : au début du mois de juillet 1474 eut lieu en effet à la résidence du comte Eberhard le Barbu le grand « mariage d'Urach » avec Barbara Gonzague de Mantoue. Comme on le sait, la consommation de vin chez les invités de la noce fut considérable : au total 500 eimer de vin du Neckar (environ 1 500 hl), 12 eimer de vin d'Alsace (environ 36 hl) et 4 eimer de Malvoisie (environ 12 hl).[24] De plus, dans la cour du château une fontaine de vin débitait sans interruption par quatre tuyaux du vin blanc et du vin rouge pour le peuple, en tout 12 seaux (environ 36 hl) – une manifestation de prestige destinée à démontrer et la richesse et la générosité du nouveau marié !

Au vu des quantités et qualités clairement différenciées des types de vin, on peut supposer que le traditionnel vin du Neckar alimenta la fontaine, alors que les vins d'Alsace et les vins doux, tous deux plus coûteux, furent servis à la table des hôtes de marque de ces noces.[25] Concernant le très apprécié vin d'Alsace, le comte put s'approvisionner en puisant dans sa propre production alsacienne autour de Riquewihr, même s'il avait cédé un an auparavant la souveraineté sur les territoires alsaciens à son cousin, le comte Henri.[26] Et le père de ce dernier, le comte Ulrich V, et la mère d'Eberhard, l'archiduchesse Mathilde, avaient également profité des importants transports de vin provenant d'Alsace, tout comme Henri lui-même, qui fit venir la plupart des livraisons dans sa résidence montbéliarde. Le fait que l'on ait alors distingué entre différents types de vin est d'abord un indice de la qualité des caves à Riquewihr, où l'on pouvait encore transporter et boire non seulement le vin nouveau récolté l'année précédente, mais également des vins traditionnels qui reposaient depuis plus longtemps. Une particularité à relever aussi dans cette production : le vin aromatisé qualifié en Alsace de « vin aux herbes » ou encore « Zytwenwein » et dans lequel étaient ajoutés des épices et du sucre.[27]

La fontaine d'Urach évoquée un peu plus haut et qui approvisionna la population en vin blanc et rouge durant les quatre jours des noces était alors déjà un élément central des fêtes à la cour du Wurtemberg ; elle devait mettre en scène le pouvoir. Le comte Ulrich V avait déjà, l'année précédente, fait jaillir du vin de huit tuyaux lors de la réception donnée pour l'empereur Frédéric III dans la cour du château de Stuttgart,[28] puis de nouveau en 1511, lors du second grand mariage fêté par la maison de Wurtemberg, celui du duc Ulrich, où le vin coula de nouveau à flot de la fontaine à vin de Stuttgart avec huit tuyaux.[29]

Que les vins d'Alsace – tout comme le vin doux de Malvoisie – aient coulé à flot en ces

Le vin alsacien dans le Wurtemberg
Peter Rückert

3 Tafel aus dem Mömpelgarder Altar: Das Gleichnis vom Weingarten, mit Weinbergen im Hintergrund der Stadt, um 1538/40.

Panneau du Retable de Montbéliard : La parabole de la Vigne, avec des vignes à l'arrière-plan de la ville, vers 1538/40.

occasions, voilà qui fit aussi de ces fêtes de la cour du Wurtemberg des événements culinaires : il ne fut servi de vin d'Alsace ni aux noces princières du margrave Charles Ier de Bade en 1447 à Pforzheim, ni au mariage du comte palatin Philippe célébré à Amberg en 1474 ou au célèbre « mariage de Landshut » du duc Georges de Bavière en 1475.[30] C'est donc apparemment le rapport direct entre la maison de Wurtemberg et ses réserves alsaciennes ou, en l'occurrence, les contacts avec cette région, qui furent déterminants en cette matière. Il faut aussi prendre en compte le fait que les nombreux hôtes de marque invités aux noces étaient également approvisionnés en vin dans leurs logis, comme par exemple à Landshut, où les différents vins y avaient été livrés dans des tonneaux.[31]

Ces fêtes de la cour ne se sont évidemment pas déroulées sans un contrôle de qualité pour la circonstance : À Urach, les connaisseurs responsables ont donc « examiné avec attention le vin de Malvoisie et tous les autres vins pour que chaque vin soit servi aux personnes conformément à leur rang et qualité » (*den malmasyer und all ander wein ordentlich besehen, damit ain jeder wyn den leuten nach den personen mit gutter ordnung gebenn werde*[32]). Une répartition des vins aux invités en fonction de sa qualité était donc de mise.

Retournons maintenant à Riquewihr, où d'autres livraisons importantes de vin devaient suivre les années suivantes : un convoi de 24 chevaux partit après les fêtes de Pâques de l'année 1475 en direction de Montbéliard[33] ; la cour du duc Henri en demandait régulièrement. À cette époque, plus de 27 foudres (environ 300 hl) quittèrent les caves ducales, auxquels vinrent s'ajouter 7 foudres (environ 80 hl) de vin aromatisé. 14 foudres de cette quantité globale furent cependant directement vendus sur place au prix de 8 florins par foudre.[34]

L'autre transport remarquable de vin d'Alsace en direction de Stuttgart eut lieu en 1480 avec 38 mass (environ 17 hl) de vin ordinaire et 21 mass (environ 10,5 hl) de vin aromatisé.[35] Il est possible que l'opulent festin offert dans le cadre des funérailles du comte Ulrich V qui se tint début octobre 1480 dans le château de Stuttgart,[36] fut la cause de ce grand transport de vin. Pour cette occasion 64 eimer (environ 190 hl) de vin furent consommés sans que nous sachions aujourd'hui quel type de vin y fut servi. La popularité des vins aromatisés alsaciens à la cour de Wurtemberg se manifeste aussi par la suite comme le prouvent les factures adressées à Stuttgart, Urach, Montbéliard et plus tard aussi à l'administration protestante de l'abbaye de Maulbronn.[37]

Un autre grand mariage qui se tint au château de Stuttgart fut celui du duc Louis avec Dorothée Ursule de Bade en 1575. Cette fête permet finalement d'aborder de manière plus différenciée la consommation des vins d'Alsace : quatre chariots avec 13 chevaux partirent alors en direction du château de Stuttgart, apparemment chargés surtout de muscat, blanc et rouge,[38] ce qui correspond à l'ordonnance prise la même année, en 1575, concernant la culture de la vigne pour Riquewihr et imposant la culture de cépage noble.[39]

Sont connus pour cette région au XVIe siècle, mis à part le muscat qui sera bientôt une caractéristique de la culture de vigne en Alsace, d'autres cépages comme le très répandu savagnin (blanc) ou « schwarz klemer » (rouge), le « klevner » (pinot blanc) ou encore l'elbling.[40] Mais c'est surtout le muscat qui assurera bientôt le succès des exportations de vins d'Alsace, ce qui mena à une culture ciblée de ce cépage.[41] Il est remarquable que dès le XVIe siècle étaient déjà cultivés des plants de muscat dans le Wurtemberg,[42] ainsi que des plants de pinot blanc qui semble s'être répandu depuis l'Alsace.[43]

Même si le chiffre des exportations stagna sur le long terme,[44] la viticulture de tradition, de qualité et innovante de l'Alsace des XVe et XVIe siècles avait très bonne réputation, particulièrement dans le Wurtemberg. La maison de Wurtemberg veillait tout particulièrement à cette réputation en faisant parler les vins nobles venus d'Alsace et leur goût culinaire lors de grandes occasions à des fins représentatives ; un grand choix de vins alsaciens était, de plus, proposé sur les marchés aux vins des grandes villes (ill. 2).

Bien évidemment, la production de vin en Alsace dut aussi, comme partout ailleurs, engager des actions judiciaires contre la fraude sur les vins.[45] Ainsi, l'empereur Frédéric III fit proclamer une ordonnance en 1487 après un tel cas de fraude qui avait été signalé aux autorités à Esslingen ; l'application de cette ordonnance devait aussi être examinée pour le cas de la Souabe, de la Franconie et de l'Alsace.[46] Par cette mesure étaient interdits tout ajut, amélioration ou embellissement du vin, qui étaient punis d'une lourde peine.[47] En étaient exempts les vins épicés qui étaient importants pour la production viticole à Riquewihr.

Le « Ratbuch von Reichenweier » qui fut mis en place en 1505 par le bailli wurtembergeois et le conseil de la ville de Riquewihr et qui faisait office de règlement municipal démontre au travers des serments prêtés envers le pouvoir souverain du Wurtemberg le poids prédominant de l'économie viticole locale :[48] sont ainsi cités les sous-acquéreurs viticoles (« Weinstecher »),[49] les transporteurs de tonneaux et de vin (« Leiterer ») ou encore les aubergistes qui tous sont tenus de respecter cette ordonnance. Il y est expressément réclamé que le *hünsche Wein* ne soit pas mélangé *mit dem edel gut Wein*.[50] Le gouais blanc (Heunisch), un cépage simple, commun et également répandu en Alsace[51] ne devait donc pas être mélangé à des vins nobles et chers afin d'en augmenter le volume, ce qui, apparemment, se faisait de temps à autre. Le règlement pour les aubergistes qui géraient, à l'époque, deux auberges à Riquewihr[52] contenait concrètement l'exigence suivante : « Ils ne doivent pas servir deux sortes différentes de vin blanc et dans le vin qui est versé ils ne doivent pas y ajouter ni eau ni autre chose » (*Sie sollen nit zweyerlei wyssen wyn schenken und in dheinen schenkwyn weder wasser noch sust nůdt zů schůtten noch ze thůnd […]*).[53]

Ce qui est remarquable pour le commerce local du vin est qu'à Riquewihr, il était interdit d'importer des vins étrangers produits en dehors les frontières de la ville (ill. 3).[54] La vente de la production locale devait ainsi être garantie, ce qui effectivement réussit en grande partie à l'époque comme le prouvent les nombreuses notes rapportant l'exportation de vin. Les vins alsaciens étaient aussi achetés sur place par des marchands venant de nombreuses villes de Souabe afin d'en approvisionner leurs marchés locaux.[55] Le règlement douanier de Sélestat de 1521 mentionne par exemple la ville libre d'Empire voisine, Weil der Stadt, qui payait un péage au Ladhof sur les rives de l'Ill pour les vins alsaciens achetés, tout comme de nombreuses cités allemandes et néerlandaises.[56]

Revenons aux voies de transport qui menaient habituellement le vin alsacien vers le Wurtemberg : Depuis Riquewihr, le vin était transporté jusqu'à Sélestat ou Colmar sur des chariots avant d'être chargé sur des bateaux pour être acheminé sur l'Ill en direction de Strasbourg.[57] Une fois arrivés là-bas, les tonneaux étaient chargés sur de plus grands bateaux descendant le Rhin. Ils étaient apparemment ensuite déchargés près d'Ettlingen sur l'autre rive du Rhin pour y être chargés sur des chariots qui traversaient le nord de la Forêt-Noire en passant par Pforzheim pour desservir les cours de Stuttgart et d'Urach (ill. 4).

Il a été conservé une facturation établie à la douane wurtembergeoise de Neuenbürg à la fin du XVᵉ siècle qui indique que le vin alsacien (*der Elsesser*) avait été chargé à Ettlingen.[58] Une fois parti de là, il est à nouveau déclaré au poste de douane de Neuenbürg ; l'on y calcule 2 eimer ou 5 ohm (environ 2,5 hl) par tonneau, ce qui fait 1 schilling pfennig. Les aubergistes de Wildbad dans le Wurtemberg et situé non loin de là pouvaient cependant servir le vin sans avoir à le dédouaner,[59] tout comme les nombreuses personnes venues prendre les eaux, qui apportaient elles-mêmes leur vin à Wildbad ou Zellerbad (= Liebenzell). Il est donc remarquable que le chemin le plus court et le moins coûteux pour le transport du vin de l'Alsace vers le Wurtemberg se faisait tout d'abord sur un court trajet par voie terrestre, puis sur l'Ill en direction de Strasbourg puis en aval du Rhin en direction du Nord, où les cargaisons étaient débarquées à Ettlingen dans le margraviat de Bade sur la grande route en direction de l'Est, vers Pforzheim et Stuttgart.[60]

Il a également été conservé une instruction datant de 1488 et concernant le transport du vin de Riquewihr en direction de Stuttgart.[61] Le chancelier d'État, le *Landschreiber* du Wurtemberg, devait verser à Urban Kercher « 6 florins pour transporter le vin alsacien de Riquewihr jusqu'à Stuttgart et à l'ouvrier tonnelier 3 florins, 1 lb 4 ß 4 hl. » (*6 fl. von dem Elsesser von Reichenweill bis gen Stůgartt zü fürn und dem binderknecht 3 fl. 1 lb 4 ß 4 hl.*) afin qu'ils puissent se ravitailler et payer la douane. Ce transport de vin de Riquewihr vers Stuttgart aura coûté au total presque 20 florins ce qui représentait alors une somme considérable – à ce prix, on aurait pu acheter beaucoup de foudres de vin du Neckar sur les marchés au vin souabes. Nous ne connaissons peut-être pas la quantité exacte de vin que le charretier seigneurial Urban Kercher et son ouvrier tonnelier ont transporté de l'Alsace vers Stuttgart, mais cela nous permet d'avoir une idée des dépenses occasionnées par le transport du vin d'Alsace vers Stuttgart.

La présentation de cette « liaison culinaire » entre le vin provenant d'Alsace et le Wurtemberg peut être conclue par une anecdote de la fin du XVIIIᵉ siècle concernant deux éminentes personnalités : le grand philosophe français Voltaire avait reçu de la part du duc Charles-Eugène de Wurtemberg en 1752 une importante hypothèque sur le rendement des vignobles alsaciens et du comté de Montbéliard, ce qui permit au duc de rembourser peu à peu les dettes qu'il avait envers Voltaire.[62] De nombreuses lettres de réclamation de Voltaire adressées par Voltaire à l'administration wurtembergeoise ont été conservées, car le remboursement des dettes grâce au revenu de la production viticole en Alsace n'eut quasiment pas lieu.[63] Voltaire, en fin gourmet, s'était fait trop d'illusions au sujet des plaisirs relatifs au vin d'Alsace et avait surestimé le rendement des vignes, d'autant plus que, lui aussi, parmi tous les vins alsaciens préférait le vin de Riquewihr.

Le vin alsacien dans le Wurtemberg
Peter Rückert

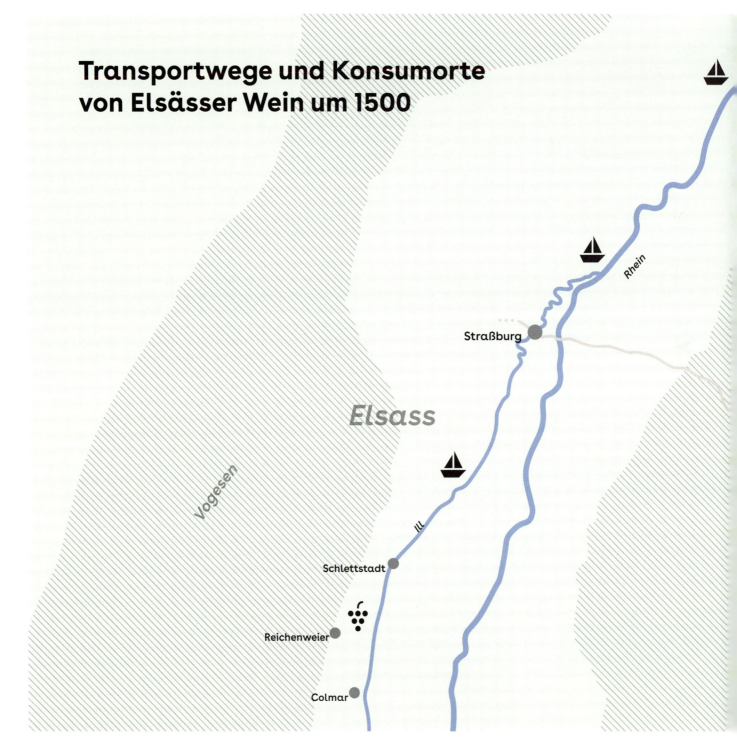

4 Transportrouten zwischen dem Elsass und Württemberg.
Voies de transport entre l'Alsace et le Wurtemberg.

Le vin alsacien dans le Wurtemberg
Peter Rückert

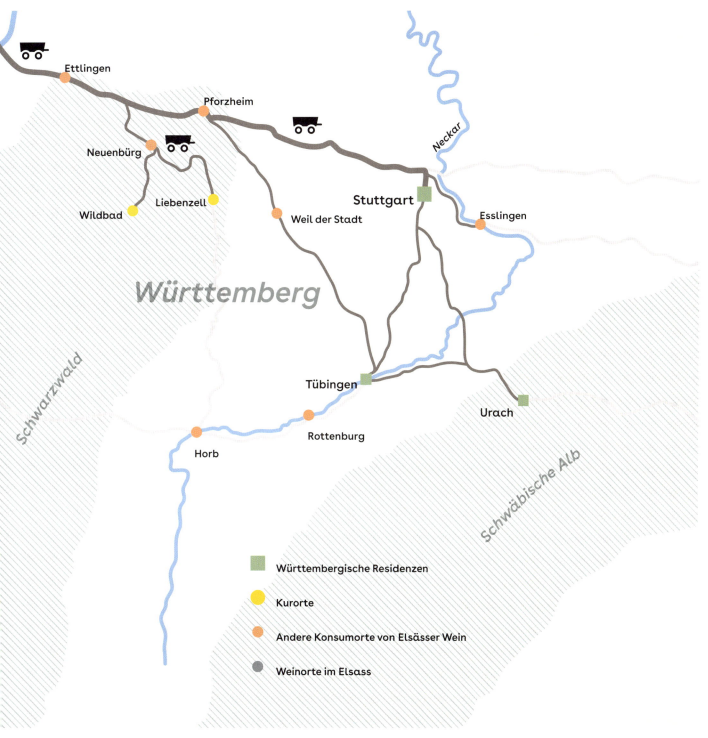

Vorlage: Historischer Atlas von Baden-Württemberg, Karte X, 1
Entwurf: Peter Rückert; Grafik: Carola Wüst

1 À ce sujet et pour ce qui va suivre voir Sprandel 1998. Concernant la culture de la vigne dans le Wurtemberg voir surtout les études de Krämer 2006, 2009 et 2017.
2 L'étude de référence concernant l'histoire de la viticulture en Alsace reste Barth 1958, tout comme Sittler 1956 pour les régions avoisinantes.
3 Au sujet de l'histoire de la ville et de la culture de la vigne à Riquewihr voir Wolff 1967.
4 Cf. la contribution de Frauenknecht dans ce volume.
5 Voir pour le Wurtemberg, en complément des études déjà citées, l'ouvrage collectif Hirbodian/Wegner 2017 et concernant les questions centrales de méthode Matheus 2020.
6 Il faut ici surtout citer le Hauptstaatsarchiv Stuttgart (= HStAS), les Archives Départementales du Haut-Rhin à Colmar (= ADHR) et les Archives Nationales à Paris (= ANP).
7 Cf. également les contributions de Rückert, La maison de Wurtemberg, et Finkeldei dans ce volume.
8 Cela est confirmé par les envois répétés de vin du Neckar de la cour de Stuttgart vers la cour ducale de Bavière vers 1500. Cf. Sprandel 1998, p. 84, 100.
9 Cf. sur ce point l'historique approfondi des études relatives à ce sujet dans Matheus 2020, p. 127–131 (avec une bibliographie).
10 Cf. ibid. p. 132.
11 À ce sujet en détail dans Barth 1958 ; voir également Kammerer 2001.
12 Riquewihr ne comptait aux XIVe/XVe siècles apparemment même pas 1000 habitants.
13 Wolff 1967, p. 121 sq.
14 Ibid., p. 40.
15 ADHR, Ancien Doubs, E 1430.
16 Wolff 1967, p. 28. Cf. à ce sujet la vue de Riquewihr par M. Merian, cat. III.1.
17 Barth 1958, partie 2, p. 70, 116.
18 Wolff 1967, p. 133.
19 ADHR, Ancien Doubs, E 2531.
20 Wolff 1967, p. 131.
21 Ibid., p. 33.
22 Ibid., p. 141, 181.
23 ADHR, Ancien Doubs, E 1430.
24 Zeilinger 2003, p. 37. Voir également cat. V.1.
25 Pour plus de détails Oszvath 2014.
26 Cf. la contribution de Rückert dans ce volume.
27 Cf. Rapp 1958, partie 1, p. 316 sq., Krämer 2006, p. 114. Plus en détail au sujet des différents termes et des méthodes de préparation Wolff 1967, p. 99.
28 Hoffmann/Bischoff 2022.
29 HStA Weimar, EGA, Reg. D 49, fol. 11 r. Je remercie Thomas Lang de Leipzig pour cet indice.
30 Sprandel 1998, p. 92. Pour les « noces de Landshut » cf. le recueil de sources publiées par Deutinger/Paulus 2017.
31 Deutinger/Paulus 2017, p. 75.
32 Cité d'après Zeilinger 2003, p. 139.
33 Wolff 1967, p. 181 sq.
34 Ibid., p. 187.
35 Ibid., p. 141, 254 (modèle : ADHR, Ancien Doubs, E 1432, p. 45).
36 Württemberg im Spätmittelalter 1985, p. 74 (P. Amelung).
37 Wolff 1967, p. 99.
38 Cf. Krämer 2006, p. 99, note 530.
39 Barth 1958, partie 1, p. 88.
40 Krämer 2006, p. 86.
41 Cf. également Matheus 2020, p. 152.
42 Krämer 2006, p. 99.
43 Ibid., p. 93. Cf. au sujet de l'orientation vers la qualité dans la viticulture et pour d'autres variétés également Rückert 2020, p. 89 sq.
44 Cf. Sprandel 1998, p. 141.
45 En détail dans Barth 1958, partie 1, p. 319 sq. Plus généralement dans Pferschy-Maleczek 1997, p. 199 sq., ainsi que Schubert 2006, p. 200.
46 Ibid., p. 389, note 268. Au sujet de la culture de la vigne à Esslingen cf. Salzmann 1930.
47 Pferschy-Maleczek 1997, p. 172 sq.
48 Voir l'édition dans Hund 1909 ; voir également Sicheneder 2001.
49 Cf. Wolff 1967, p. 112 sq.
50 Ibid., p. 12.
51 Krämer 2006, p. 62.
52 Cf. à ce sujet ill. 1, tout comme Wolff 1967, p. 115.
53 Hund 1909, p. 18.
54 Ibid., p. 28.
55 Barth 1958, partie 1, p. 390.
56 Ibid., p. 377.
57 Plus en détail dans ibid., p. 334 sq. ; voir également Kammerer 2001.
58 HStAS A 602 Nr. 754.
59 Au sujet de Wildbad voir en détail dans Rückert 2018.
60 Au sujet du réseau historique des grandes routes cf. Rückert 2012 (avec des cartes).
61 HStAS A 602 Nr. 14821; cf. cat. V.3.
62 En détail dans Wolff 1967, p. 40 sq.
63 Cf. cat. V.10.

Die deutsch-französischen Städtepartnerschaften zwischen Württemberg, dem Elsass und der Burgundischen Pforte
Harald Schukraft

Unmittelbar nach dem Zweiten Weltkrieg waren im deutsch-französischen Verhältnis die Begriffe „Annäherung" und „Versöhnung" zunächst ohne Bedeutung. Nach drei kriegerischen Auseinandersetzungen in nur knapp acht Jahrzehnten hatte nahezu jeder und jede auf beiden Seiten traumatische Erfahrungen, vielfach sogar den Verlust von Familienangehörigen und Freunden zu verkraften. Der Gedanke an ein aufeinander Zugehen schien in weiter Ferne zu liegen.

Im Bewusstsein, dass das gegenseitig zugefügte Leid und die Verletzungen sich nicht wiederholen dürfen, haben wenige Jahre nach Kriegsende zwei Männer aus der neutralen Schweiz die Initiative ergriffen und für den 9. Juni 1948 sowohl deutsche wie französische Gemeindevertreter auf den Mont Pèlerin bei Vevey am Genfer See eingeladen. Die beiden Initiatoren waren der Journalist und Schriftsteller Eugen Wyler (1888–1973) sowie der Verleger und Kultursoziologe Hans Zbinden (1893–1971).

Dass die französische Seite der Einladung nur zögerlich und mit Vorbehalten gefolgt ist, zeigt die Tatsache, dass gerade einmal fünf Vertreter kleinerer Städte sowie ein Gemeinderat aus Paris an den Gesprächen teilnahmen.[1] Von deutscher Seite war das Interesse bedeutend größer: angereist waren die Oberbürgermeister von Braunschweig, Frankfurt, Köln, Ludwigshafen, Mainz, München und Stuttgart. Aus Berlin war Louise Schroeder, die amtierende Oberbürgermeisterin, gekommen – trotz heftigster politischer Turbulenzen um den zunehmend isolierten Westteil der Stadt. Neun deutsche saßen sechs französischen Vertretern gegenüber.

Obwohl die deutschen Oberbürgermeister zunächst massive Vorwürfe und Anschuldigungen über sich ergehen lassen mussten,[2] konnten Eugen Wyler und Hans Zbinden durch ihre vermittelnden Worte bald einen echten Austausch zwischen den anwesenden Teilnehmerinnen und Teilnehmern erreichen. Das Zusammensein auf dem Mont Pèlerin dauerte bis zum 14. Juni und kann als Ausgangspunkt aller späteren Zusammenarbeit beider Länder bezeichnet werden. Als Ergebnis des Treffens wurde die Einrichtung eines Informations- und Verbindungsbüros beschlossen – der erste gemeinsame Schritt von Deutschen und Franzosen war getan.[3]

Die zweite Konferenz fand wiederum in der Schweiz, auf dem Bürgenstock oberhalb des Vierwaldstätter Sees, statt. Sie dauerte vom 10. bis zum 15. Juni 1949 und gilt als Ausgangspunkt des Städtepartnerschaftsgedankens zwischen Deutschen und Franzosen. Die Motivation der Initiatoren war die Schaffung eines „Locarno von unten", da die 1925 geschlossenen Locarno-Verträge auf europäischer Regierungsebene keinen dauerhaften Frieden garantiert hatten.[4] Auf französischer Seite war die Bereitschaft zunächst immer noch gering, den Austausch mit den Deutschen – insbesondere mit der Jugend – zu intensivieren. Zuerst sollten die Menschen in Deutschland zur Demokratie erzogen werden, danach könne man weitersehen … Immerhin war die Teilnehmerzahl der Kommunalvertreter auf beiden Seiten angewachsen. Unter ihnen waren der Stuttgarter Oberbürgermeister Arnulf Klett (1905–1974), der schon bei der ersten Zusammenkunft im Jahr zuvor dabei gewesen war, und der Bürgermeister von Montbéliard, Lucien Tharradin (1904–1957). Beide forderten dringend, Begegnungsmöglichkeiten zwischen Deutschen und Franzosen aufzubauen, um künftiges Blutvergießen zu verhindern. Das Eintreten Tharradins für den direkten Austausch sowie dessen Ankündigung, eine Verbindung zwischen Montbéliard und Freiburg im Breisgau anzustreben, bewirkte ein Umdenken und eine zunehmende Aufgeschlossenheit bei den französischen Teilnehmern.[5] Ein entscheidendes Ergebnis dieser Konferenz war die Gründung der Internationalen Bürgermeister-Union (IBU), die schließlich zu einem Motor des deutsch-französischen Partnerschaftsgedankens wurde.

Als im darauffolgenden Jahr die Konferenz der IBU erstmals außerhalb der Schweiz, in Stuttgart, stattfand, war auch Fritz Schenk (1906–1985), der Direktor des 1948 in Ludwigsburg von Theodor Heuss, Carlo Schmid und ihm selbst gegründeten Deutsch-Französischen Instituts, als Gast anwesend. Schenk, dessen Familie mütterlicherseits aus Kirchheim unter Teck stammte, war in Deutsch-Avricourt an der damaligen deutsch-französischen Grenze in Lothringen geboren und nach dem Ende des Ersten Weltkriegs mit der Familie wieder in die Heimat der Mutter zurückgekehrt. Ihm war die Geschichte Württembergs vertraut und er wusste offensichtlich um die jahrhundertelangen Verbindungen zu Mömpelgard/Montbéliard. Fritz Schenk brachte Bürgermeister Tharradin aus Montbéliard und Oberbürgermeister Elmar Doch aus Ludwigsburg in Kontakt – wohl in der Absicht, eine Partnerschaft beider Städte anzustoßen.[6] Tharradin und Doch beschlossen spontan, Beziehungen ihrer beiden Städte aufzunehmen. Das Partnerschaftsvorhaben mit Freiburg i. Br. verlief im Sand. Freiburg begründete schließlich 1959 eine Partnerschaft mit Besançon.

Ludwigsburg und Montbéliard

Die im Juni 1950 in Stuttgart getroffene mündliche Vereinbarung zwischen Lucien Tharradin und Elmar Doch gilt heute als Beginn der ersten Städtepartnerschaft zwischen Deutschland und Frankreich. Zu jener Zeit war auf deutscher Seite allerdings der Begriff „Patenschaft" gebräuchlich, während in Frankreich durchaus schon von „Jumelage" gesprochen wurde. „Patenschaft" ist eher ein hierarchischer Begriff, weshalb er spätestens ab 1958 durch „Partnerschaft" ersetzt worden ist. „Jumelage" hingegen drückt eine besondere Nähe auf Augenhöhe, eine Verschwisterung wie von Zwillingen, aus.

Lucien Tharradin, der sich der Résistance angeschlossen hatte, war einige Jahre in deutscher Kriegsgefangenschaft sowie im Konzentrationslager Buchenwald bei Weimar inhaftiert gewesen. Er stieß mit seiner Idee der Aussöhnung zwischen Deutschen und Franzosen in seinem Heimatland keineswegs überall auf offene Ohren, die Vorbehalte waren einfach zu groß.

Trotzdem hat der Gemeinderat von Montbéliard am 25. August 1950 sich mehrheitlich für die Aussöhnung mit Deutschland und die von Tharradin formulierten Ziele der angestrebten Partnerschaft mit Ludwigsburg ausgesprochen.[7] Es wurde sogar das erforderliche Geld genehmigt, um einer offiziellen Delegation die Reise nach Ludwigsburg zu ermöglichen. Diese fand am 20. September 1950 statt und gilt als Beginn der institutionalisierten Partnerschaft zwischen beiden Städten. In den folgenden Jahren fanden erste

Die deutsch-französischen Städtepartnerschaften
Harald Schukraft

1 Partnerschaftsurkunde zwischen Montbéliard und Ludwigsburg vom 7. Mai 1962 (StadtA Ludwigsburg S 3_3 Nr. 38).

Acte de jumelage entre Montbéliard et Ludwigsbourg du 7 mai 1962 (StadtA Ludwigsburg S 3_3 Nr. 38).

Kontakte zwischen höheren Schulen und auf der Ebene des Sports statt. Der in Montbéliard ansässige Schweizer André Boillat war Trainer einer Fußballmannschaft und sogleich für den Austausch zu begeistern. Allerdings schliefen die geknüpften Kontakte bald wieder ein.

Der Nachfolger Elmar Dochs als Oberbürgermeister, Robert Frank, amtierte ab 1954. Er wandte sich an Fritz Schenk, den er bat, in Montbéliard vorzufühlen, ob an einer weiteren Zusammenarbeit Interesse bestehe. Die Antwort fiel positiv aus.[8] 1958 wurden die Kontakte mit gegenseitigen Besuchen wiederaufgenommen, und vom 14. bis 16. Mai führte Oberbürgermeister Robert Frank eine offizielle Delegation nach Montbéliard. Dabei gab er bekannt, dass in Ludwigsburg die wohl älteste Straße der Stadt, die Hintere Schloßstraße, soeben durch Gemeinderatsbeschluss in „Mömpelgarder Straße" umbenannt worden sei.[9] Dieser in der Umbenennungsurkunde vom 9. Mai 1958 genannte Straßenname hat sich aber nicht durchgesetzt, weshalb diese bis heute „Mömpelgardstraße" heißt. Es gab damals durchaus Kritik an der Verwendung des deutschen Namens „Mömpelgard", da die Befürchtung geäußert wurde, die Bevölkerung von Montbéliard könne mit der deutschen Bezeichnung nichts anfangen. Letztlich ist es jedoch bei der Umbenennung in „Mömpelgardstraße" geblieben.

Später wurde in Montbéliard eine Straße „Avenue de Ludwigsburg" genannt und die Brücke über den Allan bzw. den Rhein-Rhône-Kanal, welche die Hauptzufahrt von der Autobahn ins Zentrum bildet, heißt bis heute „Pont Ludwigsburg". 2005 wurde der Ludwigsburger Oberbürgermeister, der die Städteverbindung mitbegründet hatte, mit einer Straße in Montbéliard geehrt. Von da ab gab es eine „Allée du Docteur Doch". In Ludwigsburg erinnert die bei Hoheneck über den Neckar führende „Lucien-Tharradin-Brücke" an Dochs Amtskollegen.

Von 1958 an wurden die Beziehungen systematisch ausgebaut und gepflegt, so dass am 7. Mai 1962 zur Bekräftigung der bestehenden Partnerschaft eine offizielle Urkunde unterzeichnet werden konnte. Sie trägt die Unterschriften von Bürgermeister Jean-Pierre Tuefferd und von Oberbürgermeister Anton Sauer, der von 1960 bis 1968 in Ludwigsburg dieses Amt bekleidet hat.[10] Um die Städtepartnerschaft zu bestätigen, haben Werner Spec, Oberbürgermeister von Ludwigsburg, sowie Jacques Hélias, Bürgermeister von Montbéliard, diese Urkunde 2010 erneut unterzeichnet.

In den Anfangsjahren hatte sich kaum 1 % der Bevölkerung an einem Austausch beteiligt, von französischer Seite bestanden angesichts des Verhaltens deutscher Besatzungssoldaten in Montbéliard und Umgebung noch lange Vorbehalte. Schließlich hat die Akzeptanz auf beiden Seiten aber stark zugenommen, so dass in den 1970er Jahren zeitweise bis zu 30% der Bevölkerung in den gegenseitigen Austausch involviert waren.[11]

Die Städtepartnerschaft war nur ein einziges Mal einer starken Belastungsprobe ausgesetzt, als im April 1966 der ehemalige SS-Offizier Sepp Dietrich in Ludwigsburg begraben wurde.[12] Etwa 5.000 Trauergäste aus dem rechten Milieu waren angereist und erwiesen Dietrich die letzte Ehre. Dies schlug in Europa hohe Wellen, und in Paris berichtete die Zeitschrift „Paris Match" ausführlich darüber. Bürgermeister André Boulloche, der zeitweise im KZ gewesen war und seine Eltern sowie seinen Bruder durch die Nationalsozialisten verloren hatte, sagte daraufhin seine Reise nach Ludwigsburg ab, die er mit einer Delegation aus Montbéliard geplant hatte. Er beschwichtigte damit die aufgeheizte Stimmung in seiner Bevölkerung. Im folgenden Jahr wurde die Städtepartnerschaft in gewohnter Intensität fortgeführt.

Am längsten hielten sich die Ressentiments bei den Kriegsteilnehmern auf beiden Seiten. Als im Jahre 2000 die französischen Veteranen zur Erinnerung an den Beginn des Widerstands gegen Nazi-Deutschland in Montbéliard einen Kranz niederlegen wollten, und der Referent des Ludwigsburger Oberbürgermeisters überraschend an der Feier teilnahm, war das Erstaunen darüber groß. Louis Souvet, der Bürgermeister von Montbéliard, meisterte die heikle Situation mit einer zutiefst versöhnlichen Geste: Als es an ihm war, einen Kranz niederzulegen, nahm er den Vertreter der Partnerstadt an seine Seite und legte mit diesem gemeinsam den Kranz nieder. Damit war das Eis gebrochen, und die Schatten der Vergangenheit hatten ihren Einfluss auf die Gegenwart verloren.[13] 2013 konnte die Reservistengemeinschaft aus Ludwigsburg offiziell nach Montbéliard reisen, zwei Jahre später dort sogar ein Totengedenken abhalten und einen Kranz niederlegen.

Während der Gedenkfeiern zum Ersten Weltkrieg lasen Schüler aus Ludwigsburg und Montbéliard gemeinsam Feldpostbriefe deutscher und französischer Soldaten. Als im November 2018 in Montbéliard des Kriegsendes vor 100 Jahren gedacht werden sollte, war es der Bürgermeisterin Marie-Noëlle Biguinet ein besonderes Anliegen, dies mit ihrem Ludwigsburger Kollegen Werner Spec gemeinsam zu tun.

Standen zu Beginn vor allem der Schüleraustausch und Partnerschaften zwischen verschiedenen Vereinen im Mittelpunkt, so wurde unter Louis Souvet die Jumelage beider Städte auf eine breitere Basis gestellt. Ein wichtiger Schritt hin zu einer „Normalisierung" der Städtepartnerschaft waren die zu Beginn der 1990er Jahre von Louis Souvet und Hans-Jochen Henke eingeführten Arbeitstagungen der städtischen Verwaltungen. Das Ziel war, auf allen Ebenen voneinander zu lernen und sich gegenseitig zu unterstützen. Im Mittelpunkt stehen bis heute auch Sprachkurse für Verwaltungsangestellte, da der Austausch ohne Dolmetscher und ohne Gebrauch des Englischen erfolgen soll. Louis Souvet, der von 1989 bis 2008 Bürgermeister von Montbéliard war, hat der Städtepartnerschaft mit Ludwigsburg entscheidende Impulse gegeben. Für seine Verdienste wurde er 2004 mit der Ludwigsburger Bürgermedaille ausgezeichnet.

Aus Anlass des 50jährigen Bestehens der Städtepartnerschaft hat im September 2000 in Ludwigsburg ein internationaler Kongress stattgefunden zum Thema „Städtepartnerschaften für ein Europa der Bürger". Sowohl die frühe Annäherung beider Städte wie auch die Ausgestaltung der Partnerschaft hatten und haben bis heute Modellcharakter. Beide Städte verstanden ihre Partnerschaft stets als „Motor am Aufbau Europas", wie es Louis Souvet ausgedrückt hat.[14] Wenige Monate zuvor, im Juni 2000, war das 50-Jahr-Jubiläum in Montbéliard gefeiert worden. Dazu waren rund 350 Gäste aus Ludwigsburg in die französ-

Die deutsch-französischen Städtepartnerschaften
Harald Schukraft

sische Partnerstadt gereist, darunter allein 270 Beschäftigte der Stadtverwaltung.

Im März 1975 erhielten beide Städte den „Prix France-Allemagne" als Anerkennung für ihre Pionierarbeit im Sinne einer fairen Freundschaft. Der Preis war 1970 von der in Paris ansässigen Association France-Allemagne gestiftet und bis 1994 an Einzelpersonen und Institutionen verliehen worden. Nur 15 Jahre später, im September 1990, wurden Montbéliard und Ludwigsburg, die durch ihre Stadtvorstände Louis Souvet und Hans-Jochen Henke vertreten waren, mit dem Adenauer-de Gaulle-Preis ausgezeichnet „in Anerkennung der herausragenden Verdienste um die Versöhnung, die Zusammenarbeit und die Freundschaft zwischen der Bundesrepublik Deutschland und Frankreich". Der Preis wurde in München am Rande des 56. Deutsch-französischen Gipfeltreffens von den beiden Außenministern Roland Dumas und Hans-Dietrich Genscher überreicht.

Eine für alle sichtbare Verbindung mit Montbéliard ist seit den 1990er Jahren die Gestaltung der Ludwigsburger Sternkreuzung durch die dortigen Stadtgärtner. Die Initiative ging auf Philippe Daldique, den Leiter des Gartenamtes von Montbéliard, zurück, der die Stuttgarter Straße und die Schloßstraße „so gar nicht zu den gepflegten Anlagen der Schlossgärten passend" empfand[15]. Im Sommer 2000 hatten die französischen Gärtner die Anpflanzungen mit künstlichen Sonnenblumen und riesigen schwarzen Ameisen geschmückt.[16] Die Gestaltung von Grünanlagen in Ludwigsburg und Montbéliard durch Gärtner der jeweils anderen Stadt wird bis heute mit großem Erfolg fortgeführt.

Die praktische „Verschwisterung" von Montbéliard und Ludwigsburg zeigte sich, als der mit Ludwigsburg eng verbundene damalige Bundespräsident Horst Köhler Anfang Juli 2006 einen Besuch machte. Aus diesem Anlass stellten die Partnerstädte ein gemeinsames Projekt in Burkina Faso vor, das mit öffentlichen und privaten Geldern aus beiden Städten finanziert werden sollte. Die „Deklaration für Afrika" wurde von beiden Städten am 16. Juli 2006 unterzeichnet. Zum einen stand der Bau einer Schule an, zum anderen sollten durch die Einrichtung einer Bewässerungsanlage Armut und Unterernährung gemildert werden. Das gemeinsame Engagement ist auf diese Weise über die bilateralen Kontakte hinaus auf ein Entwicklungsland gerichtet worden, was eine neue Dimension von Städtepartnerschaften anzeigt.

Die Verbundenheit von Ludwigsburg und Montbéliard ist mit der Zeit gegangen und hat sich den modernen Entwicklungen angepasst. 2008 wurden auf einem vor langer Zeit aufgelassenen Weinberg südlich des Stadtkerns von Montbéliard 500 Weinstöcke gepflanzt, zwei Jahre später kam ein Weinberghäuschen dazu – beides Geschenke aus Ludwigsburg. Die geernteten Trauben werden in Ludwigsburg im Weingut „Herzog von Württemberg" gekeltert und der Wein von den beiden Partnerstädten als Ehrengabe verschenkt. 2011 kamen 28 Obstbäume als Geschenk aus Montbéliard nach Ludwigsburg, um Alleen und Streuobstwiesen in der Stadt zu ergänzen. Ein weiterer sichtbarer Ausdruck der engen Verbundenheit der beiden Städte hat sich am 8. April 2019 gezeigt, als die Schulpartnerschaft zwischen dem Lycée Germaine Tillion einerseits und der Robert-Franck-Schule sowie der Elly-Heuss-Knapp-Realschule andererseits durch eine von Marie-Noëlle Biguinet und Werner Spec unterzeichnete offizielle Partnerschaftsurkunde bestätigt wurde.

Die Städtepartnerschaft zwischen Montbéliard und Ludwigsburg ist nicht nur die älteste zwischen einer deutschen und einer französischen Stadt, sie ist in ihrer Ausgestaltung auf kommunaler Ebene auch beispielhaft und durch alle bisherigen Stadtvorstände engagiert betrieben und ausgebaut worden. Mehr als 70 Jahre nach der ersten Kontaktaufnahme sind die Beziehungen eng und aus dem Alltag der beiden Städte nicht mehr wegzudenken.

Die deutsch-französischen Städtepartnerschaften
Harald Schukraft

Weil der Stadt und Riquewihr

Dass Weil der Stadt und Riquewihr sich zu einer Städtepartnerschaft[17] zusammengefunden haben, ist dem reinen Zufall geschuldet. Zunächst hatten beide Städte bzw. Stadtoberhäupter ganz andere Orte im Blick. Zwischen Weil der Stadt und der südöstlich von Paris gelegenen Gemeinde Ris-Orangis,[18] die mit etwa 9.000 Einwohnern eine vergleichbare Größe hatte, waren die Beziehungen Ende der 1950er Jahre schon weit fortgeschritten. Die französische Gemeinde hatte sich 1958 zunächst an den Bürgermeister von Sindelfingen gewandt und um Vermittlung einer deutschen Stadt gebeten. Dieser schlug Weil der Stadt vor, wo das Partnerschaftsprojekt im Gemeinderat freudig begrüßt wurde. Nach einem schriftlichen Informationsaustausch waren bereits gegenseitige Besuche der Stadtvorstände angedacht, als plötzlich aus Paris das Ende der Kontakte verfügt wurde.

Alle beabsichtigten Partnerschaften von französischen mit deutschen Gemeinden mussten einem interministeriellen Ausschuss in der französischen Hauptstadt zur Genehmigung vorgelegt werden. Dieser Ausschuss hatte festgestellt, dass sich in Ris-Orangis bei den letzten Wahlen ein Linksruck vollzogen hatte. Es musste also befürchtet werden, dass der Ort mittelfristig kommunistisch regiert werden würde. Da allen sozialistisch bzw. kommunistisch regierten französischen Gemeinden eine Partnerschaft mit deutschen Orten untersagt war, war damit auch der Kontakt zwischen Weil der Stadt und Ris-Orangis[19] zum Erliegen gekommen.

Inzwischen war aber bereits der Stuttgarter Architekt Adolf Schuhmacher[20] (1896–1978) auf den Plan getreten und hatte eine Partnerschaft mit Riquewihr im Elsass vorgeschlagen. Schuhmacher hatte in Stuttgart Architektur studiert und war Mitarbeiter seines Lehrers Paul Schmitthenner, ab 1925 war er für fünf Jahre Assistent von Heinz Wetzel an der Technischen Hochschule Stuttgart. Nach einigen Jahren als Stadtplaner in Basel leitete er von 1938 bis 1943 das Stadtplanungsamt in Hamburg. Anschließend war er bis zum Kriegsende Professor an der Technischen Hochschule in Linz.

Seine Liebe zu alten Fachwerkstädten führte ihn 1960 nach Riquewihr ins Elsass, wo er ernüchtert vor dem vom Verfall bedrohten Haus Dissler stand, das 1610 mutmaßlich von Heinrich Schickhardt entworfen worden war. Er wandte sich daraufhin an Ministerpräsident Kiesinger und schlug den Kauf durch das Land Baden-Württemberg vor, was allerdings abgelehnt wurde. Als er in diesem Zusammenhang mit Bürgermeister Julien Dopff in Kontakt kam, sprach dieser auch über seinen Wunsch nach einer Städtepartnerschaft. Ihm schwebte Rottweil als Partner vor, aber schon bald stellte sich heraus, dass Rottweil an einer Partnerschaft nicht interessiert war.

Schon damals hatte Adolf Schuhmacher Weil der Stadt im Hinterkopf, das er schon mehrfach besucht hatte. Er wandte sich an die Internationale Bürgermeister-Union in Stuttgart und besprach den Wunsch von Julien Dopff mit dem Sekretär der IBU, Heinz Engelhardt. Dabei wurden weitere mögliche Partnerstädte wie Bietigheim, Staufen oder Heitersheim diskutiert, aber letztlich wieder ausgeschlossen. Weil der Stadt erschien als idealer Kandidat für eine Verbindung mit Riquewihr. Aus diesem Grund suchte Schuhmacher am 18. Oktober 1960 Bürgermeister Oberdorfer in Weil der Stadt auf, wo seine Idee auf fruchtbaren Boden fiel.

Über die Beweggründe Oberdorfers, einer Verbindung mit Riquewihr näher treten zu wollen, schrieb Schuhmacher am selben Tag noch an Bürgermeister Julien Dopff: „Herr Bürgermeister Oberdorfer […] kennt Ihre Stadt und war schon mehrere Male dort. Er hat Riquewihr mit dem Gemeinderat von Weil der Stadt besucht, weil ihm die Stadt und die Landschaft gefällt. Die Stadträte schwärmen noch heute von dem Besuch im Elsass und von den guten Weinen und den sympathischen Bürgern."[21] Einen Tag später beauftragte der Gemeinderat von Weil der Stadt Bürgermeister Oberdorfer, mit dem Bürgermeister von Rique-

Die deutsch-französischen Städtepartnerschaften
Harald Schukraft

wihr Kontakt aufzunehmen.²² Bereits bei der nächsten Sitzung eine Woche später fasste der Gemeinderat den Beschluss, aus der Verbindung „später einmal eine Partnerschaft erwachsen zu lassen".²³

In den folgenden Monaten kam es zu einem Briefwechsel zwischen Weil der Stadt und Riquewihr; der erste Besuch von Julien Dopff in Weil der Stadt fand am 30. Juli 1961 statt. Dabei wurden sich beide Städte einig, eine Verbindung einzugehen. Dann ging alles ganz schnell, denn schon am darauffolgenden 24. September wurde in Riquewihr die Unterzeichnung der Partnerschaftsurkunde mit einer großen Feier gewürdigt.²⁴ Neben Bürgermeister Oberdorfer und seinen beiden Stellverstretern waren zehn Gemeinderäte sowie der Stadtpfleger und ein Amtsleiter ins Elsass gefahren. Sogar der Herausgeber der Stuttgarter Nachrichten, Otto Faerber, und Herzog Philipp von Württemberg wohnten der Unterzeichnung bei. Aus dem Elsass nahmen teil: der Generalrat Théo Faller, die Bürgermeister aus Colmar und Ribeauvillé sowie der Sous-Préfet Prugnaud.

Bürgermeister Dopff hatte am 18. Juni Herzog Philipp von Württemberg und dessen Gemahlin kennengelernt, als diese in Colmar bei der Jubiläumssitzung zur 400-Jahr- Feier der Confrérie Saint-Etienne eingeladen waren. Im Anschluss daran empfing Julien Dopff das Herzogspaar in Riquewihr und sprach die beabsichtigte Partnerschaft mit Weil der Stadt an. Herzog Philipp stellte daraufhin seine Teilnahme bei der Unterzeichnung der Urkunde in Aussicht.

Der in allen Einzelheiten überlieferte Festsonntag wurde zum glanzvollen Auftakt der Städtepartnerschaft. Die beiden Bürgermeister Oberdorfer und Dopff stellten in ihren Reden mit bewegenden Worten die Partnerschaft ins Zentrum des Gedankens der europäischen Aussöhnung. Herzog Philipp nannte die Verschwisterung beider Städte „die Krönung seiner Hoffnung". Er hoffe von ganzem Herzen, dass diese Verschwisterung eine Annäherung und eine aufrichtige Freundschaft zwi-

2

schen beiden Staaten und insbesondere zwischen Württemberg und Riquewihr herbeiführen werde.

Am späteren Nachmittag kam der Vizepräsident des Deutschen Bundestages, Carlo Schmid, überraschend als weiterer Ehrengast nach Riquewihr. Er hatte sich in Straßburg aufgehalten und mit zwei Mitarbeitern einen Sonntagsausflug in die Vogesen gemacht. In seiner Rede nannte er Riquewihr „die einstige kleine Perle in der Krone der württembergischen Herzöge". Mit Weil der Stadt sei er eng verbunden, da sein Vater dort Gewerbelehrer gewesen war und er seine ersten Jugendjahre in der Stadt verbracht habe.²⁵

Es war vereinbart worden, in Weil der Stadt eine weitere Partnerschaftsfeier abzuhalten und dabei eine zweite Urkunde zu unterzeichnen. Aus verschiedenen Gründen musste dieser Gegenbesuch immer wieder verschoben werden, so dass es schließlich zwei Jahre dauerte, bis am 8. September 1963 die Gäste aus Riquewihr empfangen werden konnten. Mit der Unterzeichnung einer weiteren Part-

2 Herzog Philipp von Württemberg bei der Partnerschaftsfeier in Riquewihr 1961.

Le duc Philippe de Wurtemberg lors des festivités à l'occasion du jumelage avec Riquewihr en 1961.

nerschaftsurkunde erklärten die beiden Bürgermeister „den endgültigen Vollzug dieser Partnerschaft und geloben, in steter Treue und gegenseitiger Achtung den Zielen wahrer Menschlichkeit und echter Freiheit im Geiste christlich abendländischer Verantwortung zu dienen. Nur ein so geeintes Europa verbürgt Wohlfahrt für unsere Bürger, für die ganze Menschheit." Gleichzeitig wurde Julien Dopff gemäß Beschluss des Weil der Städter Gemeinderats die Bürgermedaille in Gold verliehen, für seine Verdienste um das Zustandekommen der nun endgültig besiegelten Städtepartnerschaft.

In seinem Dankesbrief an Willy Oberdorfer vom 11. September 1963 äußerte Julien Dopff, er sei sehr beglückt über diesen großen Erfolg und wünsche nur „unsere Beziehungen mögen sich weiter im begonnenen Sinne zur Genugtuung uns aller, so wie begonnen, weiter entwickeln."

Die große Begeisterung, die bei den beiden Partnerschaftsfeiern deutlich geworden war, hielt allerdings nur noch ein paar Jahre an, dann machte sich hier Ernüchterung breit. Man stellte fest, dass ein Schüleraustausch – üblicherweise die Basis aller Partnerschaften – gar nicht möglich war, da Riquewihr über keine höhere Schule verfügte. Auch die Einwohnerzahlen differierten stark. Während Weil der Stadt durch die Ausweisung von Neubaugebieten ein enormes Wachstum verzeichnen konnte, verminderte sich in Riquewihr die Bevölkerungszahl stetig. Die umgebenden Weinlagen ließen keine Erweiterung in nennenswertem Umfang zu. In den 1970er Jahren gab es kaum noch Begegnungen zwischen den beiden Städten, die Partnerschaft verfiel in einen Dornröschenschlaf. Zu den Europatagen 1978 reiste eine Delegation aus Riquewihr nach Weil der Stadt, um die Probleme zu besprechen, und Bürgermeister Pierre Dopff sagte zu, in Riquewihr die Möglichkeiten einer Intensivierung auszuloten.

1982 waren die Beziehungen so weit abgekühlt bzw. „eingeschlafen", dass eine Stadträtin im Gemeinderat von Weil der Stadt in provokanter Weise den Antrag stellte, die Partnerschaft mit Riquewihr aufzukündigen.[26] Der Aufschrei war groß und der Antrag wurde dahingehend abgemildert, dass zuletzt nur noch „geeignete Maßnahmen zu einer funktionierenden Partnerschaft mit einer französischen Stadt" gefordert wurden. Diese Stadt könne auch Riquewihr heißen. Die Diskussionen im Gemeinderat und in der Stadtgesellschaft wurden hitzig geführt. Bürgermeister Friedrich Knobloch stellte fest, dass die beiden Stadtstrukturen tatsächlich unterschiedlich seien, es aber freundschaftliche Kontakte zwischen ihm und seinem Amtskollegen Pierre Dopff sowie zwischen den Gemeinderäten gebe.

Bürgermeister Pierre Dopff, der Sohn und Nachfolger von Julien Dopff, wurde auf den Antrag der Stadträtin angesprochen und äußerte im persönlichen Gespräch mit einer Pressevertreterin[27] unumwunden, die Partnerschaft mit Weil der Stadt sei ein Misserfolg. Zwar gebe es gute Kontakte zwischen den Gemeinderäten und den Feuerwehren, weitere Beziehungen seien aber nicht vorhanden. Weil der Stadt hatte zu dieser Zeit fünfmal mehr Einwohner als Riquewihr, die elsässische Stadt aber noch immer keine höhere Schule. Dopff wollte die Partnerschaft auf keinen Fall aufkündigen, hätte aber Verständnis dafür, wenn eine solche Initiative von Weil der Stadt ausginge. Er konnte sich sogar vorstellen, auf der Suche nach einer gleichgearteten Partnerstadt für Weil der Stadt als Vermittler aufzutreten.

Der Paukenschlag, den der Antrag im Gemeinderat dargestellt hatte, ließ Weil der Stadt zwar an der Partnerschaft mit Riquewihr festhalten, zu vermehrten Kontakten kam es aber nicht. 1983 fuhren immerhin 140 Feuerwehrleute aus Weil der Stadt über den Rhein, um in Riquewihr bei der Einweihung des neuen Feuerwehrhauses dabei zu sein, weitere Kontakte gab es damals nicht.

Dass die Anfänge der Partnerschaft zu Beginn der 1960er Jahre allein auf der persönlichen Sympathie der beiden Bürgermeister gegründet war, wurde zwei Jahrzehnte später kritisch gesehen. Die strukturellen Unterschiede der beiden Städte hatten sich im Laufe der Jahre eher verschärft. Riquewihr hatte in den Sommermonaten bis zu 30.000 Tagesbesucher zu verkraften, deshalb bestand dort kein Bedürfnis, auch noch Freunde aus der Partnerstadt zu empfangen. Immer wieder zeigte sich, dass die Voraussetzungen in beiden Städten unterschiedlicher nicht hätten sein können. Riquewihr war von 1324 bis 1796 württembergisch gewesen, die Freie Reichsstadt Weil der Stadt war erst 1803 im Reichsdeputationshauptschluss als Ausgleich für die an Frankreich verlorenen linksrheinischen Besitzungen – darunter Riquewihr – zu Württemberg gekommen. Zudem war Weil der Stadt überwiegend katholisch, Riquewihr überwiegend evangelisch. Riquewihr war wirtschaftlich überwiegend vom Weinbau geprägt, in Weil der Stadt war der Weinbau seit Langem völlig verschwunden.

Als Weil der Stadt am 27. September 1986 Gäste aus Riquewihr zur Feier „25 Jahre Partnerschaft" einlud, fanden neben dem offiziellen Rahmenprogramm auch ein Fußballfreundschaftsspiel sowie ein Freundschaftsschießen der beiden Schützengilden statt. Beide Bürgermeister betonten die Absicht, in Zukunft einen intensiveren Austausch pflegen zu wollen – unabhängig von allen bestehenden strukturellen Unterschieden. Aus Anlass dieses Jubiläums wurde im Stadtpark von Weil der Stadt ein französischer Wegweiser mit der Entfernungsangabe „210 Riquewihr" aufgestellt, den die Gäste aus Riquewihr als Geschenk mitgebracht hatten.

In den folgenden Jahren gab es nur noch verhaltene Kontakte zwischen den beiden Städten. Die eingemeindeten Orte eingerechnet, hatte Weil der Stadt 1996 nun etwa 15 mal mehr Einwohner als Riquewihr, die strukturellen Unterschiede waren also nicht kleiner geworden. Eine Vielzahl von Schulen und mehr als 100 Vereine in Weil der Stadt fanden in dem kleinen Riquewihr keinen adäquaten Partner. Nur das „Barock-Ensemble 83", das jährliche Konzertreisen nach Riquewihr unternahm, und die Weiler Feuerwehr hielten die Fahne der Partnerschaft noch hoch.

Als 1996 in Riquewihr mit Jean Buttighoffer ein neuer Bürgermeister gewählt wurde, waren die Erwartungen in Weil der Stadt groß. Der Weil der Städter Bürgermeister Hans-Josef Straub reiste Anfang April 1997 nach Riquewihr, um dem Austausch auf der Ebene von Vereinen und der Bevölkerung neue Anstöße zu geben. Vielfältige Kontakte wurden ins Auge gefasst, so durch Stände auf den Weihnachtsmärkten, kirchliche und sportliche Begegnungen, schließlich sollte künftig der Wein aus Riquewihr in Weil der Stadt bei besonderen Veranstaltungen angeboten werden. Der Schüleraustausch, der nur auf Grundschulebene möglich war, gestaltete sich nach wie vor schwierig: 50 Grundschullehrern in Weil der Stadt standen nur fünf Lehrkräfte in Riquewihr gegenüber – die Kapazitäten für einen Austausch waren dort begrenzt.

Tatsächlich wurden anschließend die Riquewihrer Weintage eingeführt, die bis 2011 in jährlichem Rhythmus in Merklingen bzw. in anderen Ortsteilen von Weil der Stadt stattfanden, danach noch zwei Mal – zuletzt im März 2023. Die Weintage 2011 dienten auch als Rahmen für die offizielle Feier zum 60. Jubiläum der Städtepartnerschaft. Bereits 2003 waren 20 Rebstöcke aus Riquewihr auf einem Kreisverkehr in Weil der Stadt gepflanzt worden, die im Jahr darauf um Rebstöcke aus der zweiten Partnerstadt Bra[28] im Piemont ergänzt wurden.

2013 machte der neue Weil der Städter Bürgermeister Thilo Schreiber seinen Antrittsbesuch in Riquewihr, zwei Jahre später kamen etwa zwei Dutzend Gemeindevertreter unter Leitung des dortigen neuen Bürgermeisters Daniel Klack nach Weil der Stadt zum Gegenbesuch. Auch 2017 war eine Delegation aus Weil der Stadt – 27 Personen stark – für drei Tage in Riquewihr. Auf der Tagesordnung standen wieder einmal der geplante Schüleraustausch sowie die inzwischen regen Kontakte zwischen der Weil der Städter Narrenzunft

AHA, welche wesentlich dazu beigetragen hatte, dass seit 2001 auch in Riquewihr Fastnachtsumzüge stattfinden.

Am 21. Oktober 2021 konnte auf dem neugestalteten Marktplatz in Weil der Stadt mit den Gästen aus den beiden Partnerstädten Jubiläum gefeiert werden: die Partnerschaft mit Riquewihr bestand 60 Jahre, die mit Bra 20 Jahre.

Obwohl sich die Städtepartnerschaft mit Bra, das mit 28.000 Einwohnern um einiges bevölkerungsreicher als Weil der Stadt ist, lebhaft und vielfältig entwickelt hat, wurde sowohl von Riquewihr als auch von Weil der Stadt an der 1961 geschlossenen „Verschwisterung" bis heute festgehalten. Sie wurde im Rahmen der gebotenen Möglichkeiten mit Leben erfüllt und trotz großer struktureller Unterschiede entsprechend der Gründungsidee auch über „Durststrecken" hinweggerettet und weiterentwickelt.

Stuttgart und Straßburg

Straßburg und Stuttgart sind zwei nach Größe und Struktur in etwa vergleichbare Städte diesseits und jenseits des Rheins. Bereits in den 1940er Jahren hatte das Stadtarchiv Stuttgart im Auftrag der Stadtverwaltung die historischen Beziehungen beider Kommunen zusammengetragen.[29] Vor allem die Tatsache, dass Herzog Eberhard III. von Württemberg, nach der von den Protestanten verlorenen Schlacht bei Nördlingen im Herbst 1634 mit seinem Hof von Stuttgart nach Straßburg ins Exil floh, hat die elsässische Hauptstadt zu einem wichtigen Ort der Geschichte Württembergs werden lassen.

Der Stuttgarter Oberbürgermeister Arnulf Klett (1905–1974) ist wahrscheinlich auf dem 8. Kongress der Internationalen Bürgermeister-Union 1956 in Straßburg mit dem französischen Politiker und überzeugten Europäer Pierre Pflimlin (1907–2000) in Kontakt gekommen. Pflimlin, der in Mülhausen im Elsass aufgewachsen war, sprach sowohl Französisch als auch Deutsch akzentfrei. In den 1950er Jahren bekleidete er verschiedene Ministerämter und war 1958 für zwei Wochen der letzte Ministerpräsident der Vierten Republik Frankreichs. 1959 wurde er zum Oberbürgermeister von Straßburg gewählt, was er bis 1983 geblieben ist. Anschließend stand er von 1984 bis 1987 als Präsident dem Europäischen Parlament vor.

Die Idee einer Städtepartnerschaft zwischen Straßburg und Stuttgart stand wohl schon einige Zeit im Raum, als Pierre Pflimlin am 14. März 1959 sein Amt als Oberbürgermeister von Straßburg antrat. Arnulf Klett aus Stuttgart hat auf der in Straßburg abgehaltenen Europäischen Gemeindekonferenz am 27. Januar 1960 den Gedanken einer Partnerschaft wohl erstmals öffentlich geäußert, was von Pierre Pflimlin postwendend in einem offiziellen Schreiben bestätigt und bekräftigt wurde. Kurze Zeit später kam Pflimlin an der Spitze einer Delegation der Straßburger Stadtverwaltung nach Stuttgart. Diese Einladung auf Ende April war Klett besonders wichtig, da genau 15 Jahre zuvor Stuttgart von französischen Truppen besetzt worden war. Bei der Begrüßung sagte er, es werde damit sichtbar, welche Fortschritte in der Verständigung seither gemacht wurden.[30]

Im Juni 1961 reiste eine Delegation von Straßburger Gemeinderäten mit Oberbürgermeister Pflimlin an der Spitze nach Stuttgart, es gab Aufführungen des Straßburger Stadttheaters in Stuttgart und der Stuttgarter Staatsoper in Straßburg. Beiden Seiten lag am Herzen, eine beständige Verbindung in echtem Vertrauen und guter gegenseitiger Freundschaft herzustellen. Auch die Stuttgarter besuchten immer wieder die elsässische Stadt am Rhein. Dabei saßen Klett und Pflimlin gerne in den Weinstuben der Stadt und besprachen Einzelheiten der angestrebten Städtepartnerschaft.

Die Besiegelung der „Verschwisterung" zwischen Stuttgart und Straßburg fand am 26. Mai 1962 im Großen Sitzungssaal des Stuttgarter Rathauses im Rahmen einer Deutsch-Französischen Woche statt.

Die deutsch-französischen Städtepartnerschaften
Harald Schukraft

Als Zeugen und Ehrengäste waren unter anderem der französische Botschafter Seydoux de Clausonne, der baden-württembergische Ministerpräsident Kurt-Georg Kiesinger und Altbundespräsident Theodor Heuss zugegen. In der Urkunde heißt es unter anderem, mit dieser Partnerschaft sei der Wille verbunden, „die Freundschaft zwischen den beiden Nachbarvölkern zu festigen und damit zugleich einen Beitrag zu einem in Freiheit und Frieden geeinten Europa zu leisten".[31]

Die Beziehung zwischen Arnulf Klett und Pierre Pflimlin blieb immer eng und freundschaftlich. Als 1982 die Feiern zum 20jährigen Bestehen der Städtepartnerschaft in Stuttgart begangen wurden, verlieh der Gemeinderat Pierre Pflimlin die Ehrenbürgerwürde der baden-württembergischen Landeshauptstadt.

Ein besonderes Schlaglicht auf die Verbundenheit der beiden Städte wirft die Tatsache, dass 1965, als das von den Nazis 1940 in Straßburg vom Sockel gestürzte Jeanne d'Arc-Denkmal neu aufgestellt werden sollte, dieses Denkmal mit finanzieller Beteiligung der Stadt Stuttgart restauriert wurde – ein Akt konkreter Wiedergutmachung.[32]

In Anerkennung der Verdienste um die europäische Einigung haben die Städte Straßburg und Stuttgart zusammen mit Montbéliard und Ludwigsburg sowie weiteren deutschen und französischen Städten am 20. März 1975 im Palais du Luxembourg in Paris aus der Hand des französischen Senatspräsidenten Alain Poher den „Prix France – Allemagne" erhalten.

1987 führte die Strecke der „Tour de France" zur Feier des 25jährigen Jubiläums der Städtepartnerschaft die Radfahrer über Stuttgart und Straßburg. In einem aus Anlass dieses Jubiläums geführten Interview sagte der Straßburger Bürgermeister Raymond Leissner „Wir haben eine beispielhafte Partnerschaft", Oberbürgermeister Manfred Rommel ergänzte, die sehr engen, freundschaftlichen Beziehungen würden sich in nichts von den Kontakten zu deutschen Städten unterscheiden, sie seien auf allen Stufen außerordentlich intensiv.[33] Der offizielle Festakt fand in diesem Jahr in Straßburg im Palais de la Musique et des Congrès am 27. Oktober statt. Dabei sagte Oberbürgermeister Marcel Rudloff, die Jumelage gehe weit über die formelle Verschwisterung von zwei Städten hinaus.

1988 erhielten beide Städte im selben Veranstaltungsort in Straßburg den Europäischen Umweltpreis, wenige Tage später lieferte Stuttgart 3.000 Bäume und Sträucher, die in den Rheinauen bei Straßburg gepflanzt wurden.

Am 26. Mai 1992 unterzeichneten die beiden Oberbürgermeister Manfred Rommel und Catherine Trautmann eine weitere Partnerschaftsurkunde. Darin heißt es unter anderem, angesichts der gegenwärtigen tiefgreifenden Umwälzungen in Europa stelle die Partnerschaft zwischen Straßburg und Stuttgart ein wesentliches Element der Stabilität und ein Vorbild für andere Städte in Mittel- und Osteuropa dar. Catherine Trautmann sagte damals, die Freundschaft zwischen den beiden Städten laufe von alleine, die Erwartungen von 1962 hätten sich mehr als erfüllt. Dies war nicht übertrieben, denn zu dieser Zeit standen auf allen Ebenen des politischen und gesellschaftlichen Lebens etwa 3.000 bis 4.000 Menschen aus Straßburg und Stuttgart in direktem Kontakt. Mehr als 60 Vereine und Organisationen unterhielten einen regen Austausch.

Längst war es beschlossene Sache, die Partnerstadt Straßburg durch eine Platzbenennung im Herzen Stuttgarts zu würdigen. Man hatte dazu die Freifläche über dem künftigen neuen Bahnhof Stuttgart 21 vorgesehen. Der „Straßburger Platz" war schon 2007 so benannt worden, obwohl die eigentliche Fläche frühestens 2025 tatsächlich zur Verfügung stehen sollte. Als im Herbst 2017 beschlossen wurde, den Straßburger Platz in Manfred-Rommel-Platz umzutaufen, befürchtete man jedoch erhebliche Verstimmungen bei der Partnerstadt, weshalb Oberbürgermeister Fritz Kuhn persönlich nach Straßburg fuhr, um die Umbenennung zu erklären. In der

Partnerstadt wurde den Argumenten Kuhns Verständnis entgegengebracht. Seither wartet die Öffentlichkeit gespannt, wie der Name Straßburgs im Stuttgarter Stadtbild zukünftig präsent sein wird.

Die Feiern zum 60-jährigen Jubiläum der Städtepartnerschaft wurden 2022 wieder in Stuttgart begangen. Eine hochrangige Delegation unter der Leitung der Straßburger Oberbürgermeisterin Jeanne Barseghian kam Ende März für zwei Tage nach Stuttgart und wurde von Oberbürgermeister Frank Nopper empfangen. Es fanden Fachgespräche über Klimaschutz, Energie- und Stadtentwicklung statt, im Mittelpunkt der künftigen Zusammenarbeit soll der Ausbau von Jugendaustausch und Jugendbeteiligung stehen. Unter anderem wurden durch die beiden Stadtoberhäupter im Stadtteil Bad Cannstatt ein „Straßburg-Weinberg" mit 500 Riesling-Reben aus dem Elsass eingeweiht und ein Stadtbahnwagen auf den Namen „Straßburg" getauft. Der Gegenbesuch Frank Noppers in Straßburg fand dann im folgenden Mai statt.

Die Städtepartnerschaft ist nach wie vor lebendig und wird intensiv gepflegt. Heute spielt der Erfahrungsaustausch über drängende Fragen und Probleme der Gegenwart die entscheidende Rolle. Der Kontakt zwischen den Bewohnern hat jedoch nachgelassen. Während Stuttgart Partnerschaften mit zehn Städten auf vier Kontinenten eingegangen ist, unterhält Straßburg nur zu fünf Städten eine Jumelage. Straßburg hat aber mit jeder Partnerstadt einen Arbeitsschwerpunkt verbunden, mit Stuttgart ist es nun der Jugendaustausch. Für beide Städte ist es die geografisch nächstgelegene Partnerstadt – eine wichtige Voraussetzung für einen intensiven Austausch.

Alle drei Städtepartnerschaften zwischen Württemberg, dem Elsass und der Burgundischen Pforte haben sich von Anfang an der Aussöhnung von Frankreich und Deutschland verschrieben. Dennoch hat jede dieser Partnerschaften einen individuellen Verlauf genommen und eine mehr oder weniger wichtige Bedeutung für die Kommunen erlangt. Allen gemeinsam ist jedoch bis heute der menschliche und persönliche Austausch, damit die Hoffnung der Gründerväter auch in Zukunft Wirklichkeit bleibt, nämlich Freundschaft zu pflegen und alte Feindschaft zu überwinden.

1 10 Jahre Internationale Bürgermeister-Union für deutsch-französische Verständigung und europäische Zusammenarbeit, IX. Internationaler Bürgermeister-Kongress 12.–13. Mai 1958 in Freudenstadt, S. 7. Für die Gründung und die weitere Entwicklung der IBU siehe Engelhardt 1981.
2 Haufler 1971, S. 59.
3 Die frühe Geschichte ist ausführlich dargestellt bei Bautz 2002, S. 47 ff.
4 Pfundheller 2014, S. 48 ff.
5 Bautz 2002, S. 51 f.
6 Pacchiano 2010, S. 225 f.
7 Mirek 1984, S. 217 ff.
8 StadtA Ludwigsburg, Akte Hauptamt. Montbéliard 1950–1965.
9 StadtA Ludwigsburg, Sign. II Kro.
10 Vgl. Kat. VI.7.
11 Schöllkopf 2013, S. 13.
12 Ebd., S. 16 und Schmierer 1999, S. 461.
13 StadtA Ludwigsburg, Bestand SO 3.3.3. (Artikel Stuttgarter Zeitung vom 24.7.2000, S. 6).
14 StadtA Ludwigsburg, Bestand SO 3.3.3. (Artikel Ludwigsburger Kreiszeitung vom 19.6.2000, S. 3).
15 StadtA Ludwigsburg, Bestand SO 3.3.3. (Artikel Stuttgarter Zeitung vom 14.9.2000, S. 24).
16 StadtA Ludwigsburg, Bestand SO 3.3.3. (Artikel Stuttgarter Zeitung vom 20.12.2000, S. 23; Ludwigsburger Kreiszeitung vom 20.12.2000, S. 3).
17 Siehe dazu das „Archivale des Monats" vom November 2021 im Stadtarchiv Weil der Stadt: https://www.weil-der-stadt.de/de/Keplerstadt/Stadtarchiv/Archivale-des-Monats/Archivale-des-Monats?view=publish&item=article&id=3003 (Abruf: 15.9.2023).
18 StadtA Weil der Stadt, Akten II, Az. 1035 (alle weiteren Details im Fortgang des Textes wurden diesen Akten entnommen).
19 Ris-Orangis ist erst im Jahr 2000 Partnerschaften mit Salfit im Westjordanland und mit Tel Mond in Israel eingegangen.
20 Krauskopf 2006, S. 182 ff.
21 StadtA Weil der Stadt, Akten II, Az. 1035.
22 StadtA Weil der Stadt, GR-Protokoll vom 19. Oktober 1960, § 255.
23 StadtA Weil der Stadt GR-Protokoll vom 26. Oktober 1960. § 258.
24 Die Feierlichkeiten sind ausführlich beschrieben in „Le Nouveau Rhin Français" (17. Jg.) No. 226 vom 26. September 1961 sowie im „Wochenblatt für Weil der Stadt und Umgebung" (124. Jg.) vom 30. September 1961 (StadtA Weil der Stadt, Akten II, Az. 1035). Vgl. dazu Kat. Nr. VI.1.
25 Siehe dazu das „Archivale des Monates" vom Oktober 2021im Stadtarchiv Weil der Stadt: https://www.weil-der-stadt.de/de/Keplerstadt/Stadtarchiv/Archivale-des-Monats/Archivale-des-Monats?view=publish&item=article&id=2952 (Abruf: 15.9.2023).
26 StadtA Weil der Stadt, GR-Protokoll vom 30. März 1982, § 7.
27 Laszlo 1982.
28 Die Partnerschaft mit Bra wurde im November 2001 geschlossen.
29 Dies und das Folgende beruht auf den im StadtA Stuttgart, Bestand A 10.6, verwahrten Akten und Zeitungsausschnitten.
30 Haufler 1971, S. 60.
31 Vgl. Kat. VI.12.
32 Amtsblatt der Stadt Stuttgart vom 28.5.1965.
33 Cannstatter Zeitung vom 23./24.5.1987.

Les jumelages franco-allemands entre le Wurtemberg, l'Alsace et la Porte de Bourgogne
Harald Schukraft

Immédiatement après la Seconde Guerre Mondiale, les termes de « rapprochement » et de « réconciliation » n'étaient pas à l'ordre du jour dans les relations franco-allemandes. Après trois guerres en tout juste 80 années il n'était pratiquement personne qui n'ait, des deux côtés, vécu des expériences traumatisantes et nombreux étaient ceux qui avaient dû faire face à la perte d'un membre de la famille ou d'amis proches. L'idée de faire un pas vers l'autre semblait reléguée dans un avenir très lointain.

Animés par la conscience que la souffrance infligée les uns aux autres ne devait plus se reproduire, deux hommes originaires de la Suisse neutre prirent l'initiative, quelques années après la fin de la guerre, d'inviter pour le 9 juin 1948 sur le mont Pèlerin près de Vevey sur les rives du lac Léman des représentants municipaux allemands et français. Ces deux initiateurs étaient le journaliste et écrivain Eugen Wyler (1888–1973) et l'éditeur et le sociologue de la culture Hans Zbinden (1893–1971).

Le côté français ne répondit à l'invitation qu'après bien des hésitations et des réserves, comme en témoigne le fait que tout juste cinq représentants de petites villes et un seul conseiller municipal de Paris soient venus participer à l'échange.[1] L'intérêt était nettement plus marqué du côté allemand où les maires de Brunswick, Francfort, Cologne, Ludwigshafen, Mayence, Munich et Stuttgart avaient fait le déplacement. De Berlin était venue se joindre à eux Louise Schroeder, bourgmestre-gouverneur de la ville, et ce malgré le contexte politique extrêmement tendu pour la partie ouest de la ville de plus en plus isolée.

Bien que les maires allemands aient d'abord été confrontés à d'importants reproches et accusations,[2] Eugen Wyler et Hans Zbinden servirent d'intermédiaires et parvinrent à mettre en place un vrai dialogue entre les participants. La rencontre sur le mont Pèlerin dura jusqu'au 14 juin et peut être considérée comme le point de départ de toute future coopération entre les deux nations. Le résultat de ce rassemblement fut la création d'un bureau d'information et d'échange – le premier pas était franchi en commun entre Allemands et Français.[3]

La seconde conférence eut lieu en Suisse sur les hauteurs du Bürgenstock dominant le lac des Quatre-Cantons. Elle se tint du 10 au 15 juin 1949 et est considérée comme le point de départ de l'idée du jumelage de villes françaises et allemandes. Le motif des initiateurs était de créer une sorte de « Locarno de la base », car les accords de Locarno signés en 1925 par les gouvernements européens n'avaient pas pu garantir une paix durable.[4] Du côté français, on percevait encore faiblement l'intérêt qu'il pouvait y avoir à intensifier les échanges avec les Allemands et surtout au niveau de la jeunesse. Les Allemands devaient d'abord être éduqués à la démocratie, et l'on verrait bien par la suite … Toujours est-il que le nombre de participants issus de l'administration communale avait augmenté des deux côtés. Parmi eux se trouvaient le maire de Stuttgart Arnulf Klett (1905–1974) qui avait déjà participé à la première rencontre organisée l'année précédente, et le maire de Montbéliard, Lucien Tharradin (1904–1957). Tous les deux revendiquèrent l'idée de créer d'urgence des lieux de rencontre entre Français et Allemands afin d'éviter de futures effusions de sang. L'engagement de Tharradin en faveur d'un échange direct tout comme son annonce, d'aspirer à une connexion entre Montbéliard et Fribourg-en-Brisgau, provoqua un changement de perspective et une réceptivité grandissante parmi les participants français.[5] Un résultat signifiant de cette conférence fut la fondation de l'Union internationale de maires (UIM) qui devint finalement un moteur du concept des jumelages franco-allemands.

L'année suivante, alors que la conférence de l'UIM eut lieu pour la première fois ailleurs qu'en Suisse, plus exactement à Stuttgart, Fritz Schenk (1906–1985), le directeur de l'Institut franco-allemand fondé en 1948 à Ludwigsbourg par Theodor Heuss, Carlo Schmid et lui-même, y fut invité. Schenk, dont la famille du côté maternel était originaire de Kirchheim unter Teck, était né à Deutsch-Avricourt situé en Lorraine sur la frontière franco-allemande d'alors et était retourné dans le berceau de sa famille maternelle après la Première Guerre Mondiale. Il connaissait bien l'histoire du Wurtemberg et savait de toute évidence que des liens séculaires le reliaient à Montbéliard/ Mömpelgard. Fritz Schenk présenta Tharradin, maire de Montbéliard, à Elmar Doch, maire de Ludwigsbourg – probablement avec l'intention de donner l'impulsion à un jumelage entre les deux villes.[6] Tharradin et Doch prirent spontanément la décision de mettre en relation leurs villes respectives. Le projet d'un jumelage avec Fribourg-en-Brisgau en était au point mort.

Fribourg se jumela finalement en 1959 avec Besançon.

Ludwigsbourg et Montbéliard

L'accord oral conclu en juin 1950 à Stuttgart entre Lucien Tharradin et Elmar Doch est considéré aujourd'hui comme le point de départ du premier jumelage entre l'Allemagne et la France. À l'époque, le côté allemand employait cependant plutôt le terme de « parrainage » (*Patenschaft*), alors qu'en France il était déjà d'usage de parler de « jumelage ». Le terme « parrainage » implique une certaine hiérarchie, raison pour laquelle il fut remplacé au plus tard à partir de 1958 par le mot de « partenariat ». Le terme de « jumelage », quant à lui, implique une proximité sur un pied d'égalité tels que le sont des frères et sœurs jumeaux.

Lucien Tharradin avait été membre de la Résistance et avait passé plusieurs années en Allemagne en tant que prisonnier de guerre puis dans le camp de concentration de Buchenwald près de Weimar. Son projet de réconciliation entre les Allemands et les Français était bien loin de faire l'unanimité dans sa patrie tant les réticences étaient encore grandes.

Malgré toutes ces objections, le conseil municipal de Montbéliard vota le 25 août 1950 en majorité pour une réconciliation avec l'Allemagne et pour les objectifs formulés par Tharradin en vue d'un potentiel jumelage avec Ludwigsbourg.[7] Le conseil valida même le budget nécessaire pour financer le voyage d'une délégation officielle à Ludwigsbourg. Ce voyage eut lieu le 20 septembre 1950 et est considéré comme le début du jumelage institutionnalisé entre ces deux villes. Durant les années qui suivirent, de premiers contacts furent établis entre des collèges et lycées ainsi qu'au niveau du sport. Le Suisse André Boillat, qui vivait à Montbéliard et était l'entraîneur d'une équipe de football, fut tout de suite enthousiasmé par l'idée d'un échange. Les relations nouées se relâchèrent cependant assez rapidement.

Le successeur d'Elmar Doch fut Robert Frank qui exerça la fonction de maire à partir de 1954. Il eut recours aux services de Fritz Schenk, à qui il demanda de sonder chez les Montbéliardais pour savoir s'ils voulaient continuer la coopération. La réponse fut positive.[8] Les contacts furent donc ravivés en 1958 au cours de visites mutuelles et le maire Robert Frank partit du 14 au 16 mai à Montbéliard à la tête d'une délégation officielle. C'est à cette occasion qu'il annonça que la rue qui est probablement la plus ancienne rue de Ludwigsbourg, la « Hintere Schloßstraße » venait tout juste d'être rebaptisée « Mömpelgarder Straße » conformément à une décision du conseil municipal.[9] L'acte officialisant le changement de nom fut signé le 9 mai 1958 ; le nom n'a cependant jamais vraiment été utilisé et cette rue est nommée jusqu'à aujourd'hui la « Mömpelgardstraße ». L'utilisation du nom allemand « Mömpelgard » avait fait l'objet de critiques à l'époque car l'on craignait que les habitants de Montbéliard ne puissent pas faire le rapprochement avec le nom de leur ville en français. La décision fut cependant prise de maintenir le changement de nom tel qu'il avait été choisi à l'origine.

Plus tard, c'est à Montbéliard qu'une rue fut baptisée « Avenue de Ludwigsbourg » et le pont sur l'Allan ou, en l'occurrence, sur le Canal du Rhône au Rhin qui forme l'accès principal de l'autoroute en direction du centre-ville, s'appelle aujourd'hui « Pont de Ludwigsbourg ». En 2005, le maire de Ludwigsbourg qui fut un des deux initiateurs de ce jumelage, obtint une rue à son nom. Il existe depuis une « Allée du Docteur Doch ». À Ludwigsbourg, c'est le pont Lucien Tharradin (« Lucien-Tharradin-Brücke ») sur le Neckar qui honore l'homologue français de Doch dans le quartier de Hoheneck.

À partir de 1958, les relations furent systématiquement intensifiées et cultivées de telle sorte que le 7 mai 1962 fut signé un acte officiel confirmant et renforçant le jumelage préexistant. L'acte fut signé par le maire Jean-Pierre Tuefferd d'un côté et de l'autre par Anton Sauer qui fut maire de Ludwigsbourg de 1960 à 1968.[10] Afin de confirmer ce jumelage, Werner Spec, maire de Ludwigsbourg, et Jacques Hélias, maire de Montbéliard, réitérèrent la signature de l'acte en 2010.

Durant les premières années du jumelage, à peine 1% de la population participa à un échange. Les réticences du côté français perdurèrent longtemps face au souvenir du comportement des occupants allemands à Montbéliard et ses alentours durant la guerre. Puis, l'acceptation du projet augmenta fortement des deux côtés de telle sorte que dans les années 1970 parfois jusqu'à 30% de la population étaient impliqués dans un échange.[11]

Le lien unissant les deux villes ne fut mis qu'une seule fois à rude épreuve lorsqu'en avril 1966 fut enterré à Ludwigsbourg l'ancien officier de la SS Sepp Dietrich.[12] Près de 5.000 participants en deuil issus du milieu de la droite firent le déplacement pour lui rendre les derniers honneurs. Cela fit beaucoup de bruit en Europe et à Paris le magazine « Paris Match » rapporta les faits en détail. Le maire André Boulloche, qui avait été interné pour un temps dans un camp de concentration et avait perdu ses parents et son frère sous le régime nazi annula la visite qu'il avait prévu de faire à Ludwigsbourg avec une délégation de Montbéliard. Il tenta ainsi d'apaiser le climat de tension au sein de sa commune. L'année suivante les activités liées au jumelage retrouvèrent leur rythme habituel. Les ressentiments qui perdurèrent le plus longtemps des deux côtés provenaient des anciens combattants. Lorsqu'en l'an 2000 les vétérans français voulurent déposer une gerbe en souvenir des débuts de la résistance contre l'occupation nazie à Montbéliard et que l'adjoint au maire de Ludwigsbourg vint, à l'improviste, participer à la cérémonie, la surprise fut grande. Louis Souvet, le maire de Montbéliard, se tira de cette situation délicate par un geste profondément réconciliateur : lorsque ce fut son tour de déposer la gerbe, il demanda au représentant de la ville jumelée de l'accompagner et de déposer la gerbe à ses côtés. Cette initiative brisa la glace et l'ombre du passé perdit de son emprise sur le présent.[13] En 2013, ce fut au tour du corps de réservistes de Ludwigsburg de faire une visite officielle à Montbéliard qui, deux ans plus tard, put même y organiser une cérémonie commémorative et déposer une gerbe. Lors des commémorations du 11 novembre, des écoliers de Ludwigsburg et Montbéliard lurent ensemble des extraits des lettres écrites au front par des soldats allemands et français. Lorsqu'en novembre 2018 Montbéliard célébra le centenaire de l'armistice, l'élue Marie-Noëlle Biguinet tint tout particulièrement à le faire aux côtés de son homologue de Ludwigsburg, Werner Spec. Alors qu'aux tout débuts du jumelage, l'accent était surtout mis sur des échanges scolaires et des partenariats entre différentes associations, le jumelage fut doté d'une base plus diversifiée sous Louis Souvet. Une étape importante vers la « normalisation » de ce jumelage fut, au début des années 1990, l'organisation de réunions de travail réunissant des acteurs des deux municipalités. Le but était d'apprendre de l'autre à tous les niveaux et de se soutenir mutuellement. Jusqu'à aujourd'hui, les cours de langue pour les employés municipaux forment le cœur de ce programme car les échanges doivent se faire dans l'idéal sans traducteur et sans avoir recours à l'anglais. Louis Souvet, qui fut maire de Montbéliard de 1989 à 2008, donna une impulsion significative au jumelage avec Ludwigsburg et fut en conséquence distingué en 2004 pour ses mérites en obtenant la médaille de Ludwigsbourg le faisant Citoyen d'Honneur de la ville.

En septembre 2000, à l'occasion du 50ème anniversaire du jumelage, se tint à Ludwigsbourg un congrès international avec pour titre « Les jumelages au service d'une Europe des citoyens ». Jusqu'à aujourd'hui, tant le rapprochement précoce des deux cités que la manière dont elles gérèrent leur jumelage avaient et ont valeur d'exemple. Les deux villes ont toujours conçu leur partenariat comme un « moteur au service de la construction de l'Europe » comme l'a formulé un jour Louis Souvet.[14] Quelques mois auparavant, en juin 2000, c'est à Montbéliard qu'avaient eu lieu des festivités pour le 50ème anniversaire du jumelage. Près de 350 invités de Ludwigsbourg vinrent pour cette occasion dans la ville jumelée ; déjà 270 d'entre eux étaient des employés de la municipalité.

En mars 1975, les deux villes furent récompensées du « Prix France-Allemagne » en reconnaissance de leur travail de pionnier au service d'une amitié plus juste. Le prix avait été fondé en 1970 par l'Association France-Allemagne siégeant à Paris et fut remis jusqu'en 1994 à des personnes ou institutions s'étant distinguées dans ce domaine. Quinze ans plus tard, en septembre 1990, les villes de Montbéliard et Ludwigsbourg, représentées par leurs élus Louis Souvet et Hans-Jochen Henke, se virent attribuer le Prix de Gaulle-Adenauer « en reconnaissance des mérites exceptionnels pour la réconciliation, la coopération et l'amitié entre la République fédérale d'Allemagne et la France ». Le prix fut remis à Munich dans le cadre du 56ème sommet franco-allemand par les deux ministres des Affaires étrangères, Roland Dumas et Hans-Dietrich Genscher.

Un lien rendu visible à tous depuis les années 1990 est l'aménagement du carrefour de la *Sternkreuzung* à Ludwigsbourg par les jardiniers montbéliardais. C'est Philippe Daldique, responsable des jardins municipaux de Montbéliard, qui en eut l'idée car il trouvait que la Stuttgarter Straße et la Schloßstraße « ne correspondaient vraiment pas aux aménagements soignés des jardins du château ».[15] Durant l'été 2000, les jardiniers français ornèrent les plantations de tournesols artificiels et de fourmis noires géantes.[16] L'aménagement des espaces verts de Montbéliard et Ludwigsbourg par des jardiniers de la ville jumelée continue jusqu'à aujourd'hui et connaît un grand succès.

La mise en pratique de cette fraternisation de Montbéliard et Ludwigsbourg fut mise en lumière au début du mois de juillet 2006 lors d'une visite du président fédéral de l'époque, Horst Köhler, lié intimement à Ludwigsburg. À cette occasion, les villes jumelées présentèrent leur projet commun pour le Burkina Faso, projet financé par des fonds publics et privés provenant des deux villes. La « Déclaration pour l'Afrique » fut signée le 16 juillet 2006. Le projet avait pour objectif de construire une école et de combattre la pauvreté et la sous-nutrition grâce à l'installation de canaux d'irrigation. Cet engagement commun a donc dépassé le niveau des contacts bilatéraux pour s'orienter vers l'aide à un pays en voie de développement, ce qui indique une nouvelle dimension dans les jumelages.

L'attachement de Ludwigsbourg et de Montbéliard vit avec son temps et s'est adapté aux évolutions actuelles. En 2008 furent plantés 500 ceps sur des côteaux laissés depuis longtemps en friche au sud du centre-ville de Montbéliard ; deux ans plus tard y fut construit un petit abri de vignoble – dans les deux cas un cadeau de la ville de Ludwigsbourg. Les grappes de raisin récoltées sont pressurées à Ludwigsbourg dans les caves viticoles du duc de Wurtemberg. Le vin qui en résulte fait office de cadeaux pour des invités d'honneur dans les deux villes. En 2011, la ville de Montbéliard offrit 28 arbres fruitiers à Ludwigsbourg afin de compléter certaines allées et vergers. Une autre expression visible du lien étroit tissé entre les deux villes s'exprima le 8 avril 2019 lorsque fut confirmé le programme d'échange scolaire entre le lycée Germaine Tillion d'une part et la Robert-Franck-Schule ainsi que la Elly-Heuss-Knapp-Realschule d'autre part. Pour ce faire, Marie-Noëlle Biguinet et Werner Spec signèrent un acte officiel de jumelage. Le jumelage entre Montbéliard et Ludwigsbourg n'est pas seulement le plus ancien existant entre une ville française et une ville allemande, il est aussi exemplaire par sa mise en pratique au niveau communal et par l'engagement et son renforcement ininterrompu poursuivi par tous les maires des deux villes. Plus de 70 ans après le premier contact, les rapports entre les deux villes sont très étroits et ne peuvent plus être dissociés du quotidien des deux villes.

Weil der Stadt et Riquewihr
Que les villes de Weil der Stadt et Riquewihr soient jumelées ensemble[17] est un pur produit du hasard. Les deux villes, ou en l'occurrence leurs élus, avaient tout d'abord pensé s'adresser à d'autres villes. Entre Weil der Stadt et la commune de Ris-Orangis située au sud-est de Paris,[18] et qui comptaient alors toutes les deux environ 9.000 habitants, les rapports s'étaient intensifiés depuis la fin des années 1950. La commune française avait initialement pris contact en 1958 avec le maire de Sindelfingen et avait demandé à être mise en relation avec une commune allemande. Ce dernier avait alors proposé Weil der Stadt, où l'idée d'un jumelage avait été accueillie avec beaucoup d'entrain. Après un échange écrit à but informatif des visites étaient prévues de la part des deux conseils municipaux lorsque vint tout d'un coup un ordre de Paris mettant fin à cette prise de contact.

En effet, tous les projets de jumelage entre des villes françaises et allemandes devaient être soumis à une commission interministérielle dans la capitale française avant d'être autorisés. Cette commission avait alors constaté dans ce cas précis que les dernières élections municipales avaient entraîné à Ris-Orangis un virage à gauche sur le plan politique. L'on craignait alors que la commune ne devienne à moyen terme une ville communiste. Comme il était interdit à toutes les villes françaises administrées par des élus socialistes et communistes d'avoir un jumelage avec des localités allemandes, le contact entre Weil der Stadt et Ris-Orangis[19] s'arrêta net. Néanmoins, l'architecte Adolf Schuhmacher[20] (1896–1978) établi à Stuttgart, était alors déjà entré en lice et avait proposé un jumelage avec Riquewihr en Alsace. Schumacher avait fait des études d'architecture à Stuttgart et avait été le collaborateur de son professeur Paul Schmitthenner puis fut, à partir de 1925, pour cinq ans l'assistant de Heinz Wetzel à l'École polytechnique de Stuttgart. Après avoir travaillé plusieurs années en tant qu'urbaniste à Bâle, il dirigea de 1938 à 1943 le service d'urbanisme de la ville de Hambourg. Il enseigna finalement jusqu'à la fin de la Seconde Guerre Mondiale en tant que professeur à l'École polytechnique de Linz.

Son amour pour les villes avec des maisons à pans de bois le mena en 1960 à Riquewihr en Alsace, où il constata, choqué, l'état de délabrement de la Maison Dissler dont les plans avaient probablement été conçus en 1610 par Heinrich Schickhardt. Sur ce, il prit contact avec le ministre-président Kiesinger et proposa l'achat de ce bâtiment par le Land du Bade-Wurtemberg, ce qui fut rejeté. Lorsqu'il prit à ce sujet contact avec le maire Julien Dopff, ce dernier évoqua également son souhait de jumelage. Il envisageait Rottweil comme partenaire mais il s'avéra très vite que la ville de Rottweil n'était pas intéressée.

Adolf Schuhmacher avait déjà à l'époque en tête la commune de Weil der Stadt qu'il avait visitée à plusieurs reprises. Il se tourna alors vers l'Union internationale de maires (UIM) à Stuttgart et discuta du souhait de Julien Dopff avec le secrétaire de l'UIM, Heinz Engelhardt. Durant cette entrevue furent également évoquées d'autres candidatures possibles comme celles de Bietigheim, Staufen ou encore Heitersheim, mais elles furent toutes rapidement mises de côté. Weil der Stadt semblait être la commune idéale pour un jumelage avec Riquewihr. C'est la raison pour laquelle Schuhmacher rendit visite à l'élu de Weil der Stadt, Oberdorfer, le 18 octobre 1960. L'idée fut bien accueillie.

Le même jour et par écrit Schuhmacher fit part encore au maire Julien Dopff des raisons amenant Oberdorfer à intensifier les contacts avec Riquewihr : « Monsieur le Maire Oberdorfer [...] connaît votre commune et s'y est déjà rendu à plusieurs reprises. Il a visité Riquewihr avec le conseil municipal de Weil der Stadt car il apprécie la ville et les paysages alentours.

Les conseillers municipaux parlent encore aujourd'hui avec beaucoup d'enthousiasme de cette visite en Alsace, des bons vins qu'ils y ont goûté et des habitants fort sympathiques. »[21] Un jour plus tard, le conseil municipal de Weil der Stadt chargea le maire Oberdorfer d'entrer officiellement en contact avec son homologue de Riquewihr.[22] Dès la séance suivante, une semaine plus tard, le conseil municipal décida que de cette relation « devait plus tard naître un jumelage ».[23] Dans les mois qui suivirent se mit en place un échange épistolaire entre Weil der Stadt et Riquewihr ; la première visite de Julien Dopff à Weil der Stadt eut lieu le 30 juillet 1961. C'est dans ce cadre que les deux villes se mirent d'accord pour tisser un lien entre elles. Ensuite, tout alla très vite car dès le 24 septembre de la même année fut signé à Riquewihr l'acte officiel de jumelage dans le cadre d'une cérémonie solennelle.[24] Étaient présents en Alsace pour l'occasion le maire Oberdorfer et ses deux adjoints ainsi que dix conseillers municipaux, le trésorier municipal et un chef de service de la mairie. Même l'éditeur du journal « Stuttgarter Nachrichten », Otto Faerber, et le duc Philippe de Wurtemberg assistèrent à la signature de l'acte. Étaient présents du côté alsacien : le conseiller général Théo Faller, les maires de Colmar et de Ribeauvillé ainsi que le sous-préfet Prugnaud.

Le maire Dopff avait fait, le 18 juin, la connaissance du duc Philippe de Wurtemberg et de son épouse lorsque ces derniers avaient participé à Colmar au 400ème anniversaire de la Confrérie Saint-Étienne. Julien Dopff accueillit ensuite le couple ducal à Riquewihr et leur fit part du projet de jumelage avec Weil der Stadt. Le duc Philippe lui promit alors d'être présent lors de la signature de l'acte officiel.

Ce dimanche de festivités a été documenté et a fait l'objet de récits détaillés ; il marqua le lancement brillant de ce jumelage. Les deux maires Oberdorfer et Dopff mirent en lumière avec émotion dans leurs discours l'idée d'un partenariat comme idée centrale de la réconciliation européenne. Le duc Philippe qualifia le jumelage de ces deux villes de « couronnement de ses espoirs ». Il espérait de tout cœur que ce jumelage soit le début d'un rapprochement et d'une amitié sincère entre les deux nations et en particulier entre le Wurtemberg et Riquewihr.

En fin d'après-midi, le vice-président du Bundestag Carlo Schmid vint se joindre aux invités à l'improviste en tant qu'autre hôte de marque à Riquewihr. Il séjournait alors à Strasbourg et était parti dans les Vosges avec deux collaborateurs pour une petite excursion dominicale. Dans son discours, il qualifia Riquewihr de « petite perle d'antan dans la couronne des ducs de Wurtemberg ». Il se dit par ailleurs intimement lié avec Weil der Stadt, où son père fut professeur dans l'enseignement professionnel et où il passa les premières années de sa jeunesse.[25]

Il fut convenu d'organiser une seconde fête de jumelage à Weil der Stadt et d'y signer un deuxième acte de jumelage. Pour différentes raisons cette visite dut être repoussée plusieurs fois et eut lieu finalement deux ans plus tard, le 8 septembre 1963. Avec la signature de ce second acte officiel de jumelage, les deux maires déclarèrent que « ce jumelage est définitivement entré dans les faits et nous promettons solennellement de servir fidèlement et dans le respect mutuel les objectifs d'une humanité véritable et d'une authentique liberté dans l'esprit de la responsabilité chrétienne occidentale. Ce n'est qu'unie de cette manière que l'Europe peut être un soutien pour nos citoyens, pour l'Humanité toute entière. » Julien Dopff obtint par la même occasion selon une décision prise par le conseil municipal de Weil der Stadt la médaille d'or de la ville en reconnaissance de ses mérites pour la réalisation de ce jumelage qui était maintenant définitivement scellé.

Dans sa lettre de remerciement adressée à Willy Oberdorfer datée du 11 septembre 1963, Julien Dopff se dit très heureux de cet énorme succès et souhaite « que notre relation continue à se développer conformément à l'esprit initial et à la satisfaction de tous ».

Le grand enthousiasme ressenti lors des deux fêtes inaugurant ce jumelage ne dura cependant que quelques années, puis vint le désenchantement. L'on constata qu'il était impossible de mettre en place un échange scolaire, qui est habituellement la base de tout jumelage, car Riquewihr ne disposait pas d'établissement d'enseignement secondaire. Le nombre d'habitants, lui aussi, montrait bien les profondes différences entre les deux villes. Alors que Weil der Stadt connaissait une croissance rapide grâce à la création de nouveaux lotissements, le nombre d'habitants de Riquewihr, quant à lui, était en constante baisse. Les vignobles alentours ne permettaient pas d'extension significative de la surface urbaine. Dans les années 1970 les rencontres entre les deux villes jumelées devinrent rares et le jumelage s'endormit quelque peu. À l'occasion de la Journée de l'Europe 1978 une délégation de Riquewihr fit le déplacement à Weil der Stadt pour parler de ces problèmes et le maire Pierre Dopff assura qu'il tenterait de sonder les possibilités d'une intensification des relations du côté de Riquewihr.

En 1982, les relations étaient devenues si distantes, voir plongées dans une profonde léthargie, qu'une conseillère municipale de Weil der Stadt soumit la proposition quelque peu provocante de résilier le contrat de jumelage avec Riquewihr.[26] Cela provoqua un tollé et sa proposition fut atténuée dans le sens où la ville exigea uniquement « des mesures adéquates pour un jumelage réussi avec une ville française ». Cette ville pourrait s'appeler Riquewihr. Les débats menés au conseil municipal et entre les habitants furent enflammés. Le maire Friedrich Knobloch constata que les structures des deux villes étaient en effet différentes mais qu'il existait des liens amicaux entre lui et son homologue Pierre Dopff ainsi qu'au sein des conseils municipaux. Une représentante de la presse[27] évoqua la proposition de la conseillère municipale devant le maire Pierre Dopff, fils et successeur de Julien Dopff, et ce dernier avoua sans détour dans le

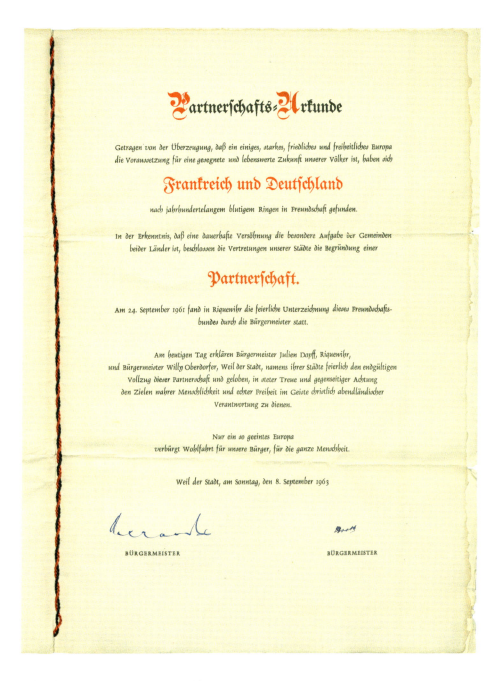

3   Partnerschaftsurkunde zwischen Riquewihr und Weil der Stadt vom 8. September 1963.

Acte de jumelage entre Riquewihr et Weil der Stadt du 8 septembre 1963.

cadre de cette entrevue qu'il considérait le jumelage avec Weil der Stadt comme un échec. Il existait effectivement de bons contacts entre les conseils municipaux et au niveau des pompiers mais cela s'arrêtait là. Weil der Stadt comptait alors cinq fois plus d'habitants que Riquewihr et la ville alsacienne n'était toujours pas dotée d'un établissement d'enseignement secondaire. Dopff ne voulait en aucun cas mettre fin au jumelage mais il l'aurait accepté si une telle initiative était venue de Weil der Stadt. Il pouvait même concevoir de servir d'intermédiaire dans la recherche d'une ville française plus adaptée à Weil der Stadt pour un nouveau jumelage. Certes, le coup de théâtre que représenta cette proposition déposée devant le conseil municipal poussa Weil der Stadt à affirmer son attachement au jumelage avec Riquewihr mais ne mena pas à une intensification des contacts. Toujours est-il qu'en 1983 140 pompiers de Weil der Stadt traversèrent le Rhin pour être présents à l'inauguration de la nouvelle caserne des pompiers de Riquewihr, mais il n'y eut pas d'autres contacts.

Le fait que les débuts de ce jumelage scellé au début des années 1960 peut être attribué à la sympathie qu'éprouvaient les deux maires l'un pour l'autre fut l'objet de critiques deux décennies plus tard. Les différences structurelles entre les deux villes s'étaient encore accentuées au cours des années. En été, Riquewihr recevait jusqu'à 30.000 visiteurs par jour, une raison pour laquelle la ville n'éprouvait pas le besoin d'y accueillir en plus les amis de la ville jumelée. Au fil du temps il était devenu évident que les conditions de départ pour ces deux villes étaient aux antipodes les unes des autres. Riquewihr faisait partie du Wurtemberg de 1324 à 1796 alors que Weil der Stadt, une ville libre d'Empire, n'avait été intégrée au Wurtemberg qu'en 1803 à la suite du recès de la Diète d'Empire en compensation de la perte des territoires wurtembergeois situés sur la rive gauche du Rhin – dont Riquewihr – au profit de la France. Weil der Stadt était, de plus, en majorité catholique, alors que Riquewihr était une ville majoritairement protestante. La ville de Riquewihr était marquée par l'industrie viticole alors qu'à Weil der Stadt la culture de la vigne avait complètement disparu.

Lorsque Weil der Stadt invita le 27 septembre 1986 une délégation de Riquewihr pour fêter les 25 ans du jumelage, fut organisé, outre le programme officiel, un match amical de foot et un concours amical de tir entre les deux clubs de tir. Les deux maires affirmèrent leur intention d'intensifier les échanges à l'avenir malgré toutes les différences structurelles entre les deux villes. À l'occasion de cet anniversaire, un panneau indicateur français fut installé dans le parc municipal avec l'indication de la distance séparant Weil der Stadt de Riquewihr : « 210 Riquewihr ». Ce panneau était un cadeau de la délégation alsacienne.

Dans les années qui suivirent, il n'exista plus que des contacts très réservés entre les deux villes. En 1996, Weil der Stadt comptait, avec toutes les communes qui y étaient rattachées, quinze fois plus d'habitants que Riquewihr. Les différences structurelles ne s'étaient donc pas amoindries. Un grand nombre d'écoles et plus de 100 associations à Weil der Stadt ne trouvaient pas de partenaire adapté dans la petite ville de Riquewihr. Seuls le « Barock-Ensemble 83 » qui donnait des concerts tous les ans à Riquewihr et les pompiers de Weil der Stadt firent honneur aux principes du jumelage. Lorsqu'en 1996 fut élu Jean Buttighoffer comme nouveau maire de Riquewihr, les attentes furent grandes à Weil. Le maire de Weil der Stadt Hans-Josef Straub fit le déplacement au début du mois d'avril 1997 à Riquewihr afin de donner une nouvelle impulsion à l'échange au niveau des associations et de la population. De multiples moyens furent alors envisagés pour rester en contact, comme par exemple des stands sur les marchés de Noël, des rencontres sportives et religieuses et le vin de Riquewihr, qui, à l'avenir, devait être servi à Weil der Stadt lors d'occasions particulières. L'échange scolaire qui n'était possible qu'au niveau du primaire se révéla être encore difficile : 50 professeurs des écoles à Weil der Stadt se trouvaient confrontés à seulement cinq enseignants à Riquewihr – les capacités pour organiser un échange y étaient donc réduites. Le fait est que Weil der Stadt créa à la suite de cette rencontre les Journées du Vin de Riquewihr (« Riquewihrer Weintage ») qui eurent lieu tous les ans jusqu'en 2011 à Merklingen ou dans d'autres communes rattachées à Weil der Stadt. Après 2011 elles furent organisées encore deux fois, la dernière édition en mars

2023. Les Journées du Vin de 2011 servirent de cadre aux festivités pour les 60 ans du jumelage. En 2003 avaient déjà été plantés 20 ceps de vigne provenant de Riquewihr sur un rond-point de Weil der Stadt qui furent associés l'année suivante à des ceps provenant de la seconde ville jumelée avec Weil der Stadt, c'est-à-dire Bra[28] dans le Piémont.

En 2013, le nouveau maire de Weil der Stadt Thilo Schreiber fit sa première visite à Riquewihr ; deux ans plus tard, ce furent le nouveau maire de Riquewihr Daniel Klack et deux douzaines de représentants communaux qui vinrent à Weil der Stadt. En 2017 une délégation de Weil der Stadt comptant 27 personnes passa trois jours à Riquewihr. À l'ordre du jour étaient de nouveau inscrits les échanges scolaires prévus ainsi que les contacts, depuis très intenses, avec l'association de carnaval de Weil der Stadt, la « Narrenzunft AHA », qui contribue en grande partie depuis 2001 aux défilés dans la tradition de la fastnacht souabe à Riquewihr. Le 21 octobre 2021 la ville de Weil der Stadt put fêter sur la place du marché récemment rénovée plusieurs anniversaires avec ses invités venus des deux villes jumelées : 60 ans de jumelage avec Riquewihr et 20 ans avec Bra.

Même si le jumelage avec Bra qui, avec ses 28.000 habitants, est nettement plus peuplé que Weil der Stadt, s'est développé de manière vivante et diversifiée, Weil der Stadt, tout comme Riquewihr, maintiennent le jumelage qui fut scellé entre ces deux villes en 1961. Ce jumelage fut, dans le cadre des possibilités qui s'offraient aux deux villes, maintenu en vie et malgré de grandes différences structurelles il fut, en conformité avec l'idée fondatrice, sauvé et réinventé en dépit des périodes difficiles qu'il traversa.

Stuttgart et Strasbourg
Strasbourg et Stuttgart sont deux villes situées des deux côtés des rives du Rhin et qui ont une taille et structure comparables. Les archives municipales de Stuttgart avaient déjà, dans les années 1940, compilé les relations historiques des deux communes suite à une demande de l'administration municipale.[29] C'est surtout le fait que le duc Eberhard III de Wurtemberg et sa cour durent, après la défaite des troupes protestantes à Nördlingen à l'automne 1634, fuir de Stuttgart et s'exiler à Strasbourg qui fit de la capitale alsacienne un lieu important pour l'histoire du Wurtemberg.

Le maire de Stuttgart Arnulf Klett (1905–1974) est probablement entré en contact avec Pierre Pflimlin (1907–2000), un homme politique français et un européen convaincu, lors du 8ème congrès de l'Union internationale de maires (UIM) en 1956 à Strasbourg. Pflimlin, qui avait grandi à Mulhouse en Alsace, parlait couramment l'allemand et le français. Dans les années 1950 il occupa plusieurs postes ministériels et fut, en 1958, pour l'espace de deux semaines, le dernier président du Conseil de la IVe République. Il fut élu maire de Strasbourg en 1959 et le resta jusqu'en 1983. Il finit sa carrière politique en tant de président du Parlement européen de 1984 à 1987.

L'idée d'un jumelage entre Strasbourg et Stuttgart était une idée qui circulait déjà lorsque Pierre Pflimlin prit ses fonctions de maire de Strasbourg le 14 mars 1959. Arnulf Klett de Stuttgart fut le premier à formuler ce projet publiquement lors de la Conférence européenne des communes le 27 janvier 1960, un projet que Pierre Pflimlin s'empressa de reprendre et d'appuyer dans un communiqué officiel. Peu de temps après Pflimlin vint à Stuttgart à la tête d'une délégation officielle composée d'employés municipaux de la ville de Strasbourg. Klett tenait beaucoup à ce que cette visite se fasse fin avril, quinze ans après l'occupation de Stuttgart par les troupes françaises. Il indiqua dans son discours de bienvenue que cela montrait bel et bien quels progrès avaient été faits depuis dans le rapprochement entre les deux nations.[30]

En juin 1961, c'est une délégation composée de conseillers municipaux strasbourgeois qui fit le déplacement à Stuttgart avec, à sa tête, le maire Pflimlin. Il y eut des représentations du Théâtre Municipal de Strasbourg à Stuttgart et de la Staatsoper Stuttgart à Strasbourg. Les deux côtés avaient à cœur de créer une relation stable fondée sur une réelle confiance et un sentiment mutuel d'amitié. Les représentants stuttgartois furent eux aussi plusieurs fois en visite dans la ville alsacienne sur les rives du Rhin. Klett et Pflimlin profitaient de ces occasions pour s'installer dans les *winstub* de la ville et discuter des détails de ce projet de jumelage.

Le jumelage entre Stuttgart et Strasbourg fut scellé le 26 mai 1962 dans la grande salle des séances de la mairie de Stuttgart dans le cadre d'une semaine franco-allemande. Parmi les témoins et invités d'honneur se trouvaient l'ambassadeur français Seydoux de Clausonne, le ministre-président du Bade-Wurtemberg Kurt-Georg Kiesinger ainsi que l'ancien président allemand Theodor Heuss. Il est stipulé dans l'acte officiel, qu'avec ce jumelage s'exprime la volonté « de fortifier l'amitié entre ces deux peuples voisins et de contribuer en même temps à une Europe libre et pacifiée. »[31]

La relation entre Arnulf Klett et Pierre Pflimlin resta toujours faite de proximité et d'amitié. Lors des festivités du 20ème anniversaire de ce jumelage en 1982, le conseil municipal de Stuttgart nomma Pierre Pflimlin Citoyen d'Honneur de la capitale du Bade-Wurtemberg. Un exemple illustrant cette bonne entente entre les deux villes est le fait qu'en 1965, la statue de Jeanne d'Arc que les nazis avaient renversée de son socle en 1940 à Strasbourg fut restaurée grâce, notamment, à des fonds provenant de Stuttgart – un acte très concret de réparation des faits passés.[32]

En reconnaissance de leurs mérites pour l'unification européenne, les villes de Strasbourg et Stuttgart, ainsi que Ludwigsburg et Montbéliard et d'autres communes françaises et allemandes reçurent le 20 mars 1975 au Palais du Luxembourg à Paris des mains du président de Sénat Alain Poher le « Prix France – Allemagne ».

En l'honneur des 25 ans du jumelage, une étape du Tour de France fit passer les cyclistes en 1987 par Stuttgart et Strasbourg. Dans une interview menée dans le cadre de cet anniversaire, l'adjoint au maire de Strasbourg Raymond Leissner affirma qu'il s'agissait d'un jumelage exemplaire et le maire de Stuttgart, Manfred Rommel, d'ajouter que les relations très proches et amicales avec Strasbourg ne se différenciaient en rien des contacts que pouvait avoir Stuttgart avec des villes allemandes et étaient particulièrement intensives à tous les niveaux.[33] La cérémonie officielle eut lieu, cette année-là, le 27 octobre à Strasbourg au Palais de la Musique et des Congrès. Le maire Marcel Rudloff y affirma que ce jumelage dépassait de loin le stade d'un partenariat formel.

En 1988 l'on remit aux deux villes en même temps à Strasbourg le Prix européen de l'Environnement et quelques jours plus tard Stuttgart livra 3.000 arbres et arbustes qui furent plantés à Strasbourg le long de la plaine du Rhin.

Le 26 mai 1992, les deux maires Manfred Rommel et Catherine Trautmann, signèrent un nouvel acte officiel de jumelage. Ils y affirmaient notamment qu'au vu des bouleversements majeurs en Europe actuellement, le jumelage entre Stuttgart et Strasbourg était un garant essentiel de stabilité et un exemple pour d'autre villes d'Europe centrale et orientale. Catherine Trautmann déclara à cette époque que l'amitié entre les deux villes allait de soi et que les attentes de 1962 avaient été plus que comblées. Ce n'était pas là une exagération car à cette époque entre 3.000 et 4.000 habitants de Stuttgart et de Strasbourg étaient en contact direct à tous les niveaux politiques et de la société. Plus de 60 associations et organisations avaient des échanges réguliers.

Il avait été décidé depuis longtemps déjà de donner à une place au cœur de Stuttgart le nom de la ville jumelée en France. L'on avait à cet effet choisi un espace libre situé au-dessus de la future nouvelle gare « Stuttgart 21 ». Le « Straßburger Platz » avait déjà reçu son nom de baptême en 2007 alors que l'aménagement

Les jumelages franco-allemands entre le Wurtemberg
Harald Schukraft

4   Festakt im Rahmen der Partnerschaft zwischen Straßburg und Stuttgart 1962 im Großen Sitzungssaal des Stuttgarter Rathauses: (v. links) Ministerpräsident Georg Kiesinger, der französische Botschafter François Seydoux, Oberbürgermeister Arnulf Klett, Bürgermeister Pierre Pflimlin aus Straßburg und Altbundespräsident Theodor Heuss.

Cérémonie à l'occasion du jumelage entre Strasbourg et Stuttgart tenue en 1962 dans la grande salle des séances de la mairie de Stuttgart : (de gauche à droite) le ministre-président du Bade-Wurtemberg Georg Kiesinger, l'ambassadeur français François Seydoux, les maires Arnulf Klett et Pierre Pflimlin et l'ancien président fédéral d'Allemagne Theodor Heuss.

ne serait terminé au plus tôt qu'en 2025. Lorsqu'à l'automne 2017 il fut décidé de rebaptiser le Straßburger Platz en « Manfred-Rommel-Platz », l'on craignit une irritation majeure du côté de Strasbourg, même si le maire Fritz Kuhn fit personnellement le déplacement à Strasbourg pour expliquer les raisons de ce revirement. La ville jumelée se montra compréhensive face aux arguments avancés par Kuhn. Depuis, les habitants de Stuttgart attendent avec impatience comment le nom de Strasbourg sera à l'avenir intégré dans le paysage urbain de Stuttgart.

Les festivités se tinrent de nouveau à Stuttgart à l'occasion du 60ème anniversaire du jumelage en 2022. Une délégation de haut rang avec à sa tête la maire Jeanne Barseghian arriva fin mars pour deux jours à Stuttgart et y fut accueillie par le maire Frank Nopper. Des entretiens de fond se déroulèrent au sujet de la protection du climat et les évolutions en cours en matière d'énergie et d'urbanisme. Au centre de la future coopération devraient être placés le renforcement des échanges pour la jeunesse ainsi qu'une participation plus active des jeunes générations. Les deux maires inaugurèrent notamment dans le quartier de Bad Cannstatt un « coteau de Strasbourg » (« Straßburg-Weinberg ») avec 500 ceps de riesling provenant d'Alsace et donnèrent à une voiture du tram le nom de la capitale alsacienne. La visite de Frank Nopper à Strasbourg eut lieu, elle, au mois de mai suivant.

Le jumelage est encore vivant et régulièrement entretenu. Aujourd'hui, c'est surtout l'échange de savoirs au sujet de questions et de problèmes actuels qui est au centre de cet échange. Le contact entre les habitants a cependant diminué. Alors que Stuttgart est jumelée avec dix villes réparties sur quatre continents, Strasbourg n'est jumelée qu'avec cinq villes. Mais Strasbourg a fixé des thèmes précis que la ville souhaite aborder avec ses villes partenaires, dans le cas de Stuttgart les programmes d'échange pour la jeunesse. Pour les deux villes il s'agit dans ce cas de la ville jumelée la plus proche géographiquement parlant – une condition préalable importante pour garantir un échange intensif.

Les trois jumelages entre le Wurtemberg, l'Alsace et la Porte de Bourgogne étaient tous voués dès le départ à la réconciliation entre la France et l'Allemagne. Chacun de ces trois jumelages a cependant pris un chemin original et s'est fait une place plus ou moins importante dans la vie de la commune. Tous ces jumelages ont en commun jusqu'à aujourd'hui de se fonder sur l'échange humain et personnel afin que l'espoir des pères fondateurs reste aussi à l'avenir une réalité, à savoir entretenir l'amitié et surmonter l'ancienne inimitié.

1 10 Jahre Internationale Bürgermeister-Union für deutsch-französische Verständigung und europäische Zusammenarbeit, IX. Internationaler Bürgermeister-Kongress 12.–13. Mai 1958 in Freudenstadt, p. 7. Au sujet de la fondation de l'UIM et de son évolution voir Engelhardt 1981.
2 Haufler 1971, p. 59.
3 Les débuts de cette histoire sont évoqués en détail dans Bautz 2002, p. 47 sq.
4 Pfundheller 2014, p. 48 sq.
5 Bautz 2002, p. 51 sq.
6 Pacchiano 2010, p. 225 sq.
7 Mirek 1984, p. 217 sq.
8 StadtA Ludwigsburg, Akte Hauptamt. Montbéliard 1950–1965.
9 StadtA Ludwigsburg, Sign. II Kro, Magisterarbeit Krausfoth p. 29 sq.
10 Cf. cat. VI.7.
11 Schöllkopf 2013, p. 13.
12 Ibid., p. 16 et Schmierer 1999, p. 461.
13 StadtA Ludwigsburg, Bestand SO 3.3.3. (article de la Stuttgarter Zeitung du 24.7.2000, p. 6).
14 StadtA Ludwigsburg, Bestand SO 3.3.3. (article de la Ludwigsburger Kreiszeitung du 19.6.2000, p. 3).
15 StadtA Ludwigsburg, Bestand SO 3.3.3. (article de la Stuttgarter Zeitung du 14.9.2000, p. 24).
16 StadtA Ludwigsburg, Bestand SO 3.3.3. (article de la Stuttgarter Zeitung du 20.12.2000, p. 23; Ludwigsburger Kreiszeitung du 20.12.2000, p. 3).
17 Voir à ce sujet « La pièce d'archive du mois » de novembre 2021 aux archives municipales de Weil der Stadt : https://www.weil-der-stadt.de/de/Keplerstadt/Stadtarchiv/Archivale-des-Monats/Archivale-des-Monats?view=publish&item=article&id=3003 (vu le 15.9.2023).
18 StadtA Weil der Stadt, Akten II, Az. 1035 (tous les détails qui suivent dans le texte furent tirés de ces documents d'archives).
19 Ris-Orangis ne se jumela pas avant l'an 2000 avec une autre ville. La ville de Ris-Orangis est maintenant jumelée avec Salfit en Cisjordanie et avec Tel Mond en Israël.
20 Krauskopf 2006, p. 182 sq.
21 StadtA Weil der Stadt, Akten II, Az. 1035.
22 StadtA Weil der Stadt, GR-Protokoll vom 19. Oktober 1960, § 255.
23 StadtA Weil der Stadt GR-Protokoll vom 26. Oktober 1960. § 258.
24 Les festivités sont décrites en détail dans « Le Nouveau Rhin Français » (17e année), n° 226 du 26 septembre 1961, ainsi que dans le « Wochenblatt für Weil der Stadt und Umgebung » (124e année) du 30 septembre 1961 (StadtA Weil der Stadt, Akten II, Az. 1035). Cf. cat. VI.1.
25 Voir à ce sujet « La pièce d'archive du mois » d'octobre 2021 aux archives municipales de Weil der Stadt : https://www.weil-der-stadt.de/de/Keplerstadt/Stadtarchiv/Archivale-des-Monats/Archivale-des-Monats?view=publish&item=article&id=2952 (vu le 15.9.2023).
26 StadtA Weil der Stadt, GR-Protokoll vom 30. März 1982, § 7.
27 Laszlo 1982.
28 Le jumelage avec Bra fut scellé en novembre 2001.
29 À ce sujet et pour ce qui suit voir les documents et articles de journaux conservés aux archives municipales de Stuttgart dans le fonds A 10.6.
30 Haufler 1971, p. 60.
31 Cf. cat. VI.12.
32 Bulletin officiel de la ville de Stuttgart du 28.5.1965.
33 Cannstatter Zeitung du 23/24.5.1987.

Katalog / *Catalogue*

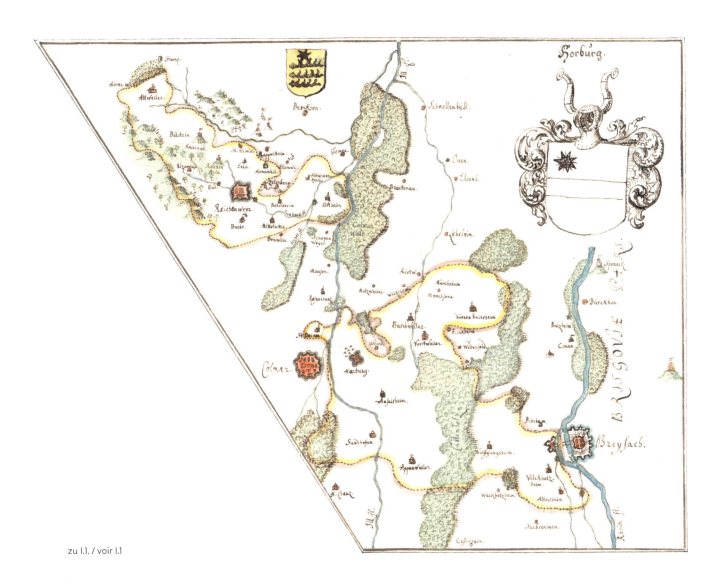

zu I.1. / voir I.1

I. Herrschaft und Territorium
Pouvoir souverain et territoire

Im Jahr 1324 erwarb Graf Ulrich III. von Württemberg die Grafschaft Horburg und die Herrschaft Reichenweier. Der Kauf dieser wichtigen Territorien westlich des Rheins stellte den Anfang einer langen historischen Verbindung zwischen Württemberg und dem Elsass dar. Den aufstrebenden württembergischen Grafen gelang es, den neuerworbenen Besitz gegen mächtige Nachbarn dauerhaft zu behaupten.

Durch die Verheiratung von Graf Eberhard IV. mit Henriette von Mömpelgard gelangte 1397 auch die mächtige Grafschaft Mömpelgard an der Burgundischen Pforte in württembergischen Besitz. Dort sollte sich der herrschaftliche Schwerpunkt bald konzentrieren. Für das Haus Württemberg boten die linksrheinischen Territorien im Elsass und um Mömpelgard enge Kontakte mit Frankreich und Burgund und ein gesteigertes herrschaftliches Prestige.

En 1324, le comte Ulrich III de Wurtemberg fit l'acquisition du comté de Horbourg et de la seigneurie de Riquewihr. L'achat de ces territoires situés à l'ouest du Wurtemberg par-delà le Rhin marqua le début d'une longue alliance historique entre le Wurtemberg et l'Alsace. Les ambitieux comtes de Wurtemberg parvinrent à conserver durablement ces nouvelles possessions face à leurs puissants voisins.

Grâce à l'union entre le comte Eberhard IV et Henriette de Montbéliard, l'influent comté de Montbéliard à la Porte de Bourgogne devint également une possession wurtembergeoise. C'est ici que le centre du pouvoir se concentra bientôt. Les territoires situés sur la rive gauche du Rhin et autour de Montbéliard permirent à la maison de Wurtemberg de nouer des liens étroits avec la France et la Bourgogne, ce qui lui procura un prestige supplémentaire.

I. Herrschaft und Territorium

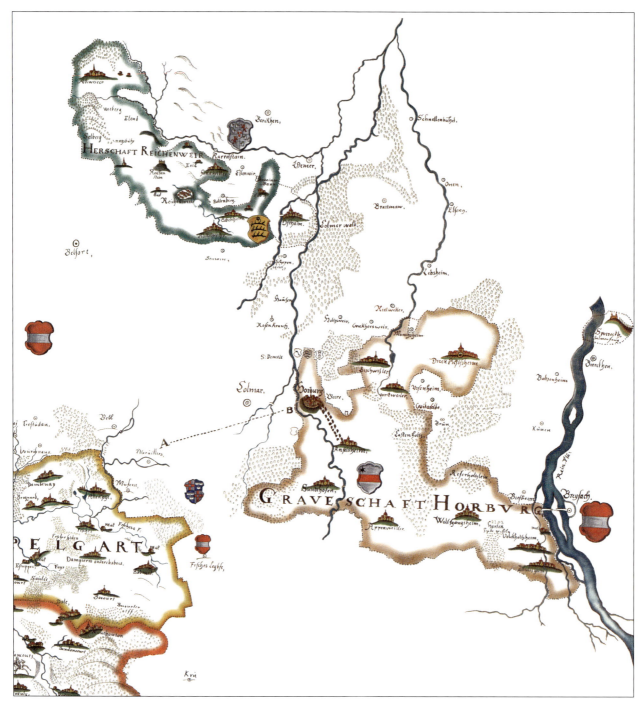

I.1

I.1 Die Landtafel von Mömpelgard

1616
Karte der gefürsteten Grafschaft Mömpelgard
von Heinrich Schickhardt
Reproduktion 1997, 65 x 75 cm, Maßstab ca. 1:56.000
(mit Ausschnitt aus ADHR Colmar 17 J 5)
Ausgestellt: Reproduktion

1616 fertigte der Architekt Heinrich Schickhardt eine Karte des Fürstentums Mömpelgard an, in die auch die Grafschaft Horburg und die Herrschaft Reichenweier eingezeichnet waren. Die Karte ist im Original verloren. Aus alten Fotografien von 1894 und wenigen Beschreibungen wurde die Karte 1997 rekonstruiert. Eine Nachzeichnung aus dem 18. Jahrhundert zeigt separat nur den Ausschnitt der Grafschaft Horburg und der Herrschaft Reichenweier.

Lit.: Carte de Montbéliard 1997; Jordan 1997, S. 8; Rückert 2000, S. 12 f.

EF

I.1 Carte de Montbéliard

1616
Carte du comté princier de Montbéliard
par Heinrich Schickhardt
Reproduction de 1997, 65 x 75 cm, échelle 1:56.000
(avec l'extrait tiré de ADHR Colmar 17 J 5)
En exposition : reproduction

En 1616, l'architecte Heinrich Schickhardt réalisa une carte de la principauté de Montbéliard, où apparaissent également le comté de Horbourg et la seigneurie de Riquewihr. L'original a disparu. La carte a été reconstituée en 1997 à l'aide d'anciennes photographies datant de 1894 et grâce à quelques rares descriptions. Une copie datant du XVIIIe siècle montre séparément et uniquement l'extrait correspondant au comté de Horbourg et à la seigneurie de Riquewihr.

Bibl.: Carte de Montbéliard 1997; Jordan 1997, p. 8; Rückert 2000, p. 12 sq.

EF

I.2 Württemberg erwirbt die Grafschaft Horburg mit Reichenweier

1332 Dezember 13, Stuttgart
Vidimus, Pergament, 28,1 x 26,5 cm
Paris, Archives nationales, K 2316, liasse 2 Nr. 4
(Abb. S. 27)

Am 7. Dezember 1324 verkaufen die beiden Brüder Walther und Burchard von Horburg ihren umfangreichen Besitz an Graf Ulrich III. von Württemberg für insgesamt 4.400 Mark Silber. Neben der Herrschaft Horburg, der Grafschaft Witckisau (*Witckisowe*) und dem Landgericht im Leimental gehören dazu auch die Stadt Reichenweier, Burg und Stadt Zellenberg und die Burg Bilstein. Die Urkunde über den Verkauf wird in Reichenweier ausgefertigt, hat sich jedoch nicht erhalten. Als sich der Besitzübergang an Württemberg verzögert, bestätigt Johann von Rappoltstein einige Jahre später in Stuttgart die frühere Urkunde mit dem vorliegenden Vidimus.

Lit.: Rub 1, S. 277 f. Nr. 379; s. Beitrag Frauenknecht.

EF

I.2. Le Wurtemberg fait l'acquisition du comté de Horbourg avec Riquewihr

1332 décembre 13, Stuttgart
Vidimus, parchemin, 28,1 x 26,5 cm
Paris, Archives nationales, K 2316, liasse 2 n° 4
(ill. p. 27)

Le 7 décembre 1324, les deux frères Walter et Burkart de Horbourg vendirent leurs vastes possessions au comte Ulrich III de Wurtemberg pour la somme de 4.400 marks d'argent. En plus de la seigneurie de Horbourg, du comté de Witkisaue (*Witckisowe*) et de la juridiction dans le Leimental, ce dernier acquit ainsi également la ville de Riquewihr, la ville et le château de Zellenberg, tout comme le château de Bilstein. L'acte d'achat fut établi à Riquewihr mais n'a pas été conservé. Jean de Ribeaupierre confirma quelques années plus tard cet acte à Stuttgart par le biais de ce vidimus, car la remise des territoires dans les mains du Wurtemberg avait été retardée.

Bibl.: Rub 1, p. 277 sq. n° 379; voir la contribution de Frauenknecht.

EF

I. Herrschaft und Territorium

I.3 Die württembergische Herrschaftsarrondierung im Elsass

1328 Juni 9, Reichenweier
Ausfertigung, Pergament, 15,5 x 26,5 cm
1 anhängendes Siegel
Paris, Archives nationales, K 2316, liasse 2 Nr. 2

Mit dieser in Reichenweier ausgestellten Urkunde überlässt Burchard von Horburg auch die Dörfer Sundhofen, Wolfgantzen und Volgelsheim dem württembergischen Grafen Ulrich. Die Lage der Dörfer wird präzise angegeben (*Sunthoven, Wolfgangeschen, das zwuschent Colmer und der Brisah lit, Volgoxhem, das Brisah der bruggen aller nehst lit*). Mit dem Erwerb dieser drei Dörfer stärkt Württemberg seine Präsenz südöstlich von Colmar nachdrücklich, mit einer deutlichen territorialen Ausrichtung auf den Rheinübergang bei Breisach.

Lit.: s. Beitrag Frauenknecht.

EF

I.3 Arrondissement du territoire wurtembergeois en Alsace

1328 juin 9, Riquewihr
Exemplaire du destinataire, parchemin,
15,5 x 26,5 cm
1 sceau appendu
Paris, Archives nationales, K 2316, liasse 2 n° 2

Dans cet acte établi à Riquewihr, Burkart de Horbourg cède également les villages de Sundhoffen, Wolfgantzen et Volgelsheim au comte Ulrich de Wurtemberg. La localisation de ces villages est indiquée de manière précise (*Sunthoven, Wolfgangeschen, das zwuschent Colmer und der Brisah lit, Volgoxhem, das Brisah der bruggen aller nehst lit* / « Sundhoffen, Wolfgantzen, qui se situe entre Colmar et Brisach, Volgelsheim qui se situe non loin de Brisach et de son pont »). Grâce à l'acquisition de ces trois villages, le Wurtemberg put renforcer avec détermination sa présence au sud-est de Colmar, confirmant ainsi une orientation claire en direction du passage sur le Rhin au niveau de Brisach.

Bibl.: voir la contribution de Frauenknecht.

EF

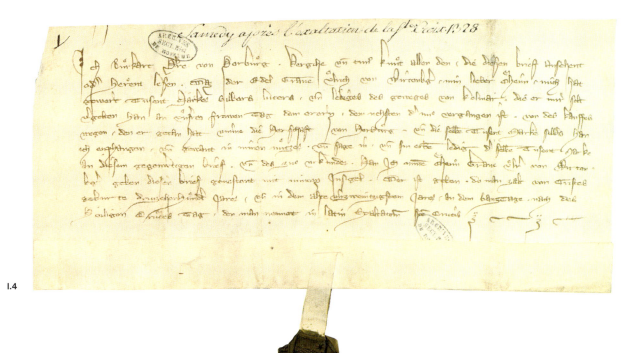

I.4

I.4 Burchard von Horburg quittiert einen Teil des Kaufpreises

1328 September 17, [ohne Ort]
Ausfertigung, Pergament, 11,5 x 26 cm
1 anhängendes Siegel
Paris, Archives nationales, K 2316, liasse 2 Nr. 1

Burchard von Horburg bestätigt die Zahlung von 1.000 Mark Silber, die er vom württembergischen Grafen Ulrich als Teil der Kaufsumme an der Herrschaft Horburg erhalten hatte. Ob sich diese Quittung nur auf den letzten Teil des Kaufes bezieht, bleibt offen (s. I.3). Auffallend ist jedenfalls, dass für die beiden kurz nacheinander ausgefertigten Urkunden zwei verschiedene Schreiber tätig wurden, und Burchard dabei auch zwei unterschiedliche Siegel verwendet.

Lit.: s. Beitrag FRAUENKNECHT.

EF

I.4 Burkart de Horbourg accuse réception d'une partie du prix de vente

1328 septembre 17, [sans indication de lieu]
Exemplaire du destinataire, parchemin, 11,5 x 26 cm
1 sceau appendu
Paris, Archives nationales, K 2316, liasse 2 n° 1

Burkart de Horbourg confirme le versement de 1.000 marks d'argent et donc d'une partie de la somme que lui devait le comte wurtembergeois Ulrich pour l'achat de la seigneurie de Horbourg. Il n'est pas certain si cette quittance se rapporte au dernier versement d'une partie du prix de vente (cf. I.3). Il est cependant clair que les deux actes établis peu de temps l'un après l'autre furent mis sur papier par deux secrétaires différents et que Burkart se servit à cet effet de deux sceaux différents.

Bibl.: voir la contribution de FRAUENKNECHT.

EF

I.5 Das Erbe der Grafen von Pfirt

1589, Straßburg
Daniel Specklin: Architectura von Vestungen
Kolorierte Zeichnung, Papier, 15,8 x 16,5 cm
Ausgestellt: Reproduktion (vergrößert)

Die Grafen von Pfirt spielten eine wichtige herrschaftspolitische Rolle im mittelalterlichen Elsass, vor allem im Sundgau. Als sie 1324 in männlicher Linie ausstarben, gelangte ihre Grafschaft an das Haus Habsburg. Da Herzog Albrecht II. von Habsburg (1298–1358) mit Johanna († 1351), einer Tochter des letzten Pfirter Grafen, verheiratet war, konnte er deren Herrschaft übernehmen.
Die mächtige Wehrhaftigkeit der Burg Pfirt beeindruckte später noch den elsässischen Festungsbaumeister Daniel Specklin (1536–1589), wie die preziöse Darstellung in seinem Hauptwerk von 1589 verdeutlicht.

Lit.: Wilsdorf 1991; Fitzner 2010, S. 130.

EF

I. 5 L'héritage des comtes de Ferrette

1589, Strasbourg
Daniel Specklin: Architectura von Vestungen
Dessin colorié, papier, 15,8 x 16,5 cm
En exposition : reproduction (agrandie)

Les comtes de Ferrette jouèrent un rôle politique majeur dans l'Alsace médiévale, surtout dans le Sundgau. Lorsque la ligne masculine s'éteignit en 1324, le comté revint aux Habsbourg. Le duc Albert II de Habsbourg (1298-1358) avait épousé Jeanne († 1351), une fille du dernier comte de Ferrette, ce qui lui permit d'hériter du comté. Les fortifications du château de Ferrette impressionnèrent encore des siècles plus tard l'ingénieur alsacien Daniel Specklin (1536-1589), comme le prouve la représentation très détaillée qu'il en fit dans son œuvre majeure datant de 1589.

Bibl. : Wilsdorf 1991; Fitzner 2010, p. 130.

EF

I.5

I.6 Le « Perceval de Ribeaupierre »

1331-1336, Alsace (probablement Strasbourg)
Manuscrit, parchemin, 320 feuilles, 39,0 x 26,7 cm
BLB Karlsruhe, Cod. Donaueschingen 97, fol. 115 v
En exposition : reproduction

Les seigneurs de Ribeaupierre, des nobles libres, étaient les voisins directs de la seigneurie de Riquewihr. En sa qualité de tuteur du fils encore mineur de Burkart de Horbourg, Jean de Ribeaupierre (1298-1335) fit établir un vidimus de l'acte de vente de 1324 (cf. I.2). Sa famille s'avéra être plus tard à plusieurs reprises un allié important tant pour les Habsbourg que pour les comtes de Wurtemberg. Les seigneurs de Ribeaupierre entretenaient également des liens étroits avec d'autres seigneurs et villes libres d'Empire en Alsace et se firent remarquer dans le domaine culturel : Ulrich de Ribeaupierre fit ainsi commande du « Perceval de Ribeaupierre », une compilation majeure du « Perceval » de Wolfram d'Eschenbach, tout comme d'autres œuvres lyriques.

Bibl.: RUB 1, p. XIII; Obhof 2009, p. 374.

EF

I.6

I.6 Der „Rappoltsteiner Parzifal"

1331–1336, Elsass (wohl Straßburg)
Handschrift, Pergament, 320 Bll., 39,0 x 26,7 cm
BLB Karlsruhe, Cod. Donaueschingen 97, fol. 115 v
Ausgestellt: Reproduktion

Das edelfreie Geschlecht der Herren von Rappoltstein war unmittelbarer Nachbar der Herrschaft Reichenweier. In seiner Funktion als Vormund des unmündigen Sohnes Burchards von Horburg vidimierte Johannes von Rappoltstein (1298–1335) den Kaufvertrag von 1324 (s. I.2), später stellte die Familie immer wieder wichtige Parteigänger sowohl für die Habsburger als auch für die Grafen von Württemberg. Die Herren von Rappoltstein unterhielten aber auch zu anderen Fürsten und zu den Reichsstädten im Elsass enge Verbindungen und traten kulturell besonders hervor: Als Auftraggeber des sogenannten „Rappoltsteiner Parzifal", einer wichtigen Kompilation des „Parzival" Wolframs von Eschenbach und weiterer Dichtungen, wird hier Ulrich von Rappoltstein genannt.

Lit.: RUB 1, S. XIII; OBHOF 2009, S. 374.

EF

I.7

I.7 Der Konflikt mit dem Bischof von Straßburg

1329 Oktober 14, Tübingen
Ausfertigung, Pergament, 19,2 x 36,5 cm
HStAS A 602 Nr. 6342
2 anhängende Siegel

Um die Güter, die Graf Ulrich von Württemberg den Herren von Horburg 1324 abgekauft hatte, entbrannte bald ein heftiger Streit mit dem Straßburger Bischof, da einige Güter zuvor als Lehen des Hochstifts Straßburg galten. Diese Lehen beanspruchte Bischof Berthold, darunter die Orte Bennwihr, Eguisheim und Zellenberg sowie weitere Rechte, die jeweils einem der Horburger Brüder zugeschrieben waren. Der Straßburger Bischof sichert nun im Gegenzug Graf Ulrich den ungeschmälerten Besitz der restlichen Herrschaft Horburg zu. Dennoch sollte daraus eine längere Fehde erwachsen, die erst 1336 endgültig ausgesöhnt werden konnte.

Lit.: Schöntag 1997, S. 29; Jordan 1997, S. 9; s. Beitrag Frauenknecht.

CE

I.7 Le conflit avec l'évêque de Strasbourg

1329 octobre 14, Tübingen
Exemplaire du destinataire, parchemin,
19,2 x 36,5 cm
HStAS A 602 Nr. 6342
2 sceaux appendus

Un violent conflit éclata avec l'évêque de Strasbourg au sujet des domaines que le comte Ulrich de Wurtemberg avait rachetés aux seigneurs de Horburg en 1324, car certaines de ces terres avaient auparavant été considérées comme des fiefs de la principauté ecclésiastique de Strasbourg. Ces fiefs furent revendiqués par l'évêque Berthold, notamment les localités de Bennwihr, Eguisheim et de Zellenberg ainsi que d'autres droits qui avaient été attribués à un des deux frères horbourgeois. En contrepartie, l'évêque de Strasbourg assure ici au comte Ulrich le droit de possession incontesté pour le reste de la seigneurie de Horbourg. Il en résulta cependant un conflit prolongé qui ne sera réglé qu'en 1336.

Bibl.: Schöntag 1997, p. 29; Jordan 1997, p. 9; cf. la contribution de Frauenknecht.

CE

I.8 Die lothringische Heirat des Hauses Württemberg

1353 Juni 25, Straßburg
Ausfertigung, Pergament, 30,5 x 55,7 cm
3 anhängende Siegel
HStAS A 602 Nr. 21

Die elsässischen Besitzungen spielten für die dynastischen und politischen Verbindungen der Württemberger bald eine wichtige Rolle. Durch sie gerieten die Grafen auch ins Blickfeld der mächtigen Herzöge von Lothringen. Im Sommer 1353 gelang es, sogar eine gemeinsame Eheverbindung einzugehen: Sophie von Württemberg, die Enkelin Graf Ulrichs III., wurde mit Herzog Johann von Lothringen verlobt; die Heirat fand dann einige Jahre später statt. Bilstein, Horburg, Reichenweier und Witckisau dienten dabei als Pfandgut für die württembergische Mitgift, wie deren Widerlegung durch die Herzogin Maria von Lothringen zeigt.

Lit.: Reichenmiller 1967, S. 1 f.; Heinz 1973, S. 105–107.

SH

I.8 Le mariage lorrain de la maison de Wurtemberg

1353 juin 25, Strasbourg
Exemplaire du destinataire, parchemin, 30,5 x 55,7 cm
3 sceaux appendus
HStAS A 602 Nr. 21

Les possessions alsaciennes jouèrent bientôt un rôle important pour les relations dynastiques et politiques de la maison de Wurtemberg. Elles permirent également aux comtes de se faire remarquer par les puissants ducs de Lorraine. Ils parvinrent même à sceller une union durant l'été 1353 : Sophie de Wurtemberg, la petite-fille du comte Ulrich III, fut fiancée au duc Jean de Lorraine ; le mariage fut célébré quelques années plus tard. Bilstein, Horbourg, Riquewihr et Witkisau furent mis en gage pour la dot wurtembergeoise comme le prouve la contrepartie à cette dot proposée par la duchesse Marie de Lorraine.

Bibl.: Reichenmiller 1967, p. 1 sq.; Heinz 1973, p. 105–107.

SH

I.9 Der Heiratsvertrag für Graf Eberhard IV. und Henriette von Mömpelgard

1397 November 13, Mömpelgard
Ausfertigung, Pergament, 55 x 50 cm
9 anhängende Siegel, davon 4 verloren
HStAS A 602 Nr. 36
(Abb. S. 29)

Den Grafen von Württemberg sollte bald ein großer herrschaftspolitischer Coup jenseits des Rheins gelingen: Graf Eberhard III. (der Milde) und Graf Heinrich von La Roche als Administrator der Grafschaft Mömpelgard (Montbéliard) verloben den minderjährigen Sohn Eberhards, Graf Eberhard IV. (1388–1419), mit Gräfin Henriette von Mömpelgard (nach 1383–1444). Als Mitgift brachte Henriette, die älteste Erbtochter der Grafen von Mömpelgard, fast die gesamte Grafschaft Mömpelgard in die zukünftige Ehe ein. Der Württemberger widerlegte die reiche Mitgift mit Einkünften auf Schloss und Stadt Tübingen. Mit diesem Heiratsvertrag sollte die weitreichende und bedeutsame Verbindung der Grafschaft Mömpelgard mit Württemberg beginnen und die territorialpolitische Entwicklung im Elsass flankieren.

Lit.: Breyvogel 1999, S. 50 f.; Rückert 2000, S. 23.

EF

I.9 Contrat de mariage entre le comte Eberhard IV et Henriette de Montbéliard

1397 novembre 13, Montbéliard
Exemplaire du destinataire, parchemin, 55 x 50 cm
9 sceaux appendus, dont 4 ont aujourd'hui disparu
HStAS A 602 Nr. 36
(ill. p. 29)

Les comtes de Wurtemberg réussirent bientôt un grand coup politique au-delà du Rhin : le comte Eberhard III (« le Clément ») et le comte Henri de La Roche, administrateur du comté de Montbéliard, fiancèrent le fils mineur d'Eberhard, le futur Eberhard IV (1388-1419) avec la comtesse Henriette de Montbéliard (après 1383-1444). Henriette, héritière des comtes de Montbéliard, apporta comme dot dans le futur mariage quasiment la totalité du comté de Montbéliard. Le comte de Wurtemberg donna de son côté en contrepartie de cette généreuse dot les revenus du château et de la ville de Tübingen. Ce contrat de mariage marqua le début de l'important et durable lien entre le comté de Montbéliard et le Wurtemberg et fournit le cadre du développement de la politique territoriale du Wurtemberg en Alsace.

Bibl. : Breyvogel 1999, p. 50 sq.; Rückert 2000, p. 23.

EF

I.10 Graf Eberhard IV. und Henriette von Mömpelgard im Chor der Tübinger Stiftskirche

[Um 1477], Straßburg
Glasmalerei im Chor der Stiftskirche Tübingen, 85 x 44 cm bzw. 84,5 x 45 cm
Corpus Vitrearum Deutschland
Ausgestellt: Reproduktionen

Auf den Glasfenstern im Chor der Tübinger Stiftskirche ließ Graf Eberhard V. von Württemberg in einer repräsentativen Gedächtnisstiftung seine Vorfahren darstellen. Der Auftrag hierfür ging an eine kunstfertige Straßburger Werkstatt. Auch seine Großeltern, Graf Eberhard IV. und Henriette von Mömpelgard, sind hier als Stifterpaar in betender

I.10 Le comte Eberhard IV et Henriette de Montbéliard dans le chœur de l'église collégiale de Tübingen

[Vers 1477], Strasbourg
Peinture sur verre dans le chœur de l'église collégiale de Tübingen, 85 x 44 cm et 84,5 x 45 cm
Corpus Vitrearum Deutschland
En exposition: reproductions

Le comte Eberhard V de Wurtemberg fit commander, à des fins de représentation, une œuvre commémorative destinée à perpétuer la mémoire de ses ancêtres sur les vitraux du chœur de l'église collégiale de Tübingen. Il en chargea un atelier de renom établi à Strasbourg. Ses grands-parents, le comte Eberhard IV et Henriette de Montbéliard y sont

I. Pouvoir souverain et territoire

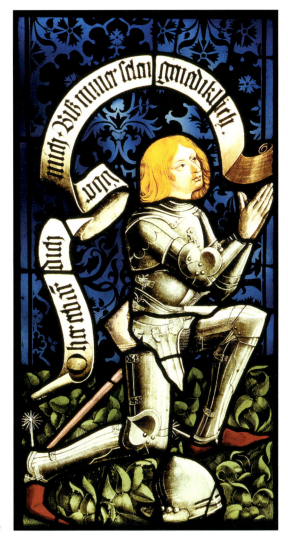

I.10

Haltung dargestellt: Eberhard als Ritter mit roten Schnabelschuhen, Henriette in einen prächtigen Damastmantel mit grünem Gürtel gekleidet. Beide Darstellungen werden begleitet von Spruchbändern, die Christus und Maria um deren Seelenheil bitten.

Lit.: Becksmann 1986, S. 292 f., Nr. 4 a und 4 c.

EF

également représentés en couple de donateurs en prière : Eberhard en chevalier avec des poulaines rouges, Henriette vêtue d'un somptueux manteau de damas avec une ceinture verte. Les deux représentations sont accompagnées de banderoles portant des formules invoquant le Christ et la Vierge et priant pour le salut du couple.

Bibl.: Becksmann 1986, p. 292 sq., n° 4 a et 4 c.

EF

I.11 Ein Hochzeitsbild von Graf Eberhard IV. und Henriette von Mömpelgard

[1605–1608]
Stuttgarter Hofmaler
Ölmalerei auf Leinwand, 58 x 91,5 cm
Landesmuseum Württemberg, Inv. Nr. 2004–256
(Abb. S. 36)

Die folgenschwere Heirat Graf Eberhards IV. von Württemberg mit Henriette von Mömpelgard wurde auch 200 Jahre später noch ins Bild gesetzt: Im Zentrum stehen hier die Brautleute. Sie reichen einander die rechte Hand und erklären damit ihr Einverständnis; ein Bischof segnet ihre Geste und bestätigt damit den Rechtsakt der Eheschließung. Graf Eberhard IV. und Henriette von Mömpelgard sind an den ihnen zugeordneten Wappen zu erkennen – den württembergischen Hirschstangen und den Mömpelgarder Barben. Der Teppich, auf dem sie stehen, ist mit heraldischen Lilien geschmückt, die auf die Wappenblumen der französischen Könige anspielen und damit auf den prestigeträchtigen Erwerb des Herzogtums Alençon, das Herzog Friedrich I. von Württemberg im Jahr 1605 erhalten hatte.
Herzog Friedrich I. gilt auch als Auftraggeber dieses Gemäldes. Er hatte von Mömpelgard aus 1593 die Herrschaft in Stuttgart angetreten und damit das Kernland wieder mit den linksrheinischen Gebieten vereinigt – eine Verbindung, die durch die Hochzeit seiner Vorfahren ermöglicht worden war.

Lit.: Fischer 2010; Landesmuseum Württemberg 2012, S. 174.

APS

I.11 Représentation du mariage du comte Eberhard IV et d'Henriette de Montbéliard

[1605-1608]
Peintre de la cour de Stuttgart
Huile sur toile, 58 x 91,5 cm
Landesmuseum Württemberg, n° d'inv. 2004-256
(ill. p. 36)

L'union lourde de conséquences entre le comte Eberhard IV de Wurtemberg et Henriette de Montbéliard fut encore mise en image 200 ans plus tard avec, au centre, les époux. Ils se tendent la main droite et signalent ainsi leur accord ; un évêque bénit ce geste et confirme ainsi l'acte juridique du mariage. Le comte Eberhard IV et Henriette de Montbéliard sont identifiables grâce aux armoiries qui leur sont attribuées – les bois de cerf du Wurtemberg et les barbeaux de Montbéliard. Le tapis sur lequel ils se trouvent est décoré de lys – une référence à la fleur que portent les armes royales françaises et un rappel de l'acquisition du prestigieux duché d'Alençon en 1605 par le duc Frédéric Ier de Wurtemberg.
Le duc Frédéric Ier est également considéré comme étant celui qui a fait commande de ce tableau. Il avait, depuis Montbéliard, hérité du pouvoir souverain à Stuttgart en 1593 et avait ainsi réuni le cœur du duché avec les territoires situés sur la rive gauche du Rhin – une réunion qui était devenue possible grâce au mariage de ses ancêtres.

Bibl.: Fischer 2010; Landesmuseum Württemberg 2012, p. 174.

APS

I.12 Schloss Horburg im Modell

Frédéric Kuhlmann, Modell von Schloss und Festungsanlage Horburg
Holz und Pappe, Abmessungen 105 x 105 cm
@ Virtuelle Rekonstruktion: Horbourg-Wihr

Wie in Reichenweier ließ Graf Georg 1543 auch in Horburg ein neues Schloss errichten, in der nordöstlichen Ecke eines ehemaligen römischen Kastells. Sein Sohn, Herzog Fried-

I.12 Modèle du château à Horbourg

Frédéric Kuhlmann, modèle du château et des fortifications de Horbourg
Bois et carton, dimensions 105 x 105 cm
@ reconstruction virtuelle: Horbourg-Wihr

Tout comme à Riquewihr, le comte Georges fit aussi ériger en 1543 à Horbourg un nouveau château situé dans l'angle nord-est de l'ancien castel romain. Son fils, le duc Frédéric Ier,

rich I., veranlasste nach Plänen Heinrich Schickhardts ab 1597 den Ausbau zu einer weitläufigen, hufeisenförmigen Festungsanlage (s. III.10). Im Jahr 1675 wurde sie vollständig zerstört und abgebrochen. Einen Eindruck von der Gesamtanlage vermittelt das ausgestellte Modell. Auch eine virtuelle 3D-Rekonstruktion lässt die verschiedenen Bauphasen nachvollziehen.

Lit.: Herrenschneider 1993, S. 195 ff.; Cartier 2019; Koehl 2023.

EF

fit élargir ce bâtiment d'après les plans de Heinrich Schickhardt à partir de 1597 afin d'y bâtir une large enceinte fortifiée en forme de fer à cheval (cf. III.10). En 1675, le complexe fut totalement détruit puis rasé. Le modèle en exposition donne une impression d'ensemble de ce bâtiment. Une reconstruction virtuelle en 3D permet par ailleurs de retracer les différentes phases de construction.

Bibl.: Herrenschneider 1993, p. 195 sq.; Cartier 2019; Koehl 2023.

EF

I.12

II. Dynastie und Religion

II.13

II. Dynastie und Religion
Dynastie et religion

Die frühen Verbindungen zwischen Württemberg und seinen Gebieten im Elsass wurden vor allem durch dynastische Entwicklungen und die gemeinsame Religion bestimmt: Mit dem „Uracher Vertrag" erhielt Graf Heinrich von Württemberg-Stuttgart 1473 die Grafschaft Mömpelgard und die elsässischen Territorien um Horburg und Reichenweier. Später sollten seine Söhne Ulrich und Georg dort die Herrschaft übernehmen.

Herzog Ulrich zog sich nach seiner Vertreibung aus dem Herzogtum Württemberg 1519 nach Mömpelgard zurück und schloss sich hier bald der Reformation an. Auch sein Halbbruder Georg unterstützte den neuen Glauben und führte in den elsässischen Herrschaften die Reformation nach dem Schweizer Vorbild Zwinglis ein. Nachdem Ulrich 1534 die Rückeroberung des Herzogtums Württemberg gelungen war, wurde das ganze Land nach der Lehre Luthers reformiert, die dann bald auch für die linksrheinischen Gebiete gelten sollte.

Les liens noués très tôt entre le Wurtemberg et ses territoires en Alsace furent surtout définis par les développements dynastiques et la religion commune : avec l' « accord d'Urach », le comte Henri de Wurtemberg-Stuttgart obtint en 1473 le comté de Montbéliard et les territoires alsaciens autour de Horbourg et de Riquewihr. Ses deux fils Ulrich et Georges lui succédèrent plus tard dans ces territoires.

Après avoir été chassé du comté de Wurtemberg en 1519, le comte Ulrich s'établit à Montbéliard et y rejoignit le mouvement de la Réforme. Son demi-frère Georges soutint également la nouvelle foi et introduisit les préceptes de la Réforme dans les territoires alsaciens selon le modèle suisse de Zwingli. Après la reconquête du comté de Wurtemberg par Ulrich en 1534, le pays tout entier fut réformé selon les préceptes de Luther qui furent bientôt également valables pour les territoires situés sur la rive gauche du Rhin.

II. Dynastie und Religion

II.1

II.1 L'armorial de Konrad Grünenberg

[1480–1500, Constance]
Dessin à la plume, colorié, parchemin, 182 feuilles,
37 x 31 cm
BSB München, Cgm 145, fol. 102
En exposition : reproduction

Les armes des comtes de Wurtemberg sont représentées, parmi d'autres armes ducales, sur une page à part dans le célèbre armorial du patricien de Constance Konrad Grünenberg. Cela peut être interprété comme l'anticipation de l'élévation au rang ducal qui eut lieu peu de temps après, en 1495, et met en même temps en lumière l'importance de la maison de Wurtemberg. Les territoires appartenant au Wurtemberg entourent les armes du Wurtemberg. Le blason de la seigneurie de Horbourg représente ici les territoires alsaciens.

Bibl.: Rolker 2014, p. 198.

CE

II.1 Das Wappenbuch des Konrad von Grünenberg

[1480–1500, Konstanz]
Kolorierte Federzeichnung, Pergament, 182 Bll.,
37 x 31 cm
BSB München, Cgm 145, Bl. 102
Ausgestellt: Reproduktion

Das Wappen der Grafen von Württemberg wird in dem berühmten Wappenbuch des Konstanzer Patriziers Konrad Grünenberg zwischen Wappen verschiedener Herzöge auf einer eigenen Seite dargestellt. Dies kann als Vorgriff auf die baldige Herzogserhebung Graf Eberhards V. im Jahr 1495 verstanden werden und verdeutlicht die damalige Bedeutung des Hauses Württemberg. Die Württemberg zugehörigen Herrschaften umranden das württembergische Wappen. Mit dem anhängenden Wappen der Grafschaft Horburg sind hier auch die elsässischen Gebiete berücksichtigt.

Lit.: Rolker 2014, S. 198.

CE

II.2 Le traité d'Urach

1473 juillet 12, Urach
Exemplaire du destinataire, libelle en parchemin,
8 feuilles, 36,5 x 26,5 cm
12 sceaux appendus
HStAS A 602 Nr. 193 b

Afin de pallier à des conflits d'héritage, les comtes Ulrich V, Eberhard V, Eberhard VI et Henri de Wurtemberg se mettent d'accord pour qu'Eberhard V cède le comté de Montbéliard et les possessions alsaciennes à son cousin Henri. En échange, Henri renonce à ses droits concernant l'héritage paternel ; son père Ulrich V renonce, quant à lui, à ses revendications par rapport à son neveu Eberhard V. Les quatre comtes s'engagent tous à porter le même titre et le même blason : Wurtemberg et Montbéliard.

Bibl.: Württemberg im Spätmittelalter 1985, p. 41 n° 33 (Fischer); Rückert 2000, p. 28.

PR

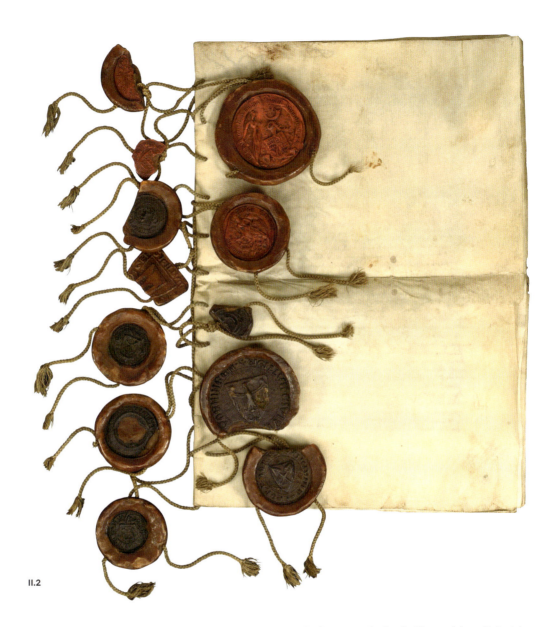

II.2 Der Uracher Vertrag

1473 Juli 12, Urach
Ausfertigung, Pergamentlibell, 8 Bll., 36,5 × 26,5 cm
12 anhängende Siegel
HStAS A 602 Nr. 193 b

Die Grafen Ulrich V., Eberhard V., Eberhard VI. und Heinrich von Württemberg vereinbaren zur Vermeidung von Erbstreitigkeiten, dass Eberhard V. seinem Vetter Heinrich die Grafschaft Mömpelgard mit den elsässischen Besitzungen abtritt. Dafür verzichtet Heinrich auf alle weiteren Ansprüche an das väterliche Erbe, sein Vater Ulrich V. seinerseits verzichtet auf Forderungen gegenüber seinem Neffen Eberhard V. Alle vier Grafen verpflichten sich auf die Führung eines gemeinsamen Titels und Wappens: Württemberg und Mömpelgard.

Lit.: Württemberg im Spätmittelalter 1985, S. 41 Nr. 33 (FISCHER); RÜCKERT 2000, S. 28.

PR

II.3

II.3 Der Vertrag von Reichenweier

1482 April 26, Reichenweier
Ausfertigung, Pergamentlibell, 4 Bll., 37 x 27 cm
4 anhängende Siegel
HStAS A 602 Nr. 435

Graf Heinrich von Württemberg hatte zunächst eine geistliche Laufbahn eingeschlagen, bis ihm im Uracher Vertrag 1473 dann die Grafschaft Mömpelgard mit den elsässischen Gebieten übertragen wurde (s. II.2). Das Verhältnis zu seinem Bruder Eberhard blieb

II.3 Le traité de Riquewihr

1482 avril 26, Riquewihr
Exemplaire du destinataire, libelle en parchemin,
4 feuilles, 37 x 27 cm, 4 sceaux appendus
HStAS A 602 Nr. 435

Le comte Henri de Wurtemberg avait tout d'abord débuté une carrière ecclésiastique avant de se voir attribuer dans le traité d'Urach en 1473 le comté de Montbéliard et les possessions alsaciennes du Wurtemberg (cf. II.2). La relation avec son frère Eberhard resta

allerdings wegen weiterer Erbansprüche angespannt. Mit dem Vertrag von Reichenweier kam es 1482 zu einem Vergleich: Heinrich trat die Grafschaft Mömpelgard und die burgundischen Herrschaften an Eberhard ab und erhielt im Gegenzug die Herrschaften Reichenweier, Bilstein und Horburg sowie eine jährliche Rente von 5.000 Gulden zugesichert. Seine Residenz verlegte Heinrich anschließend ins Schloss nach Reichenweier

Lit.: Graf 1999, S. 111; s. Beitrag Rückert, Das Haus Württemberg.

GL

cependant conflictuelle à cause d'autres revendications successorales. Le traité de Riquewihr de 1482 marqua un compromis : Henri céda à Eberhard le comté de Montbéliard et les seigneuries bourguignonnes et obtint en contrepartie les seigneuries de Riquewihr, Bilstein et Horbourg ainsi qu'une rente annuelle de 5.000 florins. Henri transféra par la suite son lieu de résidence au château de Riquewihr.

Bibl.: Graf 1999, p. 111; cf. la contribution de Rückert, La maison de Wurtemberg.

GL

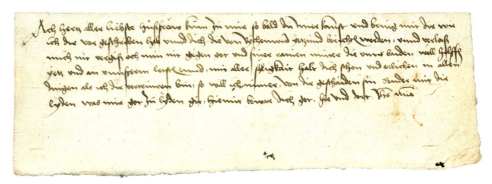

II.4 a

II.4 Briefe von Graf Heinrich und seiner Frau Eva von Salm

[1490, August]
2 Briefe, Papier
a) 7,6 x 22,5 cm (Heinrich Nr. 5)

b) 28,0 x 21,0 cm (Eva Nr. 7)
HStAS A 602 Nr. 519 c
🎧 Hörstation

Graf Heinrich von Württemberg heiratete 1485 in Reichenweier Gräfin Elisabeth von Zweibrücken-Bitsch, die allerdings kurz nach der Geburt ihres Sohnes Ulrich 1487 verstarb. Bereits im Jahr darauf ehelichte Heinrich Gräfin Eva von Salm, die ihm die Kinder Maria und Georg schenken sollte. Überlegungen Heinrichs, seine württembergischen Gebiete im Elsass zu veräußern, veranlassten seinen Stuttgarter Cousin Graf Eberhard V. im August 1490, ihn unter dem Vorwurf der Geisteskrankheit verhaften und auf der Festung Hohenurach einsperren zu lassen.

II.4 Lettres du comte Henri et de son épouse Ève de Salm

[1490, août]
2 lettres, papier
a) 7,6 x 22,5 cm (Henri n° 5)

b) 28,0 x 21,0 cm (Ève n° 7)
HStAS A 602 Nr. 519 c
🎧 station audio

Le comte Henri de Wurtemberg épousa en 1485 à Riquewihr la comtesse de Deux-Ponts-Bitche qui mourut cependant peu après la naissance de leur fils Ulrich en 1487. Henri épousa l'année suivante la comtesse Ève de Salm avec qui il aura deux enfants : Marie et Georges. Les projets d'Henri visant à céder ses territoires wurtembergeois en Alsace amenèrent son cousin de Stuttgart, le comte Eberhard V, à le faire arrêter sous prétexte d'une maladie mentale et de le faire emprisonner au château de Hohenurach en août 1490.

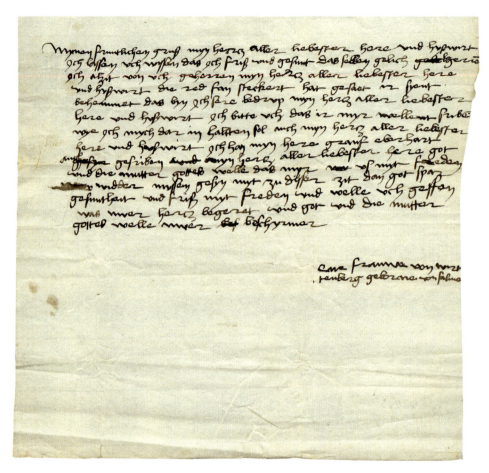

II.4 b

In ihren Briefen tauschen sich Heinrich und seine Frau Eva zu dieser beklemmenden Situation aus und lassen ihre tiefe Verbundenheit erkennen. Bald darauf sollte Eva ihrem Mann in die Haft auf den Hohenurach folgen und dort auch ihre beiden Kinder zur Welt bringen. Heinrich verstarb hier 1519, Eva zwei Jahre später in Reichenweier.

Lit.: Graf 1999, S. 108 ff.; s. Beitrag Rückert, Das Haus Württemberg.

Henri et son épouse Ève échangent dans leurs lettres leurs impressions face à cette situation angoissante et y expriment leur profond attachement mutuel. Ève suivra bientôt son mari au château de Hohenurach et y mit au monde leurs deux enfants. Henri mourut là-bas en 1519, Ève deux ans plus tard à Riquewihr.

Bibl.: Graf 1999, p. 108 sq.; cf. la contribution de Rückert, La maison de Wurtemberg.

PR

PR

II.5 Graf Georg I. von Württemberg-Mömpelgard im Bild

a) [1520/1521]
Zeichnung von Hans Schwarz
Kohle oder schwarze Kreide, mit Rötel gehöht,
21,9 x 15,8 cm
Berlin, Staatliche Museen, Kupferstichkabinett,
Inv.-Nr. Kdz. 6027

b) [1520/1521]
Medaille von Hans Schwarz
Bronze, gegossen, Dm 57 mm, Gewicht 90,1 g
Landesmuseum Württemberg, Inv. Nr. MK 18720

In Abstimmung mit seinem Halbbruder Ulrich, der seit 1503 das Herzogtum Württemberg in Stuttgart regierte, übernahm Graf Georg die Herrschaft ihres Vaters Heinrich in der Grafschaft Mömpelgard und den elsässischen Gebieten. Am Wormser Reichstag von 1521, der insbesondere wegen des Auftritts von Martin Luther vor Kaiser Karl V. in Erinnerung ist, nahm auch Georg teil. Wie viele andere Fürsten gab er bei Hans Schwarz eine Medaille in Auftrag. Der Augsburger Schwarz (um 1492–1527?) war der wichtigste deutsche Renaissancemedailleur, sein Œuvre umfasst knapp 140 Zeichnungen und fast 100 Medaillen. Neben der Medaille auf Graf Georg von Württemberg-Mömpelgard hat sich auch ein Entwurf erhalten, den Hans Schwarz zur Vorbereitung anfertigte. Diese Zeichnung wie auch die Medaille zeigen Georg im Brustbild nach links gewandt. Der Graf trägt kurze Haare und keinen Bart. Er ist mit einem Hemd und einem Pelzmantel bekleidet, um seinen Hals trägt er eine Kette. Auf der Zeichnung wird Georg als *Geörg Graf zu Wirtenberg* bezeichnet, während die Umschrift auf der Medaille zusätzlich seine Würde eines Grafen von Mömpelgard nennt: GEORG GRAF ZV WIRTEM(berg) VND MVMPELGART.

Lit.: Kastenholz 2006, Nr. 83; Klein 2013, Nr. 80 (zur Medaille); Kastenholz 2006, Nr. 179 (zur Zeichnung); Teget-Welz 2013, S. 332 f.; Kranz 2013, S. 187.

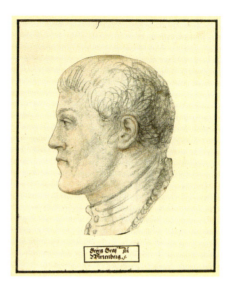

II.5 a

II.5 Le comte Georges Ier de Wurtemberg-Montbéliard en image

a) [1520/1521]
Dessin de Hans Schwarz
Charbon ou craie noire, coloration à la sanguine,
21,9 x 15,8 cm
Berlin, Staatliche Museen, Kupferstichkabinett,
n° d'inv. Kdz. 6027

b) [1520/1521]
Médaille de Hans Schwarz
Bronze coulé, diamètre : 57 mm, poids : 90,1 g
Landesmuseum Württemberg, n° d'inv. MK 18720

En accord avec son demi-frère Ulrich qui régnait à Stuttgart sur le duché de Wurtemberg depuis 1503, le comte Georges succéda à leur père Henri à la tête du comté de Montbéliard et des territoires alsaciens. Georges était présent à la Diète de Worms de 1521, surtout connue pour la comparution de Martin Luther devant l'empereur Charles Quint. Comme nombre d'autres princes, il y fit commande d'une médaille auprès de Hans Schwarz. Schwarz, natif d'Augsbourg (vers 1492–1527 ?) était le médailleur allemand de la Renaissance le plus renommé ; son œuvre comprend environ 140 dessins et près de 100 médailles.

II.5 b

MO

II.6

II.6 Graf Georg und sein Freudenlied auf den Beginn der Reformation

[1538], Basel: [Wolfgang Friess]
Stadtbibliothek Zürich, Res. 923 (VD 16 H 5763)
Ausgestellt: Reproduktion (Titelblatt)
♪ Hörstation

Graf Georg von Württemberg-Mömpelgard nahm selbst Anteil an der Bewegung der Reformation, die er bald intensiv unterstützte. Als sein seit 1519 aus Herrschaft und Land vertriebener Halbbruder Ulrich 1534 in seine Herrschaft nach Württemberg zurückkehren konnte, ließ Georg ein Freudenlied auf die Reformation zum Druck bringen, die mit Ulrich nun Einzug halten sollte: ›Ein hübsch new Lied von den Geystlichen und Teütschen fursten, vnd dem newen Bundt‹. Das Titelblatt des Drucks zeigt das Wappen und die Devise Georgs: S[tund] B[ringts] E[nd].

Lit.: Rückert/Traub 2017, S. 215 ff.; s. Beitrag Rückert, Das Haus Württemberg.

PR

Outre la médaille à l'effigie du comte Georges de Wurtemberg-Montbéliard a été également conservée une esquisse que fit Hans Schwarz pour préparer le travail sur sa médaille. Ce dessin, tout comme la médaille, montrent un buste de Georges tourné vers la gauche. Le comte a les cheveux courts et n'a pas de barbe. Il est vêtu d'une chemise et d'une pelisse, il porte un collier autour du cou. Sur l'esquisse, Georges est uniquement qualifié de *Geörg Graf zu Wirtenberg* alors que la légende tout autour de la médaille le qualifie en plus de comte de Montbéliard : GEORG GRAF ZV WIRTEM(berg) VND MVMPELGART.

Bibl.: Kastenholz 2006, n° 83; Klein 2013, n° 80 (concernant la médaille); Kastenholz 2006, n° 179 (concernant le dessin); Teget-Welz 2013, p. 332 sq.; Kranz 2013, p. 187.

MO

II.6 Le comte Georges et son chant de louange fêtant les débuts de la Réforme

[1538], Bâle: [Wolfgang Friess]
Stadtbibliothek Zürich, Res. 923 (VD 16 H 5763)
En exposition : reproduction (page de titre)
♪ station audio

Le comte Georges de Wurtemberg-Montbéliard prit personnellement part au mouvement de la Réforme qu'il ne tarda pas à soutenir activement. Lorsque son demi-frère Ulrich qui avait été chassé en 1519 du pouvoir et de ses terres put enfin rentrer dans le Wurtemberg en 1534, Georges fit imprimer un chant de louange sur la Réforme qui allait être introduite dans le comté avec le retour d'Ulrich :
Ein hübsch new Lied von den Geystlichen und Teütschen fursten, vnd dem newen Bundt
(« Un beau nouveau chant des hommes d'Église et princes allemands, et de la nouvelle Alliance »). La page de titre arbore les armes et la devise de Georges : S[tund] B[ringts] E[nd] (« L'heure apporte la fin »).

Bibl.: Rückert/Traub 2017, p. 215 sq.; cf. la contribution de Rückert, La maison de Wurtemberg.

PR

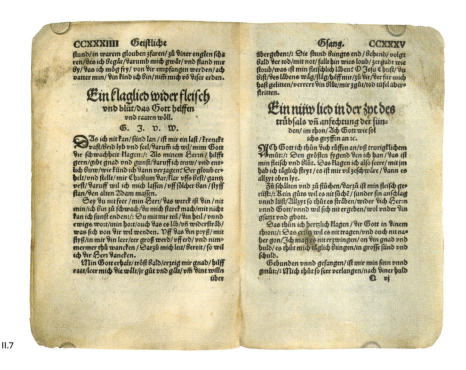

II.7

II.7 Graf Georg und sein Klaglied

1540, Zürich
Johannes Zwick, Nüw gsangbüchle
241 S., Octav
UB Basel, KiAr A IX 1 (VD 16 Z 729)
Ausgestellt: Reproduktion (S. 234 f.)
♪ Hörstation

Als musisch veranlagter Fürst spielten für Graf Georg von Württemberg-Mömpelgard Musik und Gesang zum Lobe Gottes eine wichtige Rolle. Er komponierte und dichtete auch selbst geistliche Lieder, die von der Gemeinde in der „reformierten Kirche" gesungen und weitergegeben wurden. Im „Nüw gsangbüchle", das 1540 von Johannes Zwick herausgegeben wurde, findet sich von „Graf Jörg von Wirtenberg": ‚Ein klaglied wider fleisch und blůt, das Gott helffen und raaten wöll'. Hier bindet Georg auch seine Devise ein: *Die stund bringts end / behend / volgt bald der tod / mit not / fallt hin wies loub* [...].

Lit.: s. Beitrag Rückert, Das Haus Württemberg.

PR

II.7 Le comte Georges et ses lamentations

1540, Zurich
Johannes Zwick, Nüw gsangbüchle
241 pages, in octavo
UB Basel, KiAr A IX 1 (VD 16 Z 729)
En exposition : reproduction (p. 234 sq.)
♪ station audio

Pour un prince très musical tel que l'était le comte Georges de Wurtemberg-Montbéliard, la musique et le chant jouaient un rôle important pour louer Dieu. Il composa et écrivit lui-même des cantiques qui furent chantés et répandus dans les paroisses de « l'église réformée ». Dans le *Nüw gsangbüchle* édité en 1540 par Johannes Zwick se trouvent des lamentations composées par « Graf Jörg von Wirtenberg » et intitulées « Ein klaglied wider fleisch und blůt, das Gott helffen und raaten wöll ». Georges y intègre sa devise: *Die stund bringts end / behend / volgt bald der tod / mit not / fallt hin wies loub* [...] (« L'heure apporte la fin / rapidement / s'ensuit bientôt la mort / avec peine / et tombe comme les feuilles mortes [...] »).

Bibl.: cf. la contribution de Rückert, La maison de Wurtemberg.

PR

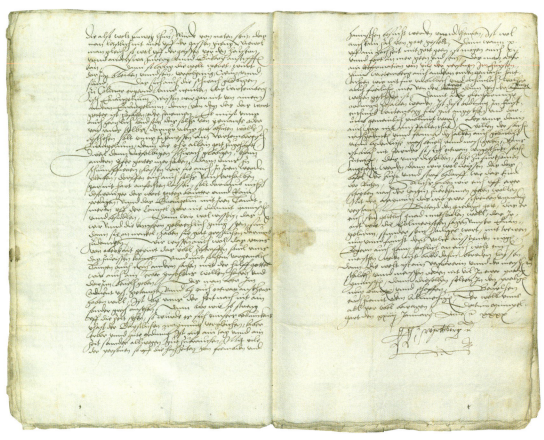

II.8

II.8 Der Briefwechsel zwischen Graf Georg von Württemberg-Mömpelgard und dem Reformator Matthias Erb

[1537–1558]
Papier, 116 Briefe
HStAS G 44 Bü 8; aufgeschlagen: Nr. 16 vom 24.1.1540 mit der Unterschrift Graf Georgs
🎧 Hörstation

Der Briefwechsel zwischen Graf Georg und dem reformierten Theologen Matthias Erb umfasst über 100 Briefe zwischen 1537 und 1558, dem Todesjahr Georgs. Er zeugt von dem Willen des Grafen, die Kirche und die religiösen Sitten in seinen Herrschaften Horburg und Reichenweier nach Schweizer Vorbild zu reformieren. Dafür ließ er den Zwinglianer Matthias Erb aus seinem Dienst als Schulmeister in Gengenbach entbinden und holte ihn 1537 als Superintendenten nach Horburg und Reichenweier. Gemeinsam richteten sie hier mit neuen Kirchen- und Gemeindeordnungen das kirchliche und gesellschaftliche Leben im zwinglianisch-reformierten Sinne aus, bis sich unter dem Druck von Herzog Ulrich die lutherische Ausprägung der Reformation auch im Elsass durchsetzen sollte.

Lit.: Brendle 1999, S. 145, 148; s. Beitrag Rückert, Das Haus Württemberg.

JB

II. 8 La correspondance entre le comte Georges de Wurtemberg-Montbéliard et le réformateur Matthias Erb

[1537-1558]
Papier, 116 lettres
HStAS G 44 Bü 8; ouvert à : n°16 du 24.1.1540 avec la signature du comte Georges
🎧 station audio

La correspondance entre le comte Georges et le théologien réformé Matthias Erb comprend plus d'une centaine de lettres écrites entre 1537 et 1558, l'année de la mort de Georges. Elle témoigne de la volonté du comte de réformer d'après l'exemple suisse l'Église et les pratiques religieuses dans les seigneuries de Horbourg et Riquewihr. À cette fin, il fit libérer le zwinglien Matthias Erb de son service comme maître d'école à Gengenbach et le fit venir comme superintendant à Horbourg et Riquewihr. Ils s'entendirent tous les deux pour publier de nouveaux règlements ecclésiastiques et paroissiaux et donner ainsi à la vie ecclésiastique et sociale une orientation réformée de type zwinglien, jusqu'au jour où, sous la pression du duc Ulrich, la tendance luthérienne de la Réforme finit par s'imposer aussi en Alsace.

Bibl.: BRENDLE 1999, p. 145, 148 ; cf. la contribution de RÜCKERT, La maison de Wurtemberg.

JB

II.9

II.9 Herzog Ulrich von Württemberg im Brustbild

[Um 1545]
Hans Brosamer
Holzschnitt
Ausgestellt: Reproduktion

Der Holzschnitt zeigt Herzog Ulrich von Württemberg (1487–1550) wenige Jahre vor seinem Tod und ist betitelt: *Von Gottes genaden Ulrich Hertzog zu Wirtemberg und Tegk, Graff zu Mümpelgarten etc.* Die Wappen von Württemberg und Teck begleiten die prächtige Figur des Herzogs, der mit kostbarem Pelz und Schmuck seine Herrschaft würdevoll repräsentiert.

Lit.: RÜCKERT 2017 (Beiträge), S. 14.

PR

II.9 Buste du duc Ulrich de Wurtemberg

[Vers 1545]
Hans Brosamer
Gravure sur bois
En exposition : reproduction

La gravure montre le duc Ulrich de Wurtemberg (1487-1550) quelques années avant sa mort et porte le titre suivant : *Von Gottes genaden Ulrich Hertzog zu Wirtemberg und Tegk, Graff zu Mümpelgarten etc.* (« Ulrich par la grâce de Dieu duc de Wurtemberg et Teck, comte de Montbéliard etc. »). Les armes de Wurtemberg et Teck accompagnent la superbe figure du duc qui, avec ses précieuses fourrures et ses bijoux, représente dignement son pouvoir.

Bibl.: RÜCKERT 2017 (Beiträge), p. 14.

PR

II.10 Herzog Christoph von Württemberg im Profil

[Nach 1542]
Hans Brosamer
Holzschnitt
Ausgestellt: Reproduktion

Der spätere Herzog Christoph von Württemberg (1515–1568) wird in seinen jüngeren Jahren dargestellt, als er noch die Statthalterschaft in der Grafschaft Mömpelgard versah. Die hier über seinem Kopf angebrachten Wappen von Württemberg und Teck zeichnen ihn freilich bereits als zukünftigen Herzog aus. Sein modisches Barett und sein großflächig verzierter Mantel unterstreichen den ebenso eleganten wie gebildeten Eindruck seiner Person.

Lit.: Rückert 2017 (Beiträge), S. 16.

PR

II.10

II.11 Der Vertrag von Stuttgart

1553 Mai 4, Stuttgart
Ausfertigung, Pergament, 58,5 x 79 cm
2 anhängende Siegel
HStAS G 44 U 34

Als Herzog Ulrich 1550 starb, übernahm sein Sohn, Herzog Christoph, die Regierung für das Herzogtum in Stuttgart. Christoph hatte zuvor bereits für einige Jahre die Grafschaft Mömpelgard als Statthalter regiert, während sein Onkel Georg in Reichenweier und Horburg die elsässischen Gebiete versah. Nun einigen sich die beiden in einem feierlichen Vertrag in Stuttgart auf die förmliche Herrschaftsteilung, wobei Georg nun die Grafschaft Mömpelgard mit den elsässischen Gebieten als seinen Besitz übernehmen sollte. Georg richtete daraufhin seine Residenz in Mömpelgard ein, das nun zum Verwaltungszentrum für alle linksrheinischen Gebieten des Herzogtums Württemberg wurde.

Lit.: Debard 1999; s. Beitrag Rückert, Das Haus Württemberg.

PR

II.10 Le duc Christophe de Wurtemberg vu de profil

[Après 1542]
Hans Brosamer
Gravure sur bois
En exposition : reproduction

Celui qui devait devenir plus tard le duc Christophe de Wurtemberg (1515–1568) est ici représenté dans ses jeunes années alors qu'il était encore gouverneur du comté de Montbéliard. Les blasons de Wurtemberg et de Teck placés ici au-dessus de sa tête le présentent déjà comme le futur duc. Son couvre-chef à la mode et son manteau richement orné soulignent l'impression d'une personne élégante et cultivée.

Bibl.: Rückert 2017 (Beiträge), p. 16.

PR

II.11   L'accord de Stuttgart

1553 mai 4, Stuttgart
Exemplaire du destinataire, parchemin,
58,5 x 79 cm
2 sceaux appendus
HStAS G 44 U 34

À la mort du duc Ulrich en 1550, c'est son fils, le duc Christophe, qui prit la tête du duché à Stuttgart. Christophe avait auparavant déjà régné pour quelques années en tant que gouverneur du comté de Montbéliard alors que son oncle Georges était chargé depuis Riquewihr et Horbourg des territoires alsaciens. Dans un accord solennel conclu à Stuttgart, les deux se partagent dorénavant formellement le pouvoir ; c'est à Georges que reviennent maintenant le comté de Montbéliard et les territoires alsaciens. Georges prit alors résidence à Montbéliard qui devint le centre administratif pour tous les territoires du duché du Wurtemberg situés sur la rive gauche du Rhin.

Bibl.: DEBARD 1999; cf. la contribution de RÜCKERT, La maison de Wurtemberg.

PR

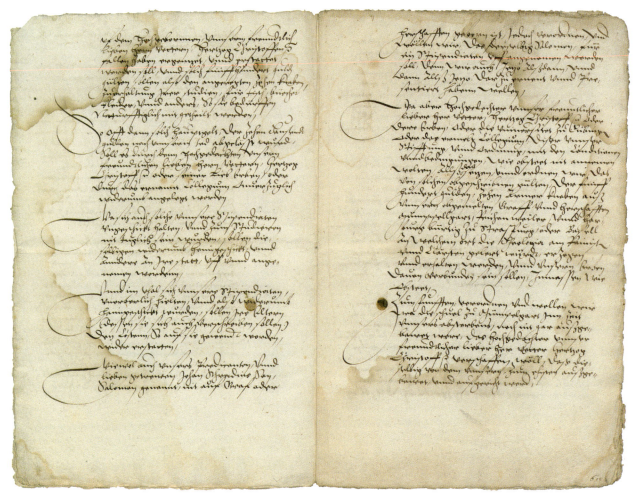

II.12

II.12 Das Testament Graf Georgs von Württemberg-Mömpelgard

1558 September 3, Mömpelgard
Ausfertigung, Papier, Folio, 12 Bll., aufgeschlagen: Bl. 3v/4r
HStAS A 3 Bü 3
🎧 Hörstation

Im Alter von 60 Jahren ließ Graf Georg von Württemberg-Mömpelgard kurz vor seinem Tod im Juli 1558 sein umfangreiches Testament niederlegen, das dann im September in Mömpelgard eröffnet werden sollte. Dabei war für Georg neben Erbregelungen, frommen Stiftungen und der Festlegung seiner Grablege

II.12 Le testament du comte Georges de Wurtemberg-Montbéliard

1558 septembre 3, Montbéliard
Exemplaire du destinataire, papier, in folio, 12 feuilles, ouvert à fol. 3v/4r
HStAS A 3 Bü 3
🎧 station audio

Le comte Georges de Wurtemberg-Montbéliard, âgé de 60 ans, fit mettre par écrit peu avant sa mort en juillet 1558 un testament détaillé qui fut ouvert au mois de septembre à Montbéliard. Outre les questions d'héritage, de donations pieuses et du choix d'être inhumé à Montbéliard, il exprime tout particulière-

in Mömpelgard die Gründung einer Stiftung zur Ausbildung junger Theologen von besonderer Bedeutung. Mit dieser Stiftung ermöglichte Graf Georg jährlich zehn „Knaben" aus dem Elsass und aus Mömpelgard ein evangelisch-lutherisches Theologiestudium in Tübingen, womit sie dann für Pfarrstellen in ihrer Heimat qualifiziert waren. Mit diesem Band der lutherischen Kirche sollte Georgs Vermächtnis bis weit nach seinem Tod den geistigen und theologischen Austausch zwischen Württemberg und seinen linksrheinischen Gebieten wesentlich fördern.

Lit.: Debard 1999, S. 124; Beitrag Rückert, Das Haus Württemberg.

JB

ment son souhait que soit créée une bourse pour former de jeunes théologiens. Grâce à cette fondation, le comte Georges permit tous les ans à dix jeunes hommes d'Alsace et de Montbéliard de faire des études de théologie luthérienne à Tübingen, ce qui les qualifiait pour les cures des paroisses locales. Grâce à ce lien étroit noué avec la confession luthérienne, l'héritage de Georges favorisa bien au-delà de sa mort l'échange intellectuel et théologique entre le cœur du duché de Wurtemberg et ses territoires situés sur la rive gauche du Rhin.

Bibl.: Debard 1999, p. 124; cf. la contribution de Rückert, La maison de Wurtemberg.

JB

II.13 Graf Georg von Württemberg-Mömpelgard im Herrscherporträt

[Um 1650/60]
Stuttgarter oder Weiltinger (?) Hofmaler
Ölmalerei auf Leinwand, 49,5 x 43,5 cm
Landesmuseum Württemberg, Inv. Nr. 1939–34
(Abb. S. 150)

Die Bedeutung Graf Georgs von Württemberg-Mömpelgard für die dynastische Geschichte des Hauses Württemberg betont die Gemäldeserie, zu der sein Bildnis gehört. Während sich andere Serien auf die regierenden Herzöge konzentrieren, bezieht diese die dynastischen Verzweigungen ein und umfasst Bilder von insgesamt fast 30 württembergischen Grafen und Herzögen in ganzer Figur. Von Georgs Aussehen zeugt seine zeitgenössische Medaille (s. II.5). Auf diesem Gemälde trägt er neben Kurzmantel und Barett ein vornehm geschlitztes Wams und eine recht stramm geschnittene, knielange Hose, wie es gegen Ende seines Lebens modern war. Die Vorlage für dieses Herrscherporträt ist nicht bekannt. Georgs Darstellung greift jedenfalls auf etablierte Formen des Herrscherporträts zurück: Der drapierte Vorhang erinnert an ein Ehrentuch, die Säule steht für Standfestigkeit.

II.13 Portrait du comte Georges de Wurtemberg-Montbéliard en souverain

[Vers 1650/60]
Peintre de la cour de Stuttgart ou de Weiltingen (?)
Huile sur toile, 49,5 x 43,5 cm
Landesmuseum Württemberg, n° d'inv. 1939-34
(ill. p. 150)

L'importance du comte Georges de Wurtemberg-Montbéliard pour l'histoire dynastique de la maison de Wurtemberg est soulignée par une série de tableaux qui compte également un portrait de sa personne. Alors que d'autres séries se limitent aux ducs régnants, cette dernière intègre les différentes lignées et compte près de 30 portraits en pied de comtes et ducs de Wurtemberg.
Le physique de Georges est documenté par une médaille à son effigie faite de son vivant (cf. II.5). Sur le portrait, il porte un manteau court et un béret, tout comme un pourpoint avec des fentes et un haut-de-chausses comme c'était à la mode à la fin de sa vie. On ne sait rien de ce qui a pu servir de modèle pour ce portrait de Georges en souverain. Sa représentation a cependant recours à des formes établies du portrait d'un souverain : le rideau drapé rappelle les toiles d'honneur (baldaquins), le pilier évoque la stabilité.

Die Inschrift benennt nicht nur Graf Georg, sondern auch seine Ehefrau, welche dazu mit ihrem Familienwappen vertreten ist: *Barbara Landtgraff / Philippsen zu Hessen / Dochter*. Die junge Landgräfin Barbara von Hessen (1538–1597) hatte dem betagten Georg im Jahr 1557 noch einen Erben für das Haus Württemberg geschenkt, den späteren Herzog Friedrich I. (1557–1608).

Lit.: Christoph 2015, S. 96.

APS

II.14 Die Kirchenordnung für Mömpelgard und Reichenweier

1560, Tübingen: Mohr
Druck, 169 Bll., 20,5 x 15 cm
HStAS Bibliothek A 6338 (VD 16 M 5839)

Die „Kirchenordnung der Grave- und Herrschafften Mümpelgart unnd Reichenweiler" ließ Herzog Christoph von Württemberg direkt nach der „Großen Württembergischen Kirchenordnung" zum Druck bringen und auch ins Französische übersetzen. Der Text lehnt sich weitestgehend an die „Große Kirchenordnung" an, die Christoph im Jahr zuvor zur Regelung der Landeskirche und der weltlichen Zensur im Herzogtum Württemberg hatte veröffentlichen lassen. Dabei spielten auch das Schulwesen und die Theologenausbildung im Stift und an der Universität Tübingen wichtige Rollen. Diese evangelischen Kirchenordnungen sollten nun für alle Teile des Herzogtums gelten.

Lit.: Arend 2004, S. 66 f.; Rückert 2000, S. 35.

PR

L'inscription n'évoque pas que le comte Georges, mais également son épouse représentée aussi par le blason de sa famille : *Barbara Landtgraff / Philippsen zu Hessen / Dochter* (« Barbara, fille de Philippe, le landgrave de Hesse »). La jeune Barbara de Hesse (1538-1597) avait offert à Georges, alors déjà très âgé, en 1557 un héritier pour la maison de Wurtemberg, le futur duc Frédéric Ier (1557-1608).

Bibl.: Christoph 2015, p. 96.

APS

II.14 Le règlement ecclésiastique pour Montbéliard et Riquewihr

1560, Tübingen: Mohr
Imprimé, 169 feuilles, 20,5 x 15 cm
HStAS Bibliothek A 6338 (VD 16 M 5839)

Le règlement ecclésiastique pour le comté de Montbéliard et la seigneurie de Riquewihr fut imprimé sur ordre du duc Christophe directement après la proclamation de la « Große Württembergische Kirchenordnung », le règlement ecclésiastique concernant le Wurtemberg, puis également traduit en français. Le texte se rapporte en grande partie au contenu de la « Große Kirchenordnung » que Christophe avait fait promulguer l'année précédente afin de régler le statut de l'Église d'État et de la censure séculière dans le duché du Wurtemberg. Le système scolaire et la formation théologique dans le séminaire protestant et à l'université de Tübingen y tiennent un rôle important. Ces règlements protestants devaient désormais être respectés dans toutes les parties du duché.

Bibl.: Arend 2004, p. 66 sq.; Rückert 2000, p. 35.

PR

II.14

II.15

II.15 Das „Buch der Psalmen"

[1568]
Papier, 686 Bll., Einband mit Porträt Herzog Christophs
Riquewihr, Société d´Histoire et d´Archéologie

Der prächtige Einband des ›Buchs der Psalmen‹ zeigt neben den Stempelverzierungen das Porträt Herzog Christophs von Württemberg (1515–1568) mit der Inschrift: VON GOTTES GNADEN CRISTOF HERTZOG ZV WIRTENBERG VND THECK GRAWE ZV MUMPELLGART SEINS ALTERS LIIII (?) JAR. Auf einem Spruchband hinter seiner Figur erscheint die Devise Christophs und der Reformation: VER[BUM] DOMIN[I] MANET IN ETERN[UM]. Das Buch umfasst die Übersetzung der 150 Psalmen nach Martin Luther und verbindet die persönliche Autorität Herzog Christophs mit der lutherischen Reformation. Nach örtlicher Tradition in Reichenweier soll es im persönlichen Besitz des Herzogs gewesen sein.

PR

II.15 Le « Livre des Psaumes »

[1568]
Papier, 686 feuilles, reliure avec portrait du duc Christophe
Riquewihr, Société d'Histoire et d'Archéologie

La somptueuse reliure du « Livre des Psaumes » montre, outre les ornementations estampées, un portrait du duc Christophe de Wurtemberg (1515–1568) avec l'inscription VON GOTTES GNADEN CRISTOF HERTZOG ZV WIRTENBERG VND THECK GRAWE ZV MUMPELLGART SEINS ALTERS LIIII (?) JAR (« Par la grâce de Dieu Christophe, duc de Wurtemberg et de Teck, comte de Montbéliard, âgé de 54 ans »). La banderole derrière lui porte la devise de Christophe et de la Réforme : VER[BUM] DOMIN[I] MANET IN ETERN[UM]. Le livre comprend les traductions des 150 psaumes selon Martin Luther et unit l'autorité personnelle du duc Christophe avec la Réforme luthérienne. La tradition locale à Riquewihr veut que ce livre ait fait partie des biens personnels du duc.

PR

II. Dynastie und Religion

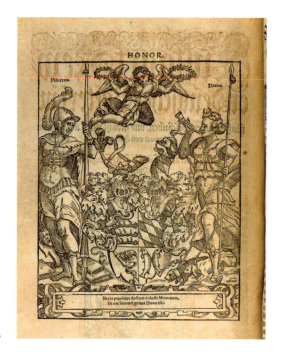

II.16

II.16 Matthias Holtzwart und sein „Lustgart Newer deuttscher Poëteri"

1568, Straßburg
Druck: Johan Rihel
Holzschnitt mit württembergischen Wappen,
31 x 20,5 cm
BSB München 2Austr. 68m, Beiband 2 (VD 16 H 4551)
Ausgestellt: Reproduktion

Der Dichter Matthias Holtzwart stammte aus Horburg. Seine Eltern standen bereits im Dienst Graf Georgs von Württemberg-Mömpelgard, der auch für sein Studium, wohl in Straßburg, aufgekommen war. Später wechselte Holtzwart in den Dienst der Grafen von Rappoltstein und wird als Stadtschreiber in Rappoltsweiler fassbar. In seinem „Lustgart Newer deuttscher Poëteri" verknüpft Holtzwart die württembergische Regentengeschichte in gereimter Form mit Erzählungen aus der griechischen und römischen Mythologie. Auf dem Titelholzschnitt ist das württembergische Wappen dargestellt, flankiert von den Allegorien der römischen Göttinnen Minerva und Diana.

Lit.: Caluori 2005, S. 866 f.

EF

II.16 Matthias Holtzwart et son « Lustgart Newer deuttscher Poëteri »

1568, Strasbourg
Impression : Johan Rihel
Gravure sur bois avec les armes du Wurtemberg,
31 x 20,5 cm
BSB München 2Austr. 68m, Beiband 2 (VD 16 H 4551)
En exposition: reproduction

Le poète Matthias Holtzwart était originaire de Horbourg. Ses parents avaient également été au service du duc Georges de Wurtemberg-Montbéliard qui prit aussi à sa charge les études que le jeune homme fit probablement à Strasbourg. Holtzwart entra ensuite au service du comte de Ribeaupierre et est documenté comme clerc municipal à Ribeauvillé. Dans son œuvre « Lustgart Newer deuttscher Poëteri », Holtzwart lie sous forme de vers l'histoire des régents du Wurtemberg et des histoires tirées de la mythologie gréco-romaine. La gravure sur bois de la page de titre présente les armes du Wurtemberg encadrées par les allégories des déesses romaines Minerve et Diane.

Bibl.: Caluori 2005, p. 866 sq.

EF

III. Architektur und Kunst
Architecture et arts

Zwischen den württembergischen Territorien und Besitzungen in Schwaben, im Elsass und an der Burgundischen Pforte bestand über Jahrhunderte hinweg ein reger kultureller Austausch. Zeugnisse dieses Transfers von Kulturgütern haben sich in den Gemeinden der ehemaligen Grafschaft Horburg und der früheren Herrschaft Reichenweier bis heute erhalten.

Während der Regierungszeit Herzog Friedrichs I. von Württemberg (1557–1608) waren die kulturellen Verbindungen zwischen den schwäbischen und den linksrheinischen Gebieten des Hauses Württemberg besonders intensiv. Friedrich war ein politisch überaus ambitionierter Fürst, der auch auf eine glanzvolle Repräsentation großen Wert legte.

In seinem Auftrag wirkte der berühmte schwäbische Baumeister Heinrich Schickhardt auch in Horburg und Reichenweier. Schickhardt leitete Bauarbeiten an den herzoglichen Schlössern und an Kirchen und errichtete prächtige Häuser für reiche Bürger.

Entre les possessions et territoires wurtembergeois en Souabe, en Alsace et à la Porte de Bourgogne, il y eut pendant des siècles un intense échange culturel. Jusqu'à aujourd'hui des témoignages de ce transfert de biens culturels sont conservés dans les communes de l'ancien comté de Horbourg et de l'ancienne seigneurie de Riquewihr.

Pendant le règne du duc Frédéric Ier de Wurtemberg (1557-1608), les liens culturels entre les territoires souabes et ceux situés sur la rive gauche de Rhin furent particulièrement denses. Frédéric fut un prince à la politique fort ambitieuse et qui, par conséquent, attacha beaucoup d'importance à une représentation prestigieuse de son pouvoir.

Sur son ordre, le célèbre maître d'œuvre souabe Heinrich Schickhardt a travaillé à Horbourg et à Riquewihr. Schickhardt dirigea les travaux dans les résidences ducales et dans des édifices religieux et construisit de somptueuses maisons pour de riches bourgeois.

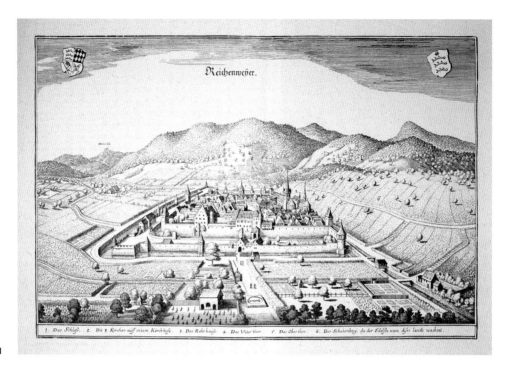

III.1

III.1 Stadtansicht von Reichenweier

1643
Papier, 32 x 21,5 cm
Kupferstich aus: „Topographia Alsatiae"
von Matthäus Merian, Frankfurt am Main 1643,
S. 43–44.
Ausgestellt: Reproduktion

Die Ansicht von Reichenweier in der „Topographia Alsatiae" des Matthäus Merian zeigt die Stadt aus niederer Vogelschau von Osten. Rechts ist der Schönenberg zu erkennen, *da der Edelste wein dises lands wachset*. Die Darstellung Reichenweiers und der umgebenden Landschaft ist stark stilisiert. In der zugehörigen Ortsbeschreibung Martin Zeillers werden die Schicksale der Stadt während des Dreißigjährigen Krieges geschildert.

Lit.: WÜTHRICH 1966–1996, Bd. 4, S. 99.

WM

III.1 Vue de la ville de Riquewihr

1643
Papier, 32 x 21,5 cm
Gravure tirée de la « Topographia Alsatiae »
de Matthäus Merian, Francfort sur le Main 1643,
p. 43-44.
En exposition : reproduction

La vue de Riquewihr dans la « Topographia Alsatiae » de Matthäus Merian montre la ville depuis l'est à vol d'oiseau, à faible altitude. À droite est reconnaissable le Schoenenbourg, *da der Edelste wein dises lands wachset* (« où pousse le vin le plus noble de ce pays »). La représentation de Riquewihr et du paysage alentour est fortement stylisée. La description annexe de Martin Zeiller évoque le sort de la ville durant la Guerre de Trente Ans.

Bibl. : WÜTHRICH 1966-1996, vol. 4, p. 99.

WM

III.2 Herzog Friedrich I. von Württemberg (1557-1608)

[1593–1595], Mömpelgard
Öl auf Lindenholz, 14 x 20,5 cm
Collection Musées de Montbéliard
(Abb. S. 52)

Aufgewachsen in Mömpelgard und Reichenweier, regierte Graf Friedrich von 1581 bis 1593 die linksrheinischen Besitzungen des Hauses Württemberg. Ab 1593 amtierte er bis zu seinem Tod als Herzog von Württemberg. Friedrich trat als tatkräftiger Bauherr hervor. Im Dienst des Herzogs konzipierte der berühmte Architekt und Ingenieur Heinrich Schickhardt zahlreiche repräsentative Gebäude in Schwaben, im Elsass und in Mömpelgard.

Lit.: Lorenz/Setzler 1999; Sauer 2003; Bouvard 2010.

WM

III.2 Le duc Frédéric Ier de Wurtemberg (1557-1608)

[1593–1595], Montbéliard
Huile sur bois de tilleul, 14 x 20,5 cm
Collection Musées de Montbéliard
(ill. p. 52)

Le comte Frédéric grandit à Montbéliard et Riquewihr et régna de 1581 à 1593 sur les possessions de la maison de Wurtemberg situées sur la rive gauche du Rhin. Il devint duc de Wurtemberg en 1593 et le resta jusqu'à sa mort. Frédéric se distingua en tant que maître d'ouvrage assidu. Au service du duc, le célèbre architecte et ingénieur Heinrich Schickhardt conçut de nombreux bâtiments représentatifs en Souabe, en Alsace et à Montbéliard.

Bibl.: Lorenz/Setzler 1999; Sauer 2003; Bouvard 2010.

WM

III.3

III.3 Temperantia-Schale von François Briot

[1585–1590], Mömpelgard
Zinn, gegossen, punziert
Durchmesser 45 cm
Landesmuseum Württemberg, Inv. Nr. 9009

Die preziöse Temperantia-Schale wurde wohl zwischen 1585 und 1590 im Auftrag von Herzog Friedrich I. in Mömpelgard hergestellt. Dorthin war der Lothringer Zinngießer und Graveur François Briot (nach 1550–1616) vor den Religionskriegen in Frankreich geflohen. Hier unterhielt er auch Verbindungen mit der württembergischen Münzstätte in Reichenweier und arbeitete wohl auch bei der Anfertigung der Schüssel mit den dortigen Graveuren zusammen. Die Oberfläche der Schale wird fast vollständig von einem flachen Feinrelief verziert. Thematisiert werden die freien Künste, die Elemente und im Zentrum die Gestalt der Temperantia (Mäßigung), eine der vier Kardinaltugenden. Diese verbindet die um sie herum gruppierten Kräfte der Natur und des Geistes, welche sie in weiser Mäßigung beherrscht. Der Rand zeigt die sieben freien Künste, den Fries um das Zentrum schmücken die vier Elemente.

III.3 Bassin de la Tempérance par François Briot

[1585–1590], Montbéliard
Étain, moulé, poinçonné
Diamètre 45 cm
Landesmuseum Württemberg, n° d'inv. WLM 9009

Ce somptueux bassin représentant la Tempérance a probablement été réalisé à Montbéliard entre 1585 et 1590 sur commande du duc Frédéric Ier. C'est là que le potier d'étain et graveur lorrain François Briot (vers 1550-1616) s'était installé après avoir fui les guerres de religion en France. Depuis Montbéliard, il entretint des liens avec l'atelier monétaire wurtembergeois de Riquewihr et coopéra probablement avec les graveurs de la Monnaie de Riquewihr pour réaliser ce bassin. La surface du bassin est presque totalement recouverte d'un fin relief plat. Y sont mis en scène les arts libéraux, les éléments naturels et au centre, la figure de la Tempérance, une des quatre vertus cardinales. Cette dernière unit les forces de la nature et de l'esprit groupées autour d'elle et qu'elle discipline avec une sage retenue. Le bord montre les sept arts libéraux, la frise autour du centre du

III. Architektur und Kunst

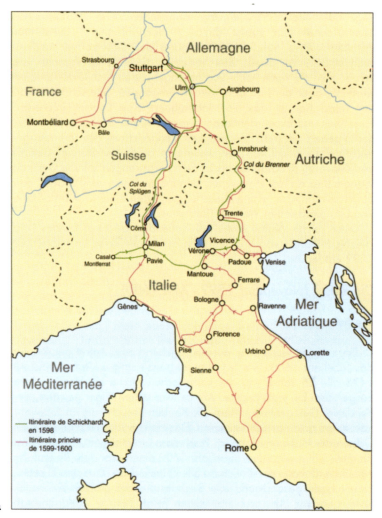

III.4 a

Auf der Rückseite signierte Briot die Schüssel selbstbewusst mit seinem Selbstbildnis und der Umschrift *Sculpebat Franciscus Briot*. Die Temperantia-Schale und die zugehörige Kanne sind in zahlreichen Exemplaren erhalten und zählen zu den bedeutendsten Werken der Edelzinngießerei der Renaissance.

Lit.: Demiani 1897; Krinninger-Babel 1999, S. 274 und 280 f.; Kremer/Lorenz/Rückert 2010, S. 358.

KKH

bassin est ornée par les quatre éléments. Briot signa le revers du bassin avec beaucoup d'assurance sous la forme d'un autoportrait et avec l'inscription *Sculpebat Franciscus Briot*. Le bassin de la Tempérance et la cruche qui l'accompagne sont conservés en de nombreux exemplaires et comptent parmi les œuvres les plus célèbres de la poterie d'étain de luxe de la période de la Renaissance.

Bibl.: Demiani 1897; Krinninger-Babel 1999, p. 274 et 280 sq.; Kremer/Lorenz/Rückert 2010, p. 358.

KKH

III.4 Reise Herzog Friedrichs I. nach Italien

a) Itinerar der Reise (nach André Bouvard)

b) Bericht Heinrich Schickhardts
Druck, Mömpelgard 1602, Quart, 213 Seiten
WLB Stuttgart W.G.qt. 518

Von November 1599 bis Mai 1600 unternahm Herzog Friedrich I. eine Reise nach Italien. Zu seinen Begleitern zählte Heinrich Schickhardt, der Tagebuch führte und 1602 einen ausführlichen Bericht über die Tour publizierte. Der Bericht enthält eine überaus positive Beschreibung der Grafschaft Horburg und der Herrschaft Reichenweier, welche die herzogliche Reisegesellschaft auf dem Rückweg nach Stuttgart im Frühjahr 1600 besucht hatte.

Lit.: Sauer 2003, S. 258–269; Rückert 2010.

WM

III.4 Voyage du duc Frédéric Ier en Italie

a) Itinéraire du voyage (selon André Bouvard)

b) Récit de Heinrich Schickhardt
Impression, Montbéliard 1602, in quarto, 213 pages
WLB Stuttgart W.G.qt. 518

Le duc Frédéric Ier entreprit un voyage en Italie de novembre 1599 à mai 1600. Parmi ceux qui l'y accompagnèrent se trouvait Heinrich Schickhardt qui tint un journal et publia un récit détaillé de ce périple en 1602. Ce récit contient une description élogieuse du comté de Horbourg et de la seigneurie de Riquewihr que l'entourage voyageant avec le duc visita au printemps de l'année 1600 sur le chemin du retour en direction de Stuttgart.

Bibl.: Sauer 2003, p. 258–269; Rückert 2010.

WM

III.5 Inventar Heinrich Schickhardts

1630–1632
Manuskript, Papier, 241 fol., 31 x 23 cm
WLB Stuttgart Cod.hist.fol. 562

Heinrich Schickhardt verfasste im Alter von über 70 Jahren ein Inventar seiner Güter, in dem er in einem gesonderten Kapitel seine Leistungen als Architekt und Ingenieur verzeichnete. In der einzigartigen autobiografischen Quelle sind auch die Tätigkeiten Schickhardts in der Grafschaft Horburg und in der Herrschaft Reichenweier erwähnt, so die Errichtung von Privathäusern, Arbeiten an Schlössern und Kirchen sowie der Bau einer Mühle in Ostheim.

Lit.: Heyd 1902, S. 321–417; Bouvard 2007a; Schickhardt 2013.

WM

III.5 Inventaire de Heinrich Schickhardt

1630-1632
Manuscrit, papier, 241 feuilles, 31 x 23 cm
WLB Stuttgart Cod.hist.fol. 562

Heinrich Schickhardt rédigea à l'âge de plus de 70 ans un inventaire de ses biens dans lequel il énuméra dans un chapitre à part toutes les prestations qu'il avait fournies en sa qualité d'architecte et d'ingénieur. Dans cette source autobiographique unique en son genre Schickhardt mentionne également ses travaux dans le comté de Horbourg et dans la seigneurie de Riquewihr, notamment l'édification de maisons privées, les travaux dans des châteaux et églises, ainsi que la construction d'un moulin à Ostheim.

Bibl.: Heyd 1902, p. 321–417; Bouvard 2007a; Schickhardt 2013.

WM

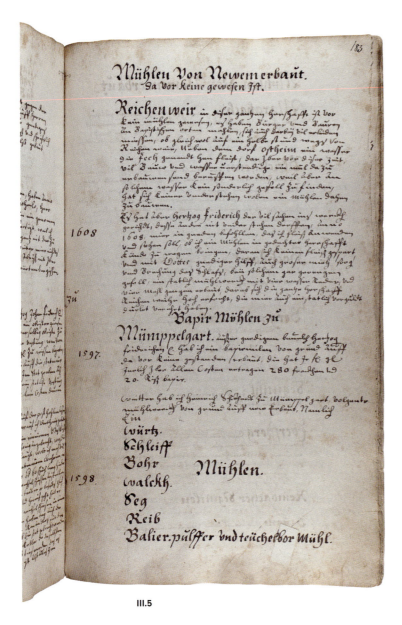

III.5

III.6 Schloss Reichenweier

a) Wappen Graf Georgs I. von Württemberg-Mömpelgard
Foto 2023

b) Aufriss des Schlosses
Papier, o.D. [18. Jahrhundert]
Besançon, Bibliothèque municipale, Ms Duvernoy 1, fol. 327r
Ausgestellt: Reproduktion

Graf Georg I. von Württemberg-Mömpelgard ließ in den Jahren 1539/40 in Reichenweier ein Schloss im Renaissancestil errichten. Das Wappen des Bauherrn prangt noch heute an der Außenfassade des Gebäudes. Die Raumgliederung des Schlosses im 18. Jahrhundert dokumentieren Planzeichnungen, die im Nachlass des Historikers Charles Léopold Eberhard Duvernoy (1774–1850) überliefert sind.

Lit.: Debard 2005.

WM

III.6 Le château de Riquewihr

a) Armes du comte Georges Ier de Wurtemberg-Montbéliard
Photographie
2023

b) Vue du château
Papier, non daté [XVIIIe siècle]
Besançon, Bibliothèque municipale, Ms Duvernoy 1, fol. 327r
En exposition : reproduction

Le comte Georges Ier de Wurtemberg-Montbéliard fit ériger dans les années 1539/40 à Riquewihr un château dans le style de la Renaissance. Encore aujourd'hui, les armes du maître d'ouvrage ornent la façade extérieure du bâtiment. La répartition des pièces à l'intérieur du château est documentée, pour le XVIIIe siècle, par des plans qui ont été conservés et qui font partie de la succession de l'historien Charles Léopold Eberhard Duvernoy (1774–1850).

Bibl.: Debard 2005.

WM

III.6 a

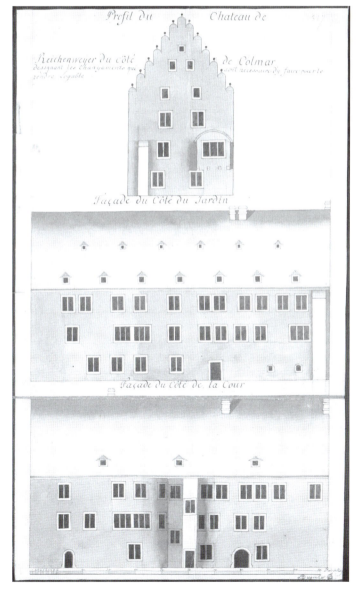

III.6 b

III.7 Haus des Patriziers Ambrosius Dieffenbach (heute: „Haus Irion")

Foto 2023
(Abb. S. 63)

Das Wohnhaus des Reichenweier Magistratsmitglieds Ambrosius Dieffenbach wurde in den Jahren 1605/1606 nach Plänen von Heinrich Schickhardt im Stil der Spätrenaissance errichtet. Bemerkenswert sind das majestätische Eingangsportal an der heutigen Rue du Général de Gaulle sowie der über Eck gebaute, zweigeschossige Erker. Im Salon des Hauses im ersten Stock befindet sich eine prachtvolle Kassettendecke.

Lit.: Hugel/Zitter 1999.

WM

III.7 Maison du patricien Ambroise Dieffenbach (aujourd'hui appelée « Maison Irion »)

2023
Photographie
(ill. p. 63)

La résidence du membre du Magistrat de Riquewihr, Ambroise Dieffenbach, fut érigée dans les années 1605/1606 selon les plans de Heinrich Schickhardt dans le style de la Renaissance tardive. Sont surtout dignes d'attention le majestueux portail d'entrée au niveau de l'actuelle rue du Général de Gaulle ainsi que l'encorbellement sur deux étages construit sur angle. Dans le salon du premier étage se trouve un magnifique plafond à caissons.

Bibl.: Hugel/Zitter 1999.

WM

III.8 Stadtbefestigung von Reichenweier

Vorlage: Ottersbach 2019
Ausgestellt: Reproduktion

Um 1600 wurde das in Italien entwickelte Bastionärsystem bei der Errichtung von städtischen Verteidigungsanlagen in Südwestdeutschland intensiv rezipiert. Heinrich Schickhardt leitete in Mömpelgard in den Jahren 1595 bis 1597 den Bau von „Pasteien" zum Schutz der Neustadt. Möglich ist, dass zwei noch heute erhaltene kleine Bastionen der äußeren Wallbefestigung in Reichenweier von Schickhardt konzipiert wurden.

Lit.: Bouvard 1999, S. 223; Ottersbach 2019, S.435 f.

WM

III.8 Fortification de la ville de Riquewihr

D'apres Ottersbach 2019
En exposition: reproduction

Vers 1600, les villes du Sud-Ouest de l'Allemagne adoptèrent de plus en plus le système des bastions développé auparavant en Italie pour l'édification d'enceintes défensives. Heinrich Schickhardt dirigea à Montbéliard de 1595 à 1597 la construction de bastions afin de protéger le nouveau faubourg. Il est possible qu'il ait également été à l'origine de deux bastions encore conservés aujourd'hui et situés sur les fortifications extérieures de Riquewihr.

Bibl.: Bouvard 1999, p. 223; Ottersbach 2019, p. 435 sq.

WM

III.8

III.9 Halbbatzen Herzog Friedrichs I., geprägt in Reichenweier, 1594

1594, Reichenweier

a) mit dem Grafentitel und dem Wappen der Grafschaft Württemberg-Mömpelgard
Silber, Dm. 18 mm, G. 1,21 g und Dm. 18 mm, G. 1,39 g
Stuttgart, Landesmuseum Württemberg, Inv. Nrn. MK 13094 und MK 14361

III.9 Demi-batz du duc Frédéric, frappés à Riquewihr

1594, Riquewihr

a) arborant le titre comtal et les armes du comté de Wurtemberg-Montbéliard
Argent, diamètre 18 mm, poids 1,21 g et diamètre 18 mm, poids 1,39 g
Landesmuseum Württemberg, n° d'inv. MK 13094 et MK 14361

b) arborant le titre ducal et les armes du duché de Wurtemberg
Argent, diamètre 18 mm, poids 1,00 g et diamètre 18 mm, poids 1,24 g
Landesmuseum Württemberg, n° d'inv. MK 3821 et MK 3417

En 1594 Frédéric Ier fit battre à Riquewihr des demi-batz, des pièces de la valeur de deux kreutzer. Ces frappes peuvent être classées en deux groupes. Dans les deux cas, le revers porte l'aigle impérial à deux têtes, dont le corps est recouvert d'un orbe crucifère portant la valeur Z (pour deux kreutzer). En haut du revers est placée une couronne suivie d'une inscription circulaire.

L'avers du premier groupe porte une inscription circulaire qualifiant Frédéric Ier de comte de Wurtemberg-Montbéliard : FRI(dericus) D(ei) G(ratia) CO(mes) WIRT(embergiae) ET MONT (is Beligardi). Ce texte entoure le blason du comté de Wurtemberg-Montbéliard : un écu

III.9 a   III.9 b

b) mit dem Herzogtitel und dem Wappen des Herzogtums Württemberg
Silber, Dm. 18 mm, G. 1,00 g und Dm. 18 mm, G. 1,24 g
Stuttgart, Landesmuseum Württemberg, Inv. Nrn. MK 3821 und MK 3417

Im Jahr 1594 ließ Friedrich I. in Reichenweier Halbbatzen, Münzen im Wert von zwei Kreuzern, schlagen. Diese Prägungen können in zwei Gruppen eingeteilt werden. Beide zeigen auf der Rückseite den doppelköpfigen Reichsadler, dessen Körper mit einem Reichsapfel belegt ist, der die Wertzahl Z (für 2 Kreuzer) trägt. Oben findet sich eine Krone, an die sich die Umschrift anschließt.

Die Vorderseite der ersten Gruppe trägt eine Umschrift, die Friedrich I. als Graf von Württemberg-Mömpelgard nennt: FRI(dericus) D(ei) G(ratia) CO(mes) WIRT(embergiae) ET MONT(is Beligardi). Dieser Text schließt das Wappen der Grafschaft Württemberg-Mömpelgard ein: einen quadrierten Schild mit den Hirschstangen im ersten und vierten sowie die Mömpelgarder Barben im zweiten und dritten Feld. Neben dem Wappenschild finden sich die beiden letzten Stellen des Prägejahrs: 9–4. Diese Halbbatzen sind identisch mit den

écartelé avec les ramures de cerf dans le premier et le quatrième champ et les bars de Montbéliard dans le second et le troisième champ. À côté de l'écu sont indiqués les deux derniers chiffres de l'année d'impression : 9-4. Ces demi-batz sont identiques avec les pièces qui furent frappées à Montbéliard – à un petit détail près : au-dessus du blason se trouve la lettre R qui indique que cette pièce fut émise par l'atelier monétaire de Riquewihr.

Le second groupe a le même revers que le premier, il se distingue cependant sur l'avers concernant l'inscription circulaire et le blason. Frédéric Ier, l'autorité monétaire, est ici qualifié de duc de Wurtemberg : FRI(dericus) D(ei) G(ratia) DVX WIRT(embergiae) CO(mes) MONT(is Beligardi). D'autres sous-catégories de ce groupe de pièces y évoquent aussi le titre de duc de Teck : FRI(dericus) D(ei) G(ratia) DVX WIRT(embergiae) ET TE(cciae) CO(mes) M(ontis Beligardi). Au centre de l'inscription se trouve le blason écartelé du duché de Wurtemberg avec les trois ramures de cerf pour le Wurtemberg, les losanges pour le Teck, la bannière de l'Empire et les bars de Montbéliard.

Prägungen, die in Mömpelgard geschlagen wurden – bis auf ein kleines Detail: Über dem Schild findet sich der Buchstabe R, der auf die Prägestätte Reichenweier verweist.

Die zweite Gruppe hat dieselbe Rückseite wie die erste, weicht aber auf der Vorderseite in Inschrift und Wappen ab. Friedrich I., der Münzherr, ist hier als Herzog von Württemberg genannt: FRI(dericus) D(ei) G(ratia) DVX WIRT(embergiae) CO(mes) MONT(is Beligardi). Einige Untervarianten weisen auch den Titel eines Herzogs von Teck nach. Inmitten dieser Umschriften findet sich das vierteilige Herzogswappen mit den drei württembergischen Hirschstangen, den Rauten für Teck, der Reichssturmfahne und den Mömpelgarder Barben. Wie bei der ersten Variante wurde auch hier der Prägeort Reichenweier mit einem R über dem Schild angegeben.

Lit.: Hirsch 1978, S. 35; Klein 2013, Nr. 33.1a und 33.1 und Nr. 36 und 38.

MO

III.10 Schloss Horburg

1596
Planzeichnungen Heinrich Schickhardts

a) Grundriss des Erdgeschosses, getuschte Federzeichnung auf Papier, 17,5 x 30,5 cm

b) Zweistöckiger Aufriss (Hofseite des Schlosses), getuschte Federzeichnung auf Papier, 12 x 31 cm

c) Aufriss des Torturms, Bleistift auf Papier, 21,5 x 18 cm
HStAS N 220 A 14, Nr. 2, 4 und 5

In den Jahren 1597/1598 ließ Herzog Friedrich I. das von seinem Vater Georg I. im Jahr 1543 wiedererrichtete Schloss Horburg durch Heinrich Schickhardt um zwei Gebäude erweitern. Ferner wurden das Torhaus und die Zugangsbrücke zum Schloss neu gestaltet. Im Nachlass Schickhardts finden sich mehrere Planzeichnungen, welche die damaligen umfangreichen Bauarbeiten dokumentieren.

Lit.: Rietsch 1999.

WM

Comme dans la première version, ces pièces furent émises à Riquewihr, comme l'indique le R situé au-dessus des armoiries.

Les demi-batz frappés à Riquewihr ne furent pas valables très longtemps car ces divisions monétaires furent interdites de manière générale dès le 19 août 1594 lors de la Diète d'Empire de Ratisbonne.

Bibl.: Hirsch, 1978, p. 35 ; Klein 2013, n° 33.1a, 33.1, 36, 38, p. 7–92.

MO

III.10 Le château de Horbourg

1596
Plan dessiné par Heinrich Schickhardt

a) Plan du rez-de-chaussée, dessin à la plume, encre sur papier, 17,5 x 30,5 cm

b) Épure sur deux étages (du château côté cour), dessin à la plume, encre sur papier, 12 x 31 cm

c) Épure de la tour-porte du château, crayon sur papier, 21,5 x 18 cm
HStAS N 220 A 14 Nr. 2, 4 et 5

Dans les années 1597/1598, le duc Frédéric Ier fit agrandir de deux bâtiments conçus par Heinrich Schickhardt le château de Horbourg que son père Georges Ier avait fait reconstruire en 1543. Il fit par ailleurs reconfigurer la tour-porte et le pont donnant accès au château. Dans la succession de Heinrich Schickhardt ont été conservés plusieurs plans qui documentent les importants travaux effectués à l'époque.

Bibl.: Rietsch 1999.

WM

III. Architecture et arts

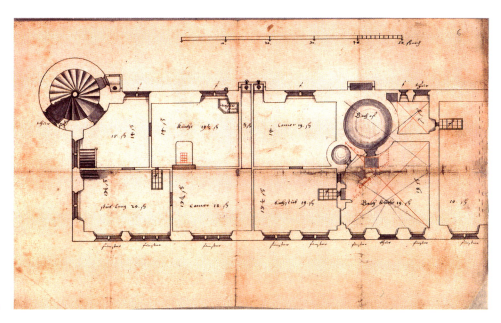

III.10 a

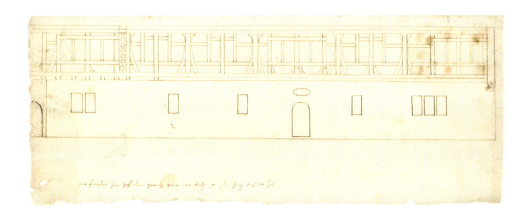

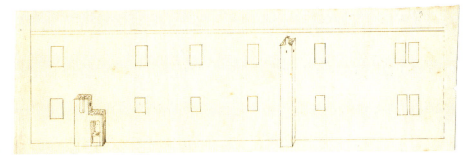

III.10 b

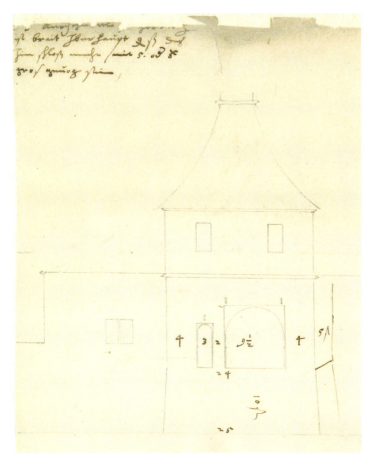

III.10 c

III.11 St. Sebastians-Kirche in Bebelnheim

O. D. [19. Jh.]
Bleistift auf Papier
Reproduktion aus: Birckel 1986, S. 82

Das Schiff der protestantischen Kirche in Bebelnheim wurde im Jahr 1606 nach Plänen von Heinrich Schickhardt erweitert. Ferner erhielt die Kirche einen neuen Glockenturm. Seit 1687 war das Gotteshaus Simultankirche: Während im Kirchenschiff evangelische Gottesdienste stattfanden, war der Chor katholischen Messfeiern vorbehalten. In den Jahren 1864 bis 1866 wurde an der Stelle der alten Kirche die heute noch bestehende protestantische Kirche errichtet.

Lit.: Birckel 1986, S. 83–92; Jost/Jost/Knorr 2016.

WM

III.11 L'église Saint-Sébastien à Beblenheim

Non daté [XIXᵉ siècle]
Crayon sur papier
Reproduction tirée de : Birckel 1986, p. 82

La nef de l'église protestante de Beblenheim fut élargie en 1606 suivant les plans de Heinrich Schickhardt. L'édifice religieux eut par ailleurs un nouveau clocher. Le bâtiment servait d'église simultanée depuis 1687 : alors que le culte protestant se tenait dans la nef, le chœur était réservé à la célébration des messes catholiques. Dans les années 1864 à 1866 fut érigée sur l'emplacement de l'ancien sanctuaire l'église protestante actuelle.

Bibl.: Birckel 1986, p. 83–92; Jost/Jost/Knorr 2016.

WM

III.11

IV. Bildung und Musik
Instruction et musique

Seit dem Fürstbrüderlichen Vergleich von 1617 regierte wieder eine eigene Linie des Hauses Württemberg die linksrheinischen Besitzungen. Während Leopold Friedrich die Herrschaft in der Grafschaft Mömpelgard übernahm, residierte sein Bruder Georg II. in Horburg und baute seine elsässischen Territorien repräsentativ aus.

Damit verband sich eine kulturelle Blütezeit, die gerade in der höfischen Kultur, in Bildung und Musik zum Ausdruck kam. Neben den neuen Schloss- und Gartenanlagen des Herzogs, seiner großartigen Kunstkammer und Gemäldesammlung, strahlten im 17. Jahrhundert vor allem die gemeinsamen musikalischen Verbindungen weit über das Elsass, Mömpelgard und Württemberg hinaus; die Musikerfamilien Böddecker oder Froberger stehen beispielhaft dafür.

Depuis le « traité des cinq frères » de 1617, une lignée indépendante de la maison de Wurtemberg régnait de nouveau sur les territoires situés sur la rive gauche du Rhin. Alors que Léopold-Frédéric prenait le pouvoir dans le comté de Montbéliard, son frère Georges II, quant à lui, fixa sa résidence à Horbourg et développa ses territoires alsaciens à des fins de représentation.

Cette évolution culmine avec un apogée culturel qui s'exprime notamment dans la culture de cour, l'instruction et la musique. Tout comme les nouveaux châteaux et jardins ducaux, son impressionnant cabinet de curiosités ou encore sa collection de tableaux, ce sont, pour le XVIIe siècle, surtout des goûts musicaux communs qui se répandirent bien au-delà de l'Alsace, de Montbéliard et du Wurtemberg ; les familles de musiciens tels que les Böddecker ou Froberger peuvent ici servir d'exemples.

IV.1

IV.1 Eine Biografie Herzog Friedrichs I. für seinen Sohn Ludwig Friedrich

[Um 1621], Mömpelgard
Handschrift, Papier, 20,7 x 16 cm
HStAS A 266 Bü 28

Herzog Friedrich I. galt schon unter seinen Zeitgenossen als einer der bemerkenswertesten Herrscher Württembergs. Als dessen Sohn Ludwig Friedrich durch den Fürstbrüderlichen Vergleich 1617 die linksrheinischen Gebiete Württembergs zugesprochen bekam, erhielt er auch eine anonyme Biografie seines Vaters auf Französisch. In dieser Lebensbeschreibung wird Friedrich als „Grand duc Friderich" zelebriert.

LF

IV.1 Une biographie du duc Frédéric Ier pour son fils Louis-Frédéric

[Vers 1621], Montbéliard
Manuscrit, papier, 20,7 x 16 cm
HStAS A 266 Bü 28

Le duc Frédéric Ier était déjà considéré par ses contemporains comme un des plus remarquables souverains du Wurtemberg. Lorsque son fils Louis-Frédéric obtint en 1617 les territoires du Wurtemberg situés sur la rive gauche du Rhin conformément au « Traité des cinq frères », il reçut également une biographie anonyme de son père rédigée en français. Dans cette biographie, Frédéric est célébré comme « Grand duc Friderich ».

LF

IV. Instruction et musique

IV.2 Der Fürstbrüderliche Vergleich

1617 Mai 28, Stuttgart
Ausfertigung, Pergamentlibell, 14 Bll., 35 x 30 cm
5 anhängende Siegel
HStAS G 66 U 160

Der sogenannte „Fürstbrüderliche Vergleich" regelte die Verteilung des württembergischen Erbes unter den fünf Söhnen Herzog Friedrichs I. Der älteste, Johann Friedrich, erhielt das gesamte Herzogtum Württemberg, während sich seine vier jüngeren Brüder mit weiteren Teilen des Herzogtums begnügen mussten. Ludwig Friedrich wurden die Grafschaften Mömpelgard und Horburg sowie die Herrschaft Reichenweier zugesprochen. Er begründete damit die jüngere Seitenlinie Württemberg-Mömpelgard.

Lit.: Das Haus Württemberg 1997.

EI

IV.2 Le « Traité des cinq frères »

1617 mai 28, Stuttgart
Exemplaire du destinataire, libelle en parchemin,
14 feuilles, 35 x 30 cm
5 sceaux appendus
HStAS G 66 U 160

Le « Traité des cinq frères » régla la répartition de l'héritage de la maison de Wurtemberg entre les cinq fils du duc Frédéric Ier. L'aîné, Jean-Frédéric, obtint la totalité du duché de Wurtemberg alors que ses quatre frères cadets durent se contenter des autres territoires du duché. Louis-Frédéric reçut les comtés de Montbéliard et de Horbourg ainsi que la seigneurie de Riquewihr. Il fonda ainsi la ligne cadette des Wurtemberg-Montbéliard.

Bibl.: Das Haus Württemberg 1997.

EI

IV.2

IV.3

IV.3 Die „Sacra Partitura" von Philipp Friedrich Böddecker

1651, Straßburg
Druck, Papier
WLB Ra 17 Boe 1
Aufgeschlagen: Titelblatt
🎧 Hörstation

Schon in Verhandlungen mit dem Stuttgarter Hof stehend, komponierte der in Straßburg ansässige Philipp Friedrich Böddecker 1651 seine berühmt gewordene „Sacra partitura". Er widmete diese Sammlung mehrerer Vokalwerke Herzogin Sibylla von Württemberg-Mömpelgard: Über dem Titel thronen das Mömpelgarder Fischweiblein und ein Stadtportrait, mit dem Schloss Montbéliard und dem Flusslauf der Allane.

Lit.: s. Beitrag Kremer.

JS

IV.3 La « Sacra Partitura » de Philipp Friedrich Böddecker

1651, Strasbourg
Imprimé, papier
WLB Ra 17 Boe 1
Ouvert à : page de titre
🎧 station audio

Alors qu'il se trouvait en pleines négociations avec la cour de Stuttgart au sujet d'un futur emploi, Philipp Friedrich Böddecker, installé à Strasbourg, composa en 1651 sa « Sacra partitura » devenue célèbre par la suite. Il dédia ce recueil comprenant plusieurs œuvres vocales à la duchesse Sibylle de Wurtemberg-Montbéliard : au-dessus du titre trônent la femme-poisson de Montbéliard et un portrait de la ville, avec le château de Montbéliard et la rivière de l'Allan.

Bibl.: cf. la contribution de Kremer.

JS

IV. Instruction et musique   185

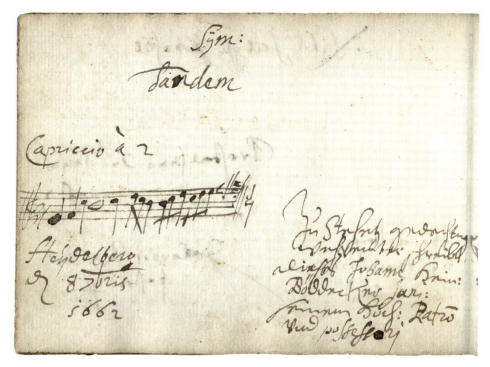

IV.4

IV.4 Das „Capriccio à 2" von Johann Heinrich Böddecker

1662
Stammbuch des Theologen Conrad Schumann
Handschrift, Papier, Octav
WLB Cod. Hist. Oct. 105, Bl. 189v

Johann Heinrich Böddecker, der Bruder Philipp Friedrichs, ist Schöpfer dieses kleinen „Capriccio à 2", das er ins Stammbuch des Heidelberger und Mannheimer Theologen Conrad Schumann eintrug. Er schlug ebenso wie Vater und Bruder eine musikalische Laufbahn ein und hatte 1629 in Buchsweiler im Elsass sowie 1643 in der Barfüßerkirche in Frankfurt am Main als Organist die Nachfolge seines Bruders angetreten.

Lit.: s. Beitrag Kremer.

JS

IV.4 Le « Capriccio à 2 » de Johann Heinrich Böddecker

1662
Livre d'amitié du théologien Conrad Schumann
Manuscrit, papier, in octavo
WLB Cod. Hist. Oct. 105, fol. 189v

Johann Heinrich Böddecker, le frère de Philipp Friedrich, est à l'origine de ce petit « Capriccio à 2 » qu'il nota dans le livre d'amitié du théologien Conrad Schumann établi à Heidelberg, puis Mannheim. Comme son père et son frère, il emprunta la voie musicale et succéda en tant qu'organiste à son frère tant en 1629 à Bouxwiller en Alsace, qu'en 1643 dans l'ancienne église franciscaine de Francfort.

Bibl.: cf. la contribution de Kremer.

JS

IV.5

IV.5 Die „Allemande" Johann Jacob Frobergers für Herzogin Sibylla

1675, Straßburg [und Durlach]
Michael Bulyowsky: Clavierbuch
Druck, Papier
SLUB Mus. 1-T-595
Ausgestellt: Reproduktion (S. 36–37)

Herzogin Sibylla von Württemberg-Mömpelgard und Johann Jacob Froberger verband seit Ende der 1650er Jahre eine enge Freundschaft, die vor allem durch ihre gemeinsame Leidenschaft für die Musik erwuchs. Nach seiner Anstellung als Hoforganist in Wien begann Froberger als Musiklehrer der Herzogin und ließ sich bei ihr in Mömpelgard nieder. Er widmete ihr den ersten Satz dieser „Suite pour le clavecin".

Lit.: FbWV 618; s. Beitrag Kremer.

JS

IV.5 L' « Allemande » de Johann Jacob Froberger pour la duchesse Sibylle

1675, Strasbourg [et Durlach]
Michael Bulyowsky: Clavierbuch
Imprimé, papier
SLUB Mus. 1-T-595
En exposition : reproduction (p. 36-37)

La duchesse Sibylle de Wurtemberg-Montbéliard et Johann Jacob Froberger étaient liés par une intense amitié depuis la fin des années 1650 ; celle-ci était surtout née de leur passion commune pour la musique. Après avoir été organiste de cour à Vienne, Froberger devint le professeur de musique de la duchesse et s'installa pour cet effet à Montbéliard. Il lui dédia la première danse de cette « Suite pour le clavecin ».

Bibl.: FbWV 618; cf. la contribution de Kremer.

JS

es seie der sachen zu viel gethan und nit recht weil
er nit mehr unser Religion gewesen und was noch mehr
allerley ... oder Judicien sein mag doch reüet
es mich nit ich höre gleich was ich wolle dan eine
Rare virtu und Herr bey dem er in einsten gewesen
meritiren noch wol eine Ehrliche begleitung zur
Letze ohne was ich noch vor mein person wie vorgedacht
Guettes von ihme Empfangen habe so ist er ia doch
auch noch ein Christ und guttes lebens gewesen.
ist mir gewis sauer genug ankomen und bin kein
Lachender Erb, möchte mir noch als Herz und Augen
iber gehen, wan ich bedencke das mir mit ihme abge
storben weis es wird dem Herrn Chevalier auch
Leid sein dan er auch einen guetten Freund ahn ihme
gehabt, und so viel ich aus deselben schreiben vernom
em ist er auch von dem Herrn in Ehren und wehrt
gehalten worden deswegen ich mich dan understanden
dises schreiben an ihme abgehen zulassen und ausfirlich
zuberichten seinen abscheid aus diser welt hoffe und
bitte mir es ia nit in ungutem auf zunemen weil ich
eben auch ein Liebhaberin der edlen Music und den
Herrn chevalier wie Patron derselben halte und ihme dero
iederzeit wol affectionirt verbleibe. Sibylla HZW.
Hericourt den
25 Juni 1667.

IV.6

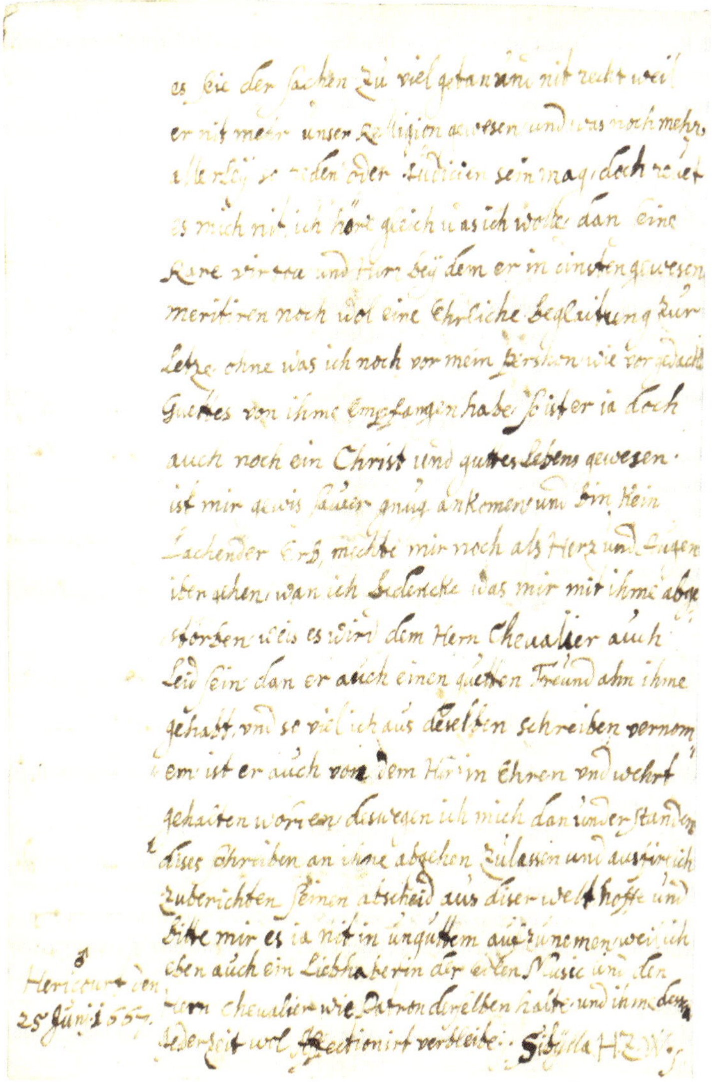

IV.6 Eine Trauerbotschaft Herzogin Sibyllas von Württemberg-Mömpelgard zum Tod Johann Jacob Frobergers

1667 Juni 25
Autograph, Doppelblatt, 17 x 25 cm
Leiden University Library, BPL 885
Ausgestellt: Faksimile

Persönlich betroffen teilt Herzogin Sibylla dem niederländischen Diplomaten und Komponisten Constantijn Huygens (1596–1687) den Tod Johann Jacob Frobergers mit. Sibylla schildert in ihrem Brief detailliert die Todesumstände ihres getreuen und fleißigen Lehrmeisters. Demnach ereilte Froberger während des Vespergebets urplötzlich ein *starcker Schlag,* und einige Atemzüge später verstarb er sanft an Ort und Stelle.

Lit.: s. Beitrag Kremer.

JS

IV.6 Une lettre de la duchesse Sibylle de Wurtemberg-Montbéliard au sujet du décès de Johann Jacob Froberger

1667 juin 25
Autographe, double-page, 17 x 25 cm
Leiden University Library, BPL 885
En exposition : facsimilé

La duchesse Sibylle, elle-même très touchée, fait part au diplomate et compositeur néerlandais Constantijn Huygens (1596–1687) du décès de Johann Jacob Froberger. Sibylle décrit en détail dans sa lettre les circonstances de la mort de son professeur, ami fidèle et travailleur acharné. Ainsi, Froberger fut soudainement atteint d'un *starcker Schlag* (« coup fort ») durant les vêpres et mourut paisiblement à cette même place quelques souffles plus tard.

Bibl.: cf. la contribution de Kremer.

JS

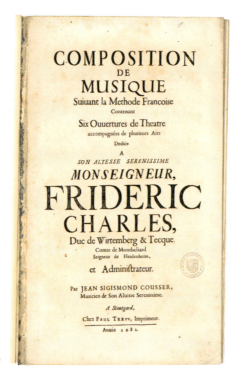

IV.7

IV.7 Johann Sigismund Kussers „Composition de Musique"

1682, Stuttgart
Druck, Papier
WLB Sch.K.M.fol. Kus 80/801607

Johann Sigismund Kusser veröffentlichte eine Sammlung von Suiten unter dem Titel „Composition de Musique". Er widmete sie Friedrich Karl, dem Vormund des Herzogs Eberhard Ludwig von Württemberg. Als Schüler des berühmten französischen Komponisten Lully orientierte sich Kusser bewusst am französischen Stil; Titel und Vorwort heben seine Absicht hervor, „suivant la Methode Francoise" zu komponieren. Die Suiten bestehen aus mehreren Instrumentalstücken, denen eine Ouvertüre vorangestellt ist.

Lit.: s. Beitrag Kremer.

JS

IV.7 La « Composition de Musique » de Johann Sigismund Kusser

1682, Stuttgart
Imprimé, papier
WLB Sch.K.M.fol. Kus 80/801607

Johann Sigismund Kusser publia un recueil de suites intitulé « Composition de Musique ». Il le dédia à Frédéric-Charles, le tuteur du duc Eberhard Louis de Wurtemberg. Ayant été l'élève du célèbre compositeur français Lully, Kusser s'inspira clairement du style français ; le titre et la préface soulignent son intention de composer « suivant la Methode Francoise ». Les suites comptent plusieurs pièces instrumentales qui sont introduites par une ouverture.

Bibl.: cf. la contribution de Kremer.

JS

IV.8 Le traité de la Bible du duc Georges II de Wurtemberg-Montbéliard

1667, [Montbéliard]
Imprimé, in quarto, 112 pages
WLB Theol. qt. 7110

Le duc Georges II était éminemment cultivé, parlait plusieurs langues et correspondait avec de nombreux érudits et théologiens. Il s'intéressait tout particulièrement aux thèmes philosophiques et théologiques. En 1667 parut anonymement le « Traité de la Bible close, et d'Élie qui la doit ouvrir, trad. de l'italien en français par N.B.D.L.F. » dont il n'existe plus que deux exemplaires connus aujourd'hui. Dans l'exemplaire conservé à la bibliothèque de Besançon, un utilisateur postérieur a indiqué que le duc Georges II en avait été l'auteur alors que l'exemplaire conservé à la Württembergische Landesbibliothek ne permet pas de tirer de telles conclusions.

Bibl.: Debard 1997b, p. 185; cf. la contribution de Finkeldei.

EF

IV.8 Das Bibeltraktat Herzog Georgs II. von Württemberg-Mömpelgard

1667, [Mömpelgard]
Druck, Quart, 112 S.
WLB Theol. qt. 7110

Herzog Georg II. war außerordentlich gebildet, sprach mehrere Sprachen und korrespondierte mit vielen Gelehrten und Theologen. Georgs Interesse galt verstärkt philosophischen und theologischen Themen. 1667 erschien das anonyme Bibeltraktat „Traité de la Bible close, et d´Elie qui la doit ouvrir trad. de l´italien en français par N.B.D.L.F.", von dem sich bisher nur zwei Exemplare nachweisen lassen. In dem Exemplar der Bibliothek Besançon hat ein späterer Benutzer auf die Autorschaft Herzog Georgs II. hingewiesen, während die Titelei des Exemplars aus der Württembergischen Landesbibliothek keine Rückschlüsse auf den Verfasser bietet.

Lit.: Debard 1997b, S. 185; s. Beitrag Finkeldei.

EF

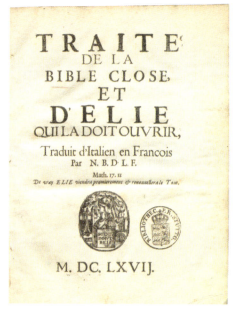

IV.8

IV.9 Die Wachsbüste von Herzog Georg II. von Württemberg-Mömpelgard

[Um 1670], Mömpelgard
Holz, Wachs, Textilien, Messing, Haare, 35 x 23 x 13 cm
Collection Musées de Montbéliard, 337_1860.952.01
(Abb. S. 68)

Um seinem Anspruch als souveräner Herrscher Ausdruck zu verleihen, ließ Herzog Georg II. in den 1670er Jahren eine Wachsbossierung seines Gesichts anfertigen. Ziel dieser zur damaligen Zeit beliebten Kunstform war es, die dargestellte Person in ihrer äußeren Gestalt möglichst originalgetreu nachzubilden. Um dem Erscheinungsbild des Herzogs eine größtmögliche Lebendigkeit zu verleihen, verwendete man hier Echthaar für das Haar, den Schnurrbart sowie die Wimpern.

Lit.: s. Beitrag Finkeldei.

LF

IV.9 Le buste en cire du duc Georges II de Wurtemberg-Montbéliard

[Vers 1670], Montbéliard
Bois, cire, tissus, laiton, cheveux, 35 x 23 x 13 cm
Collection Musées de Montbéliard, 337_1860.952.01
(ill. p. 68)

Afin d'affirmer ses prétentions en tant que souverain, le duc Georges II fit réaliser dans les années 1670 un bossage en cire de son visage. Le but de cet art très en vogue à l'époque, était de créer une représentation la plus réaliste possible de la personne en question. Afin de rendre l'apparence du duc encore plus vivante, l'artiste utilisa de vrais cheveux pour les cheveux, la moustache et les cils.

Bibl.: cf. la contribution de Finkeldei.

LF

IV.10 Inventar der Kunstkammer von Herzog Georg II. von Württemberg-Mömpelgard

1681 April 30, Mömpelgard
Papier, Folio, 26 Bll.
HStAS A 266 Bü 940
(Abb. S. 77)

Im 17. Jahrhundert entstanden an vielen Höfen und Residenzen im Heiligen Römischen Reich Kunst- und Wunderkammern. Auch Herzog Georg II. baute eine solche Kunst- und Raritätensammlung auf. Die Ursprünge der Sammlung lagen wohl in der Zeit, als der Herzog von 1648 bis 1662 noch im Elsass, vor allem in Horburg, residierte. Anhand der vielen, auch aus der außereuropäischen Welt stammenden Objekte wird die weitreichende Verflechtung seines Hofes im linksrheinischen Württemberg deutlich.

LF

IV.11 Herzog Georg II. auf dem Totenbett

1699
Pergament, Folio
Montbéliard, Archives municipales BB 4 «Livre doré», fol. 216

Das „Goldene Buch" der Stadt Montbéliard zählt zu den herausragenden Zeugnissen aus der Geschichte des linksrheinischen Württemberg. Es diente der Dokumentation wichtiger Ereignisse sowie des Lebens und Wirkens der württembergischen Herzöge. Zu besonderen Vorfällen fertigte man auch farbige Zeichnungen an. Als Herzog Georg II. 1699 verstarb, bildete man hier die Totenwache sowie den Sarg des Herzogs ab.

Lit.: s. Beitrag Finkeldei.

LF

IV.10 Inventaire du cabinet de curiosités du duc Georges II de Wurtemberg-Montbéliard

1681 avril 30, Montbéliard
Papier, in folio, 26 feuilles
HStAS A 266 Bü 940
Ouvert à : fol. 2r
(ill. p. 77)

Au XVIIᵉ siècle, de nombreuses cours et résidences du Saint-Empire mirent en place des cabinets de curiosités. Le duc Georges II fut également à l'origine d'un tel cabinet rassemblant des œuvres d'art et des raretés. Les débuts de cette collection remontent probablement à l'époque où le duc résidait encore en Alsace de 1648 à 1662, notamment à Horbourg. Les nombreux objets provenant notamment de régions extra-européennes prouvent l'étendue des relations qu'entretenait Georges à sa cour dans la partie du Wurtemberg située sur la rive gauche du Rhin.

LF

IV.11 Le duc Georges II sur son lit de mort

1699
Parchemin, in folio
Montbéliard, Archives municipales BB 4 « Livre doré », fol. 216

Le « Livre doré » de la ville de Montbéliard compte parmi les témoignages les plus exceptionnels de l'histoire de cette partie du Wurtemberg située sur la rive gauche du Rhin. Il servait à documenter les événements importants tels que la vie et l'œuvre des ducs de Wurtemberg. Des dessins en couleur étaient réalisés pour marquer les événements particuliers. À la mort du duc Georges II en 1699, l'on choisit ainsi de représenter la veillée funèbre tout comme le cercueil du duc.

Bibl.: cf. la contribution de Finkeldei.

LF

IV.11

IV.12

IV.12 Elsässische und Mömpelgarder Stipendiaten in Tübingen

1705
Kanzleibuch, Papier, 34,5 x 23,5 cm
HStAS A 3 Bü 70
Aufgeschlagen: Bl. 3v/4r

Für die Bildungselite aus der Grafschaft Mömpelgard und den elsässischen Herrschaften um Reichenweier und Horburg war die testamentarisch verfügte Stiftung Graf Georgs I. von Württemberg-Mömpelgard (1498–1558) von 10 Stipendien besonders wichtig. Sie ermöglichte zahlreichen Studenten aus dem Elsass und Mömpelgard ein Theologiestudium am Evangelischen Stift der Universität Tübingen, so dass diese anschließend Pfarrstellen in ihrer Heimat besetzen konnten. Damit festigten die Stipendiaten das Band der evangelisch-lutherischen Kirche zwischen Württemberg und seinen linksrheinischen Gebieten nachhaltig.

Lit.: Dormois 1999, S. 314 f., 324–327; Homoki 2021, S. 66–68; Leube 1916, S. 55–57, 75; Viénot 1931, S. 74; Westphal 1988, S. 78 f.

SH

IV.12 Boursiers alsaciens et montbéliardais à Tübingen

1705
Registre de chancellerie, papier, 34,5 x 23,5 cm
HStAS A 3 Bü 70
Ouvert à : fol. 3v/4r

La fondation stipulée dans le testament du comte Georges Ier de Wurtemberg-Montbéliard (1498-1558) au profit de 10 boursiers annuels était d'une grande importance pour l'élite intellectuelle du comté de Montbéliard et des seigneuries alsaciennes autour de Riquewihr et d'Horbourg. En effet, elle permettait à de nombreux étudiants d'Alsace et de Montbéliard de faire des études de théologie au séminaire protestant de l'université de Tübingen afin d'occuper après une cure dans leur région d'origine. Par ce biais, les boursiers contribuèrent à renforcer sur le long terme le lien tissé par l'Église protestante de dénomination luthérienne entre le Wurtemberg et ses territoires situés sur la rive gauche du Rhin.

Bibl.: Dormois 1999, p. 314 sq., 324-327; Homoki 2021, p. 66-68; Leube 1916, p. 55-57, 75; Viénot 1931, p. 74; Westphal 1988, p. 78 sq.

SH

V. Weinbau und Weinkonsum
Viticulture et consommation de vin

Der Elsässer Wein stellte bereits seit dem Mittelalter ein starkes wirtschaftliches Band zwischen Württemberg und seinen linksrheinischen Gebieten dar. Mit der Herrschaft Reichenweier hatten die Württemberger 1324 ein Zentrum von Weinbau und Weinhandel im Elsass erworben, von dem sie sowohl wirtschaftlich wie kulinarisch profitieren konnten.

Die württembergische Herrschaft nahm nicht nur Anteil an der Weinproduktion und -vermarktung im Elsass. Sie ließ den Elsässer Wein auch zum eigenen Konsum in ihre württembergischen Residenzen nach Stuttgart, Urach oder Mömpelgard transportieren, vor allem um höfische Feste damit repräsentativ zu gestalten. Das bekannte Prestige des Elsässer Weins sollte auch der Tafelkultur im Hause Württemberg besonderen Glanz verleihen, ebenso wie der Weinbau in Württemberg nachhaltig von der Elsässer Weinkultur angeregt wurde.

Le vin d'Alsace représentait déjà au Moyen Âge un lien économique fort entre le Wurtemberg et ses territoires situés sur la rive gauche du Rhin. Les comtes de Wurtemberg avaient fait l'acquisition en 1324, au travers de la seigneurie de Riquewihr, d'un centre de la culture et du commerce du vin en Alsace, dont ils profitèrent tant d'un point de vue économique que gustatif.

Le pouvoir wurtembergeois ne participait pas uniquement à la production et à la vente du vin en Alsace. Il faisait également venir le vin alsacien dans les résidences wurtembergeoises de Stuttgart, Urach et Montbéliard pour sa propre consommation, surtout dans le cadre de fêtes de cour à des fins de représentation. La renommée du vin d'Alsace conféra une certaine splendeur à la culture de la table dans le Wurtemberg et la viticulture dans le Wurtemberg profita sur le long terme de la culture viticole alsacienne.

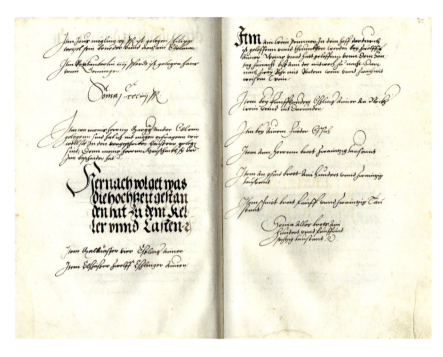

V.1

V.1 Elsässer Wein bei der Uracher Hochzeit

[1552]
Papier, 96 Bll., Ledereinband, 26,5 x 18 cm
HStAS A 602 Nr. 373 d
Aufgeschlagen: 71v–72r

Für das Haus Württemberg war der Elsässer Wein von herausragender Bedeutung. Besonders bei den großen Fürstenhochzeiten wurde das Prestige des um Reichenweier hergestellten Weins deutlich, erstmals bei der berühmten „Uracher Hochzeit" von Graf Eberhard V. und Barbara Gonzaga von Mantua. Die ausführliche Beschreibung der Hochzeit, die Anfang Juli 1474 für vier Tage in Urach gefeiert wurde, zählt 500 Eimer Neckarwein (ca. 1.500 hl), 12 Eimer Elsässer (ca. 36 hl) und 4 Eimer Malvasier (ca. 12 hl)! Während ein Weinbrunnen im Schlosshof ununterbrochen vom herkömmlichen Neckarwein für das breite Volk gespeist wurde, landeten die teuren Elsässer und Südweine auf den Tischen der zahlreichen vornehmen Gäste.

Lit.: Zeilinger 2003; s. Beitrag Rückert, Elsässer Wein.

PR

V.1 Vin d'Alsace lors des noces d'Urach

[1552]
Papier, 96 feuilles, reliure en cuir, 26,5 x 18 cm
HStAS A 602 Nr. 373 d
Ouvert à : 71v–72r

Le vin d'Alsace avait une grande importance pour la maison de Wurtemberg. C'est surtout lors de grands mariages princiers qu'apparaissait au grand jour le prestige du vin produit autour de Riquewihr – pour la première fois à l'occasion des noces d'Urach du comte Eberhard V et de Barbara Gonzague de Mantoue. Le récit détaillé des festivités du mariage qui se tinrent à Urach pendant quatre jours en juillet 1474 énumère 500 eimer de vin du Neckar (environ 1.500 hl), 12 eimer de vin d'Alsace (environ 36 hl) et 4 eimer de Malvoisie (environ 12 hl) ! Alors que la fontaine à vin dans la cour du château offrait sans interruption du vin local du Neckar à la population, les vins coûteux d'Alsace et des pays méridionaux étaient servis à la table des nombreux invités de marque.

Bibl.: Zeilinger 2003; cf. la contribution de Rückert, Le vin alsacien.

PR

V.2 a

V.2 b

V.2 c

V.2 Höfische Weinkultur: Trinkgefäße aus Glas

a) Ein Kreuzrippenbecher
[Zweite Hälfte 15. Jahrhundert]
Grünes Glas, Höhe 6,5 cm, Durchmesser 7 cm
Landesmuseum Württemberg, GG 1553

Gläser wie dieser Kreuzrippenbecher waren als Trinkgefäße an den spätmittelalterlichen Höfen täglich in Gebrauch. Charakteristisch ist ihre meist grünliche Farbe. Sie entstand durch die damals noch häufig vorkommenden metallischen Verunreinigungen des Glasgemenges. Nach dem Standort der Glashütten im Wald nannte man diese Gläser auch „Waldgläser".

Lit.: Rückert/Thaller/Oschema 2020, S. 191 f.
(J. Bischoff).

b) Ein „Kuttrolf"
[15. Jahrhundert, vermutlich Mainz]
Blaugrünes Glas, Höhe 16 cm
Landesmuseum Württemberg, 1994-15

Der „Kuttrolf" gehört zu den charakteristischen Glasformen des Mittelalters. Es handelt sich um ein halbkugeliges Glasgefäß mit verengtem Hals, der aus mehreren Röhren mit gemeinsamer Mündung besteht. Kuttrolfe dienten zur Aufbewahrung von Weinen und Soßen und wurden auch als Trinkflaschen verwendet. Diese besondere Glasform wurde gerne auf festlichen Tafeln präsentiert.

Lit.: Rückert/Thaller/Oschema 2020, S. 192
(J. Bischoff).

c) Ein „Krautstrunk"
[Zweite Hälfte 15. Jahrhundert]
Hellgrünes Glas, Höhe 9,8 cm, Durchmesser 8,5 cm (oben), 5,5 cm (unten)
Landesmuseum Württemberg, WLM 1948-41

Der „Krautstrunk" ist eine häufige deutsche Trinkglasform des Spätmittelalters, die neben der typisch grünlichen Farbe der Waldgläser vor allem durch einen leicht gebauchten Becher mit noppenförmigen Auflagen kennzeichnet ist. Auch in zeitgenössischen Bilderhandschriften sind solche Gläser auf höfischen Tafeln dargestellt (s. Abb. S. 97).

Lit.: Rückert/Thaller/Oschema 2020, S. 192 f.
(J. Bischoff).

PR

V.2 Culture du vin à la cour : des récipients en verre

a) Kreuzrippenbecher
[Seconde moitié du XVᵉ siècle]
Verre de couleur verte, hauteur 6,5 cm, diamètre 7 cm
Landesmuseum Württemberg, GG 1553

Les verres à boire comme ce « Kreuzrippenbecher » ayant une structure rappelant les croisées d'ogives étaient utilisés quotidiennement à la table des cours à la fin du Moyen Âge. Une de leurs caractéristiques est souvent leur couleur verte. Ce sont les impuretés métalliques, encore très courantes dans la production de verre à l'époque, qui sont à l'origine de cette apparence. Ces verres étaient également qualifiés de « Waldgläser » car les verreries se trouvaient alors souvent dans les forêts.

Bibl.: Rückert/Thaller/Oschema 2020, p. 191 sq.
(J. Bischoff).

b) « Kuttrolf »
[XVᵉ siècle, probablement Mayence]
Verre de couleur bleue-verte, hauteur 16 cm
Landesmuseum Württemberg, 1994-15

Un « Kuttrolf » compte parmi les formes caractéristiques des verres médiévaux. Il s'agit d'un récipient hémisphérique en verre avec un col rétréci composé de deux ou plusieurs tuyaux se rejoignant au niveau de l'embouchure. Les « Kuttrolfs » servaient à conserver les vins et les sauces et étaient également utilisés comme bouteilles. Cette forme particulière de verre était d'ailleurs volontiers présentée sur les tables lors des banquets.

Bibl.: Rückert/Thaller/Oschema 2020, p. 192
(J. Bischoff).

c) « Krautstrunk »
[Seconde moitié du XVᵉ siècle]
Verre de couleur vert clair, hauteur 9,8 cm, diamètre 8,5 cm (en haut), 5,5 cm (en bas)
Landesmuseum Württemberg, WLM 1948-41

Le « Krautstrunk » est un genre de verre à boire très répandu en Allemagne à la fin du Moyen Âge. Il est caractérisé par sa couleur verte typique des « Waldgläser » (littéralement : « verres des bois »), ainsi que par sa forme

V.3 Ein Weintransport aus Reichenweier

1488 November 11, [Stuttgart]
Ausfertigung, Papier, 9 x 22,5 cm
HStAS A 602 Nr. 14821

Die Anweisung für einen Weintransport von Reichenweier nach Stuttgart an den württembergischen Landschreiber beschreibt beispielhaft die Abrechnung der aufwändigen Transportfahrten: Der Fuhrmann Urban Kercher und sein Binderknecht sollen für ihre Zehrung und die Zollgebühren fast 20 Gulden erhalten, *von dem Elsesser von Reichenweill bis gen Stůtgartt zu fürn*. Auch wenn nicht bekannt ist, wieviel Wein bei diesem Transport mitgeführt wurde, erscheinen die Kosten dafür doch beträchtlich.

Lit.: s. Beitrag RÜCKERT, Elsässer Wein.

PR

V.4 Transportrouten zwischen dem Elsass und Württemberg

Vorlage: Historischer Atlas von Baden-Württemberg, Karte X, 1
Entwurf: Peter Rückert; Grafik: Carola Wüst
(Abb. S. 106f.)

Die kartographische Darstellung zeigt die wichtigsten Transportwege, die für den Weintransport zwischen dem Elsass und Württemberg im späten Mittelalter und in der frühen Neuzeit benutzt wurden: von Reichenweier kurz über Land zur Ill, dann über Straßburg und den Rhein abwärts bis Ettlingen und ab légèrement bombée parsemée d'appliques rappelant l'aspect d'un trognon de chou effeuillé, ce qui lui a valu son nom. Ces verres sont également représentés dans les banquets de la cour tels qu'ils sont illustrés dans les manuscrits enluminés de l'époque (cf. ill. p. 97).

Bibl.: RÜCKERT/THALLER/OSCHEMA 2020, p. 192 sq. (J. BISCHOFF).

PR

V.3 Un transport de vin provenant de Riquewihr

1488 novembre 11, [Stuttgart]
Exemplaire du destinataire, papier, 9 x 22,5 cm
HStAS A 602 Nr. 14821

L'instruction donnée au *Landschreiber*, secrétaire financier dans la chancellerie du Wurtemberg, concernant un transport de vin de Riquewihr en direction de Stuttgart décrit de manière exemplaire les dépenses occasionnées par un transport aussi coûteux : le charretier seigneurial Urban Kercher et son ouvrier tonnelier reçurent près de 20 florins pour payer leur ravitaillement et les frais de douane *von dem Elsesser von Reichenweill bis gen Stůtgartt zu fürn* (« afin de transporter le vin d'Alsace de Riquewihr à Stuttgart »). Même si la quantité de vin transportée n'est pas connue, les coûts n'en paraissent pas moins considérables.

Bibl.: cf. la contribution de RÜCKERT, Le vin alsacien.

PR

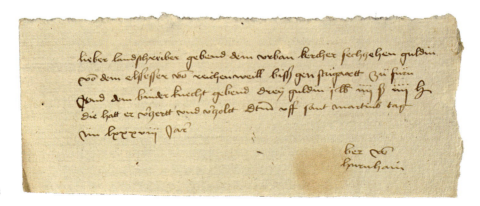

V.3

hier wieder über Land an die württembergischen Höfe nach Stuttgart, Tübingen und Urach, oder auch über Neuenbürg bis in die bekannten Kurbäder nach Wildbad oder Liebenzell.

Lit.: s. Beitrag Rückert, Elsässer Wein.

PR

V.5 Das Gleichnis vom Weinberg

[1538–1540]
Tafel von Heinrich Füllmaurer aus dem Mömpelgarder Altar
Kunsthistorisches Museum Wien
Ausgestellt: Reproduktion
(Abb. S. 103)

Graf Georg von Württemberg-Mömpelgard (1498–1558) hatte im Auftrag seines Halbbruders Herzog Ulrich (1487–1550) die Herrschaft in Mömpelgard und den elsässischen Territorien Württembergs übernommen und dort die Reformation zunächst nach Schweizer Vorbild eingeführt. Wie auch Herzog Ulrich in Stuttgart beauftragte Graf Georg den Herrenberger Maler Heinrich Füllmaurer mit der Gestaltung eines großen, sechsflügigen Wandelaltars, wohl für seine Schlosskirche in Mömpelgard. Eine der etwa 160 Tafeln zeigt das Gleichnis vom Weinberg (Matthäus 20, 1-16) mit einer zeitgenössischen Stadtansicht und ausgedehnten Weinbergen im Hintergrund, so wie damals Reichenweier mit seiner bedeutenden Weinlage am Schönenberg erscheinen konnte.

Lit.: s. Beitrag Rückert, Elsässer Wein.

PR

V.6 Elsässer Wein am württembergischen Hof in Mömpelgard

[1543–1549]
Papier, Folio
HStAS A 267 Bü 197 k

Für die Hofhaltungen von Graf Georg und dem späteren Herzog Christoph in Mömpelgard sind Rechnungen auch für den Weinverbrauch seriell überliefert. Der Weinkonsum am Mömpelgarder Hof Georgs und ab 1542 Christophs

V.4 Routes de transport entre l'Alsace et le Wurtemberg

Modèle : Historischer Atlas von Baden-Württemberg, Karte X, 1
Conception : Peter Rückert; illustration : Carola Wüst
(ill. p. 106 f.)

La représentation cartographique montre les plus importantes des voies qui furent empruntées par les transports de vin entre l'Alsace et le Wurtemberg à la fin du Moyen Âge et à l'époque moderne : De Riquewihr par voie terrestre pour un court trajet vers les rives de l'Ill, puis en passant par Strasbourg et en descendant le Rhin jusqu'à Ettlingen et de là de nouveau par voie terrestre vers les cours wurtembergeoises de Stuttgart, Tübingen et Urach ou encore en passant par Neuenbürg jusque dans les célèbres stations thermales de Wildbad et Liebenzell.

Bibl.: cf. la contribution de Rückert, Le vin alsacien.

PR

V.5 La parabole de la Vigne

[1538–1540]
Panneau de Heinrich Füllmaurer du Retable de Montbéliard
Musée d'histoire de l'art de Vienne
En exposition : reproduction
(ill. p. 103)

Le comte Georges de Wurtemberg-Montbéliard (1498-1558) avait pris le pouvoir à Montbéliard et dans les territoires alsaciens du Wurtemberg sur ordre de son demi-frère, le duc Ulrich (1487-1550), et y avait introduit la Réforme, tout d'abord selon le modèle suisse. Tout comme l'avait fait le duc Ulrich à Stuttgart, le comte Georges prit commande auprès du peintre Heinrich Füllmaurer, originaire de Herrenberg, d'un grand polyptyque à six volets qu'il destinait probablement à son église du château de Montbéliard. Un des environ 160 panneaux dépeint la parabole de la Vigne (Matthieu 20, 1-16) avec une vue de l'époque de la ville et de vastes vignobles en arrière-plan tels que ceux que Riquewihr

von Württemberg war beträchtlich und verweist auf die häufigen Weintransporte aus den elsässischen Besitzungen um Reichenweier nach Mömpelgard.

Lit.: s. Beitrag Rückert, Elsässer Wein.

PR

V.7 Ein neues Eichmaß für Wein

1555, Württemberg
Bronze, Höhe 21,8 cm, Durchmesser 14,7 cm
Landesmuseum Württemberg, Inv. Nr. 27141555

In der Grafschaft Mömpelgard hatte Herzog Christoph von Württemberg seine Regentschaft damit begonnen, Kirche und Verwaltung neu zu ordnen. Nach seinem 1550 erfolgten Herrschaftsantritt im Herzogtum Württemberg setzte Christoph diese Ordnungstätigkeit unmittelbar fort. Das *mit den hirschhörnern* [ge]*stempff*[te] *und bezeichnete Gefäß*, so schreibt es die Eichordnung Christophs von 1557 vor, sollte als normhaltendes Messgerät für Wein an wichtigen Orten des Herzogtums eingesetzt werden. Dieses einheitliche Eichmaß mit den eingeprägten Hirschstangen als württembergisches Herrschaftszeichen ersetzte fortan die bislang unterschiedlichen Weinmaße. Auf gleiche Weise vereinheitlichte Herzog Christoph weitere grundlegende Maßeinheiten, mit denen Waren und Güter, wie Getreide, Textilien, Gewürze, Heu oder Fleisch, gemessen bzw. gewogen wurden.

Lit.: Eichordnung 1557, S. III–IX.; Lutz 1938, S. 4–7; Christoph 2015, S. 15–34, 66.

ME

possédait alors avec ses importantes vignes sur les coteaux du Schoenenbourg.

Bibl.: cf. la contribution de Rückert, Le vin alsacien.

PR

V.6 Du vin alsacien à la cour wurtembergeoise de Montbéliard

[1543-1549]
Papier, in folio
HStAS A 267 Bü 197 k

Pour ce qui est du train de vie des cours montbéliardaises du comte Georges et du futur duc Christophe ont été conservées des séries de factures qui concernaient aussi la consommation de vin. Cette dernière fut considérable à la cour de Montbéliard de Georges et à celle de Christophe de Wurtemberg à partir de 1542 ; les documents font état de transports de vin fréquents depuis les possessions alsaciennes autour de Riquewihr en direction de Montbéliard.

Bibl.: cf. la contribution de Rückert, Le vin alsacien.

PR

V.7 Un nouvel étalon pour le vin

1555, Wurtemberg
Bronze, hauteur 21,8 cm, diamètre 14,7 cm
Landesmuseum Württemberg, Inv. Nr. 27141555

La régence du duc Christophe de Wurtemberg dans le comté de Montbéliard avait débuté par une réorganisation de l'Église et de l'administration. Après son arrivée au pouvoir en 1550 dans le duché de Wurtemberg, Christophe continua son activité de réglementation. Le *mit den hirschhörnern* [ge]*stempff*[te] *und bezeichnete Gefäß* (« récipient estampillé des bois de cerf et marqué »), comme il était indiqué dans l'ordonnance sur les poids et mesures de 1557, devait devenir le récipient normé pour mesurer la quantité de vin dans les grands centres du duché. Cet étalon unique marqué des bois de cerf, symboles du Wurtemberg, remplaçait désormais les différents

V.7

V. Viticulture et consommation de vin 199

V.8

V.8   Eine frühe Fachkunde zum Weinbau

Strassburg, Anton Bertram, 1607
Druck, Papier, Quart
BSB München 4 Oecon. 26
Ausgestellt: Titelblatt (Reproduktion)

Bei dem bekannten Drucker Anton Bertram erschien 1607 in Straßburg eine anonyme Fachkunde zum Weinbau im Elsass und in Württemberg. Als „Kurtzer und einfältiger Bericht und Anweisung …" wendet sie sich „An alle Württembergische Reb- vnnd Bawleuth …". Diese frühe Weinbaukunde zeigt die engen Verbindungen des Weinbaus in den beiden württembergischen Territorien auf und damit auch die gegenseitigen Befruchtungen und Anregungen hinsichtlich der Rebsorten und des Weinkonsums.

Lit.: Barth 1958, Bd. 1, S. 100.

PR

étalons qui étaient alors en usage. De la même manière, le duc Christophe unifia d'autres unités de mesure importantes avec lesquelles avaient été quantifiées jusque-là les marchandises et les biens tels que le blé, le textile, les épices, le foin ou la viande.

Bibl.: Eichordnung 1557, p. III–IX.; Lutz 1938, p. 4-7; Christoph 2015, p. 15–34, 66.

ME

V.8   Un des premiers manuels sur la culture du vin

Strasbourg, Anton Bertram, 1607
Imprimé, papier, in quarto
BSB München 4 Oecon. 26
En exposition : Page de titre (reproduction)

En 1607 parut anonymement à Strasbourg dans l'imprimerie du célèbre Anton Bertram un manuel sur la viticulture en Alsace et dans le Wurtemberg. Il s'adresse en tant que *Kurtzer und einfältiger Bericht und Anweisung …* (« récit succint et simple et comme instruction … ») à tous les viticulteurs et cultivateurs du Wurtemberg (*An alle Württembergische Reb- vnnd Bawleuth …*).
Ce manuel sur la culture du vin, paru très tôt, met en lumière le lien étroit entre les viticultures des deux territoires du Wurtemberg et par ce biais les échanges féconds et les influences mutuelles eu égard au choix des ceps et à la consommation du vin.

Bibl.: Barth 1958, vol. 1, p. 100.

PR

V.9 Jean Bauhin: Historia plantarum universalis

1650/51, Yverdon-les-Bains
Druck, Papier, 40 x 38 x 8 cm
WLB Nat. G. fol. 38-1
Aufgeschlagen: Titelblatt

Die gehobene Weinkultur im Herzogtum Württemberg hatte unter Herzog Friedrich I. um 1600 ihre erste Blüte erreicht. Seinem Botaniker und Arzt Jean Bauhin (1541–1612) kam dabei eine besondere Bedeutung zu. Bauhin wirkte bereits ab 1571 am Mömpelgarder Hof Friedrichs und legte dort ab 1578 einen der reichhaltigsten botanischen Gärten in Europa an, mit einem Weingarten, *in welchem köstlich guter Wein gepflanzt würdt*, wie Heinrich Schickhardt bald darauf schreibt. In seinem großen Pflanzen- und Kräuterbuch, der „Historia plantarum universalis", beschreibt Bauhin zahlreiche Rebsorten und ihre Kultivierung an den unterschiedlichen Orten im Herzogtum Württemberg.

Lit.: Krämer 2017, S. 136 f.

PR

V.9 Jean Bauhin: Historia plantarum universalis

1650/51, Yverdon-les-Bains
Imprimé, papier, 40 x 38 x 8 cm
WLB Nat. G. fol. 38-1
En exposition : page de titre

La culture du vin de qualité atteignit dans le duché de Wurtemberg un premier apogée sous le duc Frédéric Ier vers 1600. Le botaniste et médecin du duc, Jean Bauhin (1541–1612), joua pour cela un rôle important. Bauhin travailla dès 1571 à la cour de Montbéliard pour Frédéric et y aménagea à partir de 1578 un des jardins botaniques les plus diversifiés d'Europe, comprenant également une vigne *in welchem köstlich guter Wein gepflanzt würdt* (« dans laquelle est planté un délicieux vin de qualité ») comme l'écrivit peu après Heinrich Schickhardt. Dans son grand manuel sur les plantes et les herbes, l' « Historia plantarum universalis », Bauhin décrit de nombreux cépages et la manière de les cultiver dans différents endroits du duché de Wurtemberg.

Bibl.: Krämer 2017, p. 136 sq.

PR

V.10 Der Philosoph Voltaire als Gläubiger und Gourmet

1754 Februar 24, Colmar
Papier, 2 Bll., 23 x 17,6 cm
HStAS G 230 Bü 39

Der große französische Philosoph Voltaire (1694–1778) hatte am preußischen Hof enge Bekanntschaft mit Herzog Carl Eugen von Württemberg (1728–1793) gemacht und diesem einen bedeutenden Geldbetrag geliehen. Dafür gewährte ihm der Herzog eine Hypothek auf seine Erträge aus dem Weinbau im Elsass und in der Grafschaft Mömpelgard. Da die Rückzahlung der Schulden allerdings ausblieb, beschwerte sich Voltaire mehrfach bei der württembergischen Verwaltung. Den Genuss des Elsässer Weins und besonders des Weins aus Reichenweier schätzte Voltaire jedenfalls sehr.

Lit.: Wolff 1967, S. 40 ff.; s. Beitrag Rückert, Elsässer Wein.

PR

V.10 Le philosophe Voltaire comme créancier et gourmet

1754 février 24, Colmar
Papier, 2 feuilles, 23 x 17,6 cm
HStAS G 230 Bü 39

Le grand philosophe français Voltaire (1694–1778) avait fait la connaissance du duc Charles-Eugène de Wurtemberg (1728–1793) à la cour prussienne et lui avait prêté une somme d'argent considérable. En échange, le duc lui conféra une hypothèque sur le rendement de ses vignes en Alsace et dans le comté de Montbéliard. Le remboursement de la dette n'ayant pas eu lieu, Voltaire s'en plaignit à maintes reprises auprès de l'administration wurtembergeoise. Voltaire, du moins, avait toujours beaucoup apprécié les vins d'Alsace et tout particulièrement celui provenant de Riquewihr.

Bibl.: Wolff 1967, p. 40 sq.; cf. la contribution de Rückert, Le vin alsacien.

PR

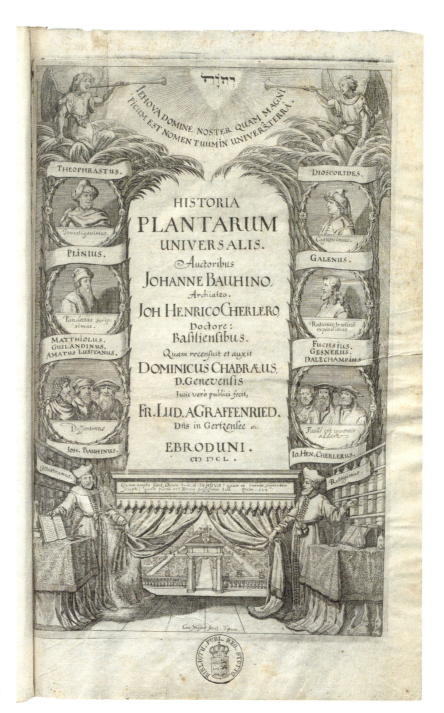

V.9

V.10

V.11 Ein Zunftbuch der Rebleute von Reichenweier

1785
Handschrift, Papier, Folio
Riquewihr, Société d'Histoire et d'Archéologie
Aufgeschlagen: Titelblatt

Der Weinbau in Reichenweier, der die Stadtentwicklung wirtschaftlich und sozial prägte, führte auch bald zur Bildung einer „Rebleutezunft". Erste Statuten sind bereits für 1520 bekannt, ebenso das repräsentative Zunfthaus im Zentrum der Stadt (s. Abb. S. 95). Die Zunftstatuten wurden bis ins 19. Jahrhundert immer wieder erneuert, so mit einer prächtigen Handschrift im Jahr 1785. Das Titelblatt zeigt in der Anfangsinitiale Z einen Rebstock mit Rebmesser, der auch zum Emblem für diese Ausstellung werden sollte.

Lit.: Wolff 1967.

PR

V.11 Livre de la corporation des vignerons de Riquewihr

1785
Manuscrit, papier, in folio
Riquewihr, Société d'Histoire et d'Archéologie
Ouvert à : page de titre

La viticulture marqua le développement économique et social de la ville de Riquewihr et donna bientôt naissance à la corporation des vignerons. Les premiers statuts connus remontent à 1520, tout comme l'imposante maison de la corporation située au centre de la ville (cf. ill. p. 95). Les statuts corporatifs furent régulièrement renouvelés jusqu'au XIXe siècle, notamment dans un superbe manuscrit de 1785. La page de titre montre dans la lettre initiale Z un pied de vigne et une serpe, ce qui devint également l'emblème de cette exposition.

Bibl.: Wolff 1967.

PR

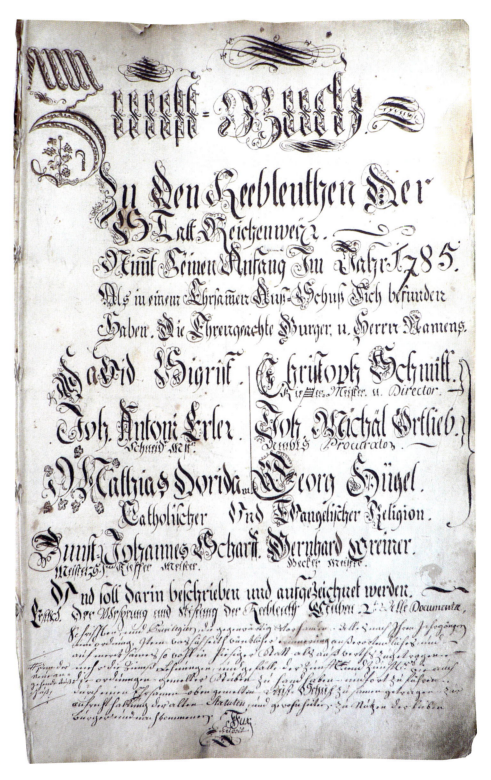

V.11

V.12 Weinfass und Fassriegel aus Riquewihr

19. Jahrhundert
Holz, 30 x 27 cm (Weinfass); Holz, bemalt, 35 cm (Länge) x 40 cm (Breite)
Schmidt-Adler-Stiftung, Weil der Stadt

Das kleine Weinfass und der Fassriegel in Form eines „Fischweibchens" aus Riquewihr/Reichenweier stehen symbolisch für die Tradition und Qualität des Elsässer Weinbaus, in dessen Zentrum sich Riquewihr nach wie vor findet. Das „Fischweibchen" erinnert an die Helmzier des Wappens von Württemberg und Mömpelgard, das über Jahrhunderte als herrschaftliches Symbol die gemeinsame Geschichte repräsentierte.

PR

V.12 Tonneau de vin et barre de tonneau de Riquewihr

XIXᵉ siècle
Bois, 30 x 27 cm (tonneau); bois, peint, 35 cm (longueur) x 40 cm (largeur)
Fondation Schmidt-Adler, Weil der Stadt

Le petit tonneau et la barre en forme de « femme-poisson » de Riquewihr symbolisent ici la tradition et la qualité de la culture de la vigne en Alsace, dont le centre est resté Riquewihr. La « femme-poisson » rappelle le cimier des armes de Wurtemberg et Montbéliard qui furent pendant des siècles le symbole de l'histoire commune des deux régions.

PR

VI. Partnerschaft in Europa
Partenariat en Europe

Nachdem die linksrheinischen Gebiete Württembergs im Zuge der Französischen Revolution 1796 an die Republik Frankreich abgetreten worden waren, sollten deutsch-französische Gegensätze die nächsten 150 Jahre bestimmen – durch politische Auseinandersetzungen und schreckliche Kriege. Erst nach dem Ende des Zweiten Weltkriegs kam es wieder zu einer Annäherung Frankreichs und Deutschlands. Sie war von dem Wunsch nach einer Partnerschaft geprägt, die bald im Zentrum der europäischen Einigung stehen sollte.

Die frühen Städtepartnerschaften zwischen Ludwigsburg und Montbéliard, Weil der Stadt und Riquewihr, Stuttgart und Strasbourg knüpften dabei an ihre engen historischen Verbindungen an. Sie stehen für die freundschaftliche Zusammenarbeit und Partnerschaft in einem gemeinsamen Europa.

Après la perte des territoires du Wurtemberg situés sur la rive gauche du Rhin suite à la Révolution au profit de la République Française en 1796, les 150 années qui suivirent furent marquées par l'antagonisme franco-allemand – tant sous forme de conflits politiques que d'horribles guerres. Ce n'est qu'à la fin de la Seconde Guerre Mondiale que la France et l'Allemagne se rapprochèrent de nouveau. Ce rapprochement était marqué par le souhait de devenir des partenaires ; un partenariat qui fut bientôt le moteur de l'unification européenne.

Les jumelages conclus très tôt entre Ludwigsbourg et Montbéliard, entre Weil der Stadt et Riquewihr, entre Stuttgart et Strasbourg renouaient avec d'étroits liens historiques préexistants. Ils symbolisent la coopération amicale et un partenariat étroit dans une Europe commune.

206 VI. Partnerschaft in Europa

VI.1

VI.1 Die Unterzeichnung der Städtepartnerschaft zwischen Riquewihr und Weil der Stadt

1961 September 24, Riquewihr
Foto
StadtA Weil der Stadt
Ausgestellt: Reproduktion

Die Unterzeichnung der Partnerschaftsurkunde fand am 24. September 1961 im Rahmen eines großen Stadtfestes und in Anwesenheit zahlreicher Ehrengäste in Riquewihr statt. Wegen des schönen Herbstwetters konnte die Zeremonie inmitten der Bürgerschaft unter freiem Himmel abgehalten werden. Das Bild zeigt Bürgermeister Oberdorfer im Augenblick der Unterzeichnung, links hinter ihm ist Julien Dopff, der Maire von Riquewihr, zu sehen. Er ist an der umgebundenen Schärpe zu erkennen.

Lit.: s. Beitrag Schukraft.

HS

VI.1 Signature de l'acte de jumelage entre Riquewihr et Weil der Stadt

1961 septembre 24, Riquewihr
Photo
StadtA Weil der Stadt
En exposition : reproduction

La signature de l'acte de jumelage eut lieu à Riquewihr le 24 septembre 1961 dans le cadre d'une grande fête municipale et en présence de nombreux hôtes de marque. Le beau temps automnal permit une cérémonie en plein air au milieu des citoyens de la ville. La photo montre le maire Oberdorfer lors de la signature, derrière lui à gauche se trouve Julien Dopff, le maire de Riquewihr. Il est reconnaissable à l'écharpe qu'il porte.

Bibl.: cf. la contribution de Schukraft.

HS

VI. Partenariat en Europe

VI.2

VI.2 Die Partnerschaftsfeier in Riquewihr

1961 September 24, Riquewihr
Foto
StadtA Weil der Stadt
Ausgestellt: Reproduktion

Die Feierlichkeiten zur Unterzeichnung der französischen Partnerschaftsurkunde am 24. September 1961 in Riquewihr dienten auch zur Darstellung des reichen Kulturerbes des bekannten Weinortes. Musikkapellen und Trachtengruppen umrahmten das Bürgerfest, das auch die Ehrengäste tief beeindruckte. Das Bild zeigt die beiden Bürgermeister Oberdorfer und Dopff im Gespräch mit einer Trachtengruppe.

Lit.: s. Beitrag SCHUKRAFT.

HS

VI.2 Fête de jumelage à Riquewihr

1961 september 24, Riquewihr
Photo
StadtA Weil der Stadt
En exposition : reproduction

Les festivités accompagnant la signature de l'acte français de jumelage le 24 septembre 1961 à Riquewihr serviront également à mettre en scène la richesse de l'héritage culturel de cette ville connue pour ses vins. Des fanfares et groupes vêtus de costumes traditionnels encadraient cette fête municipale qui fit forte impression sur les invités de marque. Sur la photo sont représentés les deux maires Oberdorfer et Dopff en plein échange avec un groupe de personnes en costumes traditionnels.

Bibl.: cf. la contribution de SCHUKRAFT.

HS

VI.3 Eine Menükarte für das Partnerschaftsfest in Riquewihr

1961 September 24, Riquewihr
Papier, 29,7 x 21 cm
StadtA Weil der Stadt

Das in Riquewihr den Ehrengästen 1961 angebotene Menü bestand aus vier Gängen. Nach einer Suppe wurden Forelle blau und Fasan serviert. Als Abschluss gab es Zwetschgentarte – eine Spezialität, die nicht mit einem deutschen Kuchen verwechselt werden darf. Die Menükarte zeigt zwischen den Stadtmauertürmen das Wappen Riquewihrs, die gespiegelten württembergischen Hirschstangen und den sechsstrahligen Stern als Zeichen der städtischen Rechte.

Lit.: s. Beitrag Schukraft.

HS

VI.4 Die Partnerschaftsurkunde für Weil der Stadt und Riquewihr

1963 September 8, Weil der Stadt
Papier, 49,2 x 33,7 cm
StadtA Weil der Stadt
(s. auch Abb. 129)

Um die 1961 in Riquewihr geschlossene Städtepartnerschaft zu bestätigen, wurde am 8. September 1963 in Weil der Stadt eine rein deutschsprachige Partnerschaftsurkunde von den Bürgermeistern Willy Oberdorfer und Julien Dopff unterzeichnet. Im Urkundentext heißt es, die Bürgermeister erklärten mit dieser Urkunde „den endgültigen Vollzug dieser Partnerschaft". Ferner betont der Text, die dauerhafte Versöhnung zwischen Frankreich und Deutschland sei die besondere Aufgabe der Gemeinden beider Länder. Die Unterzeichnung fand im Rahmen eines ganztägigen Festprogramms statt, das Weil der Stadt zu Ehren der Gäste aus Riquewihr organisiert hatte. Die einfach gehaltene Urkunde zeigt auf dem Deckblatt die Wappen von Weil der Stadt und Riquewihr.

Lit.: s. Beitrag Schukraft.

HS

VI.3 La carte du menu pour la fête de jumelage à Riquewihr

1961 septembre 24, Riquewihr
Papier, 29,7 x 21 cm
StadtA Weil der Stadt

Le menu proposé aux hôtes de marque à Riquewihr en 1961 comptait quatre services. Après la soupe furent servis de la truite et du faisan. Le repas fut clôturé par une tarte aux quetsches alsacienne – une spécialité qui ne doit pas être confondue avec un gâteau allemand. La carte du menu arbore, entre les tours fortifiées de la ville, le blason de Riquewihr, les bois de cerf inversés du Wurtemberg et l'étoile à six branches comme symbole des droits de la ville.

Bibl.: cf. la contribution de Schukraft.

HS

VI.4 L'acte de jumelage pour Weil der Stadt et Riquewihr

1963 septembre 8, Weil der Stadt
Papier, 49,2 x 33,7 cm
StadtA Weil der Stadt
(voir aussi ill. 129)

Afin de confirmer le jumelage conclu en 1961 eut lieu le 8 septembre 1963 à Weil der Stadt la signature par les maires Willy Oberdorfer et Julien Dopff d'un acte de jumelage rédigé uniquement en allemand. Il est stipulé dans cet acte, que les deux maires déclaraient avec ce document « den endgültigen Vollzug dieser Partnerschaft » (« l'accomplissement final de ce jumelage »). Le texte souligne un peu plus loin que la réconciliation entre la France et l'Allemagne était un devoir particulier des communes des deux pays. La signature se fit dans le cadre de festivités qui durèrent toute la journée et que Weil der Stadt avait organisées en l'honneur des invités venus de Riquewihr. L'acte très sobre montre sur la couverture les armes de Weil der Stadt et de Riquewihr.

Bibl.: cf. la contribution de Schukraft.

HS

VI. Partenariat en Europe

VI.4

VI.5 Le discours du maire Oberdorfer à Weil der Stadt

1963, septembre 8, Weil der Stadt
Photo
StadtA Weil der Stadt
En exposition : reproduction

L'après-midi du 8 septembre 1963 eut lieu sur la place du marché de Weil der Stadt le renouvèlement officiel des festivités de jumelage. Dans le cadre de cette cérémonie furent prononcés de nombreux discours et allocutions de bienvenue et fut signée la version allemande de l'acte de jumelage. Le maire Willy Oberdorfer salua les invités et fit un discours sur la tribune ornée du drapeau tricolore.

Bibl.: cf. la contribution de Schukraft.

HS

VI.5 Die Ansprache von Bürgermeister Oberdorfer in Weil der Stadt

1963, September 8, Weil der Stadt
Foto
StadtA Weil der Stadt
Ausgestellt: Reproduktion

Am Nachmittag des 8. September 1963 fand auf dem Marktplatz von Weil der Stadt die offizielle Wiederholung der Partnerschaftsfeier statt. Im Rahmen dieser Feierlichkeit wurden zahlreiche Reden und Grußworte gehalten sowie das deutsche Exemplar der Partnerschaftsurkunde unterzeichnet. Bürgermeister Willy Oberdorfer hielt die Begrüßung und eine Festansprache auf der mit der französischen Nationalflagge geschmückten Tribüne.

Lit.: s. Beitrag Schukraft.

HS

VI.5

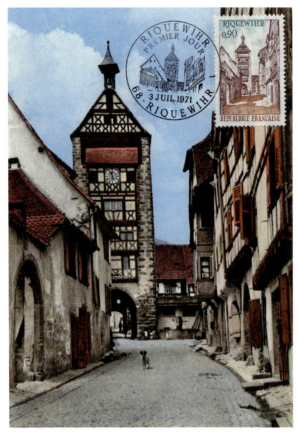

VI.6

VI.6 Eine Briefmarke mit dem Dolderturm von Riquewihr und Ersttagsstempel

1971, Riquewihr
15 x 10,5 cm
Sammlung Straub

Zwischen 1971 und 1975 brachte die französische Post eine Briefmarke mit dem Motiv des markanten Dolderturms von Riquewihr in Umlauf. Dieser Ersttagsstempel vom 3. Juli 1971 steht im Zusammenhang mit der Feier des zehnjährigen Jubiläums der Unterzeichnung der Partnerschaftsurkunde zwischen Riquewihr und Weil der Stadt.

Lit.: s. Beitrag SCHUKRAFT.

EF

VI.6 Un timbre avec la tour du Dolder à Riquewihr oblitéré par le cachet premier jour

1971, Riquewihr
15 x 10,5 cm
Collection Straub

La poste française émit entre 1971 et 1975 un timbre avec pour motif la tour dite du « Dolder », un des emblèmes de la ville de Riquewihr. Cette oblitération avec le cachet premier jour datant du 3 juillet 1971 fut faite dans le contexte des festivités organisées à l'occasion des dix ans de la signature de l'acte de jumelage entre Riquewihr et Weil der Stadt.

Bibl.: cf. la contribution de SCHUKRAFT.

EF

VI.7 Die Partnerschaftsurkunde für Ludwigsburg und Montbéliard

1962 Mai 7, Ludwigsburg
Papier
StadtA Ludwigsburg S 3_3 Nr. 38
(Abb. S. 111)

Die in Französisch und Deutsch abgefasste Urkunde wurde am 7. Mai 1962 in Ludwigsburg von Bürgermeister Jean-Pierre Tuefferd und Oberbürgermeister Anton Sauer unterzeichnet. Die aufwendig gestaltete Urkunde zeigt in der Mitte das herzoglich württembergische Wappen, wie es zur Zeit der Stadtgründung Ludwigsburgs zu Beginn des 18. Jahrhunderts gebräuchlich war, sowie links davon das Wappen von Montbéliard und rechts das Wappen Ludwigsburgs. Die roten Flächen im Wappen der Stadt Montbéliard wurden in den 1980er Jahren offiziell durch die vorrevolutionären Elemente, die württembergischen Hirschstangen und die sogenannten Mömpelgarder Barben, ersetzt (s. VI.8).

Lit.: s. Beitrag Schukraft.

HS

VI.7 L'acte de jumelage pour Ludwigsbourg et Montbéliard

1962 mai 7, Ludwigsburg
Papier
StadtA Ludwigsburg S 3_3 Nr. 38
(ill. p. 111)

Cet acte écrit en français et en allemand fut signé le 7 mai 1962 à Ludwigsbourg par les maires Jean-Pierre Tuefferd et Anton Sauer. L'acte orné de manière sophistiquée montre au centre les armes du duc de Wurtemberg dans la version usitée au début du XVIIIe siècle, à l'époque de la fondation de la ville de Ludwigsbourg, puis à gauche le blason de Montbéliard et à droite celui de Ludwigsbourg. Les champs rouges dans les armes de la ville de Montbéliard furent officiellement remplacés dans les années 1980 par les éléments qui s'y trouvaient avant la Révolution de 1789, c'est-à-dire les bois de cerf du Wurtemberg et les barbeaux de Montbéliard (cf. VI.8).

Bibl.: cf. la contribution de Schukraft.

HS

VI.8 Eine Medaille auf die Stadt Montbéliard

2. Hälfte 20. Jahrhundert
Bronze, vergoldet, Durchmesser 50 mm, Gewicht 80,93 g
Landesmuseum Württemberg, Inv. Nr. MK 2023-51

Die Medaille zeigt auf ihrer Vorderseite das Schloss in Montbéliard von Osten mit dem Friedrichsturm (*la tour Frédéric*) links und dem Henriettenturm (*la tour Henriette*) rechts. Auf der Rückseite ist das Wappen der Stadt zu sehen, das in dieser Form schon im ausgehenden 15. Jahrhundert verwendet wurde und – wenn auch in veränderter Tingierung – noch heute besteht. Ein Kreuz, das mit einem sechsstrahligen Stern belegt ist, trennt den Schild in vier Felder. Im ersten und vierten Feld ist mit den drei Hirschstangen das württembergische, im zweiten und dritten mit den zwei Barben das Mömpelgarder Wappen zu sehen. Das Spruchband unter dem Schild nennt die Devise der Stadt: *DIEU SEUL EST MON APPUY* – „Gott allein ist mein Halt", ein Vers aus Psalm 54.

MO

VI.8 Une médaille à la ville de Montbéliard

Seconde moitié du XXe siècle
Bronze, doré, diamètre 50 mm, poids 80,93 g
Landesmuseum Württemberg, Inv. Nr. MK 2023-51

L'avers de la médaille montre une vue de l'est du château de Montbéliard avec la tour Frédéric à gauche et la tour Henriette à droite. Le revers arbore les armes de la ville comme elles étaient déjà d'usage depuis la fin du XVe siècle et comme elles le sont encore aujourd'hui, mais dans des teintes différentes. Une croix sur laquelle se trouve une étoile à six branches sépare l'écu en quatre champs. Dans le premier et quatrième champ se trouvent les trois bois de cerf du Wurtemberg, dans le second et le troisième les deux barbeaux du blason de Montbéliard. La banderole sous l'écu indique la devise de la ville, une citation d'un verset du psaume 54 : *DIEU SEUL EST MON APPUY*.

MO

VI.8

VI.9

VI.9 70 Jahre Städtepartnerschaft – ein Ehrenwein „Lucien Tharradin"

2020, Ludwigsburg
Glas, Etikett Papier
StadtA Ludwigsburg S 48 Nr. 298

Die Erträge von 2008 in Montbéliard gepflanzten 500 Weinstöcken werden stets nach Ludwigsburg transportiert und im Weingut „Herzog von Württemberg" bei Schloss Monrepos verarbeitet. 2020 wurde aus Anlass der 70-Jahr-Feier der Städtepartnerschaft zu Ehren des früheren Bürgermeisters von Montbéliard, Lucien Tharradin, aus diesen Trauben eine Cuvée „Blanc de Noir" gekeltert. Die Weinflaschen mit dem Jubiläumsetikett gelangten nicht in den Handel, sondern wurden ausschließlich als Ehrengabe verschenkt.

Lit.: s. Beitrag SCHUKRAFT.

HS

VI.9 70 ans de jumelage – un vin nommé en l'honneur de Lucien Tharradin

2020, Ludwigsbourg
Verre, étiquette en papier
StadtA Ludwigsburg S 48 Nr. 298

Le rendement des 500 ceps de vigne plantés en 2008 à Montbéliard est transporté chaque année à Ludwigsbourg dans les caves viticoles du duc de Wurtemberg près du château de Monrepos. En 2020, à l'occasion des 70 ans du jumelage, fut pressée une cuvée spéciale blanc de noir en l'honneur de l'ancien maire de Montbéliard, Lucien Tharradin. Les bouteilles avec l'étiquette marquant le jubilé ne furent pas mises en vente et servirent de cadeau pour des invités de marque.

Bibl.: cf. la contribution de SCHUKRAFT.

HS

VI. Partenariat en Europe

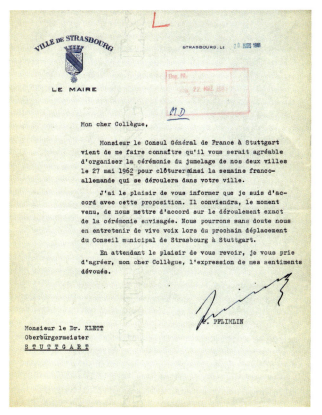

VI.10

VI.10 Pierre Pflimlin stimmt der Städtepartnerschaft Stuttgart – Strasbourg zu

1961 März 20, Stuttgart
Papier, 29,7 x 21 cm
StadtA Stuttgart, 14/1 Nr. 4307

In einem Schreiben vom 20. März 1961 an den Stuttgarter Oberbürgermeister Arnulf Klett stimmte der Maire de Strasbourg, Pierre Pflimlin, dem Vorschlag zu, die Partnerschaft beider Städte im darauffolgenden Jahr, am 27. Mai 1962, zu beschließen. Das Datum änderte sich jedoch noch, da die Unterzeichnung schließlich nicht am Sonntag, sondern am Samstag, dem 26. Mai 1962, stattgefunden hat. Trotzdem gilt dieses Schreiben als erstes Dokument der zeitlich konkretisierten Partnerschaft zwischen Straßburg und Stuttgart.

Lit.: s. Beitrag Schukraft.

HS

VI.10 Pierre Pflimlin donne son accord pour le jumelage entre Strasbourg et Stuttgart

1961 mars 20, Stuttgart
Papier, 29,7 x 21 cm
StadtA Stuttgart, 14/1 Nr. 4307

Dans une lettre du 20 mars 1961 adressée au maire de Stuttgart Arnulf Klett, le maire de Strasbourg Pierre Pflimlin se montre favorable à la proposition de conclure un jumelage entre les deux villes l'année suivante, le 27 mai 1962. La date fut encore modifiée car la signature eut finalement lieu non pas le dimanche, mais le samedi, le 26 mai 1962. Cette lettre est malgré tout le premier document qui concrétise l'idée d'un jumelage entre Strasbourg et Stuttgart.

Bibl.: cf. la contribution de Schukraft.

HS

VI.11

VI.11 Die Partnerschaftsurkunde für Stuttgart und Straßbourg

1962 Mai 26, Stuttgart
Papier, 47,6 x 69,5 cm
StadtA Stuttgart 8500 U 54

Am 26. Mai 1962 haben die beiden Stadtvorstände Pierre Pflimlin und Arnulf Klett zwei unterschiedliche Partnerschaftsurkunden unterzeichnet. Das in Straßburg angefertigte französischsprachige Exemplar verblieb in Stuttgart, das deutschsprachige Stuttgarter Exemplar wird bis heute in Straßburg aufbewahrt. Beide Urkunden sind nicht identisch in Text und Gestaltung, sondern in der jeweiligen Stadt individuell angefertigt worden. Durch den Austausch der Urkunden sollte die „Verbrüderung" symbolhaft vertieft werden. Die nach Straßburg gelangte Stuttgarter Urkunde wurde von Walter Stähle geschrieben und von Wolfgang Kausch gestaltet.

Lit.: s. Beitrag Schukraft

HS

VI.11 L'acte de jumelage entre Stuttgart et Strasbourg

1962 mai 26, Stuttgart
Papier, 47,6 x 69,5 cm
StadtA Stuttgart 8500 U 54

Le 26 mai 1962, les deux élus municipaux Pierre Pflimlin et Arnulf Klett signèrent deux actes différents pour sceller le jumelage. L'exemplaire rédigé en français à Strasbourg resta à Stuttgart et l'exemplaire de Stuttgart en allemand est aujourd'hui conservé à Strasbourg. Les deux actes ne sont pas similaires, tant au niveau du texte que de la forme, et furent réalisés séparément dans leurs villes respectives. L'échange des actes devait symboliser le renforcement du lien fraternel. L'exemplaire de Stuttgart emporté à Strasbourg fut écrit par Walter Stähle et orné par Wolfgang Kausch.

Bibl.: cf. la contribution de Schukraft.

HS

VI.12 Die feierliche Unterzeichnung der Partnerschaftsurkunden

1962 Mai 26, Stuttgart
Foto
StadtA Stuttgart
(Abb. S. 133)

Glanzvoller Höhepunkt der Deutsch-Französischen Woche 1962 war die feierliche Unterzeichnung der Partnerschaftsurkunden im Großen Sitzungssaal des Stuttgarter Rathauses am 26. Mai 1962. Unmittelbar vor der Unterzeichnung richteten Arnulf Klett und Pierre Pflimlin berührende Worte an die versammelten Beigeordneten und Gemeinderäte beider Städte. Auf der Bürgermeisterbank hatten neben Klett und Pflimlin noch 13 Ehrengäste Platz genommen. Die Abbildung zeigt einen Teil von ihnen unmittelbar vor der Unterzeichnung (von links): der baden-württembergische Ministerpräsident Kurt-Georg Kiesinger, der französische Botschafter François Seydoux de Clausonne, Arnulf Klett, Pierre Pflimlin, Altbundespräsident Theodor Heuss.

Lit.: s. Beitrag SCHUKRAFT.

HS

VI.12 La signature solennelle des actes de jumelage

1962 mai 26, Stuttgart
Photo
StadtA Stuttgart
(ill. p. 133)

Le point culminant de la semaine franco-allemande de 1962 fut la signature solennelle des actes de jumelage dans la grande salle des séances de la mairie de Stuttgart le 26 mai 1962. Avant la signature, Arnulf Klett et Pierre Pflimlin adressèrent des mots touchants aux adjoints et conseillers municipaux des deux villes, présents pour l'occasion. Sur le banc des maires avaient également pris place aux côtés de Klett et de Pflimlin 13 autres invités d'honneur. La photo montre une partie de ces invités de marque après la signature (de gauche à droite) : le ministre-président du Bade-Wurtemberg Kurt-Georg Kiesinger, l'ambassadeur français François Seydoux de Clausonne, Arnulf Klett, Pierre Pflimlin et l'ancien président allemand Theodor Heuss.

Bibl.: cf. la contribution de SCHUKRAFT.

HS

VI.13

VI.13 Ein Briefumschlag mit den Unterschriften von Pflimlin und Klett

1972 Mai 27, Stuttgart
Papier
Stadtpalais Stuttgart S 7970c

Der Briefumschlag trägt links oben die eigenhändigen Unterschriften der beiden Oberbürgermeister Pierre Pflimlin und Arnulf Klett. Er ist frankiert mit Europa-Briefmarken zu 25 und 30 Pfennig und mit einem Sonderstempel der Deutschen Bundespost versehen. In diesem Fall zeigt er die Aufschrift „10 Jahre Partnerschaft Stuttgart – Strasbourg" und das Datum 27.5.1972. Der Umschlag wurde am 27. Mai 1972 nach der Gedenkfeier im Großen Sitzungssaal des Stuttgarter Rathauses signiert und anschließend im Sonderpostamt offiziell abgestempelt.

Lit.: s. Beitrag Schukraft.

HS

VI.13 Une enveloppe portant les signatures de Pflimlin et de Klett

1972 mai 27, Stuttgart
Papier
Stadtpalais Stuttgart S 7970c

L'enveloppe porte en haut à gauche la signature autographe des deux maires Pierre Pflimlin et Arnulf Klett. Elle est par ailleurs affranchie de timbres d'émission EUROPA pour 25 et 30 pfennigs oblitérés avec un cachet spécial de la Deutsche Bundespost. Le cachet porte l'inscription « 10 Jahre Partnerschaft Stuttgart – Strasbourg » et est daté du 27.5.1972. L'enveloppe fut signée le 27 mai 1972 après la cérémonie commémorative dans la grande salle des séances de la mairie de Stuttgart puis oblitérée officiellement par le Sonderpostamt, un bureau de poste mis à disposition pour cette occasion spéciale.

Bibl.: cf. la contribution de Schukraft.

HS

VI.14 Ein Botschafter für die Zukunft: Das Deutsch-Französische Jugendwerk

2023
Foto und Logo
Deutsch-französisches Jugendwerk

Das Deutsch-Französische Jugendwerk (DFJW) ist eine internationale Organisation im Dienst der deutsch-französischen Zusammenarbeit mit Sitz in Paris und Berlin. Es ist entstanden auf der Grundlage des 1963 unterzeichneten Élysée-Vertrags, um die deutsch-französische Freundschaft zu fördern. Ziel ist es, durch Austauschprogramme, Bildungsprojekte und Begegnungen Jugendliche beider Länder zu vereinen. Seit seiner Gründung hat das DFJW mehr als 9,5 Millionen junge Menschen erreicht, die zur Vertiefung des interkulturellen Verständnisses und zur Stärkung der Beziehungen zwischen Deutschland und Frankreich beitragen.

AK

VI.14 Un ambassadeur pour le futur : l'Office franco-allemand pour la Jeunesse (OFAJ)

2023
Photo et logo
Office franco-allemand pour la Jeunesse

L'Office franco-allemand pour la Jeunesse (OFAJ) est une organisation internationale au service de la coopération franco-allemande, créée en application du Traité de l'Élysée, signé en 1963, et implantée à Paris et à Berlin pour promouvoir l'amitié franco-allemande. Son objectif est de réunir les jeunes des deux pays par le biais de multiples programmes d'échange, de projets éducatifs et de rencontres. Depuis sa création, 9,5 millions de jeunes ont profité de programmes de l'OFAJ, contribuant ainsi à l'approfondissement de la compréhension interculturelle et au renforcement des relations entre la France et l'Allemagne.

AK

VI. Partenariat en Europe

VI.14

zu/voir IV.11

Anhang / *Annexes*

Zeittafel: Württemberg und das Elsass

1324	Erwerb der elsässischen Grafschaft Horburg und der Herrschaft Reichenweier durch die Grafen von Württemberg
1397	Vereinbarung der Heirat zwischen Eberhard IV. von Württemberg und Henriette von Mömpelgard, Henriette bringt die Grafschaft Mömpelgard als Mitgift mit in die Ehe
1442	Landesteilung der Grafschaft Württemberg; Graf Ludwig I. übernimmt die linksrheinischen Gebiete
1473	Vertrag von Urach: Graf Heinrich erhält Mömpelgard und die Gebiete im Elsass
1482	Vertrag von Münsingen: Wiedervereinigung Württembergs in der Hand Eberhards V.; die Gebiete im Elsass werden nicht miteingeschlossen. Graf Heinrich macht Reichenweier zu seiner Residenzstadt
1490	Graf Heinrich wird von Eberhard V. auf der Burg Hohenurach inhaftiert
1495	Erhebung Württembergs zum Herzogtum; Trennung zwischen württembergischen Stammlanden und linksrheinischen Territorien
1513	Graf Georg erhält die Herrschaftsrechte im Elsass
1519	Flucht Herzog Ulrichs nach Mömpelgard
1524	Einführung der Reformation in Mömpelgard durch Herzog Ulrich
1526	Graf Georg verlegt seine Residenz von Reichenweier nach Mömpelgard
1534	Rückgewinnung Württembergs und Einführung der Reformation durch Herzog Ulrich sowie durch Graf Georg in Reichenweier
1540/43	Graf Georg errichtet die Schlösser in Reichenweier und Horburg neu
1542	Herzog Ulrich überträgt die Regierung von Mömpelgard an seinen Sohn Christoph; Graf Georg zieht sich in die elsässischen Herrschaften zurück
1550	Tod Herzog Ulrichs; Herzog Christoph überlässt Graf Georg alle linksrheinischen Gebiete
1581	Graf Friedrich von Württemberg-Mömpelgard übernimmt die Regierung in den linksrheinischen Gebieten
1593	Friedrich wird Herzog und übernimmt die Regierung in Württemberg
1617	Durch den fürstbrüderlichen Vergleich regieren mehrere Linien des Hauses Württemberg; Mömpelgard und das elsässische Württemberg fallen an Herzog Ludwig Friedrich
1648	Heirat zwischen Herzog Georg II. und der Prinzessin Anne de Coligny; Schloss Horburg wird Georgs Residenz
1662	Umzug Herzog Georgs II. nach Mömpelgard
1723	Nach dem Tod Leopold Eberhards fällt der linksrheinische Besitz an die Stuttgarter Linie des Hauses Württemberg
1796	Sonderfriede von Paris: Friedrich Eugen tritt die linksrheinischen Besitzungen an Frankreich ab
1950	Städtepartnerschaft zwischen Montbéliard und Ludwigsburg
1961	Städtepartnerschaft zwischen Riquewihr und Weil der Stadt
1962	Städtepartnerschaft zwischen Strasbourg und Stuttgart

Chronologie : le Wurtemberg et l'Alsace

1324	Acquisition en Alsace du comté de Horbourg et de la seigneurie de Riquewihr par les comtes de Wurtemberg
1397	Accord de mariage entre Eberhard IV de Wurtemberg et Henriette de Montbéliard ; Henriette apporte en dot pour cette union le comté de Montbéliard
1442	Partition du comté de Wurtemberg ; le comte Louis Ier règne sur les territoires situés sur la rive gauche du Rhin
1473	Traité d'Urach : le comte Henri obtient Montbéliard et les territoires alsaciens
1482	Traité de Münsingen : réunification du Wurtemberg sous le règne d'Eberhard V ; les territoires alsaciens ne sont pas concernés. Le comte Henri établit sa résidence à Riquewihr
1490	Le comte Henri est emprisonné par Eberhard V au château de Hohenurach
1495	Élévation du Wurtemberg au rang de duché ; séparation entre le cœur du duché de Wurtemberg et les territoires situés sur la rive gauche du Rhin
1513	Le comte Georges obtient le pouvoir souverain en Alsace
1519	Fuite du duc Ulrich en direction de Montbéliard
1524	Introduction de la Réforme à Montbéliard par le duc Ulrich
1526	Le comte Georges transfère sa résidence de Riquewihr à Montbéliard
1534	Reconquête du Wurtemberg et introduction de la Réforme par le duc Ulrich ainsi que par le comte Georges à Riquewihr
1540/43	Le comte Georges fait reconstruire des châteaux à Riquewihr et Horbourg
1542	Le duc Ulrich confie le gouvernement de Montbéliard à son fils Christophe ; le comte Georges se retire sur ses terres alsaciennes
1550	Mort du duc Ulrich ; le duc Christophe cède les territoires situés sur la rive gauche du Rhin au comte Georges
1581	Le comte Frédéric de Wurtemberg-Montbéliard prend la tête des territoires wurtembergeois situés sur la rive gauche du Rhin
1593	Frédéric devient duc et règne désormais sur tout le Wurtemberg
1617	Le « traité des cinq frères » est à l'origine de plusieurs lignes régnantes de la maison de Wurtemberg ; Montbéliard et les territoires alsaciens du Wurtemberg reviennent au duc Louis-Frédéric
1648	Mariage du duc Georges II et de la princesse Anne de Coligny ; le château de Horbourg devient le lieu de résidence de Georges
1662	Le duc Georges II s'établit à Montbéliard
1723	Après la mort de Léopold-Eberhard, les territoires situés sur la rive gauche du Rhin reviennent à la ligne de Wurtemberg-Stuttgart
1796	Traité de Paris : Frédéric-Eugène cède les territoires du Wurtemberg situés sur la rive gauche du Rhin à la France
1950	Jumelage entre Montbéliard et Ludwigsbourg
1961	Jumelage entre Riquewihr et Weil der Stadt
1962	Jumelage entre Strasbourg et Stuttgart

Stammtafel / *Tableau généalogique* :
Das Haus Württemberg vom 14. bis 18. Jahrhundert (Auszug)

Ulrich III. († 1344)
⚭ Sophie von Pfirt

Eberhard II. († 1392)
⚭ Elisabeth von Henneberg-Schleusingen

Ulrich († 1388)
⚭ Elisabeth von Bayern

Eberhard III. der Milde (1364–1417)
⚭ I Antonia Visconti
⚭ II Elisabeth von Nürnberg

Eberhard IV. der Jüngere (1388–1419)
⚭ Henriette von Mömpelgard

Elisabeth († 1460)
⚭ Graf Johann III. von Werdenberg

Uracher Landeshälfte
Ludwig I. (1412–1450)
⚭ Mechthild von der Pfalz

Stuttgarter Landeshälfte
Ulrich V. der Vielgeliebte (um 1413–1480)
⚭ I Margarethe von Cleve
⚭ II Elisabeth von Bayern-Landshut
⚭ III Margarethe von Savoyen

Ludwig II. (1439–1457)

Mechthild (1444–1495)
⚭ Landgraf Ludwig von Hessen

Eberhard im Bart (1445–1496)
⚭ Barbara Gonzaga

Eberhard II. der Jüngere (1447–1504)
⚭ Elisabeth von Brandenburg

Heinrich (1448–1519)
⚭ I Elisabeth von Zweibrücken-Bitsch
⚭ II Eva von Salm

Ulrich (1487–1550)
⚭ Sabine von Bayern

Georg (1498–1558)
⚭ Barbara von Hessen

Anna (1513–1530)

Christoph (1515–1568)
⚭ Anna Maria von Brandenburg-Bayreuth

Friedrich (1557–1608)
⚭ Sibylla von Anhalt

Fortsetzung nächste Seite

Ludwig (1554–1593)
⚭ I Dorothee Ursula von Baden-Durlach
⚭ II Ursula von Veldenz

Stammtafel / Tableau généalogique

Quellen und Literatur / *Bibliographie*

20 Jahre Geschichtsverein Leinfelden-Echterdingen 2005 = 20 Jahre Geschichtsverein Leinfelden-Echterdingen. Beiträge von 1995–2005. Hg. vom Geschichtsverein Leinfelden-Echterdingen e.V.

900 Jahre Haus Württemberg 1984 = 900 Jahre Haus Württemberg. Leben und Leistung für Land und Volk. Hg. von Robert UHLAND, Stuttgart u. a. 1984.

ADAM 1916 = ADAM, Albert Eugen, Herzog Friedrich I. und die Landschaft, in: Württembergische Vierteljahreshefte für Landesgeschichte N.F. 25 (1916), S. 210–229.

AREND 2004 = AREND, Sabine (Bearb.), Die evangelischen Kirchenordnungen des XVI. Jahrhunderts, Band 16: Baden-Württemberg 2: Herzogtum Württemberg, Tübingen 2004.

ASPEREN 2007 = ASPEREN, Bob van, A new Froberger Manuscript, in: Journal of Seventeenth-Century Music 13/1 (2007).

BABEL 1999 = BABEL, Rainer, Mömpelgard zwischen Frankreich und dem Reich vom 16. bis zum 18. Jahrhundert, in: LORENZ/RÜCKERT 1999, S. 285–302.

BARTH 1958 = BARTH, Medard, Der Rebbau des Elsass und die Absatzgebiete seiner Weine, Strasbourg/Paris 1958.

BAUTZ 2002 = BAUTZ, Ingo, Die Auslandsbeziehungen der deutschen Kommunen im Rahmen der europäischen Kommunalbewegung in den 1950er und 1960er Jahren. Städtepartnerschaften – Integration – Ost-West-Konflikt, Diss. Univ. Siegen 2002.

BECKSMANN 1986 = BECKSMANN, Rüdiger, Die mittelalterlichen Glasmalereien in Schwaben um 1350 bis 1530 ohne Ulm (Corpus Vitrearum Medii Aevi I, 2), Berlin 1986.

BIRCKEL 1986 = BIRCKEL, Alfred, Beblenheim en Haute-Alsace. Histoire et quelques souvenirs, Colmar 1986.

BISCHOFF 1997 = BISCHOFF, Georges, Les Wurtemberg seigneurs de Horbourg et de Riquewihr, du XIVe au XVIIe siècle, in: MAURER/KAUFFMANN 1997, S. 13–31.

BOUVARD 1997 = BOUVARD, André, Heinrich Schickhardt, architecte et ingénieur (1558–1635), in: MAURER/KAUFFMANN 1997, S. 63–82.

BOUVARD 1999 = BOUVARD, André, Mömpelgard/Montbéliard, in: LORENZ/SETZLER 1999, S. 220–229.

BOUVARD 2001 = BOUVARD, André, L'eglise Luthèrienne Saint-Martin à Montbéliard 1601–2001, Montbéliard 2001.

BOUVARD 2003 = BOUVARD, André, Heinrich Schickhardt. Württ. Architekt und Ingenieur (1558–1635), in: Die Gründung Freudenstadts 2003, S. 62–78.

BOUVARD 2007a = BOUVARD, André, Heinrich Schickhardt. Inventarium (1630–1632), in: Bulletin de la Société d'Émulation de Montbéliard 130 (2007), S. 35–108.

BOUVARD 2007b = BOUVARD, André, Heinrich Schickhardt ou le génie du dessin, in: Bulletin de la Société d'Émulation de Montbéliard 130 (2007), S. 279–360.

BOUVARD 2010 = BOUVARD, André, Drei unbekannte Dokumente aus Mömpelgard zu Friedrich I. von Württemberg, in: KREMER/LORENZ/RÜCKERT 2010, S. 61–72.

BRAUNEDER 2008 = BRAUNEDER, Wilhelm, Landesteilung, in: Enzyklopädie der Neuzeit 7 (2008), Sp. 489–491.

BRENDLE 1997a = BRENDLE, Franz, Barbara, in: Das Haus Württemberg 1997, S. 127 f.

BRENDLE 1997b = BRENDLE, Franz, Eva Christina, in: Das Haus Württemberg 1997, S. 128.

BRENDLE 1998 = BRENDLE, Franz, Dynastie, Reich und Reformation. Die württembergischen Herzöge Ulrich und Christoph, die Habsburger und Frankreich (VKgL B 141), Stuttgart 1998.

BRENDLE 1999 = BRENDLE, Franz, Die „Einführung" der Reformation in Mömpelgard, Horburg und Reichenweier zwischen Landesherren, Theologen und Untertanen, in: LORENZ/RÜCKERT 1999, S. 145–167.

BRENDLE 2002 = BRENDLE, Franz, Reformation und konfessionelles Zeitalter, in: ERBE 2002, S. 61–84.

BRENDLE 2015 = BRENDLE, Franz, Schwaben – Elsass – Mömpelgard. Politische und theologische Wechselwirkungen im Reformationsprozess, in: WIEN/LEPPIN 2015, S. 97–110.

BREYVOGEL 1999 = BREYVOGEL, Bernd, Die Rolle Henriettes von Mömpelgard in der württembergischen Geschichte und Geschichtsschreibung, in: LORENZ/RÜCKERT 1999. S. 47–75.

BRUNEL 1997 = BRUNEL, Denise Pierre, Le monument funéraire de « généreuse Dame Elisabeth, comtesse de Deux-Ponts », in: MAURER/KAUFFMANN 1997, S. 135–136.

BÜNZ 2020 = BÜNZ, Enno (Hg.), Landwirtschaft und Dorfgesellschaft im ausgehenden Mittelalter (Vorträge und Forschungen 89), Ostfildern 2020.

BÜRKH 1752 = BÜRKH, Georg Ernst (Begr.), Hoch-Fürstlich Württembergischer Address-Calender [...], Stuttgart 1752.

CALUORI 2005 = CALUORI, Reto, Mathias Holtzwart, in: Theaterlexikon der Schweiz, Bd. 2. Hg. von Andreas KOTTE, Zürich 2005. S. 866–867.

CARL 1997 = CARL, Horst, Ulrich, in: Das Haus Württemberg, S. 102–106.

CARL 1999 = CARL, Horst, „Ein rechtes anomalum" – Die umstrittene reichsrechtliche Stellung Mömpelgards, in: LORENZ/RÜCKERT 1999, S. 347–363.

CARTIER 2019 = CARTIER, Laurin, Modélisation 3D du château disparu des Wurtemberg à Horbourg-Wihr et exploitation de la réalité augmentée pour une mise en valeur dans la trame urbaine contemporaine (Master Thesis INSA Strasbourg), Strassbourg 2019.

Christoph 2015 = Christoph 1515–1568. Ein Renaissancefürst im Zeitalter der Reformation, Ausstellungskatalog Landesmuseum Württemberg. Hg. von Matthias OHM/Delia SCHEFFER, Ulm 2015.

CONRADS 1982 = CONRADS, Norbert, Ritterakademien in der Frühen Neuzeit. Bildung als Standesprivileg im 16. und 17. Jahrhundert (Schriftenreihe der Historischen Kommission bei der Bayerischen Akademie der Wissenschaften 21), Göttingen 1982.

Das Haus Württemberg 1997 = Das Haus Württemberg. Ein biographisches Lexikon. Hg. von Sönke LORENZ/Dieter MERTENS/Volker PRESS, Stuttgart u. a. 1997.

DEBARD 1992 = DEBARD, Jean-Marc (Hg.), Le Pays de Montbéliard du Wurtemberg à la France 1793, Montbéliard 1992.

DEBARD 1997a = DEBARD, Jean-Marc, Georg (I.), in: Das Haus Württemberg 1997, S. 126 f.

DEBARD 1997b = DEBARD, Jean-Marc, Ludwig Friedrich, in: Das Haus Württemberg 1997, S. 178–180.

DEBARD 1997c = DEBARD, Jean-Marc, Georges 1er comte de Montbéliard et de Horbourg, seigneur de Riquewihr, in: MAURER/KAUFFMANN 1997, S. 33–48.

DEBARD 1997d = DEBARD, Jean-Marc, Georg (II.), in: Das Haus Württemberg 1997, S. 183–186.

Debard 1997e = Debard, Jean-Marc, Anna, in: Das Haus Württemberg 1997, S. 186.

Debard 1997f = Debard, Jean-Marc, Anna, in: Das Haus Württemberg 1997, S. 187.

Debard 1999 = Debard, Jean-Marc, Die Reformation und Organisation der evangelischen Kirchen in Mömpelgard, in: Lorenz/Rückert 1999, S. 121–139.

Debard 2003 = Debard, Jean-Marc, Georg von Württemberg. Graf von Mömpelgard und von Horburg, Lehnsherr von Reichenweier, in: Die Gründung Freudenstadts 2003, S. 43–61.

Debard 2005 = Debard, Jean-Marc, L'historien Charles Duvernoy (1774–1850). Une carrière montbéliardaise et comtoise, Montbéliard 2005.

Decker-Hauff 1997 = Decker-Hauff, Hans-Martin, Frauen im Hause Württemberg. Hg. von Wilfried Setzler/Volker Schäfer/Sönke Lorenz, Leinfelden-Echterdingen 1997.

Defrance/Kissener/Nordblom 2010 = Defrance, Corine/Kissener, Michael/Nordblom, Pia (Hg.), Wege der Verständigung zwischen Deutschland und Frankreich nach 1945 – Zivilgesellschaftliche Annäherungen (Edition lendemains 7), Tübingen 2010.

Demiani 1897 = Demiani, Hans, François Briot, Caspar Enderlein und das Edelzinn, Leipzig 1897.

Deutinger/Paulus 2017 = Deutinger, Roman/Paulus, Christof (Hg.), Das Reich zu Gast in Landshut. Die erzählenden Texte zur Fürstenhochzeit des Jahres 1475, Ostfildern 2017.

Die Gründung Freudenstadts 2003 = Die Gründung Freudenstadts inmitten europäischer Geschichte. 400 Jahre Freudenstadt (Freudenstädter Beiträge zur geschichtlichen Landeskunde zwischen Neckar, Murg und Kinzig 12), Horb 2003.

Dieterich 2015 = Dieterich, Susanne, Württemberg und Frankreich. Geschichte einer wechselvollen Beziehung, Tübingen 2015.

Dobras 2023 = Dobras, Wolfgang, Graf Heinrich von Württemberg als Koadjutor des Mainzer Erzbischofs Adolf von Nassau. Beobachtungen zum Vertragswerk von 1465, in: ZWLG 82 (2023), S. 41–56.

Dollinger 1970 = Dollinger, Philippe, Histoire de l'Alsace (Univers de la France et des pays francophones 9), Toulouse 1970.

Dreyfus 1979 = Dreyfus, François-Georges, Histoire de l'Alsace, Paris 1979.

Dormois 1999 = Dormois, Jean-Pierre, Die Mömpelgarder Stipendiaten im Stift in Tübingen 1560–1793, in: Lorenz/Rückert 1999, S. 313–332.

Eichordnung 1557 = Ordnung, wie im Fürstenthumb Württemberg ein gemein gleich Landtmeß vnd Eych angericht weden vnd auff Jacobi angeen soll, Tübingen 1557.

Encyclopedie de L'Alsace 1982–1986 = Encyclopedie de L'Alsace, 12 Bde., Strasbourg 1982–1986.

Engelhardt 1981 = Engelhardt, Heinz, Dreißig Jahre deutsch-französische Verständigung. Chronik der Internationalen Bürgermeister-Union 1948–1978, Kornwestheim 1981.

Ensfelder, Eduard 1879 = Le château de Riquewihr et ses habitants, in: Revue d'Alsace NS 8 (1879), S. 91–105.

Erbe 2002 = Erbe, Michael (Hg.), Das Elsass. Historische Landschaft im Wandel der Zeiten, Stuttgart 2002.

Ernst 2005 = Ernst, Albrecht, Württembergische Politik aus dem Straßburger Exil. Herzog Eberhard III. während seiner Flucht im Dreißigjährigen Krieg (1634–1638), in: 20 Jahre Geschichtsverein Leinfelden-Echterdingen 2005, S. 187–210.

Finkeldei 2021 = Finkeldei, Louis-David, Berichten, Begutachten und Versenden. Verwaltungskommunikation zwischen Württemberg und Mömpelgard im 18. Jahrhundert, in: ZWLG 80 (2021), S. 291–310.

Finkeldei 2022 = Finkeldei, Louis-David, Württemberg und Montbéliard. Eine Wissensgeschichte politisch-administrativen Handelns im 18. Jahrhundert, Diss. Univ. Tübingen 2022.

Finkeldei (im Druck) = Finkeldei, Louis-David, Mömpelgard und Mysore. Soldatendienst zwischen Mitteleuropa und Indien, in: Friedrich/Körber (im Druck).

Fischer 1997 = Fischer, Joachim, Eberhard III., in: Das Haus Württemberg 1997, S. 152–155.

Fischer 2010 = Fischer, Fritz, Stuttgarter Aufbruch. Eine Fallstudie zur Kulturpolitik Herzog Friedrichs I., in: Kremer/Lorenz/Rückert 2010, S. 115–138.

Fitzner 2010 = Fitzner, Sebastian, Erinnerung, Gedächtniswert und Bauanleitung. Die Architekturdarstellungen Daniel Specklins im Kontext des Festungsbaus der frühen Neuzeit, in: Grossmann 2010, S. 127–136.

Fleischhauer 1971 = Fleischhauer, Werner, Renaissance im Herzogtum Württemberg, Stuttgart 1971.

Fleischhauer 1976 = Fleischhauer, Werner, Die Geschichte der Kunstkammer der Herzöge von Württemberg in Stuttgart (VKgL B 87), Stuttgart 1976.

Frauenknecht 2022 = Frauenknecht, Erwin (Bearb.), „Ich kann yetzo nit mee …" Johannes Reuchlin unterwegs im Dienst Württembergs. Begleitbuch und Katalog zur Ausstellung des Landesarchivs Baden-Württemberg, Hauptstaatsarchiv Stuttgart, unter Mitarbeit von Peter Rückert/Maren Volk, Stuttgart 2022.

Friedrich/Körber (im Druck) = Friedrich, Markus/Körber, Jenny (Hg.), Die Welt im Dorf. Wege des Exotischen in die Peripherien des 18. Jahrhunderts (im Druck).

Froberger 2015 = Froberger, Johann Jacob, Neue Ausgabe sämtlicher Werke, Bd. 7: Ensemblewerke und Verzeichnis sämtlicher Werke. Hg. von Siegbert Rampe, Kassel u. a. 2015.

Gotthard 1992 = Gotthard, Axel, Konfession und Staatsräson. Die Außenpolitik Württembergs unter Herzog Johann Friedrich (1608–1628) (VKgL B 126), Stuttgart 1992, S. 6–10.

Graf 1997 = Graf, Klaus, Heinrich, in: Das Haus Württemberg 1997, S. 123–124.

Graf 1999 = Graf, Klaus, Graf Heinrich von Württemberg († 1519) – Aspekte eines ungewöhnlichen Fürstenlebens, in: Lorenz/Rückert 1999, S. 107–120.

Grossmann 2010 = Grossmann, Ulrich, Die Burg zur Zeit der Renaissance (Forschungen zu Burgen und Schlössern 13), Berlin 2010.

Grube 1957 = Grube, Walter, Der Stuttgarter Landtag 1457–1957. Von den Landständen zum demokratischen Parlament, Stuttgart 1957.

Grube 1984 = Grube, Walter, 400 Jahre Haus Württemberg in Mömpelgard, in: 900 Jahre Haus Württemberg 1984, S. 438–458.

Handbuch der baden-württembergischen Geschichte 1995 = Handbuch der baden-württembergischen Geschichte, Bd. 2: Die Territorien im Alten Reich. Hg. von Meinrad Schaab/Hansmartin Schwarzmaier, Stuttgart 1995.

Haufler 1971 = Haufler, Hermann G., Impressionen eines Zeitgenossen – Partnerschaft. Stuttgart in Europa, in: Leipner 1971, S. 57–62.

Heinz 1973 = Heinz, Thomas, Zwischen Regnum und Imperium. Die Fürstentümer Bar und Lothringen zur Zeit Kaiser Karls IV. (Bonner Historische Forschungen 40), Bonn 1973.

Herbers/Rückert 2012 = Herbers, Klaus/Rückert, Peter (Hg.), Pilgerheilige und ihre Memoria (Jakobus-Studien 19), Tübingen 2012.

Herrenschneider 1993 = Herrenschneider, Émile Alphonse, Le castrum et le château comtal de Horbourg avec un aperçu de l'histoire romaine et de l'histoire d'Alsace. Traduit de l'allemand sous la direction de Denise Rietsch, Horbourg-Wihr 1993.

Hertel 1987 = Hertel, Gerhard, Herzog Friedrichs Besuch bei den Medici in Florenz, in: Freudenstädter Beiträge 6 (1987), S. 83–93.

Hertel 1989 = Hertel, Gerhard, Herzog Friedrich I. von Württemberg. Eine geschichtliche Erzählung, Horb 1989.

Hertel 1997 = Hertel, Gerhard, Le duc Frédéric de Wurtemberg (1557–1608). Ses relations avec la France et son rôle dans la politique européenne, in: Maurer/Kauffmann 1997, S. 49–62.

Hertel 2000 = Hertel, Gerhard, Neues Geschichtsbild von der Gründung Freudenstadts, in: Freudenstädter Heimatblätter 32 (2000), Nr. 8 (o. S.).

Hertel 2002 = Hertel, Gerhard, „Vergnügungsreise" zum Papst?, in: Freudenstädter Heimatblätter 33 (2002) Nr. 9 (o. S.).

Hertel 2003a = Hertel, Gerhard, Schickhardts Schwierigkeiten in Mömpelgard, in: Freudenstädter Heimatblätter 34 (2003), Nr. 8 (o. S.).

Hertel 2003b = Hertel, Gerhard, Westpolitik Herzog Friedrichs. Zwischen Deutschland und Frankreich, in: Die Gründung Freudenstadts 2003, S. 18–38.

Hertel 2004 = Hertel, Gerhard, Oberamtmann von Oberkirch Hans Christof Schär von Schwarzenberg, in: Freudenstädter Heimatblätter 35 (2004), Nr. 4 (o. S.).

Herzog Friedrichs Freudenstadt 1997 = Herzog Friedrichs Freudenstadt im ersten Jahrhundert seiner Geschichte. Aus: „Freudenstädter Heimatblätter" 1949–1994. Hg. vom Heimat- und Museumsverein für Stadt und Kreis Freudenstadt (Freudenstädter Beiträge zur geschichtlichen Landeskunde zwischen Neckar, Murg und Kinzig 6), Freudenstadt ²1997.

Heyd 1841 = Heyd, Ludwig Friedrich, Ulrich, Herzog zu Württemberg. Ein Beitrag zur Geschichte Württembergs und des deutschen Reichs im Zeitalter der Reformation, Bd. 1: Von Herzog Eberhards II. Entsetzung bis zu Herzog Ulrichs Vertreibung, 1498–1519, Tübingen 1841.

Heyd 1902 = Heyd, Wilhelm (Bearb.), Handschriften und Handzeichnungen des herzoglich württembergischen Baumeisters Heinrich Schickhardt, Stuttgart 1902.

Hirbodian/Wegner 2017 = Hirbodian, Sigrid/Wegner, Lea (Hg.), Wein in Württemberg (Landeskundig 3), Ostfildern 2017.

Hirbodian/Wegner (im Druck) = Hirbodian, Sigrid/Wegner, Lea (Hg.), 1525 – Württemberg im Aufstand (im Druck).

Hirsch 1978 = Hirsch, Johann Christoph, Des Teutschen Reichs Münz-Archiv […], Bd. 3, Nürnberg 1757, Nachdruck München 1978.

Hoffmann/Bischoff 2022 = Hoffmann, Ingrid-Sibylle/Bischoff, Julia, Materielle Spuren der Hofkultur unter Margarethe von Savoyen und Ulrich V. von Württemberg, in: Oschema/Rückert/Thaller 2022, S. 251–270.

Hofmeister 1924/40 = Hofmeister, Adolf (Hg.), Die Chronik des Mathias von Neuenburg (MGH SS, NS 4), Berlin 1924/40.

Homoki 2021 = Homoki, Götz, Identität – Habitus – Konformität. Eine kulturgeschichtliche Untersuchung zu württembergischen Herzoglichen Stipendiaten in der Frühen Neuzeit (Quellen und Forschungen zur württembergischen Kirchengeschichte 25), Leipzig 2021.

Hugel/Zitter 1999 = Hugel, André/Zitter, Miriam, Reichenweier/Riquewihr, in: Lorenz/Setzler 1999, S. 256–259.

Hund 1909 = Hund, Andreas (Bearb.), Stadtrechte von Reichenweier. Bd. 1: Das Ratbuch (Elsässische Stadtrechte 2), Heidelberg 1909.

Jordan 1991 = Jordan, Benoît, La noblesse d'Alsace entre la gloire et la vertu. Les sires de Ribeaupierre 1451–1585 (Publications de la Société savante d'Alsace et des régions de l'Est. Collection „Recherches et Documents" 44), Strasbourg 1991.

Jordan 1997 = Jordan, Benoît, Le dernier sire de Horbourg, in: Maurer/Kauffmann 1997, S. 7–12.

Jost/Jost/Knorr 2016 = Jost, Marie-Louise/Jost, Bernard/Knorr, Pierre (Hg.), Beblenheim. Un village. Deux églises. Une histoire. Edité à l'occasion du 150ème anniversaire des deux églises de Beblenheim les 3 & 5 Juin 2016, Beblenheim 2016.

Kammerer 2001 = Kammerer, Odile, Wein und städtische Lebenswelt im Elsass, in: Lorenz/Zotz 2001, S. 275–283.

Kastenholz 2006 = Kastenholz, Richard, Hans Schwarz. Ein Augsburger Bildhauer und Medailleur der Renaissance (Kunstwissenschaftliche Studien 126), München/Berlin 2006.

Kat. München/Wien/Dresden 2013–2015 = Wettstreit in Erz. Porträtmedaillen der deutschen Renaissance. Ausstellungskatalog Staatliche Münzsammlung München/Münzkabinett des Kunsthistorischen Museums Wien/Münzkabinett der Staatlichen Kunstsammlungen Dresden. Hg. von Walter Cupperi u. a., Berlin/München 2013.

Kipp 1929 = Kipp, Willy, Eine Musikerfamilie aus dem XVII. Jahrhundert. Die Böddecker aus Hagenau, Hagenau 1929.

Klein 2013 = Klein, Ulrich, Die Mömpelgarder Münzen und Medaillen, in: Klein/Raff 2013, S. 7–92.

Klein/Raff 2013 = Klein, Ulrich/Raff, Albert, Die Münzen und Medaillen der Württembergischen Nebenlinien (Mömpelgard, Neuenstadt, Oels und Weiltingen) (Süddeutsche Münzkataloge 13), Stuttgart 2013.

Kleindienst 1999 = Kleindienst, Jean-Louis, Hunaweier/Hunawihr, in: Lorenz/Setzler 1999, S. 194–197.

Kluckert 1992 = Kluckert, Ehrenfried, Heinrich Schickhardt. Architekt und Ingenieur. Eine Monographie (Herrenberger historische Schriften 4), Herrenberg 1992.

Kluckert 2001a = Kluckert, Ehrenfried, Reise nach Mömpelgard. Kulturgeschichtliche Streifzüge ins schwäbische Frankreich, Stuttgart 2001.

Kluckert 2001b = Kluckert, Ehrenfried, Schwäbische Spuren. Der württembergische Baumeister Heinrich Schickhardt in Mömpelgard, in: Kluckert 2001a, S. 143–164.

Kluckert 2001c = Kluckert, Ehrenfried, Eine Virilstimme für die gefürstete Grafschaft: Herzog Friedrich I. von Württemberg, in: Kluckert 2001a, S. 175–195.

Koebele 2000 = Koebele, Raymond, Riquewihr – Reichenweier: württembergisch von 1324 bis 1796, in: Freudenstädter Heimatblätter 31 (2000), Nr. 5–7 (o. S.).

Koehl 2023 = Koehl, Matthieu/Fuchs, Matthieu/Nivola, Thibaud, u. a., When romanantiquity and renaissance came together in virtual 3D environment: 3D modelling considerations, https://hal.science/hal-03984616/document (zuletzt abgerufen: 03.12.2023).

Kopff 1970 = Kopff, René, Les Compositeurs de musique en Alsace au XVIIe siècle, in: Minder 1970, S. 83–97.

Krämer 2006 = Krämer, Christine, Rebsorten in Württemberg. Herkunft, Einführung, Verbreitung und die Qualität der Weine vom Spätmittelalter bis ins 19. Jahrhundert (Tübinger Bausteine zur Landesgeschichte 7), Ostfildern 2006.

Krämer 2009 = Krämer, Christine, Der Strukturwandel des Weinbaus während des 14. und 15. Jahrhunderts am Beispiel der Weinanbaugebiete im Vorland der Schwäbischen Alb, in: Lorenz/Rückert 2009, S. 21–40.

Krämer 2017 = Krämer, Christine, „Wir wollten auch zimlichen Malvasier machen". Weinbau und Weinkultur im 16. Jahrhundert, in: Hirbodian/Wegner 2017, S. 127–146.

Kranz 2013 = Kranz, Annette, Die Reichstage – eine ephemere Geographie, in: Kat. München/Wien/Dresden 2013–2015, S. 185–187.

Krauskopf 2006 = Krauskopf, Kai, Hamburgs Baudirektor Adolf Schuhmacher – ein NS-Planer ohne Fortune, in: Architektur in Hamburg (2006), S. 182–189.

Kremer 2010 = Kremer, Joachim, Englische Musiker am württembergischen Hof in Stuttgart – Musikmobilität und der strukturelle Wandel der Hofkantorei um 1600 in: Kremer/Lorenz/Rückert 2010, S. 235–256.

Kremer/Lorenz/Rückert 2010 = Kremer, Joachim/Lorenz, Sönke/Rückert, Peter (Hg.), Hofkultur um 1600. Die Hofmusik Herzog Friedrichs I. von Württemberg und ihr kulturelles Umfeld (Tübinger Bausteine zur Landesgeschichte 15), Ostfildern 2010.

Kretzschmar 2002 = Kretzschmar, Robert, Neue Forschungen zu Heinrich Schickhardt (VKgL B 151), Stuttgart 2002.

Kretzschmar/Lorenz 2010 = Kretzschmar, Robert/Lorenz, Sönke (Hg.), Leonardo da Vinci und Heinrich Schickhardt. Zum Transfer technischen Wissens im vormodernen Europa, Stuttgart 2010.

Krinninger-Babel 1999 = Krinninger-Babel, Juliane, Friedrich I. von Württemberg als Regent der Grafschaft Mömpelgard (1581–1593). Forschungsstand und Perspektiven, in: Lorenz/Rückert 1999, S. 251–283.

Krinninger-Babel 2000 = Krinninger-Babel, Juliane, Konfession und Politik – Friedrich von Württemberg und Frankreich, in: Freudenstädter Heimatblätter 31 (2000), Nr. 1 (o. S.).

Landesmuseum 2019 = Landesmuseum Württemberg (Hg.), Die Kunstkammer der Herzöge von Württemberg: Bestand, Geschichte, Kontext. Bd. 1–3, Heidelberg 2019.

Laszlo 1982 = Laszlo, Anne, Riquewihr würde neue Partnerstadt vermitteln, in: Blickpunkt – Informationen und Meinungen aus Weil der Stadt und Renningen, 2. Jg., Nr. 14 vom 8. April 1982.

Le Haut-Rhin 1980–1982 = Le Haut-Rhin. Dictionnaire des communes. Histoire et géographie, économie et société. Hg. von Raymond Oberlé/Lucien Sittler, 3 Bde., Colmar 1980–1982.

Leipner 1971 = Leipner, Kurt, Fünfundzwanzig Jahre Oberbürgermeister. Festschrift für Dr. Arnulf Klett (Veröffentlichungen des Archivs der Stadt Stuttgart, Sonderband 3), Stuttgart 1971.

Leppin 2015 = Leppin, Volker, Habsburg vor der Tür. Zu den Bedingungen der württembergischen Reformation von Herzog Ulrichs Vertreibung bis zum Interim, in: Wien/Leppin 2015, S. 71–94.

Leube 1916 = Leube, Martin, Die Mömpelgarder Stipendiaten im Tübinger Stift, in: Blätter für württembergische Kirchengeschichte N. F. 20 (1916), S. 54–75.

Lorenz 1999 = Lorenz, Sönke, Mömpelgard in vorreformatorischer Zeit. Raumfunktion – herrschaftliche Verdichtung – Dynastie. Mit einem Exkurs zum Mömpelgarder Wappen, in: Lorenz/Rückert 1999, S. 1–33.

Lorenz 2003 = Lorenz, Sönke, Mömpelgard, in: Paravicini 2003, Teil 2, S. 384–388.

Lorenz 2010 = Lorenz, Sönke, Herzog Friedrich I. von Württemberg (1557–1608): ein Fürst zwischen Ambition und Wirklichkeit. Zur Einführung, in: Kremer/Lorenz/Rückert 2010, S. 1–23.

Lorenz/Rückert 1999 = Lorenz, Sönke/Rückert, Peter (Hg.), Württemberg und Mömpelgard. 600 Jahre Begegnung (Schriften zur südwestdeutschen Landeskunde 26), Leinfelden-Echterdingen 1999.

Lorenz/Rückert 2009 = Lorenz, Sönke/Rückert, Peter (Hg.), Landnutzung und Landschaftsentwicklung im deutschen Südwesten. Zur Umweltgeschichte im späten Mittelalter und in der frühen Neuzeit (VKgL B 173), Stuttgart 2009.

Lorenz/Rückert 2012 = Lorenz, Sönke/Rückert, Peter (Hg.), Wirtschaft, Handel und Verkehr im Mittelalter. 1000 Jahre Markt- und Münzrecht in Marbach am Neckar (Tübinger Bausteine zur Landesgeschichte 19), Ostfildern 2012.

Lorenz/Setzler 1999 = Lorenz, Sönke/Setzler, Wilfried (Hg.), Heinrich Schickhardt. Baumeister der Renaissance. Leben und Werk des Architekten, Ingenieurs und Städteplaners, Leinfelden-Echterdingen 1999.

Lorenz/Zotz 2001 = Lorenz, Sönke/Zotz, Thomas (Hg.), Große Landesausstellung Baden-Württemberg. Spätmittelalter am Oberrhein. Alltag, Handwerk und Handel 1350–1525, Aufsatzband, Stuttgart 2001.

Lutz 1938 = Lutz, Friedrich, Altwürttembergische Hohlmaße (Getreide, Salz, Wein), mit einem Anhang über Neuwürttemberg nebst Glossar versehen von Walter Lutz (Darstellungen aus der württembergischen Geschichte 31), Stuttgart 1938.

Maguire 2007 = Maguire, Simon, Johann Jacob Froberger: A Hitherto Unrecorded Autograph Manuscript, in: Journal of Seventeenth-Century Music 13/1 (2007), https://sscm-jscm.org/v13/no1/maguire/maguire.html (zuletzt abgerufen: 09.08.2023).

Mährle 2019 = Mährle, Wolfgang (Hg.), Spätrenaissance in Schwaben. Wissen – Literatur – Kunst (Geschichte Württembergs 2), Stuttgart 2019.

Matheus 2020 = Matheus, Michael, Winzerdörfer. Wirtschafts- und Lebensformen zwischen Stadt und Land. Überlegungen zu einem Siedlungstyp in vergleichender europäischer Perspektive, in: Bünz 2020, S. 127–166.

Maurer 1984 = Maurer, Hans-Martin, Von der Landesteilung zur Wiedervereinigung. Der Münsinger Vertrag als ein Markstein württembergischer Geschichte, in: ZWLG 83 (1984), S. 89–132.

Maurer/Kauffmann 1997 = Maurer, Pierre Edgar/Kauffmann, Marc (Hg.), Les Wurtemberg dans la Seigneurie de Horbourg (Association d´archeologie et d´histoire de Horbourg-Wihr 3), Horbourg-Wihr 1997.

Medick 1997 = Medick, Hans, Weben und Überleben in Laichingen, 1650–1900. Lokalgeschichte als Allgemeine Geschichte (Veröffentlichungen des Max-Planck-Instituts für Geschichte 126), Göttingen 1997.

Meister 1899 = Meister, Aloys, Der Strassburger Kapitelstreit 1583–1592. Ein Beitrag zur Geschichte der Gegenreformation, Straßburg 1899.

Mertens 1995 = Mertens, Dieter, Württemberg, in: Handbuch der baden-württembergischen Geschichte 1995, S. 1–163.

Metz 2012 = Metz, Bernhard, Burgkapellen als Wallfahrtsorte nach elsässischen Beispielen, in: Herbers/Rückert 2012, S. 91–108.

Meyer 2008 = Meyer, Philippe, Histoire de l'Alsace, Paris 2008, S. 138–148.

Minder 1970 = Minder, Robert (Hg.), La Musique en Alsace hier et aujourd'hui (Publications de la Société savante d'Alsace et de Régions de l'Est 10), Strasbourg 1970.

Mirek 1984 = Mirek, Holger, Deutsch-Französische Gemeindepartnerschaften. Ein Leitfaden für Praktiker, Kehl am Rhein/Straßburg 1984.

Obhof 2009 = Obhof, Ute, Zur Entstehung der Karlsruher Handschrift des „Rappoltsteiner Parzifal". Die Initialen, in: Zeitschrift für deutsches Altertum und deutsche Literatur 138 (2009), S. 374–383.

Oschema/Rückert/Thaller 2022 = Oschema, Klaus/Rückert, Peter/Thaller, Anja (Hg.), Starke Frauen? Adelige Damen im Südwesten des spätmittelalterlichen Reiches, Stuttgart 2022.

Oszvath 2012 = Oszvath, Kinga, Die höfische Gesellschaft bei Tisch. Essen und Trinken am württembergischen Hof, in: Rückert 2012a, S. 113–118.

Ottersbach 2019 = Ottersbach, Christian, Städte als Festungen. Land- und reichsstädtische Befestigungen in Südwestdeutschland zwischen 1500 und 1650, in: Mährle 2019, S. 395–462.

Owens 2017 = Owens, Samantha, The Well-Travelled Musician. John Sigismond Cousser and Musical Exchange in Baroque Europe, Woodbridge 2017.

Pacchiano 2010 = Pacchiano, Florence, Le jumelage Bordeaux – Munich (1964). Liens historiques et poids des intérêts économiques, in: Defrance/Kissener/Nordblom 2010, S. 223–236.

Paravicini 2003 = Paravicini, Werner (Hg.), Höfe und Residenzen im spätmittelalterlichen Reich. Ein dynastisch-topographisches Handbuch, Teil 2: Residenzen (Residenzenforschung, 15, 2), Ostfildern 2003.

Pferschy-Maleczek 1997 = Pferschy-Maleczek, Bettina, Weinfälschung und Weinbehandlung in Franken und Schwaben im Mittelalter, in: Schrenk/Weckbach 1997, S. 139–178.

Pfundheller 2014 = Pfundheller, Kai, Städtepartnerschaften. Alternative Außenpolitik der Kommunen, Opladen/Berlin/Toronto 2014.

Raff 1988 = Raff, Gerhard, Hie gut Wirtemberg allewege. Das Haus Württemberg von Graf Ulrich dem Stifter bis Herzog Ludwig. Mit einer Einleitung von Hansmartin Decker-Hauff, Stuttgart 1988.

Raff 2014a = Raff, Gerhard, Hie gut Wirtemberg allewege. Bd. 1: Das Haus Württemberg von Graf Ulrich dem Stifter bis Herzog Ludwig, Schwaigern ⁶2014.

Raff 2014b = Raff, Gerhard, Hie gut Wirtemberg allewege. Bd. 2: Das Haus Württemberg von Herzog Friedrich I. bis Herzog Eberhard III. Mit den Linien Stuttgart, Mömpelgard, Weiltingen, Neuenstadt am Kocher, Neuenbürg und Oels in Schlesien, Schwaigern ⁴2014.

Rapp 1970 = Rapp, Francis, Discipline et prospérité (1530–1618), in: Dollinger 1970, S. 219–258.

Reichenmiller 1967 = Reichenmiller, Margareta, Zur Vormundschaft Graf Eberhards des Greiners von Württemberg über Herzog Johann von Lothringen. Die Abrede Karls IV. mit Eberhard von 1354, in: „Ovia minima", [Tübingen 1967], S. 1–17.

Rietsch 1999 = Rietsch, Denise, Horburg/Horbourg-Wihr, in: Lorenz/Setzler 1999, S. 186–189.

Rolker 2014 = Rolker, Christoph, Das Wappenbuch des Konrad Grünenberg. Acta et Agenda, in: ZGO 162 (2014), S. 191–207.

Rückert 2000 = Rückert, Peter (Bearb.), Württemberg und Mömpelgard. 600 Jahre Begegnung. 600 ans de relations entre Montbéliard et le Wurtemberg, Stuttgart 2000.

Rückert 2010 = Rückert, Peter, Fürst ohne Grenzen. Herzog Friedrich I. von Württemberg auf Reisen, in: Kremer/Lorenz/Rückert 2010, S. 207–234.

Rückert 2012a = Rückert, Peter (Bearb.), Von Mantua nach Württemberg. Barbara Gonzaga und ihr Hof. Begleitbuch und Katalog zur Ausstellung des Landesarchivs Baden-Württemberg, Hauptstaatsarchiv Stuttgart, Stuttgart ²2012.

Rückert 2012b = Rückert, Peter, Wirtschaft und Verkehr am mittleren Neckar im Hochmittelalter, in: Lorenz/Rückert 2012, S. 53–74.

Rückert 2017 = Rückert, Peter (Bearb.), Freiheit – Wahrheit – Evangelium. Reformation in Württemberg, 2 Bde., Ostfildern 2017.

Rückert 2018 = Rückert, Peter, Die Grafen von Württemberg im Wildbad. Erholung und Politik im spätmittelalterlichen Schwarzwald, in: Siedlungsforschung. Archäologie – Geschichte – Geographie 35 (2018), S. 73–90.

Rückert 2020 = Rückert, Peter, Umwelt und Klima um 1500. Strukturen und Tendenzen ökonomischer Rahmenbedingungen, in: Bünz 2020, S. 75–100.

Rückert 2022 = Rückert, Peter, Ad Thermas, ad Musas! Johannes Reuchlin und seine Freunde im Heilbad, in: Frauenknecht 2022, S. 35–42.

Rückert (im Druck) = Rückert, Peter, Strafverfolgung und Friedenssicherung nach dem Ende des Bauernkriegs. Die Perspektive der Verlierer, in: Hirbodian/Wegner (im Druck).

Rückert/Thaller/Oschema 2020 = Rückert, Peter/Thaller, Anja/Oschema, Klaus (Bearb.), Die Tochter des Papstes. Margarethe von Savoyen. Begleitbuch und Katalog zur Ausstellung des Landesarchivs Baden-Württemberg, Hauptstaatsarchiv Stuttgart, Stuttgart 2020.

Rückert/Traub 2017 = Rückert, Peter/Traub, Andreas, Lieder und Sprüche zur Reformation in Württemberg, in: Rückert 2017, S. 215–222.

Sabean 1984 = Sabean, David Warren, Power in the Blood. Popular culture and village discourse in early modern Germany, Cambridge 1984.

Salzmann 1930 = Salzmann, Erwin, Weinbau und Weinhandel in der Reichsstadt Eßlingen bis zu deren Übergang an Württemberg 1802 (Tübinger wirtschaftswissenschaftliche Abhandlungen, Folge 3, 5), Stuttgart 1930.

Sattler 1767 = Sattler, Christian Friderich, Geschichte des Herzogthums Wuertenberg unter der Regierung der Graven, Erste Fortsetzung, Tübingen 1767.

Sauer 2003 = Sauer, Paul, Herzog Friedrich I. von Württemberg 1557–1608. Ungestümer Reformer und weltgewandter Autokrat, München 2003.

Schaefer 2012 = Schaefer, Marc, Recherches sur la famille et l'œuvre des Silbermann en Alsace (Veröffentlichungen der Walcker-Stiftung für orgelwissenschaftliche Forschung 23), Köln 2012.

Schickhardt 1602 = [Schickhardt, Heinrich], Beschreibung. Einer Reiß/ Welche der Durchleuchtig hochgeborne Fürst und Herr/ Herr Friderich Hertzog zu Württemberg unnd Teck/ [...] Im jahr 1599. Selb neundt/ auß dem Landt zu Würtemberg/ in Italiam gethan. [...] durch Heinrich Schickhardt von Herrenberg [...], Mömpelgard 1602.

Schickhardt 2013 = Schickhardt, Heinrich, Inventarium 1630–1632. Inventar der Güter und der Werke eines Architekten der Renaissance/L'inventaire des biens et des œuvres d'un architecte de la Renaissance. Transkription, Übersetzung und Bearbeitung von André Bouvard u.a., Karlsruhe 2013.

Schmierer 1999 = Schmierer, Wolfgang, Die Städtepartnerschaft zwischen Mömpelgard und Ludwigsburg nach dem Zweiten Weltkrieg, in: Lorenz/Rückert 1999, S. 459–465.

Schöllkopf 2013 = Schöllkopf, Julius, Die Städtepartnerschaft zwischen Ludwigsburg und Mömpelgard. Die Mutter aller europäischen Städtepartnerschaften, Norderstedt 2013.

Schön 1999 = Schön, Petra, Wappen und Siegel als Zeichen der dynastischen Begegnung zwischen Württemberg und Mömpelgard, in: Lorenz/Rückert 1999, S. 35–45.

Schöntag 1997 = Schöntag, Wilfried, Ulrich III., in: Das Haus Württemberg 1997, S. 29–30.

Schöpflin 1775 = Schöpflin, Johann Daniel, Alsatia periodi regum et imperatorum Habsburgicae, Luzelburgicae, Austriacae tandemque Gallicae diplomatica, Pars secunda. Hg. von Andreas Lamey, Mannheim 1775.

Schrenk/Weckbach 1997 = Schrenk, Christhard/Weckbach, Hubert (Hg.), Weinwirtschaft im Mittelalter. Zur Verbreitung, Regionalisierung und wirtschaftlichen Nutzung einer Sonderkultur aus der Römerzeit (Quellen und Forschungen zur Geschichte der Stadt Heilbronn 9), Heilbronn 1997.

Schubert 2006 = Schubert, Ernst, Essen und Trinken im Mittelalter, Darmstadt 2006.

Schukraft 1997 = Schukraft, Harald, Die elsässischen Herrschaften am Ende des 16. Jahrhunderts, in: Carte de Montbéliard. Landtafel von Mömpelgard. Hg. von der Société d'Émulation de Montbéliard, Montbéliard 1997, S. 16–19.

Schukraft 1998 = Schukraft, Harald, Ein vergessenes Stück Württemberg im Elsaß. Die ehemalige Grafschaft Horburg, in: Schönes Schwaben 12/13 (1998), S. 42–45.

Schukraft 2007 = Schukraft, Harald, Kleine Geschichte des Hauses Württemberg, Tübingen ²2007.

Sicheneder 2001 = Sicheneder, Sebastian, Städtische Berufe um den Wein, in: Lorenz/Zotz 2001, S. 137–142.

Sittard 1890 = Sittard, Josef, Zur Geschichte der Musik und des Theaters am Württembergischen Hofe. Nach Originalquellen, Bd. 1: 1458–1733, Stuttgart 1890.

Sittler 1956 = Sittler, Lucien, La viticulture et le vin de Colmar à travers les siècles, Colmar 1956.

Sittler 1980a = Sittler, Lucien, Riquewihr, Colmar 1980.

Sittler 1980b = Sittler, Lucien, Die Elsässische Weinstraße. Von Wissembourg bis Thann, Freiburg 1980.

Sittler 1994 = Sittler, Lucien, L'Alsace. Terre d'Histoire, Colmar ²1994.

Sprandel 1998 = Sprandel, Rolf, Von Malvasia bis Kötzschenbroda. Die Weinsorten auf den spätmittelalterlichen Weinmärkten Deutschlands (Vierteljahrschrift für Sozial- und Wirtschaftsgeschichte 149), Stuttgart 1998.

Stälin 1856 = Stälin, Christoph Friedrich von, Wirtembergische Geschichte, Dritter Theil: Schwaben und Südfranken, Stuttgart 1856.

Stievermann 1997a = Stievermann, Dieter, Friedrich I., in: Das Haus Württemberg 1997, S. 138–142.

Stievermann 1997b = Stievermann, Dieter, Von Herzog Friedrich I. bis zu Herzog Eberhard Ludwig (1593–1733), in: Das Haus Württemberg 1997, S. 129–137.

Stievermann 1999 = Stievermann, Dieter, Hauptland und Nebenland. Aspekte eines Phänomens im dynastischen Zeitalter, dargestellt am Beispiel Württemberg und Mömpelgard, in: Lorenz/Rückert 1999, S. 365–380.

Teget-Welz 2013 = Teget-Welz, Manuel, Biographie der Medailleure, in: Kat. München/Wien/Dresden 2013–2015, S. 318–335.

Tuetey 1883 = Tuetey, Alexandre, Les Allemands en France et l'invasion du comté de Montbéliard par les Lorrains, 1587–1588, d'après des documents inédits, 2 Bde., Paris/Montbéliard 1883.

Uhland 1984 = Uhland, Robert, Herzog Friedrich I. (1593–1608), in: 900 Jahre Haus Württemberg 1984, S. 174–182.

Vann 1986 = Vann, James Allen, Württemberg auf dem Weg zum modernen Staat, Stuttgart 1986.

Vejvar 2018a = Vejvar, Andreas, Phänomen Froberger, in: Vejvar/Grassl 2018, S. 101–148.

Vejvar 2018b = Vejvar, Andreas, Dokumente, in: Vejvar/Grassl 2018, S. 367–454.

Vejvar/Grassl 2018 = Vejvar, Andreas/Grassl, Markus (Hg.), „Avec discrétion". Rethinking Froberger (Wiener Veröffentlichungen zur Musikgeschichte 14), Wien/Köln/Weimar 2018.

Vienot 1931 = Vienot, John, Étudiants montbéliardais à Tubingue, in: Bulletin de la Société de l'Histoire du Protestantisme Français 80 (1931), S. 74–93.

Vogeleis 1911 = Vogeleis, Martin, Geschichte der Musik und des Theaters im Elsass 500–1800, Straßburg 1911.

Vogler 1977 = Vogler, Bernard, L'Alsace du siècle d'or et de la guerre de trente ans 1520–1648 (L'Histoire de l'Alsace 4), Wettolsheim 1977.

Vogler 1994a = Vogler, Bernard, Histoire culturelle de l'Alsace. Du Moyen Âge à nos jours, les très riches heures d'une région frontière, Strasbourg 1994.

Vogler 1994b = Vogler, Bernard, Histoire des chrétiens d'Alsace des origines à nos jours, Paris 1994.

Vogler 2003a = Vogler, Bernard, La période moderne: De l'Empire Germanique à la France, in: Vogler 2003b, S. 127–180.

Vogler 2003b = Vogler, Bernard, Nouvelle histoire d'Alsace. Une région au cœur de l'Europe, Toulouse 2003.

Vogler 2012 = Vogler, Bernard, Geschichte des Elsass, Stuttgart 2012.

Vogler/Hau 1997 = Vogler, Bernard/Hau, Michel, Histoire économique de l'Alsace. Croissance, crises, innovations: Vingt siècles de développement régional, Strasbourg 1997.

Westphal 1988 = Westphal, Werner, Les origines géographiques des étudiants en théologie entre 1621 et 1792, in: Revue d'Histoire et de Philosophie religieuses 68 (1988), S. 73–81.

Wien/Leppin 2015 = Wien, Ulrich Andreas/Leppin, Volker, Kirche und Politik am Oberrhein im 16. Jahrhundert. Reformation und Macht im Südwesten des Reichs (Spätmittelalter, Humanismus, Reformation 89), Tübingen 2015.

Wilsdorf 1991 = Wilsdorf, Christian, Histoire des comtes de Ferrette (1105–1324), Altkirch 1991.

Wolff 1908 = Wolff, Felix, Elsässisches Burgenlexikon. Verzeichnis der Burgen und Schlösser im Elsaß, Frankfurt am Main 1908.

Wolff 1967 = Wolff, Christian, Riquewihr son vignoble et ses vins à travers les âges (Société d'Archéologie de Riquewihr, Bulletin 23), Colmar 1967.

Württemberg im Spätmittelalter 1985 = Württemberg im Spätmittelalter. Katalog, bearb. von Joachim Fischer/Peter Amelung/Wolfgang Irtenkauf, Stuttgart 1985.

Wüthrich 1966–1996 = Wüthrich, Lucas Heinrich, Das druckgraphische Werk von Matthaeus Merian d. Ae., 4 Bde., Basel (Bde. 1 und 2)/Hamburg (Bde. 3 und 4) 1966–1996.

Würfel 2009 = Würfel, Maria, Heinrich Schickhardt. Geboren in Württemberg, zu Hause in Europa, Stuttgart 2009.

Zeilinger 2003 = Zeilinger, Gabriel, Die Uracher Hochzeit 1474 (Kieler Werkstücke E 2), Frankfurt 2003.

Abkürzungen / *Abbréviations*

AD	Archives Départementales	RUB	Rappoltsteinisches Urkundenbuch
ADHR	Archives Départementales du Haut-Rhin	StA	Staatsarchiv
		StadtA	Stadtarchiv
ANP	Archives Nationales Paris	UB	Universitätsbibliothek
BLB	Badische Landesbibliothek Karlsruhe	VD 16	Verzeichnis der im deutschen Sprachbereich erschienenen Drucke des 16. Jahrhunderts
BSB	Bayerische Staatsbibliothek München		
FbWV	Froberger Werkverzeichnis	VKgL	Veröffentlichungen der Kommission für geschichtliche Landeskunde in Baden-Württemberg
GW	Gesamtkatalog der Wiegendrucke		
HStAS	Hauptstaatsarchiv Stuttgart		
LMW	Landesmuseum Württemberg	VL	Verfasserlexikon
MGH	Monumenta Germaniae Historica	WLB	Württembergische Landesbibliothek Stuttgart
ND	Nachdruck	ZGO	Zeitschrift für die Geschichte des Oberrheins
NDB	Neue Deutsche Biographie		
NF	Neue Folge	ZWLG	Zeitschrift für Württembergische Landesgeschichte
NS	Neue Serie, Nova Series, Nouvelle Série		

Abbildungsnachweis / *Crédits photographiques*

Archives Départementales du Haut-Rhin, Colmar: S. 135

Archives municipales, Montbéliard: S. 191, 218

Archives Nationales Paris: S. 27, 137, 140, 141

Badische Landesbibliothek Karlsruhe: S. 143

Bayerische Staatsbibliothek München: S. 152, 168, 193, 199

Bibliothèque municipale Besançon: S. 175

Corpus Vitrearum Deutschland, Freiburg (Raffael Toussaint): S. 147

Alain Engel, Riquewihr: S. 40

Hauptstaatsarchiv Stuttgart: S. 29, 55, 59, 77, 91, 129, 145, 146, 153–156, 160–164, 166, 176, 179, 180, 182, 183, 192, 194, 196, 202, 209, 210, 213, 214

Dietmar Katz, Berlin: S. 151, 157

Anna Kerle, Tübingen: S. 217

Jean-Paul Krebs, Riquewihr: S. 19, 63

Kunsthistorisches Museum Wien: S. 49, 103

Landeskirchliches Archiv Stuttgart: S. 83

Landesmuseum Württemberg, Stuttgart: S. 24, 36, 150, 157, 169, 171, 177, 195, 198, 212, 219

Leiden University Library: S. 87

Musées de Montbéliard: S. 52, 68, 181

Sächsische Landesbibliothek – Staats- und Universitätsbibliothek Dresden: S. 186

Société d´Histoire et d´Archéologie, Riquewihr: S. 167, 203

Staatsarchiv Basel: S. 37

Stadtarchiv Ludwigsburg: S. 111, 212

Stadtarchiv Stuttgart: S. 133

Stadtarchiv Weil der Stadt: S. 115, 205, 206, 207, 209

Stadtbibliothek Zürich: S. 158

Stadtpalais Stuttgart: S. 215

Universitätsbibliothek Basel: S. 159

Universitätsbibliothek Heidelberg: S. 97

Württembergische Landesbibliothek, Stuttgart: S. 41, 174, 184, 185, 188, 189, 201

Weitere Abbildungen, soweit nicht genauer bezeichnet, stammen von den Autoren.

Sauf indication contraire, les auteurs ont fourni des illustrations supplémentaires.

Förderer und Leihgeber /
Parrains et prêteurs

Wir danken den folgenden Personen und Institutionen für Leihgaben und Förderung der Ausstellung sowie des Begleitbandes:
Nous tenons à remercier les personnes et institutions suivantes pour les prêts et le soutien de l'exposition et du catalogue:

Archéologie d´Alsace, Sélestat: Matthieu Fuchs

Archives municipales, Montbéliard: Aline Bouche

Archives Nationales Paris: Bruno Ricard, Anne Le Foll, Sébastian Nadiras

Association d´Archéologie et d´Histoire de Horbourg-Wihr: Jacques Foissey

Alain Engel, Riquewihr

Europäische Kulturstraße e.V. / Association Itinéraire Culturel Européen Heinrich Schickhardt: Denise Rietsch, Vincent Scherrer

Französisches Generalkonsulat Stuttgart: Generalkonsul Gaël de Maisonneuve

Roger Gehrig, Backnang

Institut Français, Stuttgart: Mathilde Fourgeot, Johanne Mazeau-Schmidt

Jean-Paul Krebs, Riquewihr

Landesmuseum Württemberg, Stuttgart: Chris Gebel, Prof. Dr. Christina Haak, Dr. Katharina Küster-Heise, Jonathan Leliveldt, Alexander Lohmann, Dr. Matthias Ohm, Dr. Almut Pollmer-Schmidt

Musées de Montbéliard: Cécile Rey-Hugelé

Société d'Histoire et d'Archéologie Riquewihr: Daniel Jung

Staatliche Hochschule für Musik und Darstellende Kunst, Stuttgart: Hans-Joachim Fuss, Axel Köhler, Prof. Dr. Joachim Kremer, Arne Morgner, Jörg R. Schmidt

Stadtarchiv Ludwigsburg: Dr. Simon Karzel

Stadtarchiv Stuttgart: Dr. Katharina Ernst, Dr. Simone Ruffer

Stadtarchiv Weil der Stadt: Mathias Graner

Stadtpalais Stuttgart: Stephanie Habel

Hans-Josef Straub, Weil der Stadt

Ville de Horbourg-Wihr: Thierry Stoebner, Arthur Urban

Ville de Riquewihr: Alain Eltzer, Claudine Ganter, Daniel Klack, Vincent Scherrer, Sylvie Striby

Württembergische Landesbibliothek, Stuttgart: Dr. Rupert Schaab, Dr. Christian Herrmann, Dr. Kerstin Losert, Arietta Ruß, Esther Sturm

Württembergischer Geschichts- und Altertumsverein, Stuttgart: Dr. Nicole Bickhoff, Alla Noel

Autorinnen und Autoren / *Auteurs*

Josephine Burtey, Universität Tübingen (JB)

Christoph Eberlein, Universität Tübingen (CE)

Marian Elsenheimer, Landesmuseum Württemberg, Stuttgart (ME)

Louis-David Finkeldei, Landesarchiv Baden-Württemberg, Hauptstaatsarchiv Stuttgart (LF)

Dr. Erwin Frauenknecht, Landesarchiv Baden-Württemberg, Hauptstaatsarchiv Stuttgart (EF)

Dr. Stefan Holz, Landesarchiv Baden-Württemberg, Hauptstaatsarchiv Stuttgart (SH)

Eva Ilisch, Landesarchiv Baden-Württemberg, Hauptstaatsarchiv Stuttgart (EI)

Anna Kerle, Deutsch-Französisches Jugendwerk (AK)

Daniel Klack, Ville de Riquewihr

Prof. Dr. Joachim Kremer, Staatliche Hochschule für Musik und Darstellende Kunst Stuttgart, Stuttgart (JK)

Dr. Katharina Küster-Heise, Landesmuseum Württemberg, Stuttgart (KKH)

Gabriele Löffler, Landesarchiv Baden-Württemberg, Hauptstaatsarchiv Stuttgart (GL)

Dr. Wolfgang Mährle, Landesarchiv Baden-Württemberg, Hauptstaatsarchiv Stuttgart (WM)

Prof. Dr. Gerald Maier, Landesarchiv Baden-Württemberg, Stuttgart

Dr. Matthias Ohm, Landesmuseum Württemberg, Stuttgart (MO)

Dr. Almut Pollmer-Schmidt, Landesmuseum Württemberg, Stuttgart (APS)

Prof. Dr. Peter Rückert, Landesarchiv Baden-Württemberg, Hauptstaatsarchiv Stuttgart (PR)

Vincent Scherrer, Ville de Riquewihr

Harald Schukraft, Stuttgart (HS)

Josephine Spemann, Staatliche Hochschule für Musik und Darstellende Kunst Stuttgart (JS)